임락경의 우리 영성가 이야기

임락경의 우리 영성가 이야기

2024년 1월 25일 초판 1쇄 펴냄

지은이 임락경
편집 김균하
펴낸이 신길순
펴낸곳 도서출판 **삼인**
전화 (02) 322-1845
팩스 (02) 322-1846
이메일 saminbooks@naver.com
등록 1996년 9월16일 제25100-2012-000045호
주소 (03716) 서울시 서대문구 성산로 312 북산빌딩 1층

디자인 디자인 지폴리
인쇄 수이북스
제책 은정

ISBN 978-89-6436-259-4 03200
값 20,000원

임락경의
우리 영성가 이야기

임락경 지음

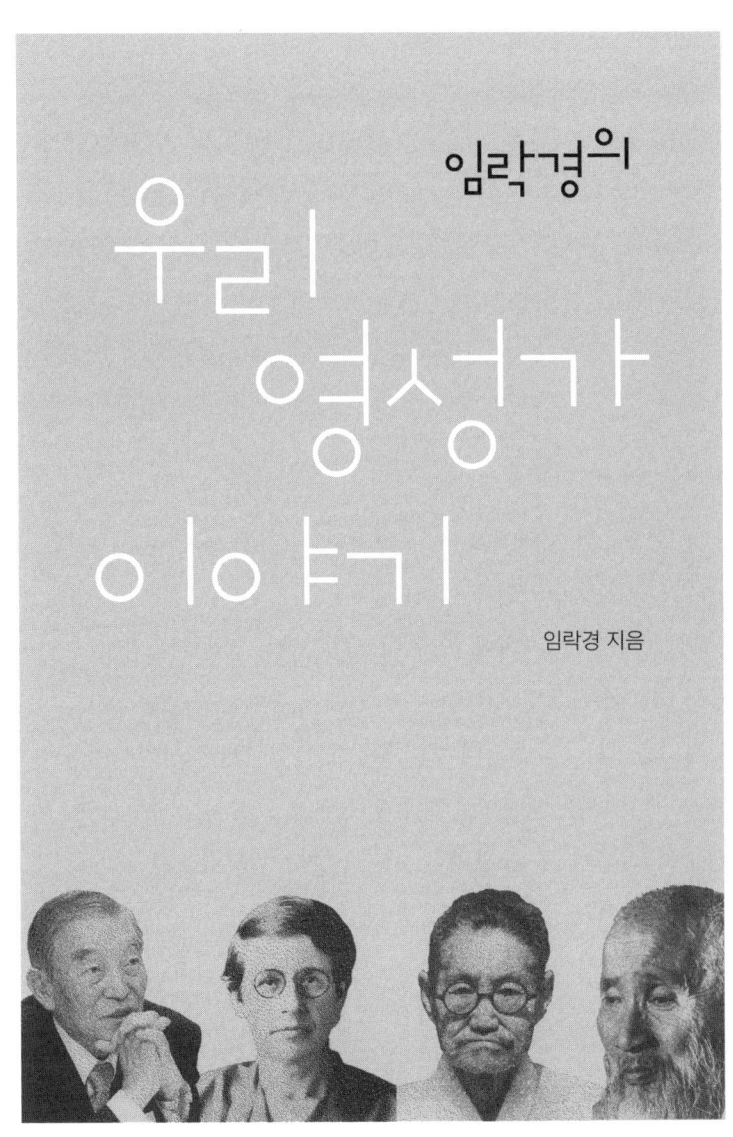

삼인

개정판을 내면서

이 책은 훌륭한 사람들을 찾아 열거하고 있다. 세 분을 제외하고 직접 만나서 교훈을 받았던 분들이다.

훌륭한 사람들은 시대에 따라 다르다. 조선 시대에는 양반 상민 찾지 않는 이들이 훌륭한 사람들이다. 일제 시대에는 독립운동가들이 훌륭한 사람들이다. 지금 시대에는 훌륭한 사람에게 막사이사이상을 준다. 우리나라에서는 이승만·박정희 정권에 맞선 잡지『사상계』발행인 장준하 선생이 처음 받았다. 가나안농군학교 김용기 교장도 받았다. 1980년대에는 도시 빈민의 벗 제정구 의원이 수상자였다. 90년대에는 복지 쪽에서 막사이사이상을 받는다고 내가 외쳤더니 꽃동네 오웅진 신부였다. 2천 년대에는 환경 쪽에서 받는다고 외쳤더니 법륜 스님이 받게 되었다. 이 외에 교육 쪽에서도 받고 했으나 한동안 뜸하다. 어찌 보면 막사이사이상을 받는 것은 부끄러운 일이다. 유럽에서는 받은 일이 없다. 유럽은 귀족, 천민 문제 해결했다. 독립도 다 되었다. 근검절약이 몸에 배었다. 민주화되고 복지국가다. 유럽이 여기까지 해결하는 데 700년, 800년 걸렸다.

우리는 빨리빨리 민족이었다. 내가 어릴 적에 종(노비)을 보고 자랐다. 유럽과 대충 비슷한 곳까지 오는 데 80년 걸렸다. 아쉽지만 100% 해결은 안 되었다. 양반 상민 아직 안 없어지고 20% 남아 있다. 젊은데도 노인들이 반말 못 하고 윗자리 앉히고 밥그릇 먼저 챙겨 주는 것이 양반들이다. 그중에 목사, 신부, 승려들도 있다. 독립 아직 안 되었다. 작전권이 없는 국가는 80% 독립이다. 20% 남았다. 민주화 되려다 후퇴하고, 되려다 후퇴하고 20% 남았다. 복지 문제 많이 되었으나 20% 남았다. 선진국은 교육비, 병원비, 노후 생활 모두 국가에서 책임진다.

우리나라에서는 앞으로 20년 후면 해결될까. 80% 해결하고 있다고 막사이사이상 안 준다. 받을 일이 없어야 된다. 훌륭한 사람이 나오지 않는 나라가 되어야 한다. 80%, 80%, 내 나이가 80이라서 내 나이에 맞추고 있다. 20년 후면 다 해결될지 모르겠으나 20년 후에는 내가 없다.

2014년에 냈던 책을 다시 낸다. 사실과 어긋난 점은 바로잡고 강원용 목사님에 대한 기억 두어 가지를 보탰다. 또 글을 여기저기 가다듬었다. 그동안 읽어 준 분들, 새로 읽어 줄 분들께 감사드린다.

2023년 12월
임락경

초판 머리글

자기를 위해 살면 즐겁다. 자기 가족을 위해 살면 더욱 즐겁다. 먹는 것 즐겁고, 자는 것 즐겁고, 노는 것 즐겁다. 이성 관계 더욱 즐겁다. 즐거움은 오래가면 병이 된다. 맛있는 것 많이 먹으면 병난다. 오래 자도 병난다. 노는 것도 지나치면 병난다. 이성 관계 오래가면 한평생 고치기 힘든 병 얻는다. 자기나 자기 가족 외에 다른 이들을 위해 살면 기쁨이 있다 한다. 기쁨은 오래가도 병이 나지를 않는다. 있던 병도 고쳐진다. 나는 기쁘게 살다 가신 분들의 이야기를 많이 들었고 그분들을 보고 자랐다. 그분들의 이야기를 소개하련다.

십자가를 의지하고 살면 축복된 삶이다. 행복한 삶이다. 기도만 해도 좋은 학교, 좋은 직장 들어가고 법관, 정치인, 대통령도 된다. 명예와 부도 따른다. 즐거운 삶이다.

십자가를 지고 가면 굶주리고, 헐벗고, 집도 없이 가난하다. 핍박도 받고 옥살이도 하고 죽기도 한다. 이들은 이름 없이 빛도 없이 한평생 섬기다 간다. 기쁘게 사는 이들이다.

십자가에 의지하고 살아가신 이들은 명예가 있어 널리 알려져 있다. 십자가를 지고 가신 이들은 이름 없이 사셨기에 널리 알려지지 않아 좀 늦었지만 꼭 알리고 싶은 분들이다. 물론 먼저 알리신 분들이 있어 다행이다. 그러나 내가 만나고 겪은 일들은 빠졌다. 또 같은 모습을 보고도 느낌이 다르다. 내가 직접 만나 본 분들이 있으나 시대적으로 만나 뵙지 못하고 전해 들어서 알게 된 분들도 있다. 내가 열일곱 살 때 찾아다녔던 최흥종 목사, 다석 유영모 선생, 이현필 선생 같은 분들을 직접 뵌 사람들 중에 나와 내 친구들이 제일 어렸고 또 마지막일 것이다.

승려들 중에는 이판승이 있고 사판승이 있다. 이판은 수도승이다. 굴을 찾기도 하고 바위틈을 찾아다니며 기도와 수행에 열중한다. 사판은 큰 절 지키고 포교하고 불자들 교육과 상담, 생활까지 도움을 준다. 이판은 사판을 비난한다. 세속 버리고 출가했으면 수도에 전념해야지 다시 세속으로 들어가 세인들보다 더 잘살고 사판 세계를 즐기는가. 사판은 이판을 비웃는다. 우리가 없으면 포교는 누가 하고 부처의 가르침 전하는 일은 누가 맡고 사찰은 누가 지켜 나가겠는가.

천주교에서는 이판과 사판이 처음부터 분리되어 있다. 수사, 수녀는 이판이고 신부들은 사판이다. 목사들도 사판이다. 그러나 가끔씩 목회자나 평신도 중에 이판처럼 사는 이가 있으면 그 시대에 존경을 받는다. 훌륭한 이판도 있고 훌륭한 사판도 있다. 너무나 이판처럼 살면 사판은 이단이라 한다. 시대보다 앞선 생각을 가지고 살아도 그 시대에 비난을 받는다. 이 책에 소개한 이들은 주로 이판이다. 사판도 있으나 이판에 가깝다.

기독교인들을 소개해 놓고 불교 이야기를 늘어놓았다. 하늘에 계신 우리 아버지가 아니고 남의아비타불他佛이다.

내가 세상을 너무나도 난잡하게 살아왔다. 즉 개판으로 살아왔다. 선비가 아니고 선달처럼 살았다. 일을 안 하면 선비이고 일을 하다 보면 선달이 되어야지 선비로서는 일을 할 수 없다. 우리나라가 종교와 교단, 교파가 많기로 세계 1위다. 장로교 군소교단협의회에 갔을 때 108개 교단이 있었다. 그러나 우리나라에 천주교까지 합해도 교단은 둘이다. 보수냐 진보냐 두 교단이다.

내가 목사지만 목사 같지 않아서 모두가 궁금하단다. 몇 년 전 추석 특집으로 방송에 출연했다. 내 교단이 제일 궁금하단다. 이번에 밝히란다. 밝혀도 후회 않을 것 같으냐 했더니 무슨 후회를 하느냐 한다. 그래서 '대한예수팔아장사회'라고 했더니 그대로 방송에 나갔고 아무도 항의 전화는 하지 않았다.

일을 하다 보니 선달처럼 살았다. 진보처럼 살았다. 이제 늙어서 일을 못 하니 선비처럼 살련다. 나를 아는 모든 이가 나에게는 영성도 없는 줄 안다. 나에게도 영성이 있고 거룩한 면도 있다. 이 기회에 거룩한 면도 보여 주고자 한다.

2014년 6월
임락경

차례

개정판을 내면서	4
초판 머리글	6
무엇을 먹느냐, 누구를 만나느냐	12
기독교인을 많이 양성한 선교사	22
예수 믿는 선교사들	33
서서평 평전 출판기념회에 가서	41
예수 잘 믿는 선교사들	51
크나큰 스승 유영모 1	59
크나큰 스승 유영모 2	73
크나큰 스승 유영모 3	85
크나큰 스승 유영모 4	100
이세종 1 – 예수 잘 믿는 이	118
이세종 2 – 안빈낙도安貧樂道	130
이세종 3 – 이세종에게 배운 제자들	144
삼일목공소와 나의 살던 고향	156
정환 예수, 영진 예수	164

나의 옛 스승 이현필	180
서재선과 김광석	192
동광원東光園	201
김금남과 유화례 선교사	215
서울어머니와 이현필	228
오방 최흥종 1	241
오방 최흥종 2	256
나를 타락시킨 백춘성 장로	269
김현봉 목사 1	281
김현봉 목사 2	290
박석순 목사	298
강원용 목사	311
디아코니아 자매회 여성숙 선생	322
이거두리	331
구정물 할아버지	381
추천글	이정배	388

무엇을 먹느냐, 누구를 만나느냐

'사람이 무엇을 먹느냐가 건강을 결정하고, 누구를 만나느냐가 인생을 결정한다.' 내가 하는 말씀이 아니고 임실에 사시는 심상봉 목사님께 들은 말씀이다. 추가하면 '어디에 사느냐'에 따라서 건강과 인생관이 달라질 수도 있는 법이다.

먹는 이야기 먼저 해 보자. 사람이 태어나면 젖부터 빨고 자란다. 그 젖도 어머니가 무엇을 먹고 나온 젖인가에 따라 아기의 건강이 좌우된다. 우선 젖을 빨기 전부터 이야기해 보자. 아주 많이 받은 전화 상담이다. 아기가 태어났는데 황달이란다. 의사는 모유를 끊고 우유를 먹이라고 한다. 산모는 그래도 모유를 먹이려 하는데 무슨 좋은 방법이 없느냐는 질문이다. 의사도 아니고 영양사도 아닌 나에게 문의가 온다. 그것도 수시로 온다. 환자가 아니고, 신생아를 금방 해산한 산모라서 찾아올 수 없기에 전화로 상담하는 것이다.

돌파리突破理인 내 판단은 간단하다. 물론 판단하기 전에 오랜 경험에서 나온 상식이 있다. 무엇을 먹었느냐는 문제다. 어린아이는 아직까지 젖을 빨지 않았기에 산모가 무엇을 먹었느냐에 따라 결정되는 것이 황달이다. 황달에 걸리려면 간이 나빠야 한다. 간이 조금 나쁜 것 가지고는 황달까지 가지 않는다. 간이 나쁘기 시작해서 오랜 세월이 지난 뒤에 황달 증세도 온다. 글을 읽는 분들 중에 더러는 황달이 무엇인지 궁금한 이들도 있겠다. 눈의 흰자위가 흰빛이 나야 되는데 노란빛이 나는 것이다. 독이 있는 음식을 먹어 간이 해독시키느라고 증세가 눈으로 온 것이다. 어머니 배 속에 있을 때 어머니가 나쁜 음식을 많이 먹었기에 간이 나빠 태어났으니 어머니의 젖은 그만 먹고 차라리 소젖이 낫겠다는 뜻이다. 그 젖이 어떤 젖이냐. 철벅거리는 소똥이 무릎까지 빠지는 비좁은 데서 살면서 젖을 똥 위에 끌고 다닌 젖소의 소젖이 어미젖인 모유보다 더 좋다는 것이다. 의사의 경험상 모유를 먹인 아이는 안 고쳐지고 우유를 먹인 아이는 고쳐졌다고 한다. 미국에서 수입된 우유는 더 좋을 것이라는 생각이 들었다. 넓은 초지에서 젖소들이 풀을 뜯어 먹는 사진이나 우유회사의 선전용 보고서를 본 탓이다. 그러나 미국에 가서 보니 그렇지 않았다. 젖소도 운동량이 너무 많으면 젖이 적게 나오니 관리하기 쉽게 좁은 공간에 가두어 놓고 기른 소들이었다. 아무튼 소젖이 사람 젖보다 좋다는 것이다. 신생아 황달은 어미젖으로는 못 고친다. 어떤 어미는 7일 동안 의사와 입씨름하면서 고집 세우고 버티다가 나에게 전화를 걸어 온다. 나는 의사가 아니라 처방을 할 수 없고 돌파리이기에 그냥 녹두죽 먹으라고 한다. 아직까지 안 고쳐졌다는 항의 전화는 한 번도 없었다. 그 대신에 산모는 유기농 매장 또는 유기농가에서 나온 음식만을 먹어야 한다는 단서가 꼭 붙는다. 그래야 '어미 젖'이 아니고 '어머님 젖'으로 바뀐다.

다음은 양젖 이야기다. 옛날 옛적이 아니고 40년 전에 젖양을 길러 젖을 짜 배달한 일이 있었다. 젖양의 새끼는 낳자마자 어미의 젖을 손으로 짜서 우유병에 담아 그 젖꼭지로 젖을 먹여야 한다. 만약 젖을 직접 빨아 먹도록 하면 사람에게 먹일 양젖이 모자라거나 없다. 어미젖을 직접 빨아 먹을 줄 모르게 하고 사람이 우유병에 담아 주는 젖만 젖으로 알도록 새끼 양을 속인 것이다. 한번은 젖을 짜서 젖병에 물리는데 새끼 양 두 마리가 전혀 젖을 빨지 않는다. 그냥 어미젖을 빨도록 해도 빨지 않고 그대로 굶어 죽었다. 후에 원인을 생각해 보니 새끼 나던 날 내가 초상집에 갔었고, 그냥 문상만 한 것이 아니고 시체를 거두어 염을 하고 왔었다. 차라리 다른 사람이 새 우유병을 마련해서 먹였으면 안 죽었을 것이다.

내 외손녀 이야기다. 딸이 아이 낳자마자 항생제를 써야 될 사정이 생겼다. 의사는 산모가 먹어도 될 항생제가 있다고 처방을 해 주었다. 그러나 아이가 젖을 빨지도 않고 젖꼭지를 물어 보고는 울어 댄다. 의사에게 전화했더니 24시간 굶기라고 한다. 24시간 굶겨도 빨지 않는다. 다행히 이모 젖이 있어 빨렸더니 배부르게 빨아 댄다. 항생제 먹지 않고 사흘 후에 젖을 빨기 시작했다.

또 젖 이야기다. 아이가 이사하고 나서 밤낮 울어 댄다고 한다. 혹 집터가 잘못되었느냐고 와 보라는 것이다. 전라도까지 찾아갔다. 점심을 먹노라니 음식이 너무 맵다. 아기 똥구멍을 보면 빨간 색깔일 것이라고 했더니 역시 내 추측이 맞았다. 산모가 맵게 먹으니 젖이 매운 성분의 젖이요, 그 젖을 먹은 아이는 똥구멍이 빨갛고 아파서 울어 대는 것이었다. 이런 증세는 병원에서 시티CT 촬영, 조직 검사를 해도 못 찾아낸다. 나이 많은 의사들은 경험으로 알아낸다.

어미가 동물성 지방질, 단백질을 너무 많이 먹었다면 아이는 크면서 소아 당뇨병이 올 것이고, 식물성으로만 지방과 단백질을 보충하면 당뇨병은 없을 것이다. 아무리 나쁜 젖 먹고 자랐어도 자라면서 좋은 음식 먹으면 고쳐진다. 그러나 모든 식성은 부모를 닮는다. 또 아이는 어른이 돼서도 어머니가 임신 도중 먹었던 음식을 즐기게 되어 있다. 어머니의 식성이 바뀌지 않는 한 그 아이는 어머니의 건강을 상속받거나 어머니의 병을 상속받는다. 아버지의 역할도 있다. 잉태할 때 어머니의 피만 받아서는 사람이 될 수 없다. 아버지의 정수精髓와 어머니의 피라는 뜻으로 부정모혈父精母血이라고들 하지만, 부정혈父精血 모정혈母精血이다. 부모의 유전자를 같이 받고 태어난다. 아버지의 식성도 어김없이 받아 살아간다. 아이가 철이 빨리 들어 모든 것을 판단하기까지는 부모의 건강과 병을 그대로 상속받는다.

지식 있다는 지성인들 이야기 좀 해 보자. 우리나라 지성인들은 후진국 문화는 받아들이지 않고 주로 유럽이나 미국, 캐나다에 학문을 닦으러 가서 그들 나라의 음식 습관을 익히고 또 도입해 왔다. 우리나라 음식의 3분의 1은 서양 음식을 따라갔다. 서양 사람들은 육류를 많이 먹는 만큼 과일을 많이 먹어 왔다. 채소는 많이 먹지 않는다. 미국은 비가 잘 안 와서 채소가 안 되지만, 비가 안 오니 과일이 잘되고 맛이 좋다. 농약을 많이 안 써도 잘된다. 유럽은 비가 많이 와서 채소가 안 되고 과일 역시 맛이 없다. 비가 많고 습기가 많으니 풀이 잘된다. 풀이 많으니 젖소, 젖양이 많고 또 고기가 많다. 유럽 음식은 우유가 들어간 재료와 요리법이 중심이다. 우유, 치즈, 버터가 기본이고 닭도 가축에 낀다. 소젖 먹고 양젖 먹고 계란 먹고 사는 민족들이다. 그들의 식성을 받아들이니 그 음식 먹고 생겨난 병도 있을 것이고 거기서 난 병은 그곳의 의술마저 받아들여야 치료할 수 있는 것이다. 이렇게 해서 음식뿐이 아니고 생활 습관까지 받아들여진다.

먹는 이야기 말고 싸는 이야기도 해 보자. 후진국 사람들은 똥을 아무 데나 싼다. 그래도 크게 냄새 나지 않고 잘 산다. 젖먹이 아이가 싼 똥은 냄새가 별로 나지 않는다. 밥을 먹으면서부터 똥에서 냄새가 난다. 채소 반찬에 먹으면 냄새가 고약하지 않은데 고기 먹고 싼 똥이 냄새가 고약하다. 방귀 냄새도 그렇다. 무슨 음식을 먹고 소화시키다 뀐 방귀냐에 따라서 냄새가 고약하기도 하고, 그런 대로 맡을 만하기도 하다. 여기서 문제를 내 보련다. 부처님과 공자님이 방귀를 뀐다면 어느 분의 방귀 냄새가 더 고약할 것인가. 소는 똥을 가리지 않고 아무 데나 싼다. 말도 마찬가지다. 염소, 토끼 등 모든 초식동물은 똥을 가리지 않는다. 그 동물들은 똥 냄새가 고약하지 않으니 아무 곳에나 가리지 않고 싼다. 지금 젖소나 육우 목장 소의 똥에 냄새가 많이 나는 것은 배합 사료를 많이 먹여서 그렇다. 돼지나 개는 똥을 한곳에 눈다. 가릴 줄 안다. 고양이는 똥을 누고서 꼭 덮는다. 그들은 주로 육식을 하기에 냄새가 고약하니 가리기도 하고 덮기도 한다. 사람 역시 채식을 많이 하고 과일만 먹고 사는 열대 지방 사람들은 변소에 신경 쓰지 않는다. 서양인들은 고기를 많이 먹기에 똥 냄새가 고약하다. 똥을 싸고 나서 물로 씻어 내야 한다. 채소나 과일 먹고 똥 싼 사람들은 밑씻개 없이도 대충대충 살아왔다. 서양인들은 똥 누고 나서 휴지로, 그것도 두루마리로 닦아도 시원치 않아 결국은 물로 씻어 내야 직성이 풀린다. 들판이나 숲속이나 초원에서 아무 데나 오줌똥 누어 식물이 잘 자라도록 용변 처리 하는 사람들이 미개인인지, 아니면 오줌똥을 방 옆에서 싸고 나서 물로 씻어 내고 그 물에 소독약 타고 표백제 넣은 화장지 사용하고도 모자라 비데 찾으며 물로 씻어 내는 이들이 미개인인지 생각해 볼 필요가 있다. 무엇을 먹느냐 어떻게 싸느냐 하는 생활 방식에 따라 그 사람 건강이 결정되고 그 시대, 그 사회, 그 문화가 결정이 된다.

이제는 누구를 만나느냐에 따라 그 사람 정신이 결정된다. 1970년대 어느 대학 경제학 교수가 신입생 받으면 첫 강의 시간에 물어보았다 한다. 사람이 잘 살려면 어떻게 해야 하느냐. 물론 대학생들이니 공부를 잘해야 한다, 직업을 잘 선택해야 한다, 부지런해야 한다, 머리를 잘 써야 한다, 여러 답들이 나왔으나 교수는 부모를 잘 만나야 한다고 했다. 사람은 첫 번째로 부모를 잘 만나야 한다. 물론 경제적으로 잘사는 부모를 만나면 경제적인 것은 업고 시작할 수 있다. 반면에 잘사는 부모 만나서 더 타락하고, 있는 돈만 허비한 채 늦은 나이에 철들기도 하고 한탄만 하기도 한다. 가난한 부모 만나 근면하고 성실하게 살면서 불의와 타협하지 않고 양심 지키며 살아가는 것은 더욱 잘 만난 부모다. 덤으로 형제자매 잘 만난 것도 더불어 누리는 행복이라고 해야겠다.

  나는 가난한 부모님에게서 태어났다. 내 아버지가 일제 말에 징용으로 끌려가다 만주 쪽으로 가시는데 강원도 지역에서 탈영을 하셨단다. 열흘간을 밤으로만 걸어서 고향에 오셨다고 한다. 그때 탈영 안 하셨으면 지금 내가 세상에 없었을 것이다. 초가삼간 집 있으시고, 할아버지가 아버지 아홉 살 때 돌아가셨기에 상속받으신 논밭 다 없애시고 사셨다. 내가 일제 때 생겨나 8·15 이후에 태어났으니 어머니에게서 무슨 젖이 나와 빨고 컸는지 모르겠다. 5년 후 6·25 전쟁이 터졌는데 무엇을 먹고 자랐는지 궁금하다. 아버지는 학교는 안 다니셨어도 서당에 좀 다니셔서 한문 조금, 한글 터득 정도는 하셨고, 어머님은 무식이셨다. 지식 있는 부모님 만나서 수시로 학문을 터득하고 틈틈이 거룩이聖人들 말씀 듣고 외우면서 자랐더라면 하는 아쉬움은 있다. 그러나 한편으로 나쁜 부모 만나지 않은 것은 다행이다. 그리고 잘못된 학문 많이 익히고 잘못된 학문 억지로 강요해서 가르치는 부모 만나느니보다 무식한 부모님 만나고 스스로 학문 터득하게 된 것을 다행으로 생각한다.

어떤 스승을 만나느냐에 따라 그 사람 인생이 결정된다. 사회제도적으로 정해진 유치원, 초등학교, 중고등학교, 대학에서 학문만 배우고 익히는 것이 아니고 그 스승에게서 나타난 인품도 같이 배우기 마련이다. 유치원은 모르고 초등학교만 다녔기에 제도적인 교육 틀 안에서는 그럴 만한 스승은 못 만났다 해도 되겠다. 오히려 "너희들 공부 잘해라. 공부 못하면 너희 부모님들처럼 농사짓고 똥장군 지고 다닌다"는 소리나 하는 선생을 만났었다. 제도적인 학교 교육처럼 정부에서 정해 준 스승이 있기도 하고 사회에서 만나는 스승도 있기 마련이다. 옛날에는 학교 제도가 없어서 구멍아들孔子처럼 15세에 학문에 뜻을 두고 스스로 스승 찾아 나섰다. 주위에 훌륭한 스승이 있으면 고향에 머물러 학문을 닦기도 하고, 먼 곳에 있으면 찾아 나서기도 했다. 학문에 소질 있는 이들은 훌륭한 학문을 지닌 스승 찾아 떠나고, 신체 발달이 잘되어 손발 움직임이 빠른 이들은 무예를 익히고, 고향을 떠나 제도적인 교육을 받을 수 없으면 깊은 산골 찾아 들어가 10년 수행하고 또다시 사회에 나와 무과시험을 치르기도 했다. 등록금이니 학생회니 학부모회니 전교조니 찾지 않았다.

어떤 종교를 택하느냐에 따라 그 사람 종교관이 결정된다. 불교의 원산지는 인도였다. 인도는 가 보지는 않았어도 더운 나라란다. 더운 나라에서는 같이 모여 있으면 열받는다. 집을 나가야 한다. 집 나가서 병나면 안 된다. 자기 몸 관리 잘해야 한다. 돌아다니면 열받는다. 앉아 있어야 한다. 앉은 자세 잘못되면 병난다. 정좌해야 한다. 앉아 있어도 햇볕에 앉아 있으면 일사병 난다. 그늘에 앉아 있어야 한다. 많이 먹으면 병난다. 오래 굶어야 한다. 고기 먹으면 열받는다. 살생을 말아야 한다. 술 먹으면 안 된다. 이것이 부처님의 훌륭한 가르침이고 업적이다. 수신만 잘하면 천하가 태평하다. 그런 불교도 우리나라에 와서는 변화가 있어야 한다. 스님들이 전쟁에 나서기도 하고 독립운동에 뛰어들기도 하고 민주화도 외치고 무슨 걷기 운동도 한다. 절을 크게 지어 문화유산을 만들기도 하고 토굴 속에서 수행하다 속가에 나타나 시민들 어려움 해결해 주고 대가 없이 보상 바라지 않고 떠나는 스님들도 있었다. 네 부모 내 부모, 내 가족 네 가족 찾지 않고 그냥 나무아미타불이다.

유교의 원산지는 중국이었다. 산동성이고 추운 곳이었다. 많이 먹고 모여 살아야 한다. 혼자 있으면 무연탄 두 장 때지만 다섯 명이 살면 한 장 반만 때도 살 수 있다. 많이 모여 사는 집안이 훌륭한 집안이다. 5대째 같이 한집에 살면 더 훌륭한 집안이다. 집안을 유지하려면 기강이 서야 한다. 아버지와 아들, 손자가 같이 모여 살면 열효율이 좋다. 잠결에 아버지 발이 아들 배 위에 올라와도 참으면 효자요, 아들 발이 아버지 배에 올라가면 불효막심한 놈이다. 기강을 세우고 가정을 유지하기 위해 효자, 효부, 열녀 찾으며 족보를 유지해야 한다. 철저히 씨족 찾으며 어느 구멍아들孔子인지 알아내어 구별해야 한다. 먹는 음식은 가리지 않는다. 추운 지역이라 많이 먹는 것이 자랑이다. 영웅호걸이 되려면 술 잘 먹고 고기 많이 먹고 힘 많이 써야 한다. 가정마다 불화 없이 잘 되면 천하가 평안해진 것이다. 기후가 비슷하기에 유교는 우리나라에 와서 크게 달라진 것이 없다. 다만 씨족 찾다가 한번 벼슬하면 후손 대대로 벼슬했던 흔적 누리고 살고, 한번 반역하면 후손 대대로 천시받고 살아온 제도였다.

같은 양반 반열에 있으나 시민들 착취해서 재산 모으고 세도 누리며 살아온 양반들도 있었고 오막살이 집 짓고 불의와 타협 없이 청렴결백하게 지내 온 가난한 선비들도 있었다. 이러한 선비들은 학문 익혀 실력 있는 가난한 집안 자녀들 밤마다 글 가르치고 궁합 봐 주고 결혼식 진행해 주고 어린애 낳으면 이름 지어 주고 병나면 침 놔 주고 돈 받지 않고 약 가르쳐 준다. 약 지어 주면 돈 받아야 하지만 가르쳐 주어 스스로 구해서 먹게 되면 경험이 쌓이고 그 가정 자녀들에게까지 단순한 의술이 전수된다. 집 지으면 집터 봐 주고 초상나면 묏자리 봐 준다. 제사 지내면 축祝 써 주고 지방紙榜 써 준다. 이러한 선비들은 가난을 잘 이겨 내고 서민들과 같이 살아왔다. 다만 그 마을에서 살아남으려면 양반의 부조리를 말할 수 없다. 양반의 잘못을 지적하면 보복할 것이 두려워서 안 된다. 선비 중에 두 종류가 있는데, 처자를 거느리고 오막살이집을 지키고 사는 선비가 있고, 집도 가족도 없이 전국을 누비는 선비가 있다. 이 선비들은 앉아서 6미터를 뛰고 축지법 쓰고 태권도를 할 줄 안다. 이런 선비는 도사道士라고 한다. 처자를 거느리는 선비는 그냥 선비(士)이고, 전국을 누비는 선비는 길선비(道士)다. 이들은 양반의 부조리를 말할 수 있다. 바른말 했다고 붙잡으려 하면 6미터를 뛴다. 세도 있는 양반집 담장이 5미터다. 잡으러 쫓아오면 축지법 쓰고 잡히면 태권도 하니 간단하다. 길선비가 못하는 것이 있다. 날씨를 모른다. 어느 지역이든 10년 이상 살아야 날씨를 알 수 있다. 또 어느 집안에 무슨 유전병이 있는지 모른다. 할머니가 보쌈으로 온 집안 내력도 길선비는 모른다. 선비와 길선비가 서로 연합해서 정보를 알아야 한다. 이러한 이들이 있어서 유교가 유지되어 왔다. 공자와 유교의 전통에서 핵심은 가족관이다. 더 나아가 마을과 사회까지 생각하는 사람이라면 대단한 선비다.

이제 기독교 이야기 좀 하련다. 하나님을 유대인들이 독점해 왔다. 이스라엘만 복 주고 이스라엘만 전쟁에서 이기게 하고 이스라엘 민족만 선민으로 택한 줄 착각하고 있었다. 이때 예수가 태어나서 하나님은 이방인의 하나님도 된다는 말씀을 하셨다. 그 후로 하나님은 이스라엘 민족을 넘어서 만인의 하나님, 이방인의 하나님이 되신 것이다.

　예수는 자기완성은 잘 못하셨다. 30대에 생을 마치셨기에 그랬고, 제가齊家도 잘 못하셨다. 어머니더러 '여인네'라 부르며 찾으시고, 어머니 앞에 먼저 죽은 것은 불효 중에 제일 큰 불효다. 국가관도 아니다. 유대인들에 의해 사형을 당했으니 그리 애국자도 아니고 애족자는 더욱 아니다. 그러나 그는 개인도 가족도 국가도 다 버리고 인류를 생각하고 인류 위해 죽으신 것이다. 예수 정신이나 기독교 정신은 그렇다. 그러나 기독교가 미국을 거치면서 국가를 위한 기독교로 둔갑하더니 우리나라에 와서는 가정을 잘살게 하기 위한 기독교로 뒷걸음질하고 있다. 물론 주일예배 때 통일 위해서 기도하고 전쟁 있는 나라 평화 위해서도 기도하지만 새벽기도회 때 잘 들어 보면 모두가 가족들 위한 기도를 한다. 그것은 유교적인 정신이 뿌리 깊게 스며들었기 때문이다. 한국적인 기독교 찾다가 자칫 가정을 위한 기독교로 둔갑해서는 안 된다.

　어떤 스승을 만나느냐, 어떤 종교를 만나느냐에 따라 그 사람 인격이 바로 서고, 정신도 바로 차리고, 지옥도 가고 극락도 가고 천국도 갈 수 있는 것이다.

기독교인을 많이 양성한 선교사

우리나라에는 교회가 많다. 25년 전쯤 스리랑카 청년이 왔길래 서울을 구경시켜 준 일이 있었다. 서울 시내의 십자가 불빛을 보더니 "우~ 원 처치, 투 처치, 쓰리 처치, 매니 매니 처치" 한다. 교회가 많은 만큼 교단도 많다. 교단이 많은 만큼 교인들도 많다. 그러나 정작 예수 믿는 사람들을 찾아보기 어렵다. 이제 교회와 교단과 교인은 충분하니 교회 다니라는 전도는 그만하고 예수 믿는 사람들을 만들어 내는 일을 시작해야 할 때가 되었다고 본다. 예수 믿는 사람이 구원받지, 교회 다닌 사람이 구원받는다는 구원론은 어느 곳에도 없다. 다만 교회는 구원받는 데 지름길일 뿐이다. 나 또한 하마터면 교회 다니는 사람, 즉 교인으로 머무르다 인생을 마칠 뻔했다. 지금도 별로 다를 바가 없지만 생각만이라도 있고, 또한 예수 믿는 사람이 되려고 노력하고 있으니 다행이다.

교회를 잘 만나야 한다

　내가 만난 선교사를 소개하고자 한다.

　30년 전쯤 이곳 화천의 광덕교회에 박광증 전도사가 있었다. 그가 어느 진보 신앙인들이 모인 교육장에 갔는데 아무개가 보수 쪽 비판을 하면서 전도사님은 왜 하필이면 총회신학을 가셨느냐고 묻더란다. 그래서 자신이 총신을 택한 것이 아니고 다만 우리 마을에 합동측 교회가 있었던 것뿐이라고 대답했다 한다. 나 또한 마찬가지였다. 우리 마을 가까이 절이 있었으면 지금쯤 나는 승복 입고 어느 암자에서 하늘에 계신 우리 아버지 찾지 않고 남의 아버지 찾으며 남의아비타불 외고 있었으리라 믿는다. 아니면 가까이 성당이나 공소公所가 있었더라면 지금쯤 귀신 아닌 귀신애비(神父)가 되어 어느 거룩집(聖堂)을 지키고 있든지 닦을선비(修士) 되어 어느 닦을길집(修道院)에서 날마다 몸 닦느라 아침저녁 목욕하고 있었을 것이다. 그런데 다행인지 불행인지 모르지만 마을에 교회가 있었다. 기독교장로회와 예수교장로회로 나누어질 때 후자를 선택한 교회였다. 기장과 예장이 나뉠 때 남한 지역에는 미국 남장로교 쪽에서 선교사가 많이 왔다. 그 선교사들이 기장을 택하지 않고 예장을 택했다. 이 무렵 내가 초등학교 2학년 때 교회를 알게 되었다. 6·25를 기해서 인민군이 마을을 점령해 교회 문을 닫게 되었다. 그런데 인민군들이 주민들 교육시키려는데 모일 장소가 없어서 닫힌 교회를 내어 주었다고 한다. 나는 예배당 가서 북한 노래 배웠다는 이야기들을 들으며 컸다. 그 후 휴전이 되고 나서 교회 다니는 분을 알게 되고, 아이들 모아 놓고 '어깨동무 새동무' 찾으면서 '발맞추어 하나 둘' 가르칠 때 나도 같이 끼게 되었다.

통닭과 선교사

　이 무렵 시골에는 목사가 없었다. 내가 자란 순창군 전체에 목사가 한 명 있었으나 목회자가 교체되면 그나마도 없을 때였다. 면 단위에 교회가 다 있는 것이 아니었고 1개 군 단위에 교회 다섯 정도였으나 전도사도 제대로 없었다. 장로나 집사가 설교하지만 어느 날 선교사가 없으면 찬송하고 성경 한 장 읽고 주일예배 마칠 때도 있었다. 목사 구경은 1년에 두 차례 선교사가 순회할 때나 했다. 미국인 선교사였다. 초등학교 2학년 때 목사도 처음 보았고, 미국인도 처음 보았다.
　우선 승합차를 손수 운전하고 옆자리에 통역관인 장로를 태우고 온다. 교회까지 들어갈 찻길이 없어서 경찰 지서(파출소) 안에 차를 두고 문을 잠근다. 경찰관에게 인사도 없고 차 좀 지켜 달라는 말도 없이 열쇠 잠그고 나온다. 이것이 내가 처음 겪은 미국인의 모습이고 경찰을 무시하는 모습이었다. 당시 시골에서 농사짓고 사는 부모님 밑에 크던 우리는 경찰관이 제일 무서웠다. 아이들이 울다가도 순사 온다고 하면 울음을 그칠 때였다.
　선교사 한 명이서 70여 개 교회를 봄가을로 순회하면서 학습문답, 세례문답 하고 세례예식 하고 나서 성찬예식을 하고 떠난다. 대개 하루에 두 교회를 순회하는데 낮에는 다른 교회를 다녀서 저녁 무렵이면 꼭 우리 교회에 왔다. 배고픈 세월이지만 손님 대접하는 옛 풍습이 있어서 잘 차려 대접해야 한다. 여러 가지 음식은 물론이고 귀한 손님 올 때 필수적인 씨암탉은 꼭 잡았다. 그때는 닭 한 마리 잡으면 동네잔치였다. 내가 자란 고향 마을은 면 소재지라서 마을 가구 수가 150호가 넘었다. 집집마다 대여섯 명씩 살았고, 대가족은 열여섯 명도 있었다. 바로 내 둘째 큰집, 즉 가운뎃집이 그랬다. 할아버지가 셋째였던 우리 집은 작은 집이었다. 그 가운뎃집이 잘살았고 잘살게 되니 식구가 많이 모여 살았다. 이런 마을에서는 큰 행사가 있어 닭을 잡으려면 한 마리는 모자라서 두 마리를 잡는 것이 마을의 준례였다. 닭을 잡으면 물을 가마솥에 가득 붓고 두 마리를 삶는다. 물론 암탉이어야 한다. 수탉에 비해서 암탉이 기름이 많기 때문이다. 오랫동안 삶은 뒤에 닭을 건져 내 손으로 살을 뜯는다. 뜯어서 잘게 찢는다. 솥에 쌀을 한 말쯤 넣고 죽을 끓인다. 죽을 그릇에 뜨고 그 그릇에 닭고기 한두 점 넣어서 온 동네 잔치를 하는데, 내가 어린아이 때는 그 국물, 그 죽 얻어먹으려고 밤늦도록 자지 않고 기다렸다. 얻어먹어야 잠을 잘 수 있었던 때였다.

그런데 우리 풍습대로 닭고기를 삶아 찢어서 내놓았더니 선교사는 맛도 보지 않는다. 식후에 하시는 말씀, "내년에는 통으로 놓으시오" 하고 떠나신다. 우리는 기다렸다가 국물이라도 얻어먹을 속셈이었으나 선교사는 위생 상태를 따지고 있었던 것이다. 농사짓던 거친 손으로 닭고기를 삶아 찢어 놓은 음식을 위생 상태 생각하니 먹을 수 없었던 것이다. 그다음 해에 통으로 삶아 놓자 혼자서 닭 한 마리를 다 드셨다. 우리 마을 인구 절반이 먹을 수 있는 닭을 미국인 선교사 혼자서 다 드신 것이다. 물론 하나님 은혜로 크게 대접받으신 것이다. 식사 전에 그처럼 감사기도를 하셨을 것이다. 그때가 바로 6·25 전쟁 직후였다.

계란과 선교사

계란도 귀했다. 얼마나 귀했는지 내가 어릴 적에는 1년에 계란 한 개를 못 먹었다. 명절 때나 제사상에 계란 몇 개 오르고, 제사 지내고 나면 칼로 계란을 열 쪽 이상 쪼개서 한 쪽씩 먹어 본 것이 다였다. 계란에

얽힌 이야기 두 편 하고 넘어가자.

바로 내 고향 집 앞집에 나보다 여섯 살 위인 먼 친척 형님이 계셨다. 별명이 '달걀'이다. 어릴 적에 몸이 아파 누워서, 앓는 소리가 아니고 떼 쓰는 소리로 "어매, 달걀 하나 쪄 주소. 나 죽으면 안 보고 싶은가" 하면서 사흘을 울고 있었다. 진짜 아파서인지 꾀병인지는 몰라도 사흘간 울면서 달걀 타령을 하는 소리를 들었다. 사흘 뒤에 달걀을 쪄 주셨는지 끝까지 못 쪄 주셨는지는 아무도 모른다. 그 형님과 아주머니는 이미 다 돌아가셨다. 내가 그 소리를 기억할 수 있었으니 아무리 그 형님 나이를 줄여 보아도 열두 살이나 열세 살은 되셨을 나이였다. 형님 친구들이 달걀이라고 놀려 댔던 것을 보면 내가 태어나기 전에도 그런 일들이 있었을 것이다. 달걀 하나 못 먹고 사흘을 울어 대는 형님이나 달걀 하나 못 쪄 주고 사흘을 버티고 사셨던 친척 아주머니 심정을, 어릴 적 그 기억을 내가 지금까지도 잊지 못하고 후대에 글로 전한다. 달걀이 없었던 것은 아니다. 집집마다 암탉이 있었고 매일같이 알을 낳는다. 그 달걀을 모아 두었다가 열 개씩 볏짚으로 싸서 시장에 내다 팔아야 돈이 된다.

또 하나는 6촌 누나 집 이야기다. 그 누님은 정미소를 하는 집이라서 잘사시는 편이다. 그 집 시동생은 얼마나 호강을 하고 크는지 방학 때 집에 오면 책 보고 뒹굴다 닭이 알 낳는 소리만 들으면 뛰어가서 따뜻한 계란을 툭 깨어 먹는다. 닭은 알을 낳으면 한참 동안 꼬꼬댁 꼬꼬꼬 꼬꼬 하는 소리를 반복하고 장닭 또한 같이 받아 주면서 시끄럽다. 아마도 산후통인지 모르겠다. 이 소리만 나면 시동생은 닭 둥지로 뛰어간다는 것이다. 며칠씩 울어도 계란 한 알 못 먹은 친척집 형님과 닭 알 낳는 소리만 나면 뛰어가서 툭 깨어 먹는 사돈이 대조가 된다. 나도 앞집 형님의 별명을 듣고 자란지라 언젠가 사흘을 앓고 누워 있으니 형수씨가 계란 하나 드시라고 허락해 주셔서 생계란 한 알 먹어 본 기억이 한평생 간다. 이러한 계란을 20개씩이나 미국인 선교사에게 선물한 모습이 60년이 지난 지금도 생생하다.

새벽 기도회도 중단하고

선교사는 침대와 침구를 차에 싣고 다닌다. 차를 세워 둔 지서에서 교회까지는 200미터쯤 되는 거리다. 빈방을 내어 주면 거기에 침대와 침구를 날랐는데, 어떻게 날랐는지는 기억나지 않으나 아마 본인이 지고 오지는 않았을 것이다. 방에 침대를 펴고 그곳에서 주무신다. 이나 벼룩, 빈대 때문에 고생이 많으셨으리라 생각도 해 보지만 뿌리는 살충제를 휴대하고 다니셨으리라 생각된다.

우리나라 교회는 매일같이 새벽기도회를 갖지만 1년에 두 번은 새벽기도회가 없는 날이 있다. 선교사가 교회 옆방에 주무시니 시끄럽게 새벽기도회 하지 않기로 하고 그날은 종도 치지 않는다. 새벽종은 시계가 없는 시골에서는 시계 역할도 해 주었다. 모든 마을 사람들의 종소리도 되었다.

사냥꾼 선교사

아침 일찍 일어나면 아침 운동 삼아 사냥총을 가지고 산으로 간다. 꿩을 잡아 들고 온다. 6·25 전쟁 때 총은 많이 보았어도 사냥총은 처음 보았다. 미국에도 꿩이 있느냐고 물으니 꿩은 있어도 잡는 데 법적으로 규제가 있다고 한다. 암컷은 잡지 말 것, 하루에 한 마리 이상은 잡지 말 것 같은 규제가 있단다. 지금 생각하면 그 꿩을 우리와 같이 먹지 않고 선교사가 가지고 간 것이다. 우리나라 사람들 같으면 아마도 빨리 털 뜯고 국물 먹자고 했을 테지만, 가지고 갔다. 가서 동료 선교사들과 한국인 식모 시켜 요리해 놓고 포도주 잔을 기울였을 것이다. 물론 선교사는 복음을 전하러 왔지 꿩 사냥해서 현지인들과 어울리면서 먹자고 온 것은 아니었다.

서양인들의 식사

　선교사는 몸에 살이 많고 뚱뚱했다. 온몸에 기름기가 많고 키는 물론 컸다. 아침 식사는 우선 실내에서 석유 버너에 불을 붙인다. 프라이팬에 돼지고기를 세 점 깔아 기름을 내고 그 기름에 빵을 굽는다. 계란 한 개를 프라이팬에 익히고 이것저것 이름도 모르는 음식들을 먹는다. 처음 보는 양식이었다. 지금 같으면 나에게 준다 해도 먹지 않을 음식이지만 그때는 전쟁이 끝나지 않았을 때였다. 휴전 상태라지만 곳곳에 패잔병이 있어 전쟁이 계속되고 있을 때였다. 마을의 몇몇 집을 제외하고는 배가 고파도 먹을 음식이 없었다. 지금도 전쟁 난 나라에서 홀랑 벗은 채 배가 볼록 튀어나오고 큰 눈방울만 반짝거리는 아이들의 사진을 간혹 보게 되는데 그 사진의 어린아이가 바로 내가 어렸을 때 모습이라고 보면 된다. 우리나라 사람들은 배가 고파 굶주리고 있을 때 그 선교사는 본국에서 음식 날라 와서 아침마다 고향 음식을 먹고 있었다. 우리 풍습 같으면 아무도 안 보는 곳에서 먹었으련만 온 교인들이 보는 앞에서 혼자 먹고 있다. 교인이 아닌 마을 사람들도 이색인종이고 이색 식사라서 다투어 가며 구경하는 장소였다. 미국인들은 저런 음식 먹고 사는구나 하는 것을 마을 사람들이 보게 되었고, 교회 다니고 예수 잘 믿으면 이처럼 배불리 먹고 살 수 있다는 모습을 전북 일대 시골 구석구석 보여 주고 다닌다는 사명감이 있었을지도 모른다. 그 선교사는 우리말을 잘한 편이었다. 부모님이 선교사였고 자신은 한국에서 태어났다고 한다. 신학은 미국에서 했고 대를 이어 한국에서 선교사로 생활했기에 설교도 우리말로 하고 학습세례문답도 우리말로 했다. 통역관은 있었지만 영어 잘 몰라도 되었다. 모르는 단어가 있으면 통역관에게 한국말로 물어보곤 했으니까.

원 애플 원 에그

식후에 선교사가 "우리 미국에는 식후에 원 애플 원 에그라는 말이 있습니다" 하는 것이다. 미국인들은 식후에 사과 하나, 계란 하나, 그런 말이 있다는 뜻이다. 물론 미리 준비해 두었다. 사과 한 알, 계란 한 알. 사과는 손수 깎아서 네 쪽으로 쪼개고 그 사과에 설탕까지 발라 먹는 모습을 보았다. 그 시대 경상도 지방은 사과가 흔했지만 내가 자란 순창 지역에서 사과란 시장에나 가야 구경할 수 있었다. 집에서는 제사상에 사과 네 개를 올렸고 껍질은 벗겨 먹을 생각도 못 했다. 제사상에 높이 쌓기 위해 아래위를 잘라 낸 사과 조각을 서로 먹으려고 아이들이 기다리고 있을 때였다. 높이 쌓지도 못하지만 한 알을 놓아도 위아래를 조금씩 잘라 내는 것이 격식을 갖춘 제사상이었다. 그나마도 가난한 집 제사상에는 한 알마저 못 올랐다. 아무튼 우리 큰집이나 좀 잘산다는 가운뎃집 제사상에도 사과는 네 개 정도였다.

제사 지낸 뒤 사과 한 알을 20쪽 정도 쪼갠다. 4 곱하기 20은 80이니 모두 80쪽인데 제사 지낸 인원이 80명이 넘으면 노인들 먼저 드리고 아이들 챙기고 나면 여인들 몫은 없다. 이렇게 사과가 귀한 지역이었으나 선교사님이 식사 직후 원 애플 찾기 전에 준비해 두어야 한다. 그것은 선교사들을 통해서 구호물자나 교회 개척자금이 왔기 때문이다. 또 우리 교회를 제외한 나머지 시골 지역 교회에서는 목회자 생활비를 매달 지원받았던 것이다. 지금은 우리나라도 사과, 계란 흔하지만 내가 미국에 가서 보니 과연 과일이 흔한 나라였다. 곡물이 많아 계란 또한 흔한 곳이었다. 그러나 때와 장소를 구별 못 하고 아무 곳에서나 에그, 에그 찾으면 안 된다. 우리나라 선교사들이 후진국 가서 감이 안 되는 지역에서 감 찾고 복숭아 안 되는 지역에서 복숭아 찾을까 봐 그렇다. 아무튼 그 선교사님은 지금은 모두 회개하셨겠으나 언젠가 이 글을 읽으시면 반드시 하나님 앞에서 회개하고 한국인들에게는 흔한 사과지만 사과를 드려야 한다. 에그——.

처음 보는 승합차

교통수단으로 우마牛馬를 이용하던 시절이다. 트럭도 구경하기 어려운 때에 승합차를 처음 보았다. 물론 만져 보거나 타 보지는 않았다. 다른 지역 교인들은 선교사가 오는 시간 맞추어 10리씩, 20리씩 마중 나왔다가 선교사 차를 만나면 타고 들어가는 재미를 보기도 했다고 한다. 그러나 우리 교회는 자존심이 있어 그렇게 하지는 않았다. 그러기에 내가 차를 처음 타 본 것은 열여섯 살 때였다. 이 무렵 승합차 운전하고 다니시느라 고생도 많았으리라 생각해 본다. 시골에 주유소가 있는 것도 아니고 정비공장이 있지도 않았으며 자동차 부속도 없었을 것은 뻔한 일이다. 음식은 입에 맞든 안 맞든 뻔했고, 무엇보다 위생 상태가 엉망이어서 시골 구석구석 찾아다니면서 대접받는 음식들 먹어 주느라 어려움이 많았을 것도 뻔한 일이다. 잠자리 또한 당시에는 빈대, 벼룩, 이가 많았다. 내가 마지막 이를 대한 때가 1968년 군에 있을 때였으니 6·25가 있던 50년대에는 오죽했으랴. 물론 미국에도 있었겠으나 우리나라보다 살충제를 먼저 개발해서 없애고 지냈을 것이다. 살충제가 없으니 파리, 모기 또한 극성이었다.

학습문답과 세례문답

　학습문답과 세례문답은 대충 넘어가지 않았다. 한 번에 너덧 명씩 불러 놓고 문답을 한다. 문맹자들이 많았기에 구두시험을 보는 것이다. 상당히 오랫동안 진행되었다. 그때마다 기다리는 사람들은 문밖에서 듣고 있었다. 그래야 들어가서 대답하기에 유리하기 때문이다. 나는 어린 나이에 여러 번 반복해서 듣고 있다가 잘 외워서 열 살 때 학습을 받고 열두 살 때 성인세례를 받을 수 있었다. 문답식으로 구두시험을 보는데 한 문제도 틀리지 않고 대답할 수 있었다. 통역관과 장로님께서 아직 어리니 몇 년 후에 입교식을 하자는 제의를 하였으나 선교사께서 강력하게 주장하고 나섰다. 목사가 지금 세례 준다는데 장로들이 왜 막느냐고. 그렇게 어린 나이에 세례식을 하고 나니 진짜로 죄가 씻기는 기분이었다. 비둘기는 못 보았어도 꼭 하늘 문이 열리고 성령이 임한 기분이었다. 그 후로 그 선교사는 가는 곳마다 열두 살짜리에게 성인세례를 베풀었다고 간증을 했다 한다.

제대 후에 우연히 그 선교사 사모님을 처음 만나게 되었다. "저는 임락경입니다" 하고 인사를 했더니 "오, 목사님이 열두 살 때 우리 남편이 세례 주신 분이오?" 하신다. 그때 씻은 죄 다시는 짓지 말아야 하는데 법적으로 노인이 된 이후에도 잘못을 저지르고 실수를 반복하며 살고 있다. 나에게 학습세례 베풀어 준 선교사는 여러 사람들을 그리스도교인으로 배출시킨 선교사였고, 그중에 예수 믿는 사람들도 가끔씩 나온다.

예수 믿는 선교사들

내가 태어난 곳 순창은 행정구역상 전라북도이고 전라남도와 경계 지역이어서 생활권은 전남도청 소재지였던 광주와 더 가까웠다. 전주보다는 광주를 먼저 가 보게 되었다.

전북권에 파송된 선교사들은 전도에 열중하고 교회 개척에 많은 일들을 했다. 병원도 세우고 학교도 세웠다. 전도와 교회 개척, 건강하고 서양 지식을 많이 쌓은 기독교인들을 양성하는 일을 하고 있었다. 그와 반대로 전남 지역에 파송된 선교사들은 병자와 걸인, 고아와 함께 가난하게 살면서 어려운 생활을 겪었다. 그 부모에 그 자식이고 그 스승에 그 제자인 것이다. 전북 지역 기독교인들과 전남 지역 기독교인들의 신앙생활 모습에 다른 점이 아주 많다.

전남 지역의 선교사들을 대략 소개하고자 한다. 물론 내가 만난 선교사들은 아니다. 들은 대로 전한다. 우선 서서평 선교사다. 그는 목사가 아니고 평신도로서 선교 활동을 하고 있었다. 간호사로 활동했고 우리나라 최초로 간호협회를 조직하였다고 한다. 한복을 입고 한국 음식을 먹고 큰 집 마련하지 않고 좁은 집에서 가난한 이들과 어울리며 같이 살았다고 한다. 어느 선교사들처럼 고아원을 크게 운영한 것이 아니고 한국인 고아들을 입양해서 조촐한 어머니 역할을 했다.

서서평(엘리자베스 요한나 셰핑Elizabeth Johanna Shepping, 1880~1934), 그는 독일에서 태어났다. 세 살 때 아버지를 여의고 할머니 손에서 자라다가 여덟 살 때 할머니가 돌아가시자 어머니를 찾아 미국으로 건너가서 간호학을 공부하였다. 간호학을 전공해 한평생 가난하고 병든 이들을 돌보겠다는 결심을 했다. 그분은 미국 남장로교 선교사로 자원해서 낯선 이국땅인 한국 선교를 택하였다. 한국에 온 것은 1912년이었으니 1910년 일제가 강제로 한일합병조약을 맺고 사실상 한국을 침략한 직후였다. 일제에 침략당한 한국을 선택한 사실 자체로 높이 평가받을 선교 정신이었다. 군산, 서울, 광주 등에서 활동하였으나 주로 광주 제중병원(지금의 광주기독병원)에서 간호사로 민중 구제사업에 몸 바쳐 왔다. 특히 당시 불치병인 나병 환자들을 지성으로 돌보았다. 길 가다가도 걸인이나 나병 환자들을 보면 집으로 데리고 와서 목욕시키고 밥 먹이고 자기 옷을 입혀 주기 때문에 평생 두 벌 옷도 가지지 못하고 살았다고 한다. 엄동설한에 두 사람의 나환자가 길가에서 떨고 있는 모습을 보고는 집으로 가서 하나밖에 없는 담요를 가져와 반으로 나누어 각각 덮어 주었다고 한다. 언제나 헐벗은 사람에게 옷을 주고 굶주린 사람에게는 먹을 것을 주고 살아왔기에 그가 세상을 떠날 때에는 남은 식량이 밀가루 두 홉밖에 없었다고 한다. 굶주린 사람을 돌보며 정작 그 자신은 영양실조로 세상을 떠났다.

그분은 당시 한국 여성들이 입던 검정 치마에 흰 저고리를 주로 입으셨고 신발은 남성용 검정 고무신을 신으셨다. 아마 키 크고 발 큰 그녀에게 맞는 여성용 고무신이 없었으리라는 생각이 든다. 그분은 한국말과 한국 풍습을 익히고 한국인 아이들을 양자녀 삼아 길렀다. 이름마저 한국 이름으로 바꿨는데, 셰핑이라는 원래의 발음을 따기도 했지만 자신의 급한 성격을 고치겠다 하여 매사를 서두르지 말고 서서히 하자는 뜻으로 서서평徐舒平이라 했다. 한국 이름을 짓는 데 도움을 주었던 최흥종 목사와 나이가 동갑이셨으나 최 목사님 생일이 빨라 언제나 오빠라고 부르셨다고 한다.

조선 시대는 물론이거니와 일제 때도 남존여비 사상과 남녀유별이라는 유교적 제도 안에서 살아온 한국 여성들은 가부장적 남성들의 억압 속에 아무런 교육도 받지 못했는데, 서서평 선교사는 여성들을 위해 학교를 세우고 그들을 교육시켜 사회에 진출하도록 했다. 우리나라 개화기에 맞추어 간호학이라는 새로운 분야를 개척하기 위해 발 벗고 나섰으며 기독교의 복음을 이 나라에 전파하고 이 나라 백성들을 깨우려 가르치고 봉사하고 헌신하며 사셨다.

무엇보다 이 땅에 남긴 많은 업적 가운데 하나가 광주에 이일성경학교를 세운 것이다. 광주제중병원에 근무하면서 사재를 털어 1922년부터 자기 집에서 여성들을 가르치기 시작한 것이 학교의 시작이었다. 먼저 초등학교 과목을 마치게 하고, 이어서 세례를 받은 학생들은 성경학교로 들어오게 했다. 입학 대상은 15살 이상 40살까지 불우한 여성들이었다. 이런 교육 과정을 진행하던 몇 년 뒤 서서평 선교사의 친구인 미국 여성이 보낸 후원금으로 양림동 뒷산 선교사 촌에 붉은 벽돌로 3층짜리 교사를 짓고 이일성경학교라 하였다. 후원한 친구 로이스 니일 Lois Neel의 이름을 따서 학교명을 지은 것이다. 이 학교는 유화례 선교사가 1958년까지 교장을 맡았다. 이어 한례정신학교와 합병하여 한일여자신학교로 개칭되었다가 지금의 한일장신대학교로 발전하였다.

또한 최초로 조선간호부회와 부인조력회(여전도회, 여선교회)를 조직하였다. 1923년에 서서평 선교사가 조선간호부회를 발족한 것은 단지 전문 직업 단체의 기능만 생각한 것이 아니라 일제에 강점당한 우리나라의 현실을 세계 만방에 알리기 위한 수단이었다. 그는 서울 세브란스 병원에 잠시 근무할 때 3·1운동에 연루되어 광주로 내려가 살게 되었는데 이때부터 우리 민족의 아픔을 함께 느끼며 일제의 침략에 저항하는 민족의식과 독립 정신을 심어 주었다.

또 그가 힘쓴 선교 활동 중 하나가 주일학교 확장 운동이었다. 서서평 선교사는 광주 주변 20리, 8킬로미터 안팎에 있는 마을마다 유년주일학교를 세워 아이들을 모아 가르치도록 교사들을 파송하였다. 확장 주일학교 교사들은 아이들을 모아 가르치고 돌아와 오후 세 시 예배를 본 후에 각자의 실적을 보고했다. 당시 주일학교협회 정인세 상무는 1년에 두 차례씩 주일학교 교사들을 초청해서 간담회를 했는데 전체 주일학교가 45~47개라면 그중 확장주일학교가 40개였다고 한다.

그는 연약한 몸이었으나 조선간호부회를 조직하고 부인조력회를 결성하여 지도자 역할을 하였으며 이일학교 교장직도 함께 맡았다. 금주동맹을 만들어 거리에서 금주운동도 펼치고 매춘 반대운동과 윤락여성 구제 활동, 빈민 구제 활동도 하셨다. 최초로 조선간호부 회보를 발간하셨고 간호학 저서의 집필과 번역을 했다. 주일이면 교회 봉사와 확장주일학교 교사 파견 및 관리도 했다. 혼자 사니 가능하다고 생각할지 몰라도 실상은 혼자 산 것이 아니라 한국 아이를 양자 삼아 아이들을 업어 기르셨다. 기르고 가르치고 수양딸은 시집보내고 살림살이까지 보살펴 주었다.

그분의 남루한 옷차림과 거지꼴 모습에 동료 선교사들은 선교사로서 체면이 서지 않는다는 이유로 추방하자는 결의를 하기도 했다. 더 확실한 이유는 자신들이 그리스도의 사랑에 그토록 헌신적인 실천을 잘 못

하고 있어서였던 것으로 보인다. 선교사로서 품위가 떨어진다고 선교사협의회에서 결정은 했어도 추방은 시킬 수 없는 것이다. 본국에 연락해 선교비 지원을 중단시킬 수는 있었을 것이다. 선교사들이 본국에서 선교비를 지원받아 선교사업을 할 때는 지원해 주는 사람들의 취향에 맞도록 해야 지속될 수 있다. 그렇지 않으면 선교비 지원이 중단될 수도 있다. 또한 파송한 교단이 원하는 사업을 벌여 그 사업의 실적 보고도 해야 한다. 그렇지 않으면 소환을 하든지 선교비 지원을 중단할 수밖에 없다. 한국 안에서도 선교비를 통제하는 이들의 뜻에 맞도록 선교사업을 해야 견디어 낼 수 있는 것이다.

여기서 잠깐 짚고 넘어가야 할 일들이 있다. 갑자기 생각난 것이 아니다. 어릴 적부터 하고픈 이야기였다. 선교사들이 우리나라에 세운 업적이란 복음 전파, 병원과 학교 건립, 사회사업이겠다. 복음 전파는 제대로 된 그리스도의 복음 전파가 아니라 미국에서 변질된 복음 전파였다. 주로 이웃을 내 몸과 같이 사랑하라는 첫째 계명과는 거리가 멀게 호화로운 생활을 해 가며 전하는 변질된 복음이었다. 그러나 서서평 선교사는 그리스도의 첫째 계명대로 이웃을 내 몸과 같이 사랑하는 실천을 보여 주었다.

그다음은 병원 세우는 일이다. 병원에서 생명을 살리는 일을 한 것은 사실이나 그 병원들 중에 잘못돼 가는 병원들이 많아졌다. 돈 버는 곳이 되었다. 병원만 차리면 점점 건물이 커진다. 그 건물 짓는 돈과 유지하는 돈을 모두 환자들의 진료비에서 충당해야 한다. 모든 병원이 그렇다는 것이 아니다. 선교사들이 차린 병원이고 같은 간판을 가진 기독병원이라도 모두가 그런 것은 아니다. 서서평 선교사가 근무했던 광주제중병원은 훌륭한 병원이었다. 돈 없이도 입원할 수 있는 병원이었다.

학교 또한 시작만 하면 건물이 커지고 많아지고 등록금은 해마다 올라간다. 이런 학교들보다 가난한 사람들이 다닐 수 있는 학교가 좋은 학교다. 그분이 세운 이일학교는 불우한 여성들이 다닐 수 있는 학교였다. 그분은 언제든지 본국의 선교비 지원이 중단되어도 살아갈 수 있도록 한국적인 생활에 잘 적응했기에 선교비 중단이 크게 문제될 것 없었다.

그다음 구제 사업인 사회사업이다. 그리스도와 십자가를 앞세운 선교사들의 사회사업은 일회성 구제에 그치지 않았다. 주로 고아와 노인들을 돌보는데 말 그대로 사회사업이었다. 고아원만 세우면 금방 커지고 원장은 부자가 된 곳들이 많았다. 양로원 역시 세우면 커졌다. 그러나 서서평 선교사는 일회성 구제로서 끝났기에 업적이 없다. 그분이 한 것은 이웃 사랑의 실천이었지 사회사업이 아니었다.

서서평 선교사가 주로 앓고 있는 병이 영양실조였다. 임종이 가까워지자 주위 사람들에게 찬송가를 불러 달라고 했다. 찬송 소리를 들으며 기뻐 어쩔 줄 모르던 그분은 찾아온 사람들의 얼굴을 한 명씩 마주 보더니 "이젠 아무것도 없습니다. 먼저 가니 하늘나라에서 다시 만납시다" 하고는 오른팔을 들고 힘차게 "할렐루야"를 외쳤다. 그리고 손을 배 위에 올려놓고 활짝 웃는 모습으로 세상을 떠났다.

1912년 처녀 몸으로 한국에 와서 1934년 세상을 뜰 때 그의 나이 54세였다. 일제 치하 어두운 현실의 이 땅에 와서 22년간 자기의 모든 삶을 바쳐 병들고 가난한 이웃들을 돌보며 동고동락했던 서서평 선교사는 한국인에게 그야말로 착한 사마리아인이었다. 시신의 모든 장기는 그분 유언대로 의학용으로 기증되었다. 기독교계에서는 장례식을 기독교장으로 치를 생각이었으나 그분의 헌신적인 봉사와 이웃 사랑의 실천에 감명받았던 지역사회 인사들이 주축이 되어 광주 최초의 사회장으로 거행되었다. 12일간의 사회장으로 치러진 장례식은 1934년 7월 7일 양림동 오웬기념각에서 엄수되었다. 최흥종 목사가 사회를 보았고, 시민 각계 대표의 추도사가 있었다(후에 최흥종 목사의 장례가 광주에서 두 번째 사회장으로 치러졌다). 운구는 소복 입은 이일학교 학생들이 맡았다. 상주인 그의 아들과 열세 명의 딸들, 수백 명의 거지와 나병 환자들이 운구 행렬을 뒤따랐다. "어머니, 어머니" 하는 통곡과 눈물의 장례식이었다고 한다. 서서평 선교사는 한국 여성 개화의 선구자요 가난하고 병든 자의 어머니, 광주의 성녀였다. 예수의 첫째 계명의 실천자, 여걸, 사랑의 사도, 신화적 존재, 재생한 예수, 생활 규모 없는 자, 천국 사업의 일인자 등의 별명을 가지셨다. 관은 양림동 선교사 묘지에 묻혔고 그이의 교적이 있는 광주금정교회(광주제일교회)에서는 그분의 삶을 기리는 비석을 세웠다. 그분의 비석은 전주의 한일여자신학교에도 있었다. 지금은 완주 한일장신대로 옮겼다.

　내가 서서평 선교사의 업적을 알게 된 것은 최흥종 목사님을 알았기 때문이다. 광주 무등산에서 몇 년간 최 목사님 밑에서 살았다. 정인세 원장님은 동광원 원장님이셨는데 서서평 선교사의 전기를 쓰신 백춘성 장로님의 말씀을 들었다. 백춘성 장로님은 어머니인 정점촌 권사가 서 선교사와 친하게 지내셨다고 한다. 장로님 집에도 수시로 오셨고 무엇보다 정 권사님의 신앙관은 서서평 선교사의 생활을 본받으신 것으로 본다. 장로회신학대학 주선애 교수는 박춘성 장로의 저서이자 서서평 선교사의 일대기인 『천국에서 만납시다』 서문에서 다음과 같은 말을 했다.

　　서서평 선교사는 참 행복한 삶을 살았다고 생각된다. 그가 세상에서 그토록 특이한 그리고 값있는 삶을 살게 했던 것은 그가 예수님의 사랑에 녹아져 그를 닮아 살아 보겠다는 집념이었다고 본다. 그가 위대해지고 싶어서도 아니었고 업적을 남기고 싶어 했던 것도 아니었을 게다. 그저 예수를 사랑하는 그 사랑에 이끌리어 살아왔을 뿐이리라.

글을 쓰고 있는 지금 나는 너무나 후회가 많다. 최흥종 목사님과 여러 해 살면서도 서서평 선교사의 말씀을 기록해 두지 못했던 점과 정인세 원장님께도 듣지 못했던 점, 무엇보다 그분의 제자였던 오복희 어머님께도 묻지 않았던 일이다. 듣지 않아도 될 백춘성 장로님의 말씀만 수시로 들어 왔다. 1970년대에 쓰셨던 『천국에서 만납시다』를 여러 사람에게 읽도록 했으나 그 책을 읽은 이들은 모두 돌아가셨고 살아남은 이들마저도 늙어 기억력이 쇠약해졌다. 한 권의 책을 보관했으나 찾아보니 어디 가고 없다. 다행히 호남신학대학교 차종순 총장님의 정리가 있어 크게 도움을 받았다.

서서평 평전 출판기념회에 가서

2012년 3월 17일 토요일 오후 두 시, 장소는 광주광역시 양림동 오웬기념각이었다. 서서평 선교사의 내한 100주년 기념예배 및 서서평 평전 출판기념회가 열렸다. 이 서서평 평전은 서로 다른 사람이 쓴 책 두 권으로 이루어졌다. 한 권은 양창삼의 『조선을 섬긴 행복』이고, 또 한 권은 양국주의 『바보야 성공이 아니라 섬김이야』였다. 책은 두 권이지만 내용은 같았다. 앞의 책은 어른들이 읽을 수 있도록 구체적으로 쓰여 있고, 『바보야 성공이 아니라 섬김이야』는 어린이들이 쉽게 읽을 수 있도록 간추린 내용이다.

  양창삼과 양국주는 형제간으로, 책의 주인공인 서서평 선교사의 간접 영향을 받은 분들이다. 두 분의 어머니 김행이 권사는 평소에 이준묵 목사의 신앙 지도를 받고 강순명 목사의 소개로 서서평 선교사가 세운 이일학교에 들어가 졸업한 뒤 유화례 선교사를 돕다 유 선교사의 양딸이 되었다. 양창삼과 양국주는 유화례 선교사의 외손자들이다.

  출판기념회 장소에 한 시간 일찍 도착했다. 한주희 목사와 같이 갔다. 그냥 평소처럼 서성거리다 분위기 봐 가면서 대충 참석하려 했으나 순서지에 내 축사가 들어가 있었다. 그때 한주희가 두 사람의 저작에 추천의 글을 쓴 이로 나를 접수처에 소개했고 기독간호대학 고명숙 총장께서 총장실로 데리고 가시기에 차 대접도 받고 있다가 기념식장으로 갔다. 출판기념회 장소인 간호대학교는 내가 1972년에 리어카 끌고 매일같이 진흙탕을 지나다닌 곳이었다. 지금의 봉선동 소화자매원이라는 복지시설 자리였다. 그때는 특별한 이름이 없었고 우리끼리 '아리랑 고개 소망실'이라고 불렀다.

소망실 역사를 더듬어 올라가면, 무등산 원효사 절터에 최흥종 목사님이 세우시고 같이 사신 폐결핵 남자 환자들의 요양원이 있었다. 1963년부터 그 장소에 관광호텔을 짓겠다고 시에서 철거하라고 했고, 전염병인 폐결핵 환자들은 더 이상 거기 살 수가 없어 약 3년 동안 물이 흐르지 않는 곳을 선정해서 봉선동으로 내려오게 되었다. 광주제중병원에서 조그마한 승용차 겸 화물차를 보내 주어 나도 같이 짐을 싸서 싣고 적재함에 함께 타고 이사 내려왔다. 일부는 지원동으로도 옮겨 갔다. 건물은 흙집으로 몇십 평 짓게 되었으나 생계가 막연하였다.

그 후 나는 담양의 무등원 분원이라 부르는 곳에 살면서 폐결핵 환자들의 식량 조달을 맡았다. 광주제중병원 원목실을 통해서 환자들의 밀가루, 강냉이 가루를 식구 1인당 10킬로그램 정도 배급받아 와 먹고 살지만 결핵 환자들은 사흘에 한 번씩이라도 쌀을 먹어야 살 수 있었다. 쌀을 사려니 '어느 가게가 말을 잘 되어 주고 어디는 쌀 한 홉 덤을 더 주고' 하면서 이 가게 저 가게 찾아다니다 착안해 낸 일이 농가에서 벼를 사서 직접 방아를 찧는 것이었다. 찧어 보니 쌀 한 가마 값으로 두 가마를 낼 수 있었다. 나는 담양에 정착해 가을부터 초겨울까지 소달구지 끌고 다니면서 벼를 사들였고 정미소에 쌓아 놓고 방아 찧어서 무등산으로 올려 보내는 일을 했다. 450명의 식량이었다.

1966년에 최흥종 목사님이 돌아가셨고 나는 그해 12월에 군에 입대했다. 휴가 때마다 와서 보면 환자들은 먹을 것이 없어 고생하고 있었다. 그때까지는 미국 선교부를 통해서 밀가루나 강냉이 가루를 보내 주었으나 내가 군에 있을 동안 한국에 있는 세계기독교봉사회가 철수하고 없어졌기 때문이다.

제대 후에 돌아와 보니 살아갈 능력이 없었다. 이때 최창익이라는 형님께서 막을 짓고 돼지를 길러 팔아서 환자들의 생계를 해결하자고 하셨다. 돼지 사료는 광주제중병원에서 잔반과 구정물을 가져오면 해결될 것 같았다. 그대로 실천했다. 병원 구정물과 잔반을 가져오려면 의사나 간호사들이 출근하기 전에 다 처리해야 한다. 새벽 네 시에 일어나서 한 시간 리어카 끌고 병원에 도착해 다섯 시부터 건물 5층까지 승강기를 타고 층층이 찾아다니면 간호사들이 못 타게 한다. 의사들은 자주 마주치지 않으니 간호사들이 제일 무서웠다. 기분이 상하여 내일부터 못 오게 하면 그만이니까. 그래서 승강기 두고 계단으로 들고 내려와야 한다. 박영순이라는 친구가 있어 항상 같이 다녔다. 드럼통 한 개에 가득 채워서 끌고 밀고 아리랑고개까지 가노라면 또 한 시간 걸린다. 가다 보면 약간 오르막길이 있는데 그때는 환자들 중에 상태가 좀 나은 이들이 거들어 주어서 편히 올라온다.

그러나 그도 몇 년간 하다가 못 하게 되었다. 구정물이나 잔반 통을 비워 오면 거기에는 붕대도 들어 있고 수술해서 버린 살덩이도 나오고 손가락도 나온다. 더러는 폐결핵 환자들이 각혈해서 토해 낸 핏덩이도 섞여 있다. 구정물 가져오는 것은 둘째고 골라내는 일이 더 더럽고 역겨운 일이었다. 이 일은 환자들 중에서 거동할 수 있는 이들이 다 해냈다. 이것까지는 다 견디어 냈으나 결정적인 문제는 전염병이 따라온 것이다. 나는 이상이 없었으나 최창익 형님이 장티푸스로 2개월간 몸져 누웠다. 이를 계기로 돼지 기르는 일은 정리하고 끝냈다.

아무튼 병원 잔반 나를 때 제일 무서운 이들이 간호사들이었고 더 무서운 분들이 간호보조원들이었다. 그랬는데 40년이 지난 오늘은 간호대학에서 총장의 영접을 받고 있다. 지금은 간호사看護師지만 그 이전에는 간호원看護員이었다. 그 전에는 간호부看護婦였다. 간호원도 선생이다. 간호원들 스스로 명명하여 간호사가 된 것이다. 잘한 일이다.

서서평 선교사는 참으로 어려운 여건에서 한국 최초의 간호사들을 길러 내는 선구자 역할을 한 분이다. 1903년에 마거릿 에드먼즈 Margaret Edmunds가 서울 정동 보구여관의 간호학교에서 두 명의 졸업생으로 가관식加冠式을 거행한 이래 서서평이 군산예수병원과 세브란스병원에서 힘들여 키운 간호사 숫자라야 한 해에 서너 명에 불과했다. 서서평은 1923년 일본간호협회의 방해를 무릅쓰고 한국 여성 간호사들을 모아 대한간호협회의 전신인 조선간호부회를 창립하였다. 초대 회장이 되어 10대까지 회장직을 연임하였다. 서서평이 창립한 조선간호부회에는 한국인보다 미국인 간호사가 더 많았다. 이 때문에 기관지인 〈조선간호부 회보〉를 한글과 영문 혼용으로 발행했는데 이를 한글 전용으로 발행하기로 했다. 그는 조선간호부회를 국제간호협의회(ICN)에 가입시키고자 했다. 1929년 캐나다 몬트리올에서 열리는 ICN 총회에 참석하기 위해 이금전, 이호경 두 사람과 프랑스 선박을 탔다. 5천여 명의 참석자들에게 조선간호부회의 타당성에 대하여 연설도 했다. 그러나 일본의 방해로 가입은 못 하고 말았다.

나는 서서평 선교사를 만나지 못했으나 백춘성 장로님의 저서로 알게 되었다. 백 장로님 역시 서서평 선교사를 만나지는 못했다. 백춘성 장로님은 내 스승 중 한 분이시다. 크게 가르침을 받았거나 문하생은 아니었고 그분도 학문을 하셨거나 문하생을 기르지는 않았다. 그분은 나보다 32년 어른이셨다. 내가 서른 살 될 무렵 환갑 수기를 써 가지고 찾아오셨다. "우리 옛사람은 미개인이고 지금 사람은 현대인이고 문화인이고 지성인이다. 그렇다면 미개인이 현대인·문화인·지성인 따라 살아야 하느냐, 지성인·현대인·문화인이 미개인 따라 살아야 하느냐. 말할 것도 없이 미개인이 양보해야 한다. 그렇다면 나는 임락경 선생님보다 30년 미개인이니 나를 가르쳐 주십시오" 하고 내 앞에 꿇어앉아 내가 하는 말을 적고 계셨다. 그 앞에서 나는 또다시 30년 아닌 60년 이상 되는 지성인·문화인·현대인이신 백춘성 장로님 앞에 고개를 배로 조아리고 교훈을 청할 수밖에 없었다. 수시로 찾아오셨고 수시로 찾아뵙고 지내다가 서서평 선교사의 일대기인 『천국에서 만납시다』라는 책을 가져다 주셔서 서 선교사의 일생을 알게 되었다. 다만 아쉬운 것은 자료가 없어서 더 알아낼 수가 없는 것이라고 하셨다. 후에라도 자료를 더 찾아내서 다른 이가 책을 꼭 써야 한다는 아쉬움을 만날 때마다 토로하셨다.

마음으로만 아쉬워하던 중 때마침 〈복음과 상황〉에서 나에게 글을 연재하라는 지시가 있었고 훌륭한 선교사들을 소개하다가 2011년 글 한 편에 짤막하게 서서평 선교사를 소개했다. 2012년 1월 미국에서 양국주 대표가 전화를 걸어 왔다. 미국에서 수많은 자료를 구해 왔고 지금 서서평 평전을 쓰고 있노라고. 그는 그 뒤 우리 집까지 찾아왔고 새로 나올 평전에 추천의 글을 부탁하셨다. 나는 서서평 선교사님의 평전에 이름을 감히 올릴 만한 사람이 아니다. 그러나 영광스럽기는 하다. 언제나 영광이 있으면 임무가 있어야 하는데 지금 나로서는 영광만 있지 임무가 없다. 앞으로도 선교사님같이 살 자신이 없기 때문이다.

이날 출판기념회는 다음과 같은 순서로 진행되었다.

1부. 예배
인도 – 백경홍 목사 (광주제일교회)
기도 – 김승연 목사 (전주서문교회)
성경봉독 – 고명숙 총장 (기독간호대학교)
찬양 – 크로마하프단 (광주제일교회)
설교 – 방지일 목사 (영등포제일교회 원로목사, 104세) '자신을 삼킨 삶'
특순 – 수피아여고 글리중창단
축도 – 김유수 목사 (광주기독병원 이사장)

2부. 기념식 및 출판기념회
사회 – 송인동 교수 (호남신학대학교)
내빈소개 – 소향숙 교수 (전 전대 간호대학장)
약력보고 – 송경의 장로 (광주제일교회)
영상보고 / 경과보고 – 양국주 대표 (Serving the Nations)
대통령 치사 – 김태석 차관 대독 (여성가족부)
축사 – 최금선 장로 (광주지역 여성연합회장)
축사 – 성명숙 회장 (사단법인 대한간호협회)
축사 – 임락경 목사 (강원도 화천 시골교회)
인사 – 문영순 권사 (서서평사람들 대표)
평전 증정 – 양창삼, 양국주
집필자 인사 – 양창삼 교수 (한양대학교 명예교수)
감사패 증정 – 성기문 교수 / 이춘우 대표
광고 – 안성례 장로 (광주기독병원 간호감독)

폐회 - 사회자

기념촬영 - 다 같이

다과회

3부. 묘역순례예배
인도 - 박은식 목사 (광주서현교회)

기도 - 권점용 목사 (광주백운교회)

말씀 - 홍정길 목사 (남서울은혜교회 원로목사)

축도 - 안영로 목사 (증경총회장)

순서지를 옮겨 온 것은 지면 채우기 위해서가 아니다. 이날 말씀하신 분들이 주로 원로목사라는 사실을 다시 생각해 보고 싶어서다. 현직에 있을 때는 호랑이였으나 은퇴하고 나서 '전'이나 '명예' 자가 들어가면 이빨 빠진 호랑이다. 현직에 담임목사로 있으면서 교회 갱신이나 혁명을 일으키고 가령 우리 교회 재정의 3분의 2를 서서평 선교사의 뜻을 기리어 후진국 선교비로 쓰겠다, 파송될 선교사는 서서평사람들 모임에서 주관하는 훈련원에서 1년간 훈련을 받고 떠난다, 가서 서서평 선교사처럼은 못 해도 10분의 1도 못 하면 선교비를 반환하게 한다, 이런 내용을 담은 교회 갱신 운동을 하실 분이 없었다.

역시 설교자들은 설교자다웠다. 묘역에 가서 들은 것은 '기독교와 개독교'라는 주제의 설교였다. "기독교의 실체는 바로 서서평 선교사 묘역, 이곳이 근원지다. 이처럼 살아야 기독교이고 나머지는 개독교다. 여러분들은 기독교가 되어야지 개독교가 되어서는 안 된다." 묘역을 올라가면서 어떤 이가 내게 묻는다. "이번 기회에 돈이 모이면 서서평 선교사의 기념관을 짓게 될까요?" 내 답은 "아니요, 이번 책 인세나 모아진 돈은 후진국 선교비로 나갈 겁니다. 지금도 양국주 대표는 후진국 선교에 많은 돈을 쓰고 있어요."

나는 욕심이 많은 사람이다. 설교보다는 참석한 이들이 다 같이 반성하는 시간이 되길 기대했었다. 가령 나는 원로목사라서 힘이 없으니 교회에서 주는 사례비 일부를 후진국 선교비로 쓰고 있다든가 아니면 앞으로 쓰겠다든가 하는 식의 설교였다. 참 기독교인답게 반성의 자세를 기대했다. 행사가 끝나기도 전에 우르르 일어나 나간다. 다과회 장소로 몰려간다. 사회자가 아직 끝이 안 났다 해도 우르르 나간다. 참석 인원에 비해 다과회 장소가 너무 좁았고 음식이 적었다. 행사 끝나고 들어가 보니 음식이 깨끗이 없어졌다. 내빈석이라고 따로 차려 놨으나 그곳까지 넘어와 가져다 먹는다. 이것이 현실이다. 방금 몇십 분 전에 서서평 선교사는 영양실조로 돌아가셨고 유품은 강냉이 가루 두 홉과 담요 반 장이었다는 보고가 끝난 후였다.

내 축사 내용은 이러했다.

십자가에 기대고 살면 무척 편하다. 좋은 학교도 갈 수 있고 좋은 직장도 구할 수 있고 돈도 벌 수 있고 대통령도 될 수 있다(이 자리에 대통령 비서관이 참석했고 나와 눈이 마주쳤다). 십자가를 지고 가면 무척 힘들다. 나는 십자가에 기대고 사는 선교사에게 세례를 받았다. 6·25 직후에 미국인을 처음 보았다. 그 선교사는 미국에서 온 재료로 서양식 아침 식사를 한다. 그것도 온 마을 사람들이 구경하는 곳에서 혼자 먹는다. 그리고 "우리 미국 사람, 원 애플 원 에그라는 말 있어요" 한다. 식후에 사과 하나, 계란 하나란다. 계란 하나, 사과 하나 사 와서 나누어 준 것이 아니라 그것을 준비했으면 자기에게 달라는 것이다. 그때 전라도에는 사과가 귀해서 한 사람이 1년에 사과 한 개, 계란 한 개 못 먹고 살았었다. 이렇게 선교 활동하는 선교사는 십자가를 이용해서 기대고 사는 이들이다.

반면 전남 지역에는 십자가를 지고 가신 선교사들이 모였다. 그중 대표적인 선교사가 서서평 선교사였다. 그러나 젊은 나이에 일만 많이 시작해 놓고 일찍 가셨다. 그 일을 넘겨받은 이들이 최흥종 목사님 계열이었다. 나병 환자들은 정부에서 대책을 세웠으나 폐결핵 환자들은 대책이 없었다. 그 밑에서 나는 멍청하게 병원 구정물 나르면서 제일 무서운 간호사들의 눈치 봐 가면서 지냈다. 오늘의 영광스러운 이 축사 장소에서였다. 내가 제일 무서워하는 간호사들과 간호대학 총장 앞에 나와서 축사를 하고 있다. 어떻든지 나는 십자가를 지고 가지는 못했어도 지고 가는 척하고 살아왔다. 서서평 선교사의 탄생 100주년 기념식이 있었고, 이어서 지금은 선교 100주년 기념식이다. 앞으로 소천 100주년 기념식 준비를 해야 한다. 그때는 2034년이다. 22년 후다. 그때 나는 없다. 있어도 산송장이다. 그래도 희망은 있다. 이처럼 젊은이들이 많이 모였으니 다행이다. 나는 모든 일들을 넘겨줄 기회를 찾은 것이다.

어떤 사람이 산에 갔다가 곰을 만났다. 큰 나무 뒤로 피하니 곰은 미련한지라 나무를 껴안고 사람을 잡으려 했다. 그 사람은 냉큼 곰 앞발 둘을 잡았다. 이제는 놓으면 물려 죽고 잡고 있자니 힘이 빠진다. 마침 나무꾼이 올라온다. "자네, 나하고 곰을 잡자. 곰의 쓸개는 비싸고 고기도 비싸다. 빨리 머리를 쳐라." 나무꾼은 망설이고 있었다. "자네, 곰 안 잡아 봤지? 나는 곰을 많이 잡아 봤는데 도끼로 정수리를 단번에 쳐야지 잘못 치면 자네도 죽고 나도 죽는다. 그러니 발목을 잡아라. 내가 도끼로 칠 테니." 임무가 바뀌고 난 다음 실토를 한다. "실은 나도 곰을 안 잡아 봤는데 역시 잘못 치면 자네도 죽고 나도 죽으니 다음 나무꾼이 오면 나와 똑같은 방법으로 전해 주고 내려오게." 그러고 노래 부르면서 그 어떤 사람은 산 밑으로 내려갔다.

서서평 선교사는 곰 발목을 최흥종 목사에게 넘겨주었다. 최흥종 목사는 김준호와 무등원 식구들에게 넘겨주었다. 나 또한 나무꾼처럼 미련하게 한동안 붙들었었다. 이제 나도 곰 발목을 넘겨줄 때가 되었다. 다행히 넘겨받겠다고 이곳에 젊은이들이 모였으니 나는 안심하고 휘파람을 불면서 내려가련다. 여기 모인 젊은이들은 자의든 타의든 이곳에 참석했다가 본의 아니게 곰 발목을 붙잡게 되었다. 그러나 안심해도 된다. 지금까지는 혼자 붙들었으나 지금은 1,000여 명이 붙들게 되었으니 즐겁게 붙들어도 된다. 자기를 위해 살면 즐겁고 자기 가족을 위해 살면 더 즐겁다. 그러나 자기 가족 외에 다른 이들을 위해 살면 기쁨이 있다고 한다. 그 기쁨은 빼앗을 자가 없는 것이다.

예수를 믿는 것이 아니라 예수처럼 살아야 한다. 서서평 선교사만 우러러보고 존경할 것이 아니라 한 사람이라도, 단 하루라도, 서서평 선교사처럼 사는 사람이 나와야 한다.

예수 잘 믿는 선교사들

몇몇 선교사들을 간략하게 소개하고자 한다. 훌륭한 선교사들에 의해서 전해진 복음만이 화음和音이 아니고 잡음雜音도 아닌 복음福音이다. 내가 알고 있는 잊힌 신앙인들을 소개하련다. 죽기 전에 증언하라는 옛 어른들의 말씀도 있어 죽기 전에 증언하려고 기다리고 있었으나 이제 내 나이 70이 넘었으니 더 기다릴 때가 아닌 것을 느끼고 있다.

나병 환자들과 한평생을 사셨던 포사이드(W. H. Forsythe) 선교사 이야기다. 그가 피고름 범벅이 된 나병 환자를 안은 채 말을 타고 가던 중 환자의 피고름이 묻은 지팡이가 말에서 떨어졌다. 이 떨어진 지팡이를 마침 지나가던 최흥종에게 주워 달라고 하였다. 그러나 최흥종은 피고름 묻은 지팡이를 주울 수 없어 잠시 망설였다. 그 잠시 동안 최흥종은 '저 사람은 외국인으로서 우리나라 나병 환자를 저렇게 돌보는데 나는 같은 한국 사람으로 지팡이 주워 주는 일마저도 꺼리는구나' 하는 생각을 하고는 집어 주었다. 그 일 후로 최흥종은 나병 환자들과 평생을 같이 살게 되었다고 한다. 나병 환자들과 전남 광주에서 걸어서——

물론 차비도 없고 있어도 차를 태워 주지도 않았겠지만 아무튼 걸어서──서울에 있는 조선총독부를 찾아가 총독의 허락을 받아 소록도를 확장하셨고 여수 애양원과 나주 호혜원을 창립하셨다. 최흥종 목사님은 내가 최초로 찾아 나섰던 스승이었다. 다만 시대를 잘못 태어나 같이 생활한 것은 5년 정도였고, 같이 살 적에는 그렇게 훌륭한 분인지 모르고 지냈다.

그다음은 커딩턴 선교사다. 커딩턴(Dr. H. A. Codington, 1920~2003)의 우리나라 이름은 고허번이다. 1949년 의료 선교사로서 한국에 파송되었다. 결핵 퇴치운동을 하였고 광주제중병원에 진료소를 설치한 후 병원 명칭을 결핵병원으로 바꾸었다. 1951년부터 1974년까지 광주제중병원 과장과 원장을 역임하였다. 방글라데시로 떠날 때 "한국은 이제 잘살게 되었으니 더 어려운 나라로 선교지를 옮기겠다"고 하시면서 떠나셨다.

그의 동료 의사였던 여성숙 선생님이 계셨는데, 고허번 선교사님이 여성숙 선생님의 영향을 받으셨는지 그 반대인지는 모르겠다. 아직 여 선생님이 생존해 계시니 찾아가 여쭈어 볼 생각이다. 여 선생님의 말씀에 따르면 고허번 원장은 비계산적이며 비계획적인 분이라고 한다. 가진 것이 없어 줄 수 없음을 안타까워하셨던 분이고 미국인이라는 우월감을 찾아볼 수 없는 분이었다. 내가 무등산에서 폐결핵 환자들과 같이 살고 있을 때 결핵 환자들의 입에 고허번 원장과 여성숙 선생님 이야기가 끊임없이 오르내렸다. 고허번 원장이 운영한 제중병원 7병동은 무료 환자 입원실이었다. 돈이 없어 결핵 치료를 받지 못하는 이들은 7병동으로 입원시켜 무료 진료와 입원 치료를 해 주셨다. 그때 그 병동에 입원했던 환자들은 폐결핵이 나아도 가족에게 돌아갈 수 없는, 버림받은 사람들이었다. 또 아직 완치는 안 되었는데 병원에 있을 수도 없고 가정으로 돌아갈 수도 없는 환자들은 갈 곳이 없었다. 이들을 위해 최홍종 목사님이 설립한 송등원이 모체가 되어 무등결핵요양원이 된 것이다. 이 무렵 나도 함께 살게 되었다. 여기서 환자들에게 제일 많이 들은 이야기가, 고허번 원장은 매일 오후 세 시쯤 무료 병동을 찾아오신다는 것이었다. 환자들을 한 명 한 명 만나서 병세는 좀 어떠냐, 어려운 일은 없느냐, 어려운 일 있으면 나에게 직접 말해 달라는 말씀을 매일같이 했다고 한다.

그 무렵 고 원장님이 한국을 떠나게 되었는데 환자들의 아쉽고 섭섭한 마음은 이루 말할 수 없었다고 한다. 거기 있던 결핵 환자들은 내 친구들이었는데 모두 죽고 없으니 더 물어봐 기록할 수도 없다. 섭섭함과 슬픔과 아쉬움은 있어도 그분이 더 어려운 나라로 가기 위해 한국을 떠난다고 하니 아무도 붙잡을 수 없었다.

고허번 선교사를 천사라고 표현한 이도 있었다. 얼마나 가난하게 살았는지 그분 아들이 동네에서 먹을 것을 훔치다 경찰에 끌려가는 사건도 있었다. 고 선교사도 서서평 선교사처럼 미국 선교단체에서 선교사 품위 문제로 질책을 당하기도 했다. 선교사이고 병원장이면서 가정에는 먹을 것이 없을 정도로 가난했으며 이웃 사랑을 실천하셨음을 그의 안방을 드나들던 이들이 증명하고 있었다.

동광원과 무등원은 사실은 서로 너무나 다른 곳이었다. 최홍종 목사님이 설립하신 송등원이라는 결핵 요양원이 장소가 좁아 무등산으로 확장되면서 무등원이 되었다고 설명할 수 있지만, 결핵 환자들이 갈 곳이 없어 무등산에 올라가 생활할 수 있도록 김준호 선생이 주선해서 만들어진 곳과 송등원이 연합하여 무등원이 생겼다고 하는 편이 더 정확할 것이다.

어느 날 김준호 선생이 공동 수도(작두 샘이라고 하기도 함) 근처에서 자고 있었다. 결핵 환자들이 밤중에 물을 떠 가려는데 이웃 사람이 쫓아 나와 물을 쏟아 붓고 못 떠 가게 하는 모습을 보았다고 한다. 폐결핵은 전염병이라서 결핵 환자들은 공동 우물의 물을 먹을 수 없었다. 그래서 모두 잠든 밤중에 물을 길러 왔으나 이를 알아차린 더 현명한 여인네가 밤새 지키고 있다가 물을 쏟아 붓고 빈 동이로 내쫓은 것이다. 이를 목격한 김준호 선생은 폐결핵에 걸려 가정에서도 쫓겨나고 이웃과 살 수도 없고 식량도 없고 병원 치료도 받을 수 없어 불쌍한 환자들이 물마저 먹을 수 없으니 더욱 안타까운 생각이 드신 것이다.

지금은 이해가 되지 않겠으나 1970년대까지만 해도 폐결핵은 무서운 전염병으로 알려져 일단 가족과 떨어져 살아야 했다. 만약 가정에서 산다면 우선 방을 따로 써야 하고 환자의 식기와 수저는 매일같이 삶아야 한다. 하지만 방이 여러 개 있는 부잣집에서는 그럴 수 있어도 단칸방 쓰는 집에서는 그럴 수 없었다. 가족이 결핵 환자를 두고 떠날 수는 없으니 스스로 아무 대책 없어도 집을 떠나는 것이 결핵 환자들의 예절이었다.

김준호 선생이 환자들에게 물이라도 마음껏 마실 수 있는 곳을 마련하자고 생각하셨는지 아니면 하나님께 계시를 받으셨는지는 몰라도 무등산 중턱에 올라가 우선 풀을 엮어 초막을 쳤는데, 여기에 결핵 환자들이 모이기 시작했다. 환자들 스스로 모였는지 고허번 선교사의 제의가 있었는지는 큰 문제가 아니다. 그보다 내가 이 글에서 밝히고 싶은 이야기가 있다. 동광원 식구들은 애초부터 미국에서 온 원조물자는 먹지 말자는 이현필의 주장을 실천했다. 동광원 식구들이 고아원을 운영하면서 원조를 한동안 받아 왔으나 고기 먹이지 않고 학교 안 보내고 약 쓰지 않는다는 이유로 고아원인 동광원을 전남도청이 폐쇄한 것이다.

무등산에 모여 사는 결핵 환자들의 거처는 최흥종과 김준호가 함께 지은 이름인 무등원으로 불렸다. 환자들이기에 자립을 할 수 없었고 그렇다고 굶어 죽을 수 없어 고허번 선교사의 주선으로 미국에서 보내 준 구제 식량인 밀가루, 옥수수 가루를 받아다 먹으면서 결핵 치료도 했다. 치료를 했다지만 실은 치료받다가 죽는 이들이 더 많았다. 무등원은 동광원 식구인 김준호, 김은자 님이 같이 운영했으나 동광원의 지시나 간섭 없이 독립적으로 살았다. 다시 말하면 동광원은 굶어 죽어도 미국에서 온 원조물자는 먹지 말자는 자립정신을 지니고 살았고, 무등원은 환자들과 자립을 할 수 없으니 병을 고치든지 못 고치고 죽든지 원조물자를 받아먹으면서 굶어 죽지 말자는 정신이었다.

내가 그 당시 동광원에도 있었고 김준호 선생의 바른 복음 정신과 그 꼬임에 넘어가 폐결핵 환자들과 살아 봤기 때문에 고허번 원장이 운영한 제중병원 구제부에서 주는 배급이 있었다는 것을 안다. 무등원에서 매달 또는 계절마다 제중병원으로 명단을 적어 보낸다. 물론 지금처럼 주민등록번호 대라거나 지장 찍으라고 하거나 건강진단서에 결핵 환자라고 적혀 있느냐 따위를 따지지는 않았다. 다만 같이 사는 식구들에게 병이 있든 없든 명단을 올리면 숫자만큼 계산해서 밀가루나 옥수수 가루를 한 달에 반 포씩 주었다. 두 사람이 한 포씩이었다. 즉 밀가루든 옥수수 가루든 한 달에 반 포 가지고 죽지 말고 먹고 살라는 것이다. 그 외에 무등산에서 나무꾼들이 배가 고파 산에서 쓰러지기도 한다는 소식을 들은 고허번 원장이 하루에 빵 300개 분량의 밀가루와 옥수수 가루를 추가로 지원해 주었고 무등원 식구들이 무등산 곳곳에 있는 나무꾼들에게 이것을 나누어 주기도 했다.

한 달에 한 번씩, 무등산에서 환자들 중 걸어갈 수 있는 이들과 자칭 건강하다는 사람들이 제중원에 식량 가지러 가는 일이 큰 행사였다. 지금처럼 차로 실어다 집 앞까지 가져다 주는 것이 아니고 제중병원 창고에서 가져와야 한다. 제중원에서 무등산 중심사 바로 밑까지 약 10킬로미터 정도는 평지인데 거기서부터 급경사 산길이 4킬로미터 정도는 된 것 같다. 이 거리를 여인들은 이고 남인들은 지고 날랐던 것이다. 힘 있는 이들은 한 포씩 이고 지고 가지만 나는 힘이 없어 한 포를 다 지지 못하고 3분의 2(약 15킬로그램) 정도 지고 다닌 것 같다.

나중에 무등산 곳곳에 흩어져 살고 있던 환자들의 거처를 광주시에서 철거한다. 한쪽 골짜기는 광주 시민이 먹을 상수원을 만들어야 하는데 폐결핵 환자들이 살 수 없어 철거하고, 한쪽은 관광호텔을 짓는다면서 아무런 대책도 없이 철거를 했다. 시내 변두리에 물이 내려가지 않는 곳을 선택해서 고허번 선교사의 도움으로 땅은 마련했고 집은 식구들의 힘으로 지었다.

이때까지는 지원이 있었으나 한국에 있는 세계기독교봉사회가 철수하면서 미국에서 오던 모든 구호물자가 끊어졌다. 내가 군복무를 하고 있었던 1967년으로 생각된다. 동광원과 귀일원歸一園 역사를 기록한 이들은 고허번 선교사가 동광원에 지원을 해 주다 방글라데시로 옮겨 간 다음에 지원이 끊어져 이때부터 무등원과 동광원이 분리된 것으로 기록하고 있으나 처음부터 분리된 단체였음을 나는 알고 있었다. 그 무렵 나는 실제로 결핵 환자들 사이에 묻혀서 일하고 살았기에 잘 안다. 또 고허번 선교사가 떠나면서 무등원이 동광원과 분리되어 가톨릭 교구에 의존하게 된 것이 아니었다. 무등원을 운영하는 김준호, 김은자, 그 외 자매 김권자 님들이 영세를 받았고 이미 많은 무등원 식구들이 영세를 받고 성당에도 출석하고 있었다. 고허번 선교사 이야기를 쓰다가 무등원 이야기까지 나왔다. 어떤 선교사들의 신앙을 전수받느냐에 따라 기관의 정신과 역사가 달라진다.

다음은 유화례柳華禮(Florence E. Root, 1893~1995) 선교사 이야기다. 그는 1927년 34세 때 처녀 몸으로 미국 남장로교에 의해 파송되어 한국에 왔다. 한국에 6·25 전쟁이 터지자 모든 외국인들은 본국으로 떠나거나 아니면 일본으로라도 피해 갔다. 어느 나라든 외국에서 전쟁이 발발하면 자기 나라 교민들 먼저 챙기는 것은 당연한 일이다. 그러나 유화례 선교사만은 다른 생각을 했다. 그때 일을 기록해 놓은 어떤 글을 보니 미처 피하지 못한 유화례 선교사를 동광원에서 돌보았다고 하지만, 그렇지 않았다. 외국으로 피신할 수 있어도 가지 않으셨다. 유 선교사는 미 대사관으로부터 일본으로 피난하라는 연락을 받고 '주님 저를 편안한 마음으로 있게 하여 주소서'라고 기도를 하였다. 이때 '환란이 닥쳐오는 날 신도들을 버리고 어찌 너만 살겠다고 피난 갈 수 있느냐' 하는 주님의 음성이 들려 가지 않았다고 한다.

그때의 일을 지금 동광원 원장이신 김금남 누님께 사흘간 들었다. 바위틈에 숨어 있는 유 선교사에게 밥을 해서 날라 주었는데 인민군에 발각되었다고 한다. 유 선교사 있는 곳을 말하면 살려 주고 그렇지 않으면 죽이겠다고 하니 내가 죽고 그분은 살아야 한다면서 순교를 자청하신 분들도 있었다고 한다.

미군이 인천에 상륙한 이후 유 선교사는 미 헌병이 보호하도록 넘겨졌다. 이제 유 선교사가 하는 말의 영향을 받는 현실이 되었다. 유 선교사는 한국에는 동광원이 있고 동광원 신앙이 올바른 신앙이라고 미 국무성에 이야기했다고 한다.

전도하고 교회 개척하고 학교 세우고 병원 세우면서 지식으로나 경제적으로 앞서가도록 기독교를 발전시킨 선교사들이 많이 있다. 그분들 역시 미개 사회에 큰 역할을 했다. 이분들은 기독교인들이었다. 반면에 가난한 이들과 같이 살고 병자들을 손수 돌보고 환란을 무릅쓰고 핍박을 견디며 생을 살아가면서 복음을 몸소 전파하셨던 선교사들이 적게 있다. 그분들은 더 큰 일들을 했다. 이분들이야말로 예수 믿는 선교사들이었다.

기독교인들이 선교하고 전도하면 교인들만 많이 나오고 예수 믿는 선교사들에게 전도를 받으면 예수 믿는 사람이 많이 나온다.

크나큰 스승 유영모 1

다석多夕 유영모 선생님은 내가 어릴 적부터 그 이름을 익히 들어 온 선생님이시다. 고향 교회에서 배영진 장로님이 설교하실 때 자주 말씀을 해 주셨다. 우리나라에 생존해 계신 훌륭한 분이라고. 그러나 시골에서 6·25를 겪으며 자란 나로서는 어느 곳에 사시는지 찾아갈 엄두도 못 내었고 움직일 여비도 없었다. 우선 배고픈 시절이었다. 유영모 선생님은 1일 1식을 하신다고 하셨으나 나는 가난한 집에서 태어나 전쟁을 겪고 나서 먹을 것이 없어 억지로 1일 1식을 하였다. 심지어 2일 1식 하고 지낼 때도 있었다. 아무튼 생존 시에 선생님의 얼굴이라도 한 번 뵈었으면 하는 소망을 갖고 있었다.

　유영모 선생님은 멀리 서울에 사시고 가까운 광주에 이현필 선생이 계셨는데 그분들이 훌륭하다는 말씀을 배영진 장로님께서 자주 하셨다. 이현필, 오정환, 서재선, 유영모, 현동완, 모두 존경하는 인물이라고 늘 말씀하셨다. 우선 가까운 곳부터 찾아뵙기로 하고 나선 곳이 무등산이었다. 무등산을 찾아가니 그곳에 최흥종 목사님이 계셔 같이 살게 되었다. 한평생 나병 환자들, 폐결핵 환자들과 같이 사신 최 목사님은 다석 선생님보다 10년 연상이셨다. 동광원에 있다 보니 다석 선생님이 매년 여름과 겨울 수양회 때마다 강사로 오셨고 그때부터 선생님 강의를 듣게 되었다. 내가 17세였을 때니까 다석 선생님을 처음 만나 뵌 지 벌써 50년이 되었다.

스승은 찾아야 한다

다석 선생님을 뵈었으니 소망이 이루어진 것이다. 그때는 말씀을 듣는다는 것보다 우선 얼굴을 뵐 수 있다는 것이 기쁨이었다. 말씀보다는 몸짓을 먼저 배우고 살았다. 우선 꿇어앉은 자세부터 따라 하게 되었다. 새벽마다 일어나 하셨던 선생님 나름의 요가 체조를 지금도 그대로 할 수 있다. 오직 예수만 믿어 왔던 어린 나에게 부처와 노자, 장자, 공맹을 이해하고 존경할 수 있는 폭넓은 신앙관을 갖게 해 주셨다. 물론 그전에 최흥종 목사님의 영향도 크게 받은 바 있었으나 다석 선생님께서 구체적으로, 수시로 주신 가르침이었다.

이현필 선생은 1964년에 돌아가셨고 최흥종 목사님은 1966년에 돌아가셨다. 물론 동광원에 정인세, 오북환 집사님이 계셨고 그분들을 존경했지만 신앙생활 노선이 다른 점도 있었다. 모두가 예수를 믿었으나 각자 독특한 신앙관을 가지고 있었고 예수 믿는 방법이 달라도 서로 존경하면서 지내셨다. 동광원 안에 스승은 많았으나 나는 동광원 밖에 계신 스승도 우러러보게 되었다.

진달네교회

내가 1966년 입대해 군에 있는 동안 다석 선생님께서 전주에 있는 절을 사서 동광원에 기증하셨다는 말씀을 들었다. 휴가 나와서 한 번 찾아가 보았다. 제대 후에는 다석 선생님이 사 주신 사찰에 살게 되었다. 용흥사라는 절이었는데 용흥사 간판을 내리고 다석 선생님이 지으신 「진달네」라는 시를 본받아 진달네교회라 불렀다. 선생님께서 직접 쓰신 붓글씨를 조각해서 현판도 만들어 걸었다. 그때부터는 광주에 강의차 오셨다가 강의가 끝나면 내가 버스로 모시고 전주까지 가서 시내버스를 갈아타고 또 걷고 하면서 진달네교회에 이르러 하룻밤씩 주무시고 가시곤 하였다. 지금처럼 손님이 머무는 방이 따로 없을 때였다. 남자들 방은 내가 쓰고 있었고 선생님 오시면 언제나 선생님과 같이 지낼 수 있었다. 또 집회 때마다 숙소가 좁으면 같이 자면서 선생님의 주무시는 모습을 지켜보며 생활할 수 있었다.

선생님은 크게 돈을 벌거나 사업을 해 보신 분이 아니고 자선 사업을 크게 하는 분도 아니셨다. 그런 선생님께서 사회에 환원하신 것이 진달네교회였다. 당시 30만원을 주고 절을 살 수 있었다. 무등산 결핵요양원에 있었던 이들 중 건강은 회복했으나 큰일은 할 수 없고 동광원의 정신을 이어받아 수도 생활을 하고 싶은 이들 30여 명이 그곳에서 살게 되었다. 나도 제대 후 3년 동안 같이 살았다. 30여 명이 생업으로 할 수 있는 일은 양을 길러 젖을 짜서 콜라 병에 담아 배달하는 일과 닭 길러서 잡아다가 시내 양식집에 갖다 파는 일이었다. 매일같이 양젖을 짜서 병에 담아 100여 병씩 배달하고 저녁마다 닭 100마리씩 잡아다가 시내에 팔았다. 이렇게 일을 해서 먹고 생활할 수 있도록 터전을 마련해 주신 분이 유영모 선생님이셨다.

찾아오는 사람한테마다 진달네교회 내력을 이야기하며 유영모 선생님께서 30만원을 주셔서 절을 사 생활하게 되었다고 설명했더니 김준호 선생은 다음부터는 30만원을 주셔서 절을 샀고 20만원을 더 주셔서 건너편 산 13정보를 샀다고 하라고 하신다. 산 13정보에 개간을 해서 밭을 만들 수 있는 평지가 몇천 평쯤 되어 밭을 일구어 살았다. 내가 그곳을 떠나온 지는 오래되었고 지금은 가톨릭 전주교구에 기증되어 있다.

인생 100년 36,500일

내가 선생님 댁을 처음 찾아가서 뵌 것은 1972년이었다. 찾아갔더니 선생님이 쓰시던 일기 공책에 나의 이름과 주소와 생일을 적으라 하셨다. 나는 음력 생일을 쓰기에 음력으로 적어 놓았다. 그러나 선생님께서는 양력으로 아셨고 매년 내 생일이 되면 내가 살아온 날짜를 계산해서 엽서에 적어 보내 주셨다. 엽서라기보다 선생님의 표현에 따르면 잎글(葉書)이다. 스물일곱 살 되던 해에 선생님 댁을 찾아갔더니 말씀하셨다.
"이달 11월 27일은 아주 좋은 날이오."
"무슨 날인데요."
"당신 1만 날 사는 날이오."
"그래요. 제 날인데도 제가 몰랐습니다."
물론 음력과 양력이 다르니 실제와는 32일이 다르다. 선생님이 말씀해 주신 날짜에 32일을 더하면 된다. 그러고도 나는 2만 날이 언제인지도 모르고 지나갔다.
날짜 계산은 내가 국민학교 3학년 때부터 했다. 곱하기 배우다가 인생 100년을 살면 36,500일이라는 계산을 해 보았다. 그렇다면 70년을 살면 며칠인가. 지금 내가 10년을 살았으니 살 날이 60년 남았고 60년이면 약 2만 날이 남았다. 이런 계산은 해 보았어도 선생님처럼 매일같이 일기장에다 살아온 날짜를 계산하면서 살지는 않았다. 매일같이 삶과 죽음을 계산하고 계시는 모습을 뵐 때마다 존경하는 마음이 생겼다.

둘이 알고 지내세요

1972년부터 경기도 양주군 장흥에서 살게 되었다. 내가 있던 곳이 동광원 분원인데 오셔서 강의도 해 주시고 같이 주무시고 가시기도 했다. 서울이 가까우니 선생님 댁에 자주 들를 수 있었고 갈 적마다 새로운 가르침을 받을 수 있었다. 선생님께서는 매일같이 일기장에 글을 쓰셨고 내가 찾아가면 그 뜻을 설명해 주셨다.

그 무렵 김흥호 교수님이 이화여대 철학강독회에서 매월 내는 회지 〈사색〉을 발간하게 되었다. 〈사색〉에 김흥호 교수의 글이 있는 것은 당연하지만 첫 장에 선생님의 말씀을 풀이했고 마지막 장에는 선생님이 노자 『도덕경』을 우리말로 번역하신 글이 실렸다. 다석 선생님이 우리말로 번역하면 조선 시대 말이기 때문에 당시 사람들은 뜻을 이해하기 어려웠다. 그래서 그 글을 다시 김흥호 교수가 풀이해야 했다. 〈사색〉을 읽어 보고 싶었으나 내가 동광원에 있을 적에는 그 책을 받아 볼 여력이 없었다. 읽고 싶어도 가난해서 그럴 수 없는 사람들이 나뿐만 아니라 동광원 분원과 전국에 많이 있었다. 그래서 선생님의 도움을 받자는 생각이 들었다.

당시 김흥호 교수는 매주 토요일마다 선생님 댁을 찾아가 온종일 가르침을 받았다. 김흥호 교수가 찾아간 시간이 주로 새벽 네 시였다. 나는 그보다 먼저 선생님 댁에 찾아갔다. 선생님은 언제나 두 시면 깨어 일어나시니 세수하고 요가하시고 네 시면 그날 일과가 시작된다. 일과가 시작된다는 것은 책상 앞에 꿇어앉으시는 것이다. 사색하시고 공책에 글을 써 놓으시고 종일 그 글을 읊으시며 기뻐하신다.

일찍 찾아가서 "김흥호 좀 알게 해 주셔요" 했더니 "기다려 보셔요" 하신다. 조금 있으니 네 시에 그가 도착했다. 선생님이 "둘이 알고 지내셔요" 말씀하셨다. 이게 전부다.

선생님의 특징은 직접 교제는 있어도 횡적 교제가 없으시다는 것이다. 제각각 선생님을 찾아뵙기는 해도 찾아다닌 문하생끼리 교제가 없었다. 이것은 선생님의 장점도 되고 단점이기도 했다. 아무튼 선생님께서 김흥호 교수와 알고 지내라고 했으니 알고 지내는 수밖에 없다.

선생님은 아침과 점심 식사를 안 하시니 선생님을 찾아간 손님들에게도 아침밥과 점심밥 대접을 안 하신다. 선생님께서 저녁을 드시니까 저녁까지 머무르는 날에는 그 댁 며느리가 지어 준 밥을 먹을 수 있었다. 선생님은 한 끼를 드시기에 밥을 많이 잡수신다. 그 당시 학자답지 않게 고봉밥이다. 김흥호 교수 역시 1일 1식을 하기에 아침과 점심은 같이 굶는다. 나 또한 제대 후 한동안 선생님 따라 1일 1식도 해 보았고 동광원에서는 주로 1일 2식을 하며 아침밥은 거의 안 먹고 지냈다. 선생님께서는 그때마다 "일하는 사람은 세 때 먹으시오" 하셨다.

일하다 보면 세 번 아닌 다섯 번 먹어야 일을 할 수 있다. 내가 1일 2식하고 지내던 것을 깨뜨린 것은 경기도 양주 살 때다. 가을에 탈곡기 가지고 친구들과 남의 집 벼 타작을 하고 다닐 때였다. 타작이 끝나면 벼 가마니를 주인집 창고까지 져 주어야 한다. 젊은 나이들이니 지게 없이 등으로 어깨로 메다 준다. 벼 가마니는 100킬로그램이 넘었다. 새벽 네 시부터 타작을 하고 다섯 시에 한 가마니씩 들쳐 멘다. 벼 가마니를 지고 가는데 배가 고파 도저히 갈 수가 없어 내려놓고 다섯 시에 밥을 먹고 나니 다시 들쳐 멜 수가 있었다. 그때부터 선생님께서 "일하는 사람은 먹으시오" 하신 말씀을 지키면서 지금은 힘든 일 안 하고도 아침으로 죽을 먹고 지낸다.

그 길로 오후 두 시쯤 김흥호 교수와 같이 이화여대 사무실로 갔다. 〈사색〉을 읽고 싶어 하는 사람들이 전국에 27명 있는데 그들에게 매달 무료로 보내 줄 것을 제의했고 허락을 받았다. 몇 개월 지나서 그러지 말고 매월 한 번씩 아무 때라도 찾아와 27부씩 가져가라고 하셨다. 그때부터 매월 김흥호 교수를 찾아갔고 꼭 책만 구해 온 것이 아니라 김 교수님의 말씀도 듣게 되었다. 지금 생각해 보니 사전에 전화 없이 그냥 내가 시간 나는 대로 찾아갔는데 한 번도 사무실이 비어 있다거나 수업에 들어가서서 기다린 일이 없었다. 더욱이 못 만나고 헛걸음한 일이 없었다. 김흥호 교수도 그랬지만 다석 선생님을 찾아가서 허탕친 적이 한 번도 없었다. 그때는 전화도 없었고 사전에 편지 연락도 없이 찾아갔던 때다. 지금 생각하면 기적 같은 일이다. 김흥호 교수님은 12년 동안 〈사색〉을 매달 27부씩 내게 주셨고, 나는 그것을 받아 내가 한 부 읽고 전국에 있는 다른 독자 26명에게 보내 주었다. 주로 동광원 분원이었다. 모두가 선생님의 "알고 지내셔요" 말씀 한마디 덕분이었다.

두 시간 자면 생명에 지장이 없다

선생님께서 새벽 두 시에 일어나신다는 이야기를 더 하련다. 2010년 성공회 프란치스코 회관에서 즉문즉설이라는 청문회가 있었다. 세 시간 동안 예고 없이 묻고 준비 없이 답하는 묘한 시간이었다. 묻는 사람이 정해져 있는 것도 없고 다양했다. 그때 다석 선생님에 대해 특별히 기억나는 것을 이야기했는데 지금 소개하련다. 선생님은 밤 열 시에 주무시고 새벽 두 시에 일어나셨다. 열 시에 주무시면 눕자마자 금방 코를 고신다. 깨실 때까지 곤하게 코를 골면서 주무신다. 두 시만 되면 누가 시계 보고 깨운 것처럼 벌떡 일어나신다. 나 같으면 눈 뜨고 뒤척거리고 게으름 피우다 일어나겠지만 선생님은 단번에 일어나신다. 일은 거의 안 하시기에 온종일 낮잠 없이 앉아 계신다. 일하면서 낮잠 안 자기는 쉽지만 앉아 있으면서 낮잠 없기란 쉬운 일이 아니다.

선생님은 두 시간만 자면 생명에 지장이 없고 네 시간만 자면 건강에 지장이 없다고 하셨다. 그리고 그대로 실천하셨다. 네 시간만 주무시고도 병원 안 가고 90세 넘도록 건강하게 사셨다. 나 또한 실천해 보려고 노력을 많이 했다. 물론 안 된다. 그래도 가능한 한 열 시에 자면 새벽 두 시에 깬다. 두 시부터 네 시 정도까지 책 보고 글 쓰고 하다 보면 다섯 시도 되고 여섯 시도 된다. 그 후로 다시 조금 자면 되지만 안 자면 운전할 때 졸린다.

선생님 말씀에 내가 다시 주석을 달고자 한다. 언제 두 시간 자야 생명에 지장이 없냐 하면 밤 열한 시부터 새벽 한 시까지 자면 생명에 지장이 없고 만약 한 시부터 세 시까지 두 시간 잔다면 생명에 지장이 있다. 네 시간 자는 것도 마찬가지다. 열 시부터 두 시까지 네 시간 자야 건강에 지장이 없지 새벽 두 시부터 여섯 시까지 네 시간 잔다면 건강에 지장이 있다.

선생님의 가르침 중에 한평생 내게 남는 것이 이 '두 시간, 네 시간'이다. 지금 이 글을 쓰고 있는 시간이 새벽 세 시다. 어젯밤에 늦게 잤다. 열한 시에 잠들었더니 세 시에 깼다. 보통 열 시에 자면 두 시에 깬다. 그러나 일을 많이 하는 날은 더 자야 한다. 지금은 겨울이라 땀 흘려 일하지 않아서 그렇다. 선생님처럼 온종일 앉아 있거나 낮잠을 안 자거나 하지는 못하고 있다. 그래도 선생님 말씀이 없었다면 한평생 불면증에 시달리거나 우울증 환자가 되었을 것이다. 불면증 환자들을 상대해 보면 초저녁부터 수시로 졸고 있다. 그리고 시간이 안 맞아서 그렇지 두 시간 정도는 곤히 잔다. 분명히 코 골면서 잤는데 본인은 잠자는 것을 느끼지 못하고 있다. 불면증 환자들도 죽지 않으려고 두 시간은 자고 병나지 않으려고 네 시간도 잔다. 다만 시간이 안 맞아서 그렇다. 그리고 수시로 졸고 있다. 나 또한 네 시간 자고 수시로 존다. 운전하다가도 졸고 있을 때가 있다. 그래도 네 시간 자면 잠 다 잤다는 생각 때문에 불면증이 없다고 인식하는 차이가 있다.

네 시간 자면 건강에 지장이 없다는 말씀 따라 내가 한평생 크게 도움을 받는 것은 지금 글 쓰고 있는 시간이다. 어릴 적 중학교 가는 것을 포기하고 무학력으로 평생 살아온 나에게 도움을 주신 말씀이었다. 낮에는 일을 해야 했다. 낮에는 일하는 것 외에는 다른 생각이 없었다. 더욱이 학자가 아니라서 낮에 책 보거나 글 쓰거나 하는 시간은 나에게 허락되지 않는다. 낮에는 일을 해야 한다. 보통 주경야독晝耕夜讀이라지만 나는 주경신독晝耕晨讀이다. 새벽 시간에 책 보고 글 쓰며 살아왔고 그렇게 살고 있다.

임실이 숲골이었다

언젠가 선생님과 버스를 타고 광주에 같이 간 적이 있었다.
"여기가 어디요."
"임실입니다."

"임실, 조선 시대 없었어요. 숲골 그런 곳이 있었어요."

임실 사람들이 임실의 뜻을 잘 모르겠다고 한다. 물론 여러 가지 해석은 있다. 맡길 임任 열매 실實 자를 쓴다. 말 그대로 뜻이라면 열매를 맡긴다는 것인데 그런 뜻 같지는 않다. 내가 전북 순창에서 나서 조금 자랐다. 그리고 임실에서 1년간 살았다. 전라도에서 골을 우리말로 실이라고도 한다. 곡谷 자를 실이라고 했다. 우리 고향 순창 유등면에서는 건실을 행정구역상 건곡이라 하고 풍산면 대실을 대곡, 가실을 가곡, 이렇게 골이나 골짜기를 실이라고 했다. 임실은 임곡이었어야 한다. 수풀 림林 자를 임任 자로 표기하지 않았나 하는 생각을 해 본다. 아무튼 임실에 특별한 뜻이 없음은 확실하다. 더러는 과일이 잘 익는다, 과일이 튼튼하다는 뜻이라고도 알려진다. 실實 자가 과일이 맞지만 임任 자와 합하면 별 뜻이 없다. 언젠가 심상봉 목사님께서 임실이란 말의 뜻을 모르겠다고 하시기에 내가 선생님께 들은 말씀이 있다고 했다. 그 후에 교인 중에 어떤 사람이 요구르트·치즈 공장을 하겠다고 했는데 회사명이 숲골 요구르트로 자리 잡아 이름이 났다.

광주 이야기다. 1965년 여름으로 생각된다. 강의차 동광원에 오셨는데 그날 비가 왔다. "빛고을(光州)에 비가 온다. 비가 오는 빛고을도 있다"고 하셨다. 그때까지만 해도 광주가 빛골인지 모르고 지냈다. 광주에서 빛고을 소리 못 들어 보았다. 그다음부터 빛고을 이야기가 나오고 모든 간판이 바뀌고 상표들이 살아났다. 광주가 빛고을이 된 것은 선생님의 말씀 때문이었다고 본다. 그 후 나는 춘천春川에서 편지를 할 적마다 춘천이라고 하지 않고 봄냇가, 봄내라는 말을 수시로 써 왔다. 지금은 춘천이 봄내라는 뜻을 찾아 쓴다. 선생님의 '어른디어'에 내가 '아이디어'를 개발해서 춘천이 봄내가 되었다고 하면 반박하는 학자들이 나올 것이다.

아직도 바꿀 것이 많다. 원주原州가 두던골이나 언덕골이 되어야 하고 청주淸州는 맑은고을, 충주忠州는 충신고을이나 충성고을, 전주全州와 완주完州는 온전고을, 나주羅州는 비단고을, 경주慶州는 경사가 많은 고을이 되어야 하지 않나.

아가 아니고 이가 먼저다

다석 선생과 동광원 이현필 이야기를 빼놓을 수 없다. 이것은 정인세 동광원 원장님께 들은 이야기이다. 1946년 봄 광주 와이엠시에이YMCA에서 현동완과 유영모의 공개 강연이 있었는데 강연이 끝나고 동광원으로 이현필까지 세 분이서 같이 걸어오시는 길이었다. 그때까지 요즘처럼 악수하면서 "저 이현필입니다", "저 유영모입니다" 하는 그런 인사가 없었다. 그도 그럴 수밖에 없다. 서로 익히 알고 있는 사이였으나 직접 만나는 일은 그때까지 없었다. 말하자면 생전 처음 두 분이 만나는 장소였고 처음 시작한 말씀이었다. 다석 선생님 시간 나시는 대로 읊으시는 모습을 자주 볼 수 있듯이 "이~ 이~" 하시니 이현필 선생이 듣고 있다가 "아가 먼저지요." "이가 먼저지요." "아가 먼저지요!" 다석 선생 더욱 소리 높여 "이가 먼저지요!" 이현필 더욱 소리 크게 "아가 먼저지요!" 이것이 첫인사였다. 두 분이 만나시면 이처럼 맞지 않는 이론 가지고 서로 상반된 말씀을 하셨던 일이 자주 있었다. 그러나 서로 존경하셨다. 같이 계실 때는 의견이 다르고 서로의 말씀에 대해 목청껏 반론도 하셨다. 그러나 따로 계실 때 서로가 단점을 지적하거나 요즘 말로 흉을 본다거나 하는 일은 못 보았다. 말씀에 해석이 다르다 해서 말씀 가지고 인격을 무시하거나 결별한다거나 하는 일은 전혀 없었다.

존경은 존경이고 말씀 해석은 말씀 해석이었다. 말씀은 달리 해석할 수 있는 것이다.

오 집사, 그렇게 성경 해석하면 안 돼요

같은 일을 또 겪었다. 1973년 여름 수양회였다. 그때 이현필 선생이 돌아가신 지 10년이 넘었고 동광원에는 선생과 같이 동광원을 창설·운영하신 정인세와 오북환이 있었다. 정인세는 원장으로서 말씀 지도보다는 사무적인 일과 대내외 관계로 분주하셨고 오북환 집사가 모든 말씀을 도맡아 하셨다. 과장된 표현으로 말하자면 우상처럼 교주처럼 수백 명이 따르고 가르침을 받던 지도자 이현필은 돌아가셨고 오북환 집사가 대신하였다. 마침 다석 선생이 강사로 오셨으나 오북환 집사가 강의를 하는 시간이었다.

오북환 집사님의 말씀은 신학적으로 거리가 멀 때가 많았다. 나 또한 어릴 적부터 수십 년 들어 왔으나 잘못된 해석도 많았다. 동광원에서는 수도자들이고 모두가 동정을 지켜야 하기에 말씀하다 동정을 강요하는 쪽으로 성경을 해석하는 일이 종종 있었다. 있어도 이해해 주어야 한다. 교회를 다니다 보면 교회 건물을 새로 지을 헌금이 부족해서 헌금을 더 내도록 성경 말씀을 예수님의 본뜻과 달리 인용하는 일을 종종 볼 수 있다. 그것은 이해해 주어야 한다. 동광원에서 동정을 기키기 위해 성경 해석을 잘못한 것을 가지고 이단 시비를 해서는 안 된다. 그렇다면 일반 교회에서도 헌금 문제로 성경 해석을 잘못하는 것도 이단 시비를 가려야 한다. 그날도 오북환 집사께서 말씀을 하시다가 제자들을 아끼시는 나머지 성경 해석이 동정 지키는 것을 강조하는 쪽으로 가고 있었다. 이때 다석 선생은 큰 소리로 "오 집사, 성경 그렇게 해석하면 안 돼요" 하셨다. 그러자 오 집사는 "예" 하고는 아무 일도 없었던 것처럼 계속해서 말씀을 이어가셨다. 그리고 지금까지 그런 문제로 아무 일도 일어나지 않았다.

생각해 보자. 우리 속담에 있듯이 남의 제상에 가서 감 놔라 배 놔라 해서는 안 된다. 그것은 어디까지나 남의 제상이기 때문이다. 지금 동광원은 다석 선생에게는 어디까지나 남의 제상이다. 그리고 제사장은 오북환 집사다. 동광원은 나를 포함해서 수백 명이 말씀을 따르고자 가정생활을 포기하고 재산을 버리거나 가지고 와서 모여 살고 있는 수도 공동체였고, 밖에서도 수천 명이 같은 뜻으로 그와 같이 신앙생활을 하고 있었다. 오북환 집사는 그곳에서 말씀을 지도하는 지도자였다. 그 장소에서 직접적으로 그것도 큰 소리로 지적을 할 수 있었던 것은 동광원과 오북환 집사를 남으로 생각하지 않았기 때문이다. 만약 다른 사람이었거나 다른 기관에서 이런 일이 있었다면 큰 문제가 생겼을 것이다. 그러나 동광원에서는 아무 일도 없었다. 대인은 대인이고 도인은 도인이고 거룩이들은 역시 거룩이들이었다.

같은 집회 기간이었는지 다른 때였는지 알 수 없지만 같은 장소에서 일어난 일이다. 선생님은 건강하셨으나 귀가 약간 어두우셨다. 선생님과 말씀을 하려면 언제나 목소리를 크게 해야 했다. 조용조용히 말씀을 드리면 못 알아들으셨다. 이날은 엄두섭 목사가 말씀을 전하고 다석 선생은 듣고 계셨다. 선생님은 갑자기 "아멘", "암", "암" 하시고는 "목사, 지금 나이가 몇이오?" 물으셨다. "예, 쉰둘입니다." 여기도 역시 남의 제상이었다. 일반 교회에서 그런 일이 있었더라면 이것은 큰 사건이다.

담임목사 설교 때 큰 소리로 "성경 해석 그렇게 하는 것 아니오" 하고, 외부강사 말씀할 때 "아멘, 아멘, 암, 암" 하고 칭찬하다 보면 큰 싸움이 나거나 교회가 반으로 나뉘거나 교인들이 다른 교회로 떠났을 것인데 아무 일도 없었다. 그것은 존경은 존경이고 말씀은 말씀일 뿐이기 때문이다. 다석 선생은 말씀이란 '씀' 자가 사람 인人 자가 둘이고(人人) 한 일一 자에 입 구口 변이어서 입 하나 가지고 사람끼리 싸운다고 해석하셨다. 말씀이란 사람끼리 싸우는 것일 뿐이고, 그 사람의 생활이나 인품을 보고 서로 존경해야 하는 것이다.

크나큰 스승 유영모 2

선생님 말씀 중에는 건강 이야기가 많이 나왔다. 무엇보다도 몸 관리에 대해서 언제나 말씀하셨다. 요가 체조를 직접 창안하시어 한평생 하셨다. 선생님께서 가르쳐 주신 체조 중 아주 쉽고 날마다 할 수 있는 요가 체조가 있다.

하나, 일어설 때 손 짚지 말아라. 별것 아닌 것 같으나 그대로 실천하다 보면 신체 균형이 잘 잡힌다. 눈에 띄게 좋아진 곳은 없을지 몰라도 나도 모르게 병이 나지 않을 것이다.

둘, 앉을 때 기대지 말고 앉아라. 이 체조 역시 아주 쉽고 자주 할 수 있는 체조였다. 선생님은 한평생 기대앉은 모습을 볼 수가 없었다. 언제나 꿇어앉은 정좌였다. 댁에 찾아가면 선생님께서 꿇어앉으신 모습을 보고 꿇어앉지 않을 수 없었다. 또 동광원에 오시면 강사이고 어른이신 선생님께서 꿇어앉으시니 수도 생활을 한다는 이들은 그 앞에서 양발 개고 앉아서 들을 수 없게 된다. 동광원 식구들은 지금도 예배 때 꿇어앉는다. 또 혼자 있을 때나 공동생활에서도 꿇어앉는 자세는 생활화

되어 있다. 물론 꿇어앉은 모습은 이현필 선생에게서도 항시 보았다. 이 선생도 예배에서 설교하실 때는 언제나 꿇어앉으셨다. 다만 건강이 좋지 않아 수시로 누워 계셨다.

유영모 선생님은 꿇어앉아 덕 보신 말씀을 해 주셨다. 일제 때 감옥에 가셨는데 유치장에서부터 "꿇어앉아!" 하더란다. 선생님께서는 오히려 발 개고 앉으라고 할까 봐 걱정했는데 꿇어앉으라고 해서 큰 다행이었다고 하셨다.

꿇어앉은 일화가 또 있다. 스님과 자세 문제로 다투기까지 하셨다고 한다. 스님은 가부좌가 정좌라고 하셨고 선생님은 꿇어앉은 자세가 정좌라고 우김질이 난 것이다. 오랜 우김 끝에 선생님이 이기셨다고 한다. "사람이 태어날 때 어떻게 하고 태어나요" 하신 말씀에 스님이 지고 말았다고 하셨다. 지금처럼 배 속까지 볼 수 있는 사진기가 있었더라면 사람이 배 속에서 어떻게 하고 있소 하셨을 것이다.

나도 한평생 선생님처럼 꿇어앉아 살고 싶었고 그렇게 해 왔으나 1985년 여름, 돌을 가득 실은 경운기 뒷바퀴가 발목으로 지나갔다. 뼈는 이상이 있었는지 없었는지 몰라도 다행히 병원 안 가고 고쳤다. 그러나 그 이후로 꿇어앉지는 못하고 있다.

셋째, 바지 입을 때 벽 짚지 말아라. 아침마다 할 수 있는 체조다. 선생님께서 가르쳐 주신 대로 벽 짚지 않고 바지 입고 살다 보니 몸의 균형이 잡혀 늙어 가는 내 모습이 뒤에서 보면 젊다고 한다.

선생님께서는 한평생 눈병이 안 나셨다고 한다. 우리 몸에 손 댈 데가 있고 안 댈 데가 있다고 하셨다. 눈은 만질수록 병이 난다고 한다. 눈병이 나면 손만 안 대면 고쳐진다고 하셨다. 또 손 안 댈 데가 있다고 하셨는데 만지기만 하면 좋지 않은 곳이 또 있다고 하셨다. 구체적으로 말씀은 해 주셨으나 여기에 쓰지는 않겠다.

감기도 걸리지 않았다고 하셨다. 일제 때 이태리 감기가 유행했을 때에도 아들, 며느리 간호해 주고 선생님은 건강했다고 하셨다. 치과도 안 가셨다. 이가 없어도 인공 이를 갈아끼우지 않고 없으면 없는 대로 사셨다.

지팡이를 짚으신 것도 못 보았다. 지팡이는 짚을수록 그것에 의지하게 되니 짚지 않겠다고 하셨다.

모이는 것도 신앙이고 흩어지는 것도 신앙이다

다석 선생과 이현필은 너무나 다른 점이 많다. 여기서 잠깐 호칭에 대해서 설명하고 지나가야겠다. 선생이라는 말은 말 그대로 존경이다. 일본인들은 선생으로 끝난다. 우리는 끝에다 '님' 자를 붙인다. 시간 낭비, 글자 낭비다. 목사도 그냥 목사면 스승이고 사모는 스승의 어머니다. 그 끝에다 꼭 '님' 자를 붙여야 하는가. 그리고 자기보다는 어른이지만 상대 어른보다 젊은 사람을 어른 앞에서 부를 때에는 경어를 붙이지 않는 것이 예의라고 배웠다. 가령 할아버지 앞에서 아버지를 소개할 때 '아버님께서'라고 하면 안 되고 '아버지가'라고 해야 한다. 이처럼 다석 선생 앞에서 '이현필 선생님이'라고 말하면 안 된다는 뜻이다. 나는 선생님 앞에서 김흥호 선생님, 김흥호 목사님을 김흥호 선생이라고 하지 않았다. 언제나 김흥호가, 이현필이, 오북환이, 박영호가, 이렇게 말씀드렸고 선생님께서 좋아하셨다.

이현필과 다석 선생은 거리가 너무나 멀 때가 있다. 이현필은 제자를 삼고 모여 살기를 바라셨다. 이것은 김준호의 해석이기도 한데 이현필은 어찌 되었든 식구들이 모여 살며 공동체를 이루자는 생각이었다. 하지만 다석 선생은 제각각 혼자서 잘 살면 된다고 생각하셨다.

이현필은 뜻을 같이하겠다고 따라나선 이가 동광원을 떠나면 안타까워하고 슬퍼하시고 더러는 찾아다니면서 돌아올 것을 요구하셨다. 그러나 다석 선생은 달랐다. 어떤 청년이 한평생 선생님과 같이 살면서 선생님을 존경하고 따르고 배우며 제자가 되겠다고 나섰는데 어떻게 해서든 보내고 말았다고 한다. 이현필은 모여서 신앙생활을 같이 하자는 뜻이고 다석 선생은 홀로 서서 독립적인 신앙생활을 하라는 뜻이다. 두 분은 너무나 상반된 신앙관을 가졌으나 하나님을 믿는 데는 서로 의견을 달리하거나 다투는 것을 보지 못했다.

나만 알짬으로 샜지

선생님 주무신 이야기 또 하련다. 선생님은 꼭 열 시에 자야 된다 하시지만 그렇지 못할 때가 많다. 강의차 오셨지만 꼭 열 시에 주무시도록 두지를 않는다. 이 사람 저 사람 질문하고 토론하다 보면 어느 때는 밤을 꼬박 새우기도 한다. 누구 한 사람과 토론하다 밤을 새우는 것이 아니다. 이 사람이 이야기하다가 피곤하면 자러 가고 나머지 사람과 이야기한다. 그러다가 먼저 잔 사람이 다시 일어나서 토론하고 하다 보면 선생님만 밤을 꼬박 새울 때가 더러 있었다. 그러면 "나만 알짬으로 샜지" 하셨다. 그래도 낮잠은 주무시지 않으셨다.

한번은 내가 여쭈어보았다. "선생님, 낮잠 주무실 때 있었습니까?" 2층에서 떨어졌을 때 혼수상태로 병원에 누워 계셨다고 한다. 낮에 누워 있었던 것은 그때 한 번뿐이었다고 한다.

당시에는 집회를 열면 일주일씩 했다. 어느 때는 일요일에 시작해서 다음 일요일에 끝이 난다. 8일 동안 새벽, 오전, 오후, 밤까지 네 번씩 집회를 하는데 아침은 모든 동광원 식구들이 안 먹으니 아침 식사 시간도 없이 강의를 하셨다. 새벽 네 시부터 낮 열두 시까지 연속으로 강의하시는 것이다. 아침 먹을 시간에 조금씩 쉬는 시간을 갖기도 한다. 선생님은 점심을 안 드시고 참가자들은 먹는다. 선생님 방에서는 식사 시간에도 말씀이 계속된다. 말씀을 하시면 시간 가는 줄도 모르시고 계속해서 말씀하신다. 쉴 새 없이 말씀을 하시노라면 누군가 조금 쉬었다 하자고 한다. 하지만 선생님은 "말씀을 마쳐 주어야지요" 하신다. 오히려 듣는 쪽에서 아무 때고 말씀을 중단해야 한다. 주최 측에서 멋대로 시간을 정한다. 새벽 네시부터 여덟 시까지, 여덟 시에 잠깐 쉬고 열두 시까지, 점심 먹고 오래 쉬고 두 시부터 여섯 시까지, 저녁 먹고 여덟 시부터 열 시까지. 지금 계산하면 하루에 열네 시간은 족히 넘는다. 그것도 7일이나 8일씩이다.

누구나 오래 사신 분들은 목소리가 힘이 있고 쩌렁쩌렁하듯이 선생님도 말씀을 언제나 힘차게 하셨다. 경기도 계명산 동광원에서 모일 때였다. 밤늦도록 토론이라기보다는 선생님 말씀에 정식으로 도전하는 듯한 이야기 자리가 이어졌다. 선생님께서 석가, 공자, 노자, 장자를 설명하셨는데 예수 이외에 다른 이들을 왜 들추시느냐 하는 속 좁은 기독교인의 도전이었다. 도전하는 이는 예수밖에는 구원이 없다, 다른 이로서는 구원이 없다고 주장하고 선생님은 천상천하天上天下 무여불無如佛이라고 했다며 우겨 대신다. 이렇게 시끄럽다 보니 상도동에서 오신 오 장로님이 잠 좀 자게 조용히 하시라고 한다. 선생님은 자고 싶으면 자라고 하시고 오 장로는 시끄러워 못 자겠다고 하신다. 선생님은 시끄러워 못 잔다는 이야기는 사실이 아니라고 하신다. 시끄러워도 다 잘 수 있다며 "구물방에서도 자요" 하신다. 구물방이란 조선 시대나 일제 때까지 마을마다 행사가 있기 전에 모여서 풍물 연습하는 곳이다. 나도 어릴 적에 마을에서 풍물 연습하는 좁은 방에 갔다. 그곳에서도 졸린 사람들은 다 잔다.

선생님의 이 한마디는 나에게 일생 동안 큰 도움을 준다. 시끄러워 잠 못 잔다는 생각을 나에게서 지워 주시니 나는 한평생 시끄러워 잠 못 이루는 일 없이 잘 잔다. 물론 시끄러우면 잠 못 자는 것은 당연하다. 그러나 그것은 덜 피곤해서 그런 것이다. 잠이란 기차 타고서도 잔다. 완행열차 타면 무척 시끄럽다. 틈틈이 오징어, 땅콩, 맥주 찾고 다니는 사람에, 밤새 외치면서 왔다 갔다 하는 사람도 있다. 출발할 적마다 기적 소리 크게 울리고 정거장마다 안내 방송을 떠들어 대도 잘 자는 사람은 잘 잔다. 모두 다 자고 있다. 상인들은 더 크게 떠든다. 기차길 옆 오막살이 아기도 잘도 잔다. 옥수수도 잘 크고 아기도 잘도 큰다. 운전하다 졸면 죽는다. 그래도 잘도 존다. 부모가 죽어도 잔다. 어떤 사람은 아들이 물에 빠져 죽었는데도 그날 잤다고 한다. 시끄러워 잠 못 잤다는 말은 덜 졸리니 하는 말이다. 모두가 병나지 않으려고 잘도 잔다. 죽지 않으려고 잘도 잔다.

제자의 도

나에게 스승이 있는지 없는지 모르겠다. 다석 선생님이 나의 스승인지 잘 모르겠다. 사제간에 제자가 되려면 스승의 가르침을 따라 그대로 본받고 실천한 사람이어야 한다. 내가 처음부터 가르침을 받고자 했던 것은 사실이었다. 어릴 적부터 그랬으나 스승으로 모시기에는 너무나 거리가 멀었다. 어찌 되었든 찾아뵙고 가르침을 받고자 했던 것은 내 마음이었다.

처음 스승 찾아 나선 것은 동광원 이현필 선생이었다. 그분의 그늘 아래 삶을 찾았으니 그분이 인정하든 안 하든 그분의 제자인 것은 분명하다. 또 그분 임종 때까지 그곳에 있었고 돌아가신 뒤에도 계속해서 그곳에 살았으니 그분의 제자가 맞다. 동광원에 살 때 다석 선생님이 자주 찾아 가르침을 주면서 말씀하시길, 한국 인물 중에 북에는 남강 이승훈 선생이고 남에는 이현필이라고 하셨다. 내가 다시 평한다면 한국의 인물 중에 북에는 남강, 중앙에는 유영모, 남에는 이현필이라고 하련다.

내가 다석 선생님이 사서 동광원에 기증해 주신 진달네교회에 있을 때 박영호 님이 찾아오셨다. 선생님의 전기를 쓰시겠다고 자료 수집차 찾아왔다. 동광원에 오셔서 강의도 하시고 또 여러 가지 다석 선생의 행적을 모으고 있었다. 박영호 님은 선생님이 사찰을 사서 기증하셨던 것을 여기 와서 처음 알았다. 그때 나에게 박영호 님은 부모 친구가 자식 친구도 된 것이니 스승 친구가 제자 친구도 된다고 말씀하셨다. 그 후 내가 경기도 동광원 분원에 살게 되었고 박영호 님 역시 같은 경기도에 살게 되었다. 같은 경기도에 살다 보니 다석 선생님을 같이 찾아뵙자는 제의가 있었다. 한 달에 한 번씩 찾아뵙자고 했고 평창동 시내버스 정류장에서 같이 만나 찾아뵈었다. 선생님의 생일인 3월 13일에는 빠지지 않고 찾아뵈었다. 1972년 5월 13일로 기억한다. 그날에 다석 선생님의 3만 일 기념이라는 글을 써서 발표하기도 했다.

그동안 무슨 생각 했소

어느 날 선생님을 혼자서 찾아갔다. 선생님 댁을 찾아갈 때는 새벽 네 시만 넘으면 되는데 그날은 다섯 시쯤 되었을 것이다. 첫인사가 "그동안 무슨 생각 했어요" 하신다. 준비 없는 질문이라서 나는 당황했다. 누구나 '안녕하시냐'는 말이 상용 인사말이었고 주로 안녕은 육신의 안녕을 묻게 된다. 그러나 선생님께서는 정신적인 생각의 안부를 물으셨기에 당황했다. 겨우 대답했던 것이 "별 생각 없이 지냈어요" 하는 말이었다. 내가 선생님을 찾아갈 때는 일방적인 가르침을 받을 것만 생각했지 그러한 질문을 받을 생각은 못 했다. 알았더라면 준비라도 좀 했을 것이고 숙제를 했을 것이다. 그래도 선생님께서는 생각 없이 사는 나의 붉어진 얼굴을 달래 주시느라고 "생각 없다는 말이 맞소. 새로운 생각 했다고 해도 모두가 옛 생각이오. 해 아래는 새것이 없다 했는데 생각해 봤자 모두가 있었던 일들이오. 새것을 생각하다 보면 샘물을 떠올리는데 옹달샘 물도 새 물이 아니오. 모두가 있었던 물인데 빗물이 스며들어 돌아다니다가 깨끗이 솟아 나온 것이지 그 물도 새 물이 아니오. 다 옛 물들이오" 하시면서 말씀을 시작하셨다. 선생님은 말씀을 시작하시면 줄곧 네 시간을 넘기신다. 변소에 갈 시간도 안 주신다. 말씀 도중 내가 중단시키고 변소에 다녀와야 한다. 내가 배고픈 것을 못 이기면 인사드리고 나와야 한다.

지금 이현필은 이현필이 아니다

이현필 선생의 초상화가 나돌기 시작할 때였다. 이현필 선생은 평소 쓰시던 물건이 없었고, 갈아입을 옷 한 벌 없이 사시다 겉옷 벗고 속옷만 입고 가셨다. 기독교인들이 생명같이 아끼는 성경도 없었다. 사진마저 없었다. 다만 도민증道民證에 나온 사진이 있었는데 그도 사진사가 잘못 찍어 이마 위로 머리가 없는 사진이었다. 이 사진을 토대로 그림 잘 그리는 화가가 초상화를 그렸다. 이 초상화가 지금 나돌아 다니는 이현필이 된 것이다. 초상화를 다시 사진으로 찍은 것도 돌아다닌다. 초상화를 가지고 유영모 선생님을 찾아뵈었다. "선생님, 이 초상화가 누구인지 알아보셔요?" 했더니 이리저리 눈여겨보시고 도무지 누구 초상화인지 모르시겠다는 것이다. "이분이 이현필이오." "아니야. 그 어른 같지 않은데. 그 어른 아니야." 머리 잘린 증명사진 확대해서 그림을 그리다 보니 본모습은 어디 가고 다석 선생님이 알아볼 수 없는 그림이 되고 만 것이다.

다석 선생은 이현필보다 23년 먼저 나셨다. 형님이라기보다는 어버이 같은 연배셨다. 그래도 "그 사람 아니야" 하지 않으시고 "그 어른 아니야" 하셨다. 선생님께서는 이현필을 그처럼 존경하셨다. 그리고 이처럼 겸손하셨다.

내가 이현필의 사진을 평가하련다. 귀가 다른 사람보다 조금 큰 것은 사실이었으나 초상화처럼 밑으로 내려오지는 않았다. 그리고 이마에 내 천川 자가 있어야 한다. 어찌 되었든 다석 선생은 알아볼 수 없다고 하셨다. 이때가 이현필이 세상을 떠나신 지 10년 뒤쯤으로 생각된다.

서울에 숲과 물 공급

선생님 댁을 처음 찾아갔을 때였다. 선생님의 공책에 내 이름을 쓰라신다. 한문으로 '林洛京'을 썼다. 써 놓고 "수풀(林)도 좋고 물(洛)도 좋으나 서울(京)이 싫습니다" 했더니 "아니오, 서울에서 수풀과 물을 맑게 공급하시오" 하셨다.

자기 이름에 만족할 사람은 없을 것이나 나 역시 내 이름에 만족하지 못했다. 어릴 적부터 불만이어서 아버님께 왜 하필 '서울 경' 자를 쓰셨느냐고 했더니 원래는 경사 경慶 자를 썼으나 호적계가 잘못 기록했다고 하셨다. 족보를 보았다. 역시 족보에는 경사 경 자가 기록되어 있었다. 아무튼 선생님께서 내 이름 풀이를 잘 해 주셔서 여러모로 잘 써먹었다.

내가 이곳 화천에 산 지도 45년이 넘었다. 살다 보니 여러 가지 일들을 하게 되었는데 그중에는 화천군 친환경농업연합회를 창립한 일도 있다. 내가 초대 회장이 되었고 창립총회 때 화천군수를 비롯해 군의회 의장, 군의원 등 화천군 내외 귀빈들이 참석했다. 회장 취임사에서 '林洛京'을 크게 써 놓고 "나는 지금부터 서울에 숲과 물을 맑게 해서 보낼 자격이 있고 책임이 있습니다. 다석 유영모 선생님이 이렇게 내 이름을 풀이해 주신 것입니다"라며 인사말을 시작하였다. 같은 이야기를 북한 강유기농업연합 창립 때 초대 회장 취임사에서도 했다. 내 이름을 생각할 적마다 선생님께서 풀이해 주신 말씀을 떠올리며 숲과 물은 물론이고 서울 경 자가 더욱 자랑스럽다.

선생님의 노망老忘

1978년 즈음으로 생각된다. 찾아뵈었더니 그날은 매일같이 계산해서 기록하시던 날짜만 써 놓으시고 며칠 동안 아무 기록도 없으셨다. 그리고 인사말 외에는 아무 말씀을 안 하신다. 몇 시간 동안 내가 지껄였고 선생님께서는 아무 말씀이 없으셨다. 아마 기억력이 없음을 선생님께서 스스로 아신 것이다. 그래서 실수하실까 봐 아무 말씀을 안 하신 것이다.

　얼마 후에 다시 찾아갔더니 그날은 아예 매일같이 쓰시던 날짜마저 기록을 안 하셨다. 말씀도 없으셨다. 다만 "오셨소" 이 한마디뿐이었고 그렇게 쉬지 않고 신이 나서 가르침을 주셨던 말씀이 전혀 없으셨다. 앉아만 계신다. 사모님께서는 내가 누구인 줄 모르시는 줄 알고 "아니 누구인 줄 몰라요. 이 어른 누구인 줄 몰라요" 하시니 선생님께서는 큰 소리로 "누가 할 소리요" 하신다. 알고 있었다는 말씀이었다. 그런데도 실수하실까 봐 아무 말씀도 안 하셨다.

　나는 술을 먹는다. 먹다 보면 술에 취할 때가 있다. 그러나 나를 아는 사람들은 나의 취한 모습을 볼 수 없다고 하신다. 나와 같이 한평생 살고 있는 사람들마저도 나의 술 취한 모습은 못 보았다고 한다. 이것은 선생님께 배운 교훈이다 선생님은 노망기가 있어도 노망을 안 하신 것이다. 나도 술에 취했어도 술 취한 모습을 안 보였다. 나 또한 얼마를 더 살고 노망을 할지 몰라도 노망기가 있으면 아무 말도 안 하련다. 그러나 지금 노망을 하고 있다. 되지 않는 글을 쓰고 있음이 노망이다.

3천 년 전에 해결된 일인데

　고양군 벽제 계명산에서 주무시고 나와 같이 나오실 때였다. 공동묘지 앞에서 버스를 기다리고 있었다. 공동묘지를 쳐다보시더니 "저게 무슨 짓이야! 다 쓸데없는 짓. 부처님께서는 3천 년 전에 다 해결하셨다" 하시는 모습을 보니 얼굴에 핏줄까지 서 있었다. 선생님께서 화내시는 모습은 자주 보았다. 제일 크게 화내실 때는 함석헌 일 가지고 말씀하실 때였고 그다음으로 노하신 것이 그때였다.

평소에 "선생님, 장례는 어떻게 지내실 거예요" 하면 "화장이지" 하셨다. 그러나 죽은 자는 역시 산 자가 장사 지내는 것이요 돌아가신 뒤 자녀들의 뜻에 따라 신세계 묘지에 안장되었다. 나도 화장보다는 매장이 옳다고 여기고 있다. 선생님의 산소 쪽만 생각해도 마음이 든든하고 살아 계실 때처럼 기가 느껴진다.

제자 못 된 막내 중 막내

박영호 님께서는 수시로 본인이 제일 젊고 어린 제자라고 하셨다. 그것은 맞는 말이다. 다석 선생의 제자로서는 제일 어린 제자셨다. 그러나 제자 될 자격도 없고 문하생도 아닌 내가 있다. 선생님을 어릴 적부터 존경하고 그리워했고, 가까이서 가르침을 받고 단 둘이서 같은 방에서 주무시고(나는 자고) 하면서 지낸 지가 50년 전부터 20년이었다. 그러나 제자나 문하생은 못 되었다. 그것은 가르침은 받았고 한평생 삶의 교훈은 많았으나 선생님처럼 살지는 못했기 때문이다. 다만 선생님을 살아생전 찾아뵙고 가르침을 받기 위해 찾아다녔던 사람 중에 나보다 더 어린 사람을 못 보았다. 나 또한 노인의 반열에 들었으니 마지막 증언이 되지 않을까 하는 노파심이 든다.

크나큰 스승 유영모 3

흔히들 다석 유영모에 대해 말할 때 종교 다원주의자라고 하기도 한다. 그러나 내가 본 유영모 선생은 종교 다원주의자가 아니다. 물론 그가 기독교인은 아니다. 그는 하느님을 믿는 사람이다. 하느님을 아버지로 믿는 분이었다. 물론 아버지로 모시기까지는 하느님을 예수 그리스도를 통해서 알게 되었다.

내가 본 선생님은 하나님을 너무나 깊이 아셨고, 하나님이 그의 안에 직접 역사하고 계심을 뵈올 때마다 느낄 수 있었다. 그런 선생님을 뵈올 때마다 나 또한 하나님과 가까워졌다. 그분은 절에 가서 불공을 드린 일이 없다. 다만 불경을 깊이 연구하셨다. 불경 가운데 『법화경』 말씀을 자주 하셨다. 선생님이 자주 말씀하셔서 나도 법화종 법주인 법화 스님께 책을 얻어 읽어 보았는데 그 책에는 선생님께서 말씀하신 대로 잃어버린 아들의 이야기가 나온다. 「누가복음」은 아들이 돌아왔고 『법화경』은 아버지가 찾으러 나간 것이 다르다.

선생님은 『대학』, 『논어』, 『맹자』, 『중용』을 즐겨 읽으셨고 자주 말씀하셨으나 『시경』, 『서경』, 『주역』 말씀은 자주 하지 않으셨다. 동양 학문으로는 노자, 장자를 스승처럼 여기셨다고 본다.

내가 20년 가까이 찾아뵌 바로는 선생님은 예수 믿는 사람이었다. 다만 교회 다니는 사람은 아니었다. 그분의 말씀과 삶에서는 언제나 그리스도 예수가 떠나지 않았다. 그러나 석가도 존경하고 노자, 장자를 스승처럼 여겼다. 톨스토이도 존경하고 간디를 존경했는데 간디를 생각하면서 한평생 인도 쪽으로는 오줌을 누지 않았다고 하셨다.

유영모는 1890년 3월 13일 서울 남대문 근처에서 태어나셨다. 10남매가 태어났으나 동생과 둘만 남았다. 그가 일곱 살 때 콜레라에 걸려 쌀뜨물 같은 거품 똥을 싸며 죽어 가고 있었는데 어머니는 다 죽어 가는 어린아이를 억지로라도 살려 보겠다고 손으로 항문을 7~8시간 동안 막고 있었다고 한다. 그런 끝에 다시 생기가 돌아 살아나게 되었다. 얼마 살지 못할 줄 알았는데 어머니의 극진한 정성으로 살아남게 된 것이다.

학문은 이 정도

다섯 살 때부터 아버지에게 『천자문』과 『동몽선습』 등을 배웠다. 서당에 가서 『통감』을 배우다 서당 공부가 싫어 집에서 3~4년을 보냈다. 열 살이 되던 1900년에 관립官立 수하동水下洞소학교에 들어가 신학문을 접하게 되었다. 1910년에 한일합병조약이 맺어졌으니 그 10년 전이다. 소학교에서 수학에 재미를 붙였고 이를 계기로 훗날 오산학교에서 수학을 가르치기도 했다. 수數에 아름다움을 느끼셨고 한평생 날수를 계산하면서 사셨다. 말씀마다 숫자를 써 가면서 즐거워하셨다.

당시 서울에는 소학교가 총 아홉 개였으나 교장은 두 명이었다. 학교장은 교육부로 출근했다가 아홉 개 소학교를 순방하였다. 학년말시험은 아홉 개 소학교 학생들이 모두 교동소학교에 모여서 보았고 결과는 학교 바깥 벽에 성적 차례대로 붙여 발표했다. 1, 2, 3등까지가 우등생이었고 나머지는 급제, 낙제로 구분했다. 유영모는 1학년 말에 1등을 했고, 2학년 때는 2등을 했고 전체 5등을 한 적이 있었다. 당시 소학교는 3년제였으나 유영모는 2년만 다니고 서당에서 『맹자』를 배웠다.

1905년에는 일본어를 가르치던 경성학당에 들어갔다. 그 2년 뒤에 입학한 경신학교에서는 성경, 기독교사, 한문, 영어, 물리학, 산술, 대수, 천문학, 박물학, 지리, 한국사를 배웠다. 1909년 3학년 졸업하기 전에 경신학교 교장의 추천을 받아 경기도 양평학교 교사로 갔으나 수업 시간에 이 나라를 삼키려는 제국주의 일본을 비난한 것이 일본 헌병의 귀에 들어가 그들의 협박으로 되돌아오고 만다.

오산학교의 교사

오산학교를 설립한 남강 이승훈은 과학을 가르칠 교사를 구하기 위해 경신학교를 찾았다. 경신학교 교장 밀러는 과학 성적이 뛰어난 유영모를 추천하였다. 유영모는 이승훈의 초빙으로 1910년 9월 평안북도 정주定州 오산학교 교사가 된다.

남강 이승훈은 나라 사랑을 보여 준 사람이다. 3·1운동 민족대표 33인 가운데서 오랫동안 옥고를 겪고 마지막으로 풀려났다. 남강은 여덟 살 때 어머니를 여의고 열한 살 때는 할머니마저 여의었다. 그리하여 유기 공장을 하던 임일권의 방 심부름꾼이 되어 재떨이, 화로, 요강

따위를 챙기는 일을 하였다. 임일권의 신임을 얻은 이승훈은 수금하는 일을 맡았다가 나중에 자립해 유기 공장을 차렸는데 사업이 크게 성공하였다. 신분이 상민이었던 이승훈은 양반들에게 받은 설움이 한이 되어 거금을 주고 참봉参奉(능지기나 문화재 관리인)이라는 말단 벼슬을 샀다. 양반이 된 이승훈은 보란 듯이 의관을 갖추어 입고 양반 행세를 했다. 조선조 양반의 관존민비 사상이 조선을 망하게 했던 것도 모르고 어쭙잖은 광대 노릇을 했다.

그 후 남강은 안창호를 만나 겉치레 양반 행세를 접고 애국자로 거듭난다. 신민회 평안북도 총감을 맡는가 하면 도산의 교육입국의 뜻을 받아들여 고향인 평안북도 정주에 오산학교를 세운다. 그러나 그 당시에 길러 놓은 인재가 없어 교사 구하기가 힘들었다. 아니, 교사를 할 만한 사람이 없었다. 특히 신교육의 꽃이라 할 수 있는 과학 교사는 더욱 찾기 어려웠기 때문에 경신학교까지 온 것이다. 경신학교에서는 미국 선교사들이 직접 과학을 가르치고 있었다. 유영모가 가기 전 오산학교에서는 춘원 이광수가 과학 수업을 하고 있었다. 그때 오산학교는 아직 1회 졸업생이 나오기 전이었고 전교생은 80명이었다. 학생이라고 해도 대부분 선생과 나이가 엇비슷할 때였다(나도 1956년 국민학교 다닐 때 나이가 4, 5세 더 많고 결혼한 친구들과 같이 다녔다).

유영모는 수학, 물리학, 화학, 천문 등을 가르쳤다. 유영모와 이광수는 오산학교 교단에서 3년 동안 동료로 지냈다. 이광수가 두 살 아래였다. 유영모에게 이광수에 대해 물으면 좀처럼 말씀을 안 하셨고 "재주 있는 분이지요" 정도만 들었다. 이광수는 소설가로서 면모는 보여 주었으나 여성 편력과 친일로 바람직하지 못한 행적을 남겼는데 그 때문에 별다른 말씀을 하지 않으셨다.

당시 도산 안창호를 비롯해 나라 사랑에 앞장선 선각자들은 교육을 소홀히 한 결과 백성들이 무지몽매하여 나라가 망했다고 주장했다. 그리하여 고을마다 학교가 세워졌는데 정주에만 70여 개나 되었다. 70여 개 학교 학생들이 모여 대운동회를 할 때는 기수, 나팔수 빼고 북 치고 꽹과리 치면서 응원하는 사람 빼면 선수로 뛸 학생이 없을 정도로 학생 수가 적었다.

유영모는 오산학교에서 학생들에게 정규 과목보다 기독교 정신을 가르치는 데 더 힘썼다. 이때는 유영모가 기독교 신자가 된 지 6년째로, 정통 교회 신앙에 익숙한 아주 열성적인 기독교인이었다. 첫날부터 수업을 시작하기 전에 머리를 숙이고 같이 기도하자고 했다. 서울에서 온 5척 단구 청년 교사가 뜻밖의 요구를 하자 학생들은 서로 눈치를 살피다 끝내 고개를 숙이지 않았다. 그런데 유영모는 강제로 학생들을 기도하게 하지 않았고 혼자서 기도할 뿐이었다. 그렇게 1주일쯤 지나자 학생들이 스스로 기도하게 되었다. 사춘기에 들어선 학생들은 야생마 같았고 나라 잃은 국민으로서 비분강개가 그들을 더욱 거칠게 만들었다. 그러나 유영모가 온 뒤로 하루가 다르게 부드럽게 변해 감을 이승훈은 유심히 지켜보고 있었다.

이승훈은 도산 안창호가 세운 평양 대성학교를 수시로 오가며 학교 운영도 살피고 안창호도 만났다. 대성학교에는 기독교 성경 연구 모임이 있었다. 매주 수요일 방과 후에 신민회 총무이며 목사인 전덕기가 지도하였다. 때로는 미국인 선교사를 초빙하여 설교도 들었다. 안창호는 일요일에 교회 나가는 것을 권장했다. 이 같은 대성학교의 운영 실태를 지켜보고 있었기에 이승훈은 기독교에 대해 경계심이 없었고 오히려 관심을 갖기 시작했다. 이런 때 유영모가 나타나 학생들에게 기독 정신을 불어넣어 학생들의 태도가 바뀌는 것을 보면서 이승훈 스스로도 기독교를 믿기로 결심했다. 그러던 중에 당시 평양에서 제일 유명했던 산정현山亭峴교회 한석진 목사를 찾아가서 '십자가의 고난'이라는 설교를 듣는다. 그러고 나서 이승훈이 예수를 믿겠다고 고백하는 역사적인 사건이 생긴 것이다.

이승훈은 기독교 신자가 된 지 석 달 만인 1910년 12월, 안병근 사건에 연루되어 평양에서 서울로 오는 기차 안에서 일본 헌병과 경찰의 합동검문으로 체포되고 2년 동안 제주도로 유배를 떠난다. 제주도 유배형이 채 끝나기도 전 데라우치 총독 살해 음모 사건으로 조작된 '105인 사건'에 또 연루되어 10년 형을 언도받고 1915년 가출옥으로 나올 때까지 5년 동안 옥고를 치른다. 그다음에는 1919년 3·1운동 민족대표 33인의 한 사람으로서 3년 넘게 다시 감방살이를 하고 1922년 7월에 맨 마지막으로 출옥했다.

일제 시대의 감옥은 감옥이라기보다 지옥에 더 가깝다. 안창호를 비롯한 수많은 애국지사들이 감방에서 죽어 갔다. 그러나 남강은 잇따른 옥고를 장기간 치르고도 더 싱싱하고 당당한 모습으로 나타났다. 이것은 타고난 체력, 인고의 생애, 불굴의 애국정신, 일신日新의 신앙이 가지고 온 기적이었다. 남강은 감옥일지라도 하나님이 계시면 천국이라는 것을 실제로 보여 주었다.

> 감옥에서 어떻게 그리 기쁜지 모르겠어요. 하느님 당신께서 내 머리 위에 계신 것 같아요. 여러 사람 가운데서 내가 가장 초신자인데 내가 제일 위로받는 것 같아요. 내가 성경을 가까이한 곳은 감옥이었어요. 마침내 감옥이 조금도 괴롭게 생각되지 않았어요. 젊은 사람들도 다 싫어하는 감방 똥 청소를 자진해서 도맡아 했어요. 손으로 똥을 치우며 '주여 감사합니다. 바라건대 이 감옥에서 나가는 날 이 백성을 위하여 이 똥통 소제한 것을 잊지 말게 해 주시옵소서'라고 기도했어요. 감옥

이란 참 이상한 데예요. 강철같이 강해져서 나온 사람도 있고 썩은 겨릅대같이 폭삭 약해져서 나오는 사람도 있어요.

이승훈은 옥중에서 구약성경을 스무 번 읽었고 신약성경을 일백 번 읽었다고 했다. 그 후 쉰한 살에 평양신학교에 들어가 3학기 동안 신학을 공부하기도 했다.

1916년 장로가 된 이승훈은 교회를 대표해 노회에 참석하고 평북노회를 대표해서 평양이나 서울에서 열리는 장로교 총회에도 참석한다. 이것이 인연이 되어 기미년 3·1운동 때 기독교 대표의 한 사람으로 나선다. 당시 독립선언서에 서명할 33인의 순서를 두고 종파끼리 대립이 있었다. 서로 자기 종파의 대표가 먼저 서명해야 한다고 옥신각신할 때 그 자리에 들어선 이승훈은 그 사실을 알고 노여워했다. "순서는 무슨 순서야. 죽는 차례인데 아무나 먼저 쓰면 어때. 손병희를 먼저 써요"라고 소리치는 통에 두말없이 어려운 문제가 해결되었다.

이승훈의 기독 신앙 정신에 힘입어 오산학교에서는 주기철, 함석헌, 김주항, 한경직 같은 이들이 잇달아 나왔다. 오산학교의 이러한 기독교 정신에 처음으로 불을 붙인 사람이 유영모였다. 그러나 정작 그는 자신이 기독 신앙을 옮긴 데 대해서 전혀 자랑으로 여기지 않고 오히려 부끄러워하였다. 거기에는 깊은 뜻이 있었다.

"나는 공부를 안 했어요. 열여섯 살부터 일흔 살이 된 지금까지 50여 년 동안 성경을 읽었어요. 20대에 전도도 했어요. 지금 생각하면 멀쩡한 일이지요. 나는 사람에게 전도해야 한다고 해서 교회에서 듣고 배운 대로 녹음기 노릇을 했어요. 내 생각으로는 소학교 선생도 마흔 살이 넘어서 했으면 해요. 서른 살 전에 무슨 인생을 알아요? 교육은 인생을 알고서 지도해야지요."

이렇게 말하는 유영모에게서 참사람의 모습을 보게 된다. 흔히 자기가 한 작은 일도 침소봉대하여 자랑하기 쉬운 게 사람인데 유영모는 오산학교에 기독 신앙을 전파한 것을 자신이 20대에 뭘 알지 못하고 멀쩡한 일을 한 것이라고 말한다.

전통신앙에서 이탈하다

유영모는 오산학교에서 나올 때 교회 생활에서 벗어난다. 하나님을 떠난 것이 아니라 교회 생활을 떠난 것이다. 즉 타율적 신앙에서 자율적 신앙으로 바뀐 것이다. 이런 이야기를 쓰면 자연히 기독교계에서 큰 논란이 있을 줄 안다. 옛날에 유영모라는 사람이 그랬다는 것이다. 그는 그러면서 기독교 교리에서 멀어졌다. 바울 신앙에서 예수 신앙으로 바뀐 것이다.

여기에는 세 가지 이유가 있었다고 본다. 첫째는 톨스토이의 영향이고 둘째는 불경과 노자, 셋째는 아우의 죽음이다.

톨스토이는 유영모가 오산학교에 부임한 지 한 달 된 1910년 11월 7일 5시 5분에 숨졌다. 톨스토이의 죽음은 세계를 발칵 뒤집어 놓은 대사건이었다. 아내 몰래 가출하여 방랑길에 나섰던 여든두 살의 대문호가 기차 여행 도중에 급성 폐렴에 걸려 아스타포보역(지금의 톨스토이역) 역장의 관사에서 숨진 것이다. 이 일은 오산학교에서도 추도식을 가질 정도로 큰 사건이었다.

오산학교에서 실질적인 교장 역할을 하던 여준이 도산 안창호의 지시에 따라 만주로 떠나고 새 교장으로 평양신학교 교장이었던 스테이시 로버츠Stacy Roberts가 취임하면서 학생들을 기독교 신도로 만드는

데 초점을 두기 시작했다. 그러나 그때 오산학교 내에는 비정통 기독 신앙으로 반교회 기독교라 할 수 있는 톨스토이의 사상이 빠르게 퍼지고 있었다. 춘원 이광수는 톨스토이가 쓴 『통일복음서』로 설교했는데 교장의 방침과 달라 결국 오산학교에서 쫓겨났다. 유영모가 학교를 떠난 것도 로버츠 교장의 학교 운영 방식 때문이었다. 가족들의 말에 의하면 한국전쟁 때 거의 없어졌지만 그가 가지고 있는 책 중에 톨스토이의 저서가 가장 많았다고 한다.

톨스토이는 저서 『우리는 무엇을 할 것인가』에서 이렇게 말한다.

> 많은 노동자가 쓰레기를 나르거나 뒷간 청소하는 것이 부끄러움이 아니오, 동포들이 그것을 치우고 나르게 뒷간통, 쓰레기통을 채우는 것이 부끄러운 일이다. 허름한 신발을 신고 손님으로 간 것이 부끄러운 것이 아니고 신발 없는 이들의 옆을 고급 구두 신고 지나가는 것이 부끄러운 일이라 생각한다. 외국이나 최근의 일을 모르는 것이 부끄러운 것이 아니라 빵을 먹으면서 빵을 만들 줄 모르는 것이 부끄러운 일이라고 생각한다. 더럽혀진 손을 가진 것이 부끄러운 것이 아니라 손바닥에 굳은살이 없는 것이 부끄러운 것이다.

오산학교에서 유영모는 여준, 신채호 등의 권유로 노자와 불경을 읽기 시작하면서 다른 종교에 눈을 뜬다. 그즈음 아우 영묵이 죽었는데 그 일로 예수를 믿으면 축복을 받고 성공한다는 교회 교리에 회의를 갖게 된 것이다.

"내가 스물한 살 때 열아홉 살 동생이 죽었어요. 낙심이 되었지요. 그때부터 나는 세상에 완성이란 없다고 생각했어요."

"종교의 핵심은 죽음입니다. 죽는 연습이 철학이요, 죽음을 없이하자는 것이 종교입니다. 죽음의 연습은 영원한 '얼생명'을 기르기 위해서입니다. 사는 것이 사는 것이 아니요, 죽는 것이 죽는 것이 아니에요. 산다는 것은 육체를 먹고 정신이 사는 것입니다. 몸으로 죽는 연습은 '얼생명'으로 사는 연습입니다."

일본 유학을 포기하고 뜻을 세우다

당시 한국에는 대학이 없었다. 대학 공부를 하려면 일본으로 가거나 미국, 유럽으로 가야 했다. 유영모는 경제적 부담이 덜 되는 가까운 일본을 택했다. 한국인 학생들이 일본 대학에 들어가려면 반드시 예비학교를 거쳐야 했다. 한국의 학제와 교육이 부실했던 탓이다. 인문 분야를 공부하려면 정칙正則, 과학 분야는 물리학교를 다녀야 했다. 유영모는 과학 분야를 전공하고자 동경물리학교를 택했다. 오산학교에서 과학을 가르쳤고, 오산학교에서도 과학 교육이 필요했기 때문이다.

정식으로 대학에 진학하려면 물리학교를 마친 뒤 시험을 쳐야 하는데 유영모는 대학 진학을 포기하고 서울로 돌아왔다. 종교 사상 때문이었다.

유영모는 이런 말씀을 하셨다. "세상의 입신양명이니 이런 것 다 집어치우고 진리 속에 들어가는 것만이 참 사는 것입니다. 하느님 아버지 품으로 돌아가기 전에는 참인생은 없어요. 육체를 버리고 세상을 버리는 것이 바로 믿기 시작하는 것입니다. 세상을 사랑하는 사람은 하느님을 모릅니다. 세상을 미워하는 사람에게 하느님이 걸어오십니다. 대학, 대학 하면서 대학에 가면 문제가 해결될 것같이 생각하는데 대학이 사회문제를 해결한다는 것은 망상에 불과한 것입니다. 대학 때문에 사회

악이 조장되지 않아요? 고등교육을 받은 사람들 때문에 범죄가 더 심해지고 그런 사회악이 더 눈에 띄지 않아요? 모르기는 해도 오늘날 교육하는 사람 가운데 공부 잘해야 이다음에 잘 먹고 잘살게 된다고 말하는 사람이 있을 것입니다. 옛날에도 좋은 음식, 좋은 집, 출세 같은 것이 권학勸學의 조건이 되기도 했습니다. 사람에게 인정을 받은 박사 논문은 빌어먹을 짓입니다. 나는 대학을 반대합니다. 출세하여 대학교수 된다고 하는 것은 일하기 싫어서 하는 것이 분명히 있습니다. 성경에도 교만한 자는 일하지 않고 밥 먹으려 한다고 말했어요. 개인의 편한 것을 생각하면서 나라 생각한다는 것은 거짓입니다. 지식을 취하려 대학에 가는 것은 편해 보자, 대우받자 하는 생각에서 시작됩니다. 이것은 양반 사상, 관존민비官尊民卑 사상입니다.”

관존민비를 뒤집는 민존관비民尊官卑의 씨알 사상이 여기에서 출발한 것이다. 이 씨알 사상이야말로 공산주의 사상이 붕괴되고 자본주의 사상은 한계에 다다른 지금 인류가 공존공영을 향해 나아가는 21세기 새 역사를 이루는 머릿돌이 될 사상이다.

오산학교 교장

유영모가 아버지 외에 정신적인 아버지로 받들었던 이가 두 분이었는데 한 분은 남강 이승훈이고 한 분은 삼성 김정식이었다. 이승훈에게는 나라 사랑을 배웠고 김정식에게는 하느님 사랑을 배웠다.

유영모는 서울 종로 YMCA에서 만났던 김정식을 일본 도쿄 조선 YMCA에서 다시 만났다. 김정식은 서울 종로에 YMCA를 세우고 도쿄에도 재일조선 YMCA를 세워 유학생들의 보호자 역할을 하고 있었다.

유영모는 김정식을 통해 예수를 알았고 이승훈은 유영모에 의해 예수를 가까이하게 되었으니 서로 각별한 사이다. 김정식은 여러 아이를 낳았는데 어려서 다 죽고 세 아이만 남았다. 그 세 아들도 대학 공부를 하던 청년기에 모두 요절했다. 김정식은 구한말 고위 관료였으나 말년에 가난과 고통을 겪으면서도 욥과 같은 훌륭한 믿음으로 이겨 냈다. 김정식이 세상을 떠나자 유영모는 김교신과 나란히 추모문을 써서 김교신이 발행하는 〈성서조선〉에 기고하여 고인의 고매한 인격을 기렸다.

기독교인의 생애란 십자가에 기대어 덕을 보느냐, 그 작은 부분이나마 짊어지는 것이냐로 구별할 수 있다. 김정식 선생의 생애는 짊어지는 편이었다. 평생의 말씀이 '나를 아는 사람으로 내가 죽은 뒤에 추도하는 의식을 발론하는 이가 있더라도 도무지 하지 않도록 해 주기를 부탁한다'고 하시던 선생님의 생애에 관해 단 몇 글자라도 쓰기가 죄송스럽다.
열 자녀를 기르시다가 참척慘慽으로 다 먼저 보내고 그 가운데 삼 형제는 다 자라서 병사했다. 참상을 보신 때 조객 앞에서 여상如常한 태도로 하느님이 불러 먼저 갔다며 자위自慰의 말씀을 부부가 한가지로 하셨다. 그러나 부인과 함께 산속으로 가서 사람이 없는 곳에서 실컷 울었노라고 얘기하신 적도 있었다. 마지막 참척 때 말씀이 '정情이 아니고 욕慾이 붙었던 것을 놓친 것이다' 하셨으니 당신네 늙어서 극심한 가난이 검박할 것임을 느끼심이다.

유영모는 일본에서 김정식의 소개로 나라 사랑의 화신이라 할 고당 조만식을 만났다. 두 사람의 하숙집이 그리 멀지 않은 까닭에 자주 만나 이승훈과 오산학교에 대해 이야기를 나누었다. 그 후 메이지 대학을 졸업한 조만식은 옥중에 있던 이승훈의 간청으로 오산학교 교장을 맡게 되었다. 선교사 로버츠가 오산학교 설립의 본뜻을 저버리고 배타적인 교회 신앙으로 학교를 통제하자 자유 정신을 회복시키고자 이승훈이 고당에게 3개월 동안만이라도 학교를 맡아 분위기를 정화시켜 달라고 했던 것이다. 그러나 고당은 무려 9년 동안 교장직을 수행하면서 여준과 더불어 오산학교 정신의 등뼈를 이루었다.

예로부터 무력이 성당이나 학교에 침입하면 안 되는 것으로 알았다. 성당이나 학교는 진리를 추구하는 거룩한 곳이기 때문이다. 그러나 일제는 야만스럽게도 화성 제암리교회와 정주 오산학교에 불을 질렀다. 불에 타 버린 교사 자리에 쌓인 재를 쓸어 내고 임시 교사나마 다시 학교를 세웠다. 불사조 오산학교가 부활 개교한 지 2주일 뒤 고당 조만식이 3·1운동으로 인한 옥고를 2년간 치르고 교장으로 다시 돌아왔다. 그러나 일제는 오산학교 부활을 못마땅하게 생각했다. 더구나 오산학교에 조만식을 두는 것은 범에게 날개를 달아 주는 일로 생각하여 그의 교장 인준을 취소하였다.

오산학교 측은 새 교장을 찾을 수밖에 없었다. 오산학교 교사, 졸업생과 후원자들이 모여서 조만식 선생을 이을 새 교장을 누구로 할까 숙의를 거듭한 끝에 이승훈 선생의 뜻을 좇아 유영모로 결정했다. 당시 서른두 살의 젊은 나이였던 유영모를 교장으로 모셔 오기로 결정한 것으로 보아 이승훈이 유영모를 얼마나 신뢰했는지 짐작할 수 있다.

하지만 막상 교장으로 와 달라는 말을 듣고 유영모는 망설였다. 오산학교에 다시 갈 생각이 있었다면 일본에서 대학 교육을 마치고 왔을 것이다. 교단에 다시 설 생각이 없었던 그는 오로지 농사지을 생각뿐이었기 때문에 대학 공부를 그만두었던 것이다. 그러나 존망의 위기에 놓인 오산학교와 형무소에서 모진 옥고를 치르고 있는 정신적 아버지 이승훈을 생각하면 사양할 수도 없었다. 그리하여 1921년 9월 7일 오산학교 교단을 떠난 지 11년 만에 조만식의 뒤를 이어 오산학교 교장으로 취임하였다.

10여 년 전 교사였을 때는 과학을 가르쳤는데 이번에는 교장으로서 수신(도덕)을 가르쳤다. 유영모가 그간 여러 경전 탐독과 사색을 통하여 가슴속에 쌓아 두었던 진리의 말씀을 폭포수처럼 쏟아 내니 학생들은 감탄한다. 입지立志의 나이를 넘어선 유영모는 이미 동서 고전의 핵심을 꿰뚫은 사상가로 성숙하였다. 어떤 사람과의 약속이라도 꼭 지키는 그는 몸가짐은 모범模範이요 마음가짐은 사범師範인 지행일치知行一致의 스승이었다. 2년간 함께 교단에 섰던 이광수는 유영모에 대해 "그는 시계처럼 공정하고 정확한 사람"이라고 했다.

유영모는 자기가 할 수 있는 일은 남에게 시키지 않았다. 학교에서 잔심부름을 하는 소사나 학생들에게도 심부름을 시키는 일이 없었다. 자기 방 청소는 물론이고 군불도 직접 뗐다. 남에게 일을 시키기 좋아하는 것은 몹쓸 양반들 짓이라고 했다. 방에서도 방석 대신 널빤지를 깔고 앉았다. 교장실의 회전의자는 치우고 등받이를 잘라 내고 무릎을 꿇고 앉아서 업무를 보았다. 식사는 하루 두 끼만 하며 절대로 과식하는 일이 없었고 술과 담배는 아예 안 했다. 날마다 냉수마찰을 했는데 아무리 추워도 얼음을 깨고 냉수마찰을 하여 보는 사람들을 놀라게 했다.

유영모는 수신 과목을 교과서 없이 가르쳤다. 왜냐하면 교과서라는 것은 일본 사람들이 썼기 때문이다. 대신 성경, 『논어』, 『맹자』, 『도덕경』, 『채근담』 같은 경전과 톨스토이, 우치무라 간조, 토머스 칼라일 같은 세계적인 사상가들의 사상과 생애를 가르쳤다.

그러나 유영모는 오산학교에서 오래 근무하지 못했다. 교장으로 부임한 지 1년 남짓 지나서 일제 교육 당국으로부터 교장 인준을 해 줄 수 없다는 통지가 나왔다. 인준을 거부한 이유는 말하지 않아도 알 수 있다. 하나는 아버지 유영근이 3·1운동 당시 이승훈의 독립운동 자금을 맡았던 죄로 옥고를 치른 일이요, 다른 하나는 전임 교장인 조만식처럼 일제가 싫어하는 한복을 항상 입고 다닌 점이었다. 그 때문에 유영모를 고당과 같은 옹고집 민족주의자로 보았을 것이다. 대학 졸업장이 없는 것도 빌미가 될 수 있었다.

학력과 경력은 없다

유영모는 학교 졸업장이 하나도 없다. 그러나 학교 구경은 꽤 하셨다. 소학교도 가 보고 경신학교도 가 보고 동경의 어떤 이름 없는 학교도 조금 가 보았다. 선생으로서 교단에도 좀 서 보셨는데 교장도 엄밀히 말하면 일본 정부의 정식 인준을 받지 못한 임시 교장이었던 셈이다. 교회도 가 보았으나 교직이라고는 집사도 안 해 보셨다. 감옥도 가 보고 출옥도 해 보셨다.

명함을 못 보았으나 만약 명함을 인쇄해서 가지고 다니신다면 명名 앞에 함銜 자를 내세울 것이 없겠다. 직장을 얻고자 이력서를 작성한다면 학력란은 공란이 되겠고 이력란도 공란이 되겠다. 사후에 명정銘旌(죽은 이의 관직과 성씨 따위를 긴 천에 적은 것)을 쓴다면 그냥 '다석多夕 유영모柳永模 지구之柩'다. 그러나 이렇게 쓰면 안 된다. 언젠가 나에게 얼굴 붉히며 하셨던 말씀이 생각난다. 명정이나 묘비에 '갈 지之' 자 들어가는 것이 잘못되었다고 화내며 말씀하셨다. '지' 자를 쓰지 말고 '의' 자를 써야 한다고. 가령 '多夕 柳永模의 柩'처럼. 내가 죽은 뒤 묘비에는 '갈 지' 자는 쓰지 않았으면 하는 것이 내 유언이다.

크나큰 스승 유영모 4

✳

1988년으로 기억한다. 12월 24일 오후였다. 포천 일동 쪽으로 운전하고 가는데 무척 졸린다. 자동판매기 커피를 먹으려고 주화를 넣었는데 고장이 나서 나오지를 않는다. 건너편 자동판매기를 보고 건너가려니 이현주 목사가 건너온다.

"야, 저쪽에도 고장 났더라."

12월 24일 오후에 두 목사가 같은 방향으로 가고 있었다. 같은 시간에 같은 장소에서 커피가 먹고 싶어 자동판매기에 돈을 넣었고 같이 고장이 났다.

"그럼 좀 더 가다가 같이 마시자."

"야, 다방에서 한 잔 마시자."

"야, 다방 커피는 2천 원이고 자판기는 2백 원이야."

"그래도 마시자."

"꼭 마셔야 되겠냐?"

"꼭 마셔야겠다."

"마누라 데리고 와야지."
"안 오고 차 안에 있겠다고 한다."

마누라는 2천원이 아까워서 차 안에 있겠다고 한 것인데 소갈머리 없는 남자들은 결국 커피를 마시려고 다방에 들어갔다. 들어갔더니 신문이 있었다. 1면에 '장기려 박사 서거'라고 크게 기사가 났다. 내가 말했다.

"요즈음 우리나라 사람 중에 장기려 박사님이 제일 훌륭하더라."
"유영모 선생 계시지 않느냐."
"선생님은 훌륭하시지만 일을 많이 안 하셨다."
"제자들 많이 길렀지 않느냐."
"제자들 중에 일하는 제자가 많이 나와야 할 텐데 고상한 생각만 하는 제자들이 많아질까 염려된다."
"그래도 제자들 많이 길러 내셨다."

함석헌과의 만남

오산학교 교장은 유영모였고 함석헌은 졸업반 학생이었다. 그 당시 유영모에 대해 함석헌은 이렇게 말했다.

"첫 시간부터 혀를 뽑았습니다. 새 교장 선생님이 들어오시는데 키는 자그마하고 등이 조금 굽었고 뒷골이 톡 튀어나오신 분인데 하얀 한복 차림이었습니다. 말씀은 웅변조는 아니고 조용조용히 하시는 말씀이셨습니다. 배울 학學 자 한 글자를 풀어 말씀하시는데 무려 두 시간 동안을 말씀하셨습니다. 학생들은 '과연 소문대로구나, 보통 분은 아니다'라고 하면서 놀라움을 금치 못했습니다."

유영모가 여름에 교장으로 부임하여 왔다가 1년 만에 학교를 그만두고 다시 여름에 집으로 돌아가는데, 소사 한 명만이 짐을 들고 따르는 쓸쓸한 귀향길이었다. 두 사람이 고읍古邑역으로 밤길을 걸어가노라니 뜻밖에도 졸업반 함석헌이 배웅하러 나왔다. 유영모는 함석헌에게 "내가 이번에 오산에 왔던 것은 함咸 자네 한 사람을 만나기 위해서였는가 보다"라고 의미심장한 말을 했다. 함석헌은 유영모를 오산학교에서 짧게 만났으나 그 영향은 컸다. 함석헌은 날수 2만 날을 기념하는 자리에서 "나는 정신적으로 단층을 이루고 비약한 때가 두 번 있었습니다. 첫 번째가 유영모 선생을 만났을 때였고 두 번째가 우치무라 선생을 만났을 때였습니다"라고 했다.

"나는 하느님 절대 중심주의자다. 인간주의를 배척함도 하느님을 절대 중심으로 모시기 위해서요, 교권을 반대함도 그것이 하느님에 대해 귀족주의이기 때문이다. 나는 하느님의 절대통치하에 신앙의 데모크라시(민주民主)를 주장한다. 모든 사람이 다 같이 하느님의 자녀요, 다 같이 제사祭司요, 있는 아흔아홉 마리 양의 가치보다 잃은 한 마리의 양의 가치가 가볍지 않다는 성서의 데모크라시는 하늘에서 온 복음이다."

함석헌은 어릴 때부터 교회에 다녔으나 무교회 신도가 되었다. 교회 조직은 반대하면서도 십자가 신앙은 그대로 지니고 있었다. 그러다가 1955년에 십자가 신앙을 멀리하고 정통 기독 신앙에서 벗어나 다른 종교도 인정하는 열린 신앙을 갖게 되었다.

"나는 성경을 고쳐 읽고, 인생을 고쳐 씹고, 역사를 고쳐 보기로 했다. 그런 결과, 전에 내가 말한 것은 남의 말을 전했을 뿐이지 내가 참으로 지내 본 것이 아님을 알았다. 이제 그런 일은 다시 할 수가 없다. 그리하여 문제는 나다. 내가 나로서 사는 것이 문제다."

다음은 1983년 12월 우치무라 간조 전집 39권에 기고한 함석헌의 글이다.

> 마사이케 진(政池仁) 선생은 내가 십자가 신앙에서 떠났다고 합니다. 그 말은 맞습니다. 하지만 나 자신 생각으로 떠난 것이 아닙니다. 십자가 없이 어떤 그리스도교든 있을 수 있겠습니까? 십자가에서 떠난 것이 아니고 십자가 해석을 나에게 맞도록 제 나름대로 달리한 것뿐입니다. 나는 우러러보는 십자가보다는 내가 짊어지는 십자가 편에 섭니다. 그런 면에서 나는 유영모 선생이나 마하트마 간디 쪽에 가깝습니다.

YMCA 연경반 강의

서울 YMCA 총무로 있던 현동완은 유영모의 진리의 등불을 온 누리에 비치게 하는 등경燈檠 노릇을 한 이다. 1929년 월남 이상재가 돌아가시고 이상재가 지도하던 서울 YMCA 연경반은 이상재 후임으로 유영모를 지도 강사로 초빙했다. 현동완이 없었으면 유영모가 깨달은 진리는 그대로 묻히고 말았을 것이다.

현동완은 농림부 장관, 보건사회부 장관도 마다하고 사람들에게 봉사하는 YMCA 총무 자리를 죽을 때까지 지킨 사람이다. 그는 나라를 위해 국산품을 애용한다는 정신으로 커피를 마시지 않았고, 세계 평화를 위해 고기를 먹지 않았으며, 불행한 고아들을 위해 하루에 한 끼만 먹었으며, 병자들을 생각해서 사과를 먹지 않았다. 두 벌 옷이 없었으며, 머리 둘 만한 집이 없어서 죽을 때까지 난지도 보육 시설인 소년촌 단칸방을 병실로 쓰다가 그곳에서 임종하셨다. 현동완은 진실로 하느님을 사랑하고 이웃을 사랑했다. 그는 죽을 때까지 유영모를 존경하며 알아준 드문 지기知己의 한 사람이었다.

연경반 모임 초기 수강생들은 현동완이 만든 평화구락부 회원과 백남규가 이끌던 에스페란토 강좌 회원들이 중심이었다. 한번은 YMCA 학관 교사로서 현동완과 평생 사제 관계로 지내던 우남 이승만 대통령이 유영모의 연경반 강좌에 왔다. 유영모의 강의를 듣고 훌륭한 대통령이 되기를 바라며 안내했으나 이승만은 옛날에 자기도 이 모임을 이끌어 냈다며 수고한다는 말만 하고 가 버렸다.

나도 20년간 겪었으나 유영모는 한번 강의가 시작되면 지칠 줄 모르고 그칠 줄 몰랐다. YMCA 강의가 두 시에 시작되면 보통 다섯 시를 넘겼다. 그러나 YMCA 연경반 모임이 순탄하게 이어진 것은 아니었다. 일제는 YMCA 운영에 간섭을 계속하다가 1935년 신흥우 총무를 강제로 퇴진시키더니 결국 1938년에 YMCA를 강제 폐쇄하고 말았다. 그래도 유영모와 현동완은 숨어서 연경반 모임을 계속했다. 일제하에서 어떻게 연경반 모임을 계속할 수 있었는지를 물으니 모이는 사람이 적어서 가능했다고 한다. 진리의 모임이 끊어지지 않고 이어진 데는 오히려 적은 인원이 더 도움이 되었다는 것이다.

그러나 1964년 현동완이 세상을 떠나자 후임 총무인 전택부는 YMCA 건물을 새로 짓고도 연경반 모임을 다시 열지 않았다. 교회 장로인 전택부가 현동완만큼 유영모의 영성 신앙을 이해하지는 못했을 것이다. 연경반 모임 초기에는 현동완이 교회에 광고를 내어 200~300명이 참석하기도 했고 신문 광고를 했을 때에는 700명이 참석한 적도 있었으나 평균 20명 정도가 모였다. 1928년에 시작한 연경반 모임은 1963년까지 35년 동안 이어졌다.

<성서조선> 발행인 김교신과의 만남

유영모가 김교신을 알게 된 것은 함석헌을 통해서였다. 함석헌은 유영모가 오산학교에서 수신 시간에 우치무라 간조에 대해 강의하는 것을 들었으나 생존 인물인 줄은 몰랐다. 그러다 도쿄고등사범학교에 들어가 김교신을 만나서 우치무라 선생이 살아 있는 것을 알았다. 김교신의 소개로 우치무라의 성서 연구 모임에도 참석하게 되었다. 그 후 유영모를 김교신에게 소개하였다.

김교신은 1927년 3월 도쿄고등사범학교 지리학과를 졸업하고 귀국했는데, 이때 일본에서 우치무라 성서모임에 나가던 한국 유학생 여섯 명과 함께 고국에서도 무교회 신앙을 전파하기로 뜻을 모아 우치무라처럼 〈성서조선聖書朝鮮〉을 내고 성서 연구회도 조직하였다.

고국에서 처음으로 무교회 신앙을 전파하는 김교신으로서는 한 사람의 동지도 아쉬운 처지에 무게 있는 유영모를 찾지 않을 수 없었다. 함석헌에게 들은 주소로 유영모의 집으로 찾아와 함께하자고 제의했으나 유영모는 한마디로 사양했다. 밝히지는 않았으나 유영모는 김교신이 전파한 무교회주의와는 다른 영성 신앙을 갖고 있었기 때문이다.

하지만 〈성서조선〉 동인 여섯 사람은 1927년 7월 1일자로 창간호를 냈고 김교신은 1928년 함흥에 있는 영생고녀의 교사직을 그만두고 서울 양정고보로 옮겼다. 〈성서조선〉 동인들은 겨울과 여름으로 방학 때마다 성서 연구회 수련회를 열어 유영모를 강사로 초청하였다. 그러나 유영모는 모임에는 참석했으나 강의는 사양했다. 양정고보 학생 유달영(당시 18세)은 학급 담임인 김교신의 집에서 있었던 겨울철 성서 연구회에서 유영모 선생을 처음 보았다. 유달영은 그때 일을 이렇게 말한다.

"다석 선생의 인상은 160센티미터를 넘지 못하는 작은 키에다 숱이 많지 않은 검은 수염을 길렀으며 아주 소박한 한복 차림의 선비형 인물이었다. 그 자리에 함께한 함석헌, 김교신, 송두용 등은 다석 앞에서 몸가짐과 말을 조심했다. 다석은 여러 강사들의 강의를 꿇어앉은 채(평소 몸가짐이 그러하셨다)로 진지하게 들었으며 강의가 끝난 후 회원들과 세상 이야기를 주고받을 때에도 웃음만 지을 뿐 조용히 듣기만 했다. 그리고 밤늦은 10시경 북한산 후미진 오솔길을 따라 걸어서 구기리 집으로 돌아가시곤 했다. 그 자리에 모인 회원들은 다석의 말씀을 듣고 싶어 했으나 전혀 말씀을 안 하셨다."

유영모는 온종일 혼자 얘기하라고 해도 말문이 막힐 사람이 아닌데도 하루 종일 입을 닫고 듣기만 하다가 집으로 돌아갔다. 김교신은 유영모를 정신적 구두쇠라고 원망하기도 했다. 30년이 지난 뒤 유영모는 그 당시를 회고하며 이렇게 말한다.

"괜히 서로 충돌하며 남이 믿는 신앙을 흔들어 놓을 필요가 없습니다. 신앙은 서로 다른데도 같습니다. 나도 열다섯 살에 입교하여 스물세 살까지 십자가를 부르짖는 신앙을 갖고 있었습니다. 우치무라는 외국 선교사를 반대하여 사도신경에 입각한 기독교 본래 정통 신앙을 세웠습니다. 나는 무교회 신앙의 선생이 될 수가 없습니다. 우치무라나 무교회는 정통 신앙이지만 나나 톨스토이는 비정통입니다."

1927년 당시 김교신의 연약한 믿음에 상처를 줄 수 없어 이렇게 딱 잘라서 말을 할 수 없었던 것이다.

유영모는 김교신을 알게 된 지 4년째인 1931년에서야 성서 연구회 모임에서 조금씩 입을 열었다. 그러나 무교회 신자들에게 삼가는 마음은 변함이 없었다. 어느 한계가 넘는 말을 일체 하지 않았다. 가능하면 성서 이야기는 안 하시고 노자 이야기를 자주 했다. 그러다가 1937년 오류동 송두용의 집에서 열린 겨울철 성서 연구회 모임 때 김교신의 간청에 의해 「요한복음」 3장 16절을 설명했다. 예상한 대로 모두들 깜짝 놀라 웅성거렸다. 이 장면에 대해 김교신은 그의 일기에 이렇게 적어 놓았다.

> 유영모 선생이 독특한 요한복음 해석을 갖고 계시나 남의 신앙을 동요시킬까 염려하여 자기 성서관을 쉽게 공표하지 않은 터인데 수년 동안의 간청에 의해서 금일 요한복음 3장 16절을 설명하시니 듣는 이들이 놀란 것도 무리는 아니었다.

그 설명을 김교신은 공개하지 않았으나 유달영이 공개하였다. 대략 하느님이 독생자를 죽인 세상을 사랑할 수 없으며 석가, 공자 모두가 똑같다는 이야기이다. 또 무교회주의자라고 모였으나 기존 교회 신앙과 다를 바가 없다는 내용이었다. 이때 여기저기서 질문을 하려 하자 김교신이 질문을 막았다. 김교신은 다석 선생의 성경 풀이는 아주 높은 차원에서 하는 말씀이므로 그 말씀을 알아들을 만한 귀를 따로 갖고 듣지 않으면 그 참뜻을 바로 이해하기 어려우니 각자 마음에 간직하고 돌아가서 오랫동안 새겨 보라고 타일렀다. 함석헌은 몸을 좌우로 흔들며 미소만 지었고 송두용은 고개를 좌우로 돌리며 알 수 없다는 표정을 지었다.

이 일이 있고 나서 오히려 반대의 현상이 나타났다. 이전 10년 동안 유영모는 〈성서조선〉에 기고한 일이 없었는데 1942년 〈성서조선〉이 폐간될 때까지 열한 차례나 그의 글이 실렸다.

일제는 1940년에 한국인의 자주성과 자긍심을 일깨우던 〈조선일보〉와 〈동아일보〉를 강제로 폐간시켰다. 그리고 마지막으로 찾아낸 것이 〈성서조선〉과 조선어학회였다. 〈성서조선〉 158호에 실린 김교신의 권

두언 '조와弔蛙'의 내용이 민족혼을 일깨운다는 이유로 〈성서조선〉은 일제에 의해 강제로 폐간되었다. 송도고등보통학교 교사로 재직하고 있던 김교신은 1942년 3월 20일 아침 출근길에 경기도청 소속인 일제 고등계 형사들에게 연행되었다. 이리하여 전국적으로 〈성서조선〉 집필자와 정기 구독자 300여 명이 일시에 검속되었는데 그중 유영모는 집필자로, 아들 의상은 구독자로 구속되었다. 〈성서조선〉 사건으로 1년 동안 서대문형무소에서 옥고를 치른 함석헌, 송두용, 유달영은 국가유공자로 인정되어 사후에 국립대전현충원에 안장되었다. 그러나 유영모의 가족들은 같은 사건으로 옥고를 치렀음에도 보훈처에 국가유공자 심사를 신청할 생각이 없다고 하였다.

오직 꿈은 농촌에 있었다

유영모의 아버지 직업은 솜 장사였다. 스물세 살부터 농사를 짓고 싶었으나 아버지께서 경성제면소를 차려 주어 솜 공장을 운영하게 되었다.

"아버지가 하시는 일인데 수입한 양솜을 편편하게 하고 방직 공장에서 나온 찌꺼기 솜을 표백한 것을 일본에서 사다가 섞어서 팔았어요. 한번은 표백 솜이 떨어졌을 때 아는 친구가 집안 혼사에 쓰겠다고 솜을 사러 왔어요. 표백 솜을 안 넣고 좋은 솜만 틀어서 보냈는데 도로 보내 왔어요. 그 솜이 빛깔이 덜 나는 솜이라는 거예요."

어느 날 솜 공장에 불이 나서 크게 손해 보는 일이 있었으나 평상시와 같이 태연하게 지냈다. YMCA 연경반에서 뒤늦게 그 사실을 알고 위로하며 왜 불난 일을 말하지 않았느냐고 하자 "장사해서 이익이 남으면 남는다고 말닙까? 그러니 불이 나서 손해 보았다고도 말할 것이 없지요"라고 대답했다.

남강 이승훈이 세상을 떠난 지 3년 지나 아버지가 돌아가셨다. 삼년상을 치른 유영모는 나이 마흔여섯에 적선동 60번지 집 90평을 평당 10원에 팔아 900원을 가지고 경기도 고양군 은평면 구기리 150번지를 사서 농촌으로 갔다.

유영모 자신은 농사 기술이 없어 일꾼들을 시켰다. 과수와 채소 농사를 짓고 가축들도 길렀다. 유영모는 땀 흘리고 살아야 한다고 했다. 조선 왕조가 망한 것은 이마에 땀 흘리는 것을 천하게 여긴 불한당不汗黨인 양반들의 관존민비 사상 때문이라 했다.

구기리는 동대문으로 편입되었다가 다시 종로구로 편입되어 지금은 종로구 구기동이다. 종로를 떠나 경기도 시골로 갔으나 다시 종로구 사람이 된 것이다. 구기동을 종로에서는 자하문 밖이라고 불렀다. 자하문은 서울 성곽의 북쪽으로 나가는 문이었다. 유영모는 북한산인, 삼각산인, 비봉거사라고 불렸고 은둔자가 된 것이다. 스스로 숨어 살기를 즐겼다. 숨으면 숨을수록 더 기쁨이 충만해진다. 그것은 정신이 높이 올라갈 수 있기 때문이다. 사람을 기피하려는 것이 아니라 참을 찾기 위해서였다. 한때는 대문에 '참을 찾고자 하는 이는 문을 두드리시오'라고 써 붙여 놓기도 했다. 그러면서도 스스로 성 밖에 사는 비천한 사람이라 하여 「가련자비可憐自卑」라는 시를 지었다.

自下門博人 자하문박인
紫霞門外生 자하문외생
陽止所居處 양지소거처
陰直以己行 음직이기행

나는 어머니 하문에서 난 천박한 사람
서울 자하문 성 밖에 살고 있노라
햇살 쪼이는 양지 바른 곳에 머물며
사람 안 보는 그늘에서도 곧게 살리라

은평면 자치위원장

　유영모 선생님은 숫자 가지고 말 짓기를 즐겨 하셨다. 1945년 8월 15일 일본은 미국에 무조건 항복을 했다. 나 또한 생년이 45년이고 생일은 음력 8월 12일이었다. '사시오'(사십오 년) '파시오'(팔 월 십오 일) 하면 된다고 하셨다.
　포악한 학정을 했던 조선총독부가 없어지자 온 나라가 고을마다 옛 부족 사회처럼 주민들이 나서서 자치위원회를 만들었다. 은평 자치위원회를 구성하기 위해 은평면 사무소로 모였다. 이날을 기다렸던 유영모도 참석했다. 이 자리에서 만장일치로 유영모가 자치위원장으로 추대되었다. 유영모는 창씨개명도 안 했고 〈성서조선〉 사건으로 옥고를 치른 것을 주민들이 알고 있었기 때문이다.
　유영모 자신은 하기 싫은 자치위원장이었다. 그나마 얼마 안 되어 고양군 자치위원회를 구성한다기에 참석했다. 자치위원회가 인민위원회로 바뀌었고 거기서 '동무' 소리를 하며 공산당원들이 설치고 있었다. 그날로 자치위원장에서 물러났고 곧바로 은평면 인민위원회가 구성되었다. 그 후 미군정이 들어서면서 인민위원회를 몰아내고 공산당원들을 체포했다. 유영모는 자치위원장을 맡았던 경험으로 다음과 같은 말을 했다.

"나라 장관 자리만 맡으려 할 것이 아니라 동네일을 볼 마을 이장감이 많아야 나라가 바로 됩니다. 온 나라 이장들이 다 훌륭하면 나라 걱정 안 해도 됩니다. 자꾸 나라 대들보감만 되려고 하는데 서까래도 있어야 합니다. 대들보감만 기르다가 서까래감이 없으면 대들보를 쪼개서 써야 합니다."

유영모는 인자가 섬김을 받으러 온 것이 아니라 섬기려고 왔다(「마태복음」 20:28)는 예수의 가르침을 삶의 바른 목표로 생각했다. 하느님을 섬기는 마음으로 사람을 섬겨야 한다는 것이다. 천도교의 인내천人乃天 사상도 이와 다르지 않다. 이 세상에 와서 삶의 목적을 이룬 이가 예수요 석가다. 이 세상에 왔다가 제 몸뚱이, 제 가족, 제 민족밖에 모른 채 다른 사람은 모두 남이고 적으로 알고 싸우다 가는 것을 예수, 석가는 부질없는 일이라고 했다.

좀 괴상한 삶을 사셨다

유영모는 쉰두 살 되던 해 1941년 2월 18일 아침, 가족이 모인 자리에서 해혼解婚을 선언했다. 해혼이라는 말은 유영모가 지어 낸 말이라 하겠으나 이미 톨스토이나 간디가 하고 있었던 것이고 후에 제자들도 하고 있었던 것이다. 이혼離婚과는 다르다. 부부간에 같이 살면서 성생활을 안 하고 지낸다는 뜻이다.

"사람은 상대적인 존재이기에 영원한 것은 없다. 시작을 했으면 마침이 있어야 한다. 남녀가 혼인을 했으며 혼인을 풀어야 한다. 간디는 열세 살에 혼인을 했으나 서른일곱 살에 아내와 남매처럼 지내기로 했다. 부부 사이에도 성생활이 없어진 것이다. 마음의 불을 끄면 몸의 불은 자연히 꺼진다."

　유영모는 결혼은 하더라도 성생활은 일찍 그만둘수록 좋다고 하였다. 서로 정력을 낭비하여 상대방의 생명을 갉아먹는 성생활을 사랑이라고 착각하는 것은 어리석은 짓이라는 것이다. 남녀 관계에 인격이 빠져나가고 동물적인 욕정에 떨어지면 사랑은 악의 근원이 된다고 했다. 그래서 동방별거同房別居를 하고 사는 좀 남다른 삶을 사셨다.

　내가 선생님 댁을 찾아갈 때는 주로 새벽 다섯 시였다. 그때 선생님은 언제나 앉아 계신다. 사모님 역시 주무시지 않고 계신다. 선생님의 잠자리는 언제나 잣나무 널빤지였고 사모님 잠자리는 요와 이불이었다.

　선생님은 평소에 성관계는 아이를 낳기 위해서만 해야 한다고 하셨다. 짐승은 새끼 가질 때만 교미를 하는데 사람 역시 그렇게 해야 한다고 하셨다. 음란으로 즐기는 것이 아니고 성관계도 성스러워야 한다고 하셨다. 언제나 성관계를 가질 때는 기도하면서 해야 한다고 하셨다. "하나님, 우리 오늘 성관계를 갖습니다. 아들 낳게 해 주십시오", 이렇게 해야 한다고 하셨다. 그리고 필요 없는 정력을 소모해서는 안 된다고 하셨다. 남편은 아내의 도구가 아니고 아내는 남편의 도구가 아니기 때문이다. 나에게 하셨던 말씀인데 팔십이 넘으니 몽정이 끊어지더라고 하셨다.

　"인간은 식食과 색色을 초월해야 합니다. 식과 색, 두 가지 욕구를 충족시키는 것이 살아가는 목적이라면 고개를 들고 하늘을 쳐다볼 필요가 없습니다. 식색이 인간의 목적이라면 다른 동물보다 못합니다. 다른 동물들은 별다른 고뇌도 없이 식색을 자유롭게 충족하며 또 일생의 목적이 그렇습니다. 부귀일富貴日이란 세상 사람들이 재물과 감투만 찾는 시대란 말입니다. 아는 것은 부귀뿐이고 진리는 모릅니다. 참은 부귀를 넘어서고 식색을 넘어서야 합니다.

그러나 깨어난 사람에게는 정신의 힘과 얼의 빛이 있는 줄 알아야 합니다. 부귀를 가지고 힘과 빛을 대신하려면 인류가 멸망하려는 징조입니다. 식색을 초월하면은 생사를 초월하는 것입니다. 사람의 몸뚱이는 벗어 버릴 허물이지 별것 아닙니다. 사람의 참 임자는 얼입니다."

유영모는 쉰두 살에 공자가 말한 지천명知天命을 이룬 것이다. 어머니가 낳아 준 '몸나'가 아니고 하느님이 낳아 준 '얼나'를 깨달은 것이다. 예수는 이를 멸망의 생명에서 영원한 생명으로 옮기는 것이라고 말했다.

이때부터 유영모는 잣나무 널판 위에서 생활하였다. 흔히 칠성판 위에서 지냈다고들 하지만 칠성판이란 시체를 염하기 위해 만든 폭 20센티미터, 길이 180센티미터, 두께 3센티미터의 판자를 말한다. 그러나 유영모가 사용한 잣나무 판은 너비가 80센티미터 정도 되고 길이는 2미터, 두께는 10센티미터로 더 크고 무게 있는 와상臥牀이었다. 그 위에 누우시면 아무것도 깔지 않고 베개 없이 덮기만 하고 자고 깨셨다. 앉으면 항상 무릎을 꿇으셨는데, 내가 찾아가도 그 위에 앉아서 인사를 받고 말씀하셨다.

다석의 일일일식一日一食

'다석多夕'이라는 호는 유영모가 1941년 〈성서조선〉 9월호에 글 「기별낙상유감奇別落傷有感」이 실릴 때 '다석재多夕齋'를 필명으로 쓰면서부터 사용하기 시작했다. 그러나 '다석'이라는 말은 1940년 〈성서조선〉 8월호(통권 139)에 실은 글 「저녁 찬송」에서 처음 썼다.

다석 선생은 빛보다 어두움을 더 찬양하였다. 내가 듣고 외운 말씀으로는 낮에는 겨우 태양 하나 쳐다보고 살지만 밤에는 태양보다 더 크고 멀리 있는 별을 볼 수 있다는 것이다. 낮에는 희망이 없으나 밤에는 희망이 있다. 또 그분의 특이한 말솜씨로 "낮 나빠", "밤 바라웁게" 하면서 수시로 저녁 찬송, 밤 찬송을 하셨다. 빛을 꺼리는 사람은 사람의 것을 도적질하기 때문이지만 어두움을 꺼리는 사람은 하느님의 것을 도적질하기 때문인 것이다. 낮에는 십 리밖에 못 보지만 밤에는 구만 리를 볼 수 있다고 하셨다.

밝은 것 뒤에는 크게 잊혀진 것이 있다는 것을 깨달아야 한다. 그것은 밤중에만 나타나는 희미한 빛으로, 태양 광선을 거치지 않고 나타나는 광원과의 통신이다. 대낮에는 영원과의 소통이 어렵다. 한낮의 밝음이 영혼의 속삭임을 방해하기 때문이다. 사람들이 낮에 허영에 취해서 날뛰는 것도 모자라 밤에도 불을 대낮같이 켜고 날뛰는데, 그러한 습관으로 인해 영혼과의 통신이 두절되고 영과의 사귐도 없어진다.

「창세기」에는 저녁이 있고 아침이 있다 했고 「요한계시록」에 새 하늘과 새 땅에는 다시 햇빛이 필요하지 않다고 했으니, 처음도 저녁이요 마침도 저녁이다. 기도할 때 눈을 감는 것은 이 세상을 초월하여 하느님께 이르고자 함이다. 어두운 밤에는 눈을 감지 않아도 눈 감은 효과가 있다.

농사일하는 이들이 제일 그리워하는 시간이 저녁 시간이다. 즐거움으로 가득한 낮을 보내는 사람들은 잠을 자야 하는 밤이 오는 것을 싫어한다. 그러나 고단한 농사일을 하는 이들은 낮과 같은 밤을 원하지 않는다. 어두움은 피곤에 지친 이들을 쉼으로 인도하여 몸을 살리고 영원을 만나게 해 주기 때문이다. 부지런한 하루살이가 깊은 단잠을 주듯이 부지런하고 고단한 삶 또한 영면永眠을 주리라. 낮 동안의 하루살이가 즐거움으로 채워진 사람들이 잠자는 것을 싫어하듯, 즐거움으로 인생을 사는 사람은 죽음 앞에 두려운 마음뿐이리라. 그러나 생을 보람 있게 열심히 살면 죽음도 기다려진다.

「저녁 찬송」이라는 글은 유영모의 호가 '많은 저녁'으로 '多夕'이 되었다고 했지만 이때부터 하루 한 끼를 먹고서 일생을 사셨기 때문에 그런 호를 쓰게 된 것이다. 세 때의 저녁(夕夕夕)을 한 때의 저녁(夕)으로 통일해서 다석多夕인 것이다. 1941년 2월 17일 저녁부터 1일 1식을 하셨다.

우리말을 무척 사랑하셨다

유영모의 강의는 듣기가 어려웠다. 우리말을 하고 있으나 우리말을 알아듣는 이들이 없었다. 조선 시대에 사셨던 분이라서 조선 시대의 말과 글을 쓰고 있으니 1960, 1970년대에 와서는 그 말을 알아듣는 사람이 없었다. 다만 설명을 하시면 조금씩 알아들을 수 있었다. 강의를 같이 듣고 있는 교수들이나 교사들마저도 10년 정도 들으니 알아듣겠다고 한다. 나 또한 10년 정도 지나니 알아들을 수 있었다.

세종 임금이 발표한 스물여덟 자 중 주시경이 넉 자를 없애 버렸는데 그 없어진 넉 자를 찾아 쓰셨다. 그 넉 자를 없애고 나서 외국어 번역하는 데 어려움이 있다면서 주시경이 큰 실수를 했다고 한탄하셨다. 그리고 외국어 쓰는 것을 싫어하셨기 때문에 우리가 자주 쓰는 외국어를 우리말로 고쳐 쓰셨다. 그러면서 한문에도 능통하셔서 한문도 많이 쓰셨다.

이렇게 노망을 하시고 가셨다

1975년 여름에 혼자서 찾아갔다. 갈 때마다 한결같이 쓰시던 일기장을 내어 놓으셨다. 일기장에는 맨 먼저 그날 사신 날짜, 그다음에는 매일같이 지어 내신 문장이 적혀 있었고, 나에게 그 문장을 풀이해 주곤 하셨다. 그러나 그날은 쓰기를 중단한 일기장만 펼쳐 놓으시고 아무 말씀이 없으셨다. 몇 시간을 앉아 있어도 아무 말씀이 없으셨다. 나 혼자서 지껄이다 인사만 드리고 떠나왔다. 얼마 후 다시 찾아갔는데 변소에서 나오시지 않으신다. 사모님은 말씀을 하시고 귀도 밝으시나 일어나 움직이지 못하셨다. 사모님께서 변소에 들어가 보라 하신다. 들어가 보니 기저귀(팬티) 어느 쪽이 앞인지 뒤인지를 모르셔서 30여 분간 둘러보고 계셨다. 내가 "여기가 앞이오" 하니 그대로 입고 나오셨다. 그 후로는 갈 때마다 아무 말씀도 없으셨다.

그때 나는 크게 배운 바가 있다. 선생님은 본인이 건망증이 있음을 아신 후부터 글도 쓰지 않으시고 말씀도 안 하신 것이다. 나도 후에 늙어 노망기가 있으면 아무 말도 안 하고 아무 글도 안 쓰고 어디든 가지 말아야겠다고 생각했다.

1980년 7월 31일 사모님이신 김효정이 여든일곱 살의 나이로 먼저 세상을 떠나셨다. 한평생 같이 사셨던 아내의 죽음도 모르고 장지까지 다녀오시고도 기억을 못 하셨다. 노망이란 무척 행복한 것이다.

그러고 나서 6개월 뒤 1981년 2월 3일 오후 6시 30분. 저녁을 사랑하던 유영모는 다석답게 저녁에 고요하고 영원한 저녁으로 가셨다. 90년 10개월 21일, 날수로는 3만 3천2백 날, 약 9억 번의 숨을 쉬고 가신 것이다.

20년간 찾아뵈었으나 기억은 있고 기록은 짧아 박영호가 쓰고 두레에서 펴내고 내가 추천 글을 쓴 『다석 류영모』를 주로 인용하였다. 다석은 훌륭한 제자들이 많아 그에 대한 많은 저서들이 나왔고 계속 나오고 있다. 몇 년 전 다석학회가 생겨났다. 지금도 다석 탄신일인 3월 13일 전후하여 해마다 추모 모임을 갖고 있다. 그리고 다석을 직접 따르던 이들이 아직 살아 있으니 그들마저 가시기 전에 부지런히 찾아다니시기를 바란다. 나 또한 별일 있어도 참석하련다.

이세종 1 – 예수 잘 믿는 이

1963년 여름이었다. 이현필 선생께서 나를 찾으셨다. 화학산 각시바위로 가라는 지시였다. 산길로만 30리는 올라가야 한다. 최창익이라는 청년이 기도 생활을 하고 있으니 그곳으로 가라는 말씀이었다. 각시바위까지 가 보니 방 안에서는 일어설 수도 없는 자그마한 집이 있었다. 두 사람이 겨우 누울 만한 방이었다. 성경과 찬송가만 가지고 갔다. 이곳에서 매일같이 성경만 읽었더니 15일에 한 번쯤 읽을 수 있었다. 그때 최창익 형님이 무슨 공책 한 권을 읽으라고 주신다. 공책 표지에는 '거울'이라는 제목이 있었고 작은 글씨로 '이세종 선생님의 생애와 가르침'이라고 적혀 있었다. 공책 한 권 분량이었다. 이세종 선생에 대한 기록을 책으로는 출판할 형편이 안 되어 동광원 식구들이 한 권씩 필사해서 가지고 다닌 것이다. 나도 그곳에서 시간이 있어 필사를 했다. 약 30미터 거리를 두고 무덤이 하나 있었다. 누구의 무덤이냐고 물었더니 이세종 선생님 무덤이라고 하신다. 화학산 각시바위 부근의 작은 집은 이세종 선생이 기도하시다가 임종한 곳이었다.

이 공책을 토대로 엄두섭 목사님께서 집필하시어 나온 책이 곧 『호세아를 닮은 성자 - 도암의 성자 이세종 선생의 일대기』다. 내가 옮겨 적었던 공책과 이 책을 인용해서 내가 바라본 이세종을 다시 교계에 알리고자 한다. 호세아를 닮은 성자는 엄두섭이 본 이세종이고, 임락경이 바라본 이세종은 다르기 때문이다.

한국적 신학, 토착 신앙, 한국적 토착 기독교를 말하려면 내가 알기로는 이세종 선생님을 먼저 소개해야 한다. 이세종 선생은 겸손한 마음으로 본인을 스스로 공空이라고 칭하고 그렇게 불러 달라고 하셨다. 여기서 이공李空이라 함은 이세종 선생을 칭한 것으로 읽으면 된다.

내가 어릴 적에 성탄절이 가까웠을 무렵 꿈을 꾸었다. 이스라엘 예수 탄생하는 곳에 내가 가 있었다. 아기 예수를 직접 보고 경배하고 있는데 때마침 동방에서 박사들이 왔고 성경에서 읽었던 바와 같이 세 사람이 왔다. 그 박사들의 복장을 보니 한복을 입고 계셨다. 내가 박사님들은 한국에서 오셨느냐고 물으니 그렇다고 한다. 그때부터 나는 언제나 무엇이든 외국식보다 한국적인 정신과 신앙과 생활 풍습이 되어야 직성이 풀렸다. 신앙인들도 한국적인 신앙인이었으면 더욱 좋고, 성인들도 한국적인 성인들이 마음에 들고 본받고 싶었다. 2천 년 전 이스라엘에서 천민으로 태어나 나사렛이라는 곳에서 아버지 없이 자라난 예수가 오늘날 한국에 태어났으면 어떤 삶을 사셨을까 생각을 해 본다. 지금 생각한 것이 아니다. 어릴 적부터 줄곧 해 온 생각들이었다.

가령 예수의 '내일 일을 염려하지 말아라'는 말씀도 그곳은 눈이 오지 않는 지역이고 세례요한이 산꿀과 메뚜기로 살아갈 수 있는 곳이었으니 내일 일을 염려 안 해도 굶어 죽지 않으니까 하신 것이다. 한국은 눈이 오고 겨울이 있는지라 내일 일을 염려하지 않으면 굶어 죽는다. 우리나라는 겨울에 메뚜기가 없고 산꿀이 귀해서 값이 비싸고 귀한 약

제였다. 지금도 그렇다. 더운 지방에 가면 산꿀도 흔하고 양봉 꿀은 설탕값이나 같은 값이다. 예수가 오늘날 한국에 사신다면 내일 일을 염려하라고 하셨을 테고 추운 겨울 무사히 넘기려면 빨리 무연탄 300장과 쌀 한 가마 준비하라고 하셨을 것이다.

어릴 적부터 한국에 예수 같은 분이 어디 계실까 하는 생각에 찾아나선 곳이 동광원이었고 그 당시에 훌륭하신 분이 이현필 선생이었다. 그분보다도 이세종 선생이 어른이셨으나 이세종 선생은 나와 시대적으로 맞지 않았다. 내가 세상에 나기 전에 예수처럼 살다가 돌아가셨다. '거울'이라는 공책을 읽고 또 읽어 언젠가는 세상에 소개하려 했으나 나보다 한 세대 앞서 사신 엄두섭 목사님이 30여 년 전에 이미 소개하셨다. 그분은 호남에서 이세종 선생님과 같은 시대에 사셨으나 만나 보지는 못하셨다. 뒤늦게 자료를 정리하여 소개하신 것이다. 그 전에는 이세종 선생이 누구인지 아는 사람도 거의 없었고 관심도 없었다. 세상에 거의 알려지지 않았는데 최근에 교계의 관심이 모이고 있고 이분의 신앙과 생애에 관한 연구 논문을 쓰겠다고 하는 사람도 있다. 그래서 내가 바라본 이세종 선생을 소개하려 한다.

이세종은 1883년 전남 화순군 도암면 등광리에서 나셨다. 천태산天笞山이라는 곳인데 개천산開川山이라고도 한다. 이 산 골짜기에서 나셨다. 일찍이 부모님을 여의고 형님 밑에서 자라셨다. 3형제 중 막내셨다. 일찍부터 머슴살이를 하는 것으로 그분의 인생살이가 시작된다. 그것도 살던 집에서 20리(8킬로미터)나 떨어진 곳에서 하게 된다. 남의 집 머슴살이를 하다 보면 공부할 기회라는 것은 있을 수도 없다. 그러나 어떻게 하셨는지 한글은 깨치셨다. 스물여덟 살부터는 남의 집 머슴이지만 양자 겸 머슴살이를 하게 되었다.

체격이 크고 기골이 장대하며 힘은 장사였다. 아무도 들지 못하는 큰 돌이 있는데 그이만 들 수 있었다고 한다. 옛날에는 마을마다 힘 겨루는 큰 돌을 정자나무 밑에 두었다. 힘센 이가 와서 들 수 있으면 내다 버리고 더 큰 돌을 가져다 놓는 것이다. 그보다 더 힘센 이가 있다면 더 무거운 돌을 가져다 놓아야 한다. 이세종은 마을에서 아무도 들지 못하는 큰 돌을 무릎까지 들 수 있었다고 한다. 그는 세상에 사진 한 장도 남겨 놓지 않았으나 그를 본 사람들은 풍채 좋고 인물도 잘생겼다고 한다.

성격은 정직하고 솔직하고 급하고 세차서 한번 자기 비위에 맞지 않으면 천만금이 생긴다 해도 마다했다. 그리고 한번 결심한 일은 기어코 해내는 성격이었다. 가령 오늘은 나무를 일곱 짐 하겠다고 결심하면 어떠한 일이 있어도 기어이 해내고 마는 성격이셨다. 그가 신앙생활을 하기 전에는 성격이 인색했다. 공동 작업을 할 때 흰쌀밥을 싸 가지고 와서 먹다가 곁에서 좀 나누어 먹자고 하면 "내가 땀 흘려 번 쌀을 내가 먹지 누구를 주느냐"고 하면서 혼자 먹을 만큼 인색한 사람이었다.

옛날이나 지금이나 바른말 잘하면 싫어한다. 그러나 허튼소리 하지 않고 책잡힐 일을 하지 않으니 사람들은 그를 존경하면서도 가까이할 수가 없었다. 한편으로는 재치도 있고 장난기도 남보다 뛰어났다고 한다. 친구들과 모인 밤, 어느 집 잔치에 돼지 다리 걸어 놓은 것을 훔쳐 올 수 있느냐고 했더니 아무도 나서지 못했으나 그가 가서 훔쳐 왔다. 장난이 지나쳐서 모두 걱정을 하니 다시 갖다 놓고 오기도 했다.

일을 얼마나 부지런히 했는지 지게를 너무 져서 지게 목발이 닳았는데 어린아이가 질 수 있을 만큼 짧게 닳았다. 부지런히 일하고 재산을 모아 논밭을 마련해 어느 정도 기반을 잡게 되었다. 머슴살이를 해서 집도 마련하고 형편이 나아지니 그리워하던 형님을 자기 집 가까운 곳으로 이사 오시도록 해서 형님을 도와드리기도 했다. 형님 생활도 나아지자 서른 살에 열여섯 살 어린 열네 살짜리 소녀에게 장가를 들었는데 결혼식은 못 하고 살게 된다. 신부의 이름은 문순희였다.

이때는 장려쌀(장리쌀) 제도가 있었는데 논문서, 밭문서를 맡겨 두고 벼를 밥그릇으로 되어 빌려 가는 것이다. 그런데 정한 때까지 빌린 것을 못 갚으면 논밭이 넘어가는 경우도 있었다. 그래서 한때는 이러한 논밭을 '밥그릇배미'라고 부르기도 했다. 10년 각오하여 돈을 모으고 장려쌀 놓고 받아들이고 하다 보니 그 마을에서 제일가는 부자가 되었다. 돈을 모으고 부자가 된 뒤에는 노동도 중지하고 머슴도 두게 되었다. 이제는 마당 쓰는 일마저 머슴 시키고 깨끗한 옷 입고 그 시절에 제일 좋다는 옥양목 두루마기도 걸쳐 입고 으스대며 살았다.

그런데 그에게는 아들딸이 없었다. 무당에게 의지하니 산당山堂을 지어 공을 드리면 아들을 낳을 수 있다고 한다. 그래서 무당 말대로 산당을 짓고 공을 드리기로 했다. 집터를 잡는데 무당이 "나 따르라, 나 따르라" 하면서 손뼉을 치며 앞서 가면 그도 같이 손뼉을 치면서 따라갔다. 그러다가 무당이 쓰러진 곳을 가리키며 여기가 명당이라 하기에 그곳을 산당 터로 잡았다. 그런데 무당이 잡은 터의 일부가 남의 소유였다. 땅 주인은 엄청나게 비싼 값을 불렀지만 정성을 들이려는 마음으로 이세종은 달라는 대로 값을 치르고 샀다. 원래 우리 선조들은 제사 지낼 제물을 비싼 것으로 준비하되 아무리 비싸도 값을 깎으면 안 된다는 제사 범절을 중요시했다. 이공 역시 제사를 지낼 터를 사면서 그렇게 한 것이다. 시야가 트이고 계곡 물도 좋은 이곳에 산당을 3층으로 지었다. 지을 때도 지극한 정성을 들였다. 터를 닦는 기간에 상가(초상이 나면 3년 동안 상복을 입고 제청을 마련하여 아침저녁으로 제를 지내는 집)에서는 연장을 빌려 오지도 않았다. 일하러 오는 인부들에게도 일일이 물어서 만약 상가에서 빌려 온 연장으로 일을 했다면 그 흙을 다시 파서 버리고 그 사람은 그날 돌려보내기도 했다.

나도 그곳에 가 보았는데 그 집터는 깊은 산속이라 바위가 많이 있고 흙이 모자라는 곳이었다. 집 지을 흙이 부족하면 본인 논에서 파다 지었다고 하는데 거리가 3킬로미터 정도 되는 오르막길이었다.

산당 1층은 반지하, 2층과 3층은 지상으로 칠성각七星閣을 경내에 지었고 그 안에는 제단을 쌓고 열두 개의 상을 차렸다. 집 짓는 재료는 일체 새것으로 하고 유리는 가까운 곳에 없어 멀리 광주나 목포에서 구해다 사용했다. 지금처럼 차가 다니는 때가 아니었다. 거리만 해도 30킬로미터는 더 되는 데다 전부 구불구불한 비포장 산길이다. 건물 내부는 벽지를 붙일 필요가 없이 모두가 좋은 판자로 치장했다.

산당 마당에는 샘을 3층으로 팠다. 상탕, 중탕, 하탕으로 상탕은 깨끗한 음료로 쓰고 중탕은 채소를 씻거나 그릇을 씻고 하탕은 빨래를 하는 데 쓰기 위해서였다. 집 안으로 물을 끌어들여 목욕실도 만들었다. 우리 옛 선조들은 제사 때마다 언제나 목욕을 하고 나서 지내는 것이 예의였기 때문이다. 그 외에도 연못을 따로 파고 유산각을 지었다. 연못에는 잉어와 여러 가지 물고기를 길렀다. 산당의 정원에는 기화요초琪花瑤草를 구해다 심었다.

지금 그 건물은 없어졌지만 차도 없고 길도 험한데 건물 짓는 데 필요한 흙을 져 날라다 지었다. 거기에 제사 지내기에 편리하도록 수도 시설을 만들고 아름답게 마당 조경까지 갖추었으니 이만하면 신당 짓기에 얼마만큼의 정성을 들였는지 알아줄 만하다.

이세종은 이곳에서 무당과 함께 살며 매일같이 열두 개의 상을 차려놓고 정성 들여 제사하는 일을 일과로 삼았다. 이렇게 산당을 짓고 정성을 들여 제사하는 것은 모두 아들을 얻기 위해서였다. 덕분에 가까이 사는 이들은 언제나 떡과 음식을 얻어먹을 수 있었다. 산당 집은 밤낮

대문을 닫고 있어 꼭 볼 일이 있는 사람 외에는 만날 수가 없었다.

이런 세월을 보내던 중 바라던 아들을 낳기는커녕 딸도 못 낳았다. 더욱이 이세종은 중병에 걸려 사경을 헤매었는데 이러다 죽지는 않을까 하고 있던 차에 무당이 그보다 먼저 죽고 말았다. 하늘같이 믿었던 무당이 죽어 장례를 치르고 나자 자기의 극진했던 정성이 모두가 허사였음을 알게 되었다.

이세종이 예수를 믿게 된 동기는 제자들 간에도 추측이 엇갈린다. 산당에서 신의 현시顯示를 받고 나서 전라북도 김제 만경의 어느 집 앞을 지나다가 찬송 소리를 듣고 찾아 들어가 성경책을 빌려 「레위기」를 읽어 보고 자기가 섬겼던 제사 의식과 너무나 흡사해서 예수를 믿게 되었다는 설이 있다. 그 무렵 광주의 기독교 학교인 숭일학교에 다니는 학생 두 명에게 찬송가를 배우다가 성경도 읽고 예수를 믿기에 이르렀다는 이야기도 있다. 또 산당 공사를 맡은 목수가 이전에 방산교회를 지은 사람으로 예전에 신자였다고 한다. 그는 산당 공사를 할 때 "이렇게 공을 들여 지으려면 예배당이나 짓지" 하면서 일하는 동안 가끔씩 찬송가를 부르면서 일을 했다. 이세종은 찬송가를 자주 들었고 그 목수에게 신약성경을 빌려 보게 되었다고 한다. 그 후에 나주읍에서 이사 온 가정이 있었는데 그들에게서 예수 믿다 그만둔 사람들이 묵혀 놓은 성경을 받아 읽고 예수 믿기 시작했다는 설도 있다.

어떻든 공통점은 누구에게 전도받아 시작한 신앙생활이 아니고 혼자서 성경책을 구해다가 읽어 가면서 신앙을 갖게 되었다는 것이다. 그리고 내가 듣기로는 신약성경을 먼저 읽고 나서 구약성경을 구해 보았다고 한다. 신약 먼저 읽고 시작한 믿음과 구약 먼저 읽고 시작한 신앙생활은 너무나 다르다. 구약을 보면 하나님께서 특별한 민족을 선택해서 복을 주신다고 한다. 그래서 구약을 먼저 읽은 사람은 하나님을 믿으면 복을 받아 세상에서 출세하고 돈도 잘 벌고 건강하고 자식도 잘된다는 신앙관을 갖게 된다. 반면에 신약성경을 보면 예수는 가난하고 소외된 이들과 함께하셨다. 그리고 그의 제자들은 예수를 믿는다는 이유로 갖은 핍박과 고난을 받으면서 신앙생활을 한다. 그래서 신약성경을 먼저 읽은 신자들은 예수처럼 살고자 재산을 팔아 가난한 이들을 돕고 어렵게 살면서도 천국의 소망을 갖고 신앙생활하는 사람들이 많다.

이세종이 성경을 읽어 보니 구약에 있는 제사법과 본인이 산당에서 지냈던 제사법이 같은 점이 많았다. 알고 보니 모두가 참 하나님께 드리는 제사가 아니고 잡신에게 드리는 제사였다. 이때 세상에서 자손을 두는 일보다 하나님을 믿는 일이 더 나은 일임을 깨닫고 산당에 꾸려 놓은 모든 제물을 불살랐다.

예수를 믿기 시작한 것이 40세쯤 되었을 때다. 세례는 등광리에서 같이 예수 믿던 이상목 씨와 함께 노나복 선교사에게 받았다. 그 무렵 오복희라는 전도사가 있었다. 광주 이일학교 출신이었고 순회전도사로 등광리에 갔다가 이세종이 세례받는 자리에 참여했다. 그는 먼저 신앙생활을 했으나 이세종의 참 신앙생활에 감동을 받아 그의 제자가 되었는데, 이세종의 생애에 대한 증언을 한 사람들 중에 제일 큰 역할을 했다고 본다. 나도 오복희 전도사님과 가까이서 멀리서 함께한 시절이 오래였다.

이세종은 성경을 읽을 때나 기도할 때나 혼자서 자문자답할 때가 많았다고 한다. 그는 성경을 눈으로만 읽지 않고 성경 말씀을 그대로 실천하는 데에서 모든 사람에게 감동을 주었다.

예부터 내가 느끼기에는 성경을 볼 때 주석을 보지 않고 성경 말씀을 그대로 보고 배우는 것이 중요하다고 판단하고 있다(주석을 보면 예수를 편리하게 믿는데, 있는 그대로 믿으면 피곤하고 힘들다). 주석을 보면 여러 가지 해석들이 나와 진리의 말씀을 신학자들 따라서 오역하기가 일쑤고 하나님과 예수 그리스도로부터 오는 직접적인 복음과 멀어지기 쉽다. '가난한 자에게는 복이 있다'고 하시는 말씀을 그대로 삶으로 옮기면 다르다. 말 그대로 가난해지면 복이 있을 것이니 옷이 두 벌이면 한 벌을 없는 이에게 나누어 주고 떡이 두 개 있으면 하나를 없는 이에게 나누어 주는 것이다. 그러나 그렇게 살면 삶이 고달프고 힘들다. 그래서 어떤 머리 좋은 사람들은 말씀을 그대로 살리고 하지 않고 뜻을 해석하는 데 더 힘을 기울인다. 가난의 의미가 무엇인지 생각해 보고 복이 있다는 말이 무슨 뜻인지 해석한다. 여러 가지 언어로 살펴 보고 여러 사람의 말을 종합해서 성경 말씀이 무슨 뜻인지 설명한다. 그렇게 주석을 따라가다 보면 말씀과는 점점 멀어진다. 그러나 삶이 피곤하고 힘들지는 않다.

참 제사를 누구에게 드려야 하는지 깨달은 뒤부터 이제는 정성껏 지어 놓은 산당이 예배당이 되고 칠성각은 성경 공부하는 장소가 되었다. 또 기도처로서 칠성각만 한 곳이 없었다. 이웃 마을 젊은이들까지 찾아와 매일같이 성경 공부도 하게 되었고 그에게 공부한 젊은이들은 그의 제자가 되었다. 예수를 믿기 시작하면서 우선 어릴 적부터 혹 남의 물건을 훔친 것이나 빚진 것이 있으면 서너 배로 갚았다.

땅끝까지 내 증인이 되라는 말씀대로 전도에 힘썼다. 전도하다 밥을 굶을 때도 많았다. 십자가를 만들어 들고 전도하러 다녔다. 한번 전도하러 갔다가 만약 받아들이지 않으면 줄곧 다녔는데 같은 집을 짚신 세 켤레가 닳도록 다니기도 했다. 이렇게 전도해도 효과가 나지 않았다. 그것은 그가 이전까지 이웃에게 덕을 베풀지 않고 살았기 때문이다. 너무나 성미 급하고 냉정하고 구두쇠 노릇 하면서 가난한 사람들을 외면하고 살았던 것이다.

사람들이 그의 전도를 받아들이기 시작한 것은 가난한 사람들에게 인심을 쓰기 시작하면서부터다. 남의 콩밭에서 콩잎이라도 뜯어 먹었던 기억이 나면 콩밭 주인을 찾아가 잘못을 빌고 변상하면서 용서를 구했다. 그가 얼마나 인색하게 돈을 모았는지 돈놀이를 해서 그 당시 1백 마지기(6만 6천 제곱미터) 가까이나 되는 토지를 소유하였고, 흉년이 들면 논문서 밭문서를 가지고 와서 쌀을 사 가게 했는데 한 사람의 토지를 헐값으로 쳐서 50두락(1백 마지기, 약 2만 평)을 한꺼번에 사들이기도 했다. 앞서 말한 밥그릇배미, 대접배미가 바로 쌀을 밥 그릇으로 한 그릇 또는 한 대접 주고 논 한 배미를 사들였다는 것이다. 이토록 일제 초에는 장려쌀 제도가 무서웠고 부자가 돈 모으는 데 편리하도록 정치 제도가 되어 있었다.

8·15 이후 5·16 이전까지만 해도 장려쌀 제도가 이러했다. 쌀 한 가마를 봄에 빌려 가면 가을에 추수해서 두 가마로 갚아야 한다. 이자가 100퍼센트다. 그것도 1년 후가 아니다. 3월에 빌려 가면 10월에 갚으니 6개월이나 7개월이다. 연 이자가 100퍼센트가 아니라 200퍼센트인 것이다. 그것도 그해 못 갚으면 다음 해에 네 가마로 갚아야 한다. 또 못 갚으면 그다음 해 여덟 가마를 갚아야 한다. 내 아버지가 먼 친척집 아저씨에게 한 가마 빌려다 먹고 3년 후에 여덟 가마 갚는 것을 보고 자랐다. 얼마나 한이 맺혔는지 수시로 자녀들에게 말씀하셨고 내가 쌀을 져 주기도 해서 지금도 기억하고 있다.

내 어릴 적보다 이자 놀이가 더 성행했던 그 시절에 이세종은 합법적으로 재미나게 재산을 모은 것이다. 그러나 남의 마음 아프게 하고 굶주리게 하고 심지어 생명을 담보로 해서 그 재산 전부를 모았다는 것을 예수를 믿고 나서 알게 되니 돌려줄 수밖에 없었다. 장롱 속에 깊이 간직한 논문서 밭문서를 가지고 와서 빌려 주었던 돈을 받지 않은 채 등기를 그대로 돌려주었다. 그때는 등기부 등본만 가지고 있으면 그대로 소유가 넘어가는 때였다. 문서를 맡기고 빚내 간 사람들을 집집마다 찾아다니면서 "옛소! 당신 문서 도로 받으시오. 빚진 것 모두 탕감해 드리니 그냥 없는 것으로 합시다" 하면서 돌려주었다. 다음으로는 빚진 사람들을 모조리 불러다 모아 놓고 그들이 썼던 차용증을 보는 앞에서 한꺼번에 불살라 버리고 없었던 일로 하자면서 다 정리해 주었다. 이제 마을 안에 그에게 빚진 사람이 한 사람도 없게 된 것이다.

이세종은 도암면 사무소를 찾아가 논 두 마지기를 맡기면서 가난한 사람들 구제하는 데 써 달라고 했다. 그러나 그 면 직원은 그 논을 자기 논으로 만들고 말았다. 후에 이 일을 안 이세종은 사람의 탐욕은 무서운 것이라고 생각하고, 구제하는 방법이 틀렸음을 깨달았다. 이후로는 구제를 하되 자기 집에 찾아와 구제를 청하는 이들에게 하고 자기가 친히 대하는 이들에게 하였다. 친척들에게는 약간의 토지나 집을 마련해 주었다. 또 기술이 있는 이들은 이발 기구나 목공 연장 같은 것을 사주어 살아가도록 했다. 외출할 때는 언제나 걸인들이나 가난한 이들을 구제할 돈을 따로 헝겊에 싸서, 만난 사람이 구제할 사람이면 주저하지 않고 도울 수 있도록 준비하고 다녔다.

세금 통지서가 나오면 언제나 세금을 먼저 냈다. 나랏돈은 제일 먼저 나라에 바쳐야 한다고 했다. 가을 추수를 하면 지출 순서를 정한다. 첫째 복음 전도비, 둘째 세금, 셋째 남에게 갚을 것, 넷째 구제비, 다섯째 접대비(인사 차림에 드는 돈)로 책정했다. 그는 재물을 양심에 따라 이렇게 사용한다고 가르쳤다. 그러고 나서 여윳돈이 남는다면 그것으로 생활하고 없으면 굶는 한이 있어도 이처럼 돈을 써야 한다고 하셨다. 구제할 때는 자기가 쓸 돈 중에서 구제를 해야 참 구제다. 자기가 먹을 것 안 먹고 구제를 해야지 먹고 입고 쓸 것 다 쓰고 남아야 구제하는 것은 가치가 없다는 것이다. 헐벗은 사람에게 옷 한 벌 준 것도 자기가 입다가 해진 옷을 준 것은 참 동정이 아니다.

 이세종이 신앙심이 복받쳐 열심히 돌아다니다가 나주 남평 오동나무 거리에서 나이 어린 불쌍한 거지를 만나 돈 얼마를 주었다. 그러고 나서 조금 가다가 생각하니 그 거지의 남루한 옷과 헐벗은 모습이 눈에 떠올라 양심이 괴로웠다. 그래서 다시 그 거지를 찾아갔는데 어디로 갔는지 보이지 않았다. 하루 종일 거지를 찾아다니다 해질 무렵에 원적골에서 거지를 만났다. 그는 다짜고짜 거지를 붙잡고 "당신께 좋은 일을 해 드리고 싶습니다. 당신이 입은 옷과 내 옷을 바꾸어 입으면 어떻겠소!"라고 말하고 거지가 입은 다 떨어진 옷과 자기가 입은 새 옷을 바꾸었다. 거지의 체격이 이세종과 같지 않아 옷이 너무 작고 남 보기에 우스운 모습이 되었다. 이 꼴을 본 조카들이 너무나 창피해서 이런 꼴로 마을에 가면 우리까지 수치스럽다고 야단을 쳤다. 이세종은 해가 질 때까지 마을에 들어가지 못하고 숨어 있다가 어두워져 남의 눈에 띄지 않을 때가 되어서야 마을에 들어갔다.

이세종 2 – 안빈낙도安貧樂道

✹

구멍아들(孔子)이 하신 말씀이다. 도를 즐기는 사람은 가난에서도 평안을 찾는다. 사람이 호의호식하고 살면 편안하고 즐거우나 옛 거룩이(聖人)들을 보면 한결같이 가난하게 살았다. 그것은 가난하게 살 수밖에 없었기 때문이다. 자기만 생각하고 살면 잘살 수 있으나 다른 사람들을 생각하면서 사노라면 잘 먹고 잘살 수가 없다. 예부터 가난하게 살았던 사람들이 오래도록 이름이 남아 있다.

그중에 이세종 선생도 한몫을 하셨다. 그는 우선 이름부터 고쳐서 불러 달라고 하셨다. 이 공公이 아닌 이공空으로 불러 달라고 하셨다. 자기 비움이다. 자기 부인否認이었다.

예수를 믿기 시작한 이후로 이세종의 의복은 거지꼴이었다. 음식도 마찬가지였다. 조금이라도 사치스러운 옷은 저주스러워 못 입는다고 누더기로 만족하셨다. 이공은 기도 중에 구도자는 화려하면 못쓴다는 영음靈音을 세 번이나 들었다고 한다.

이공이 가르치시기를 군자는 세 가지 종류가 있다고 하셨다. 첫째,

검박군자儉朴君子는 모든 일에 검박하게 사는 것이요, 둘째, 혈식군자血食君子는 남에게 폐를 끼치지 않고 자기가 피땀 흘려 먹고사는 것이요, 셋째가 도덕군자道德君子다. "좋은 옷을 입고 길을 가 보아라. 사람들이 지나가면 부러워 뒤를 돌아보지 않겠는가. 남들이 부러워 빚을 내서라도 그 흉내를 내려 할 것이 뻔한 일이니 이는 내가 그 쳇값을 빨아먹는 것이나 다름없다. 그러므로 참 군자는 지나치게 사치스러운 옷을 입지 않는다"고 가르치셨다.

그는 겉 단장보다는 언제나 속 단장을 가르치셨다. 꽃뱀이나 독사도 겉모양은 화사한 무늬가 있는 법이라고 하셨다. 사람은 겉보다는 속을 아름답게 단장해야 한다고 하셨다. 사람들이 찾아와도 자기가 먹는 음식을 그대로 내놓으면서 "내가 주는 음식은 먹어도 죄가 되지 않을 것입니다" 하고 웃으면서 권하기도 하셨다.

어느 교회에 설교를 부탁받고 가셨는데 세상에서 보기 드문 쭈그러진 모자를 쓰고 거지처럼 입고 갔기 때문에 교인들은 그의 설교보다도 그 꼴이 신기해서 거지가 설교를 한다고 모여들어 법석이었다. 그날 예배 사회를 보던 최 목사는 너무 민망해 청중들에게 이공은 거지가 아니라고 되풀이하면서 열심히 설명해 주었다.

박복만이라는 은사隱士가 화학산 깊은 곳에 살고 있었다. 어느 날 그곳에서 5리(2킬로미터) 떨어진 더 깊은 곳 산전벌이집(화전민이 사는 집)에 이상한 은사가 살고 있다는 소문이 들렸다. 그 은사는 박복만 씨의 산막이 내려다보이는 더 높은 곳에 산막을 짓고 있었다. 그 산막에 혼자 사는 노인은 체구가 크고 거지 같지만 누가 쌀이나 먹을 것을 갖다 주면 그것을 받아서 다시 산 아래 마을 사람들에게 준다는 이야기가 들린다. 그때 곁에 앉았던 이가 무릎을 탁 치면서 "그분이 바로 등광리 이공이라는 분일 것이오. 틀림없소. 그분이 등광리에서 행방불명이 되었는데 거기 들어가 사시는구먼" 하였다.

늦가을인 11월 어느 날 박복만 씨는 약초 캐는 척하면서 이공이 사는 바로 윗집으로 찾아갔다. 주인을 찾으니 없다고 한다. 좀 고집이 있는 박 씨는 그대로 물러서지 않고 다시 이러이러한 사람이 찾아왔다고 다시 한 번 전해 주시오 했더니 마지못해 만나 주었다. 이야기를 하던 중 식사 시간이 되었다. 주인은 자기가 즐기는 찰밥을 바가지에 퍼먹다가 먹던 밥을 그대로 주면서 "잡수시오" 하는데 자기가 먹던 숟가락을 신고 있던 버선에 닦아 주면서 자꾸 먹으라는 것이다. 이공의 얼굴을 쳐다보니 얼룩진 얼굴에 땀이 흐르고 있는데 그 더러움을 형언할 수 없었다.

박복만 씨는 본래 병원에서 근무했던 분이라 위생 관념이 강한 분이었다. 그러나 그는 말없이 받아들고 용케 참으면서 이공이 먹던 밥을 감사하게 받아먹었다. 이때 이공은 "참 궂은 것도 잘 잡수시요잉! 궂은 것 먹고 더러운 것도 더럽다 않고 수행하면서 도를 닦으며 세상 사람들이 하지 않는 일을 해 보며 예수 믿겠다는 것 아니요잉!" 하며 만족해했다. 박복만 씨는 이때부터 이공의 제자가 되기로 결심하였다. 그리고 스승을 본받으려고 애썼다. 그는 이세종의 임종을 지켜본 제자이기도 하지만 책망도 많이 들었다. 이세종의 사상만이 제일인 줄 아는 그는 일반 교인들의 믿는 모양이 늘 불만스러웠다. 목사인 자기 사위에게도 "너는 그 목사라는 것을 내버려야 바른 신앙을 가질 수 있다"고 타일렀다. 그는 이세종의 별세 후에도 화학산에 계속 머물러 지냈다. 그러는 동안 신사참배 거부로 일본 경찰들에게 매도 수없이 맞았으나 80세 고령으로 세상을 떠났다.

이세종은 의식주 문제를 초월했다. 먹는 문제, 입는 문제, 성性 문제도 초월했다. 그는 심신을 자기 마음대로 조정하며 통솔할 수 있었다.

때로는 수십 일 동안 굶기도 하고 어떤 날은 하루에 일곱 번 먹기도 했다. 육식은 생선도 먹지 않았다. 자신은 금식하는 일이 보통이었으나 남에게 장려하지는 않았다.「이사야」58장 3절에서 9절을 읽으면서 금식이 필요 없음을 알았다.

그러면서도 성경을 읽으면 밤낮이 가는 줄도 모르고 한 주일이 지나도 모르고 지냈다. 병이 나면 죽이나 미음마저 먹지 않고 병이 나을 때까지 물만 마셨다. 몸이 성할 때는 죽을 먹는 것이 그의 식사라고 할 수 있었다.

일제 말 숨어 살 때는 남은 재산을 조카들에게 나누어 주고 밀가루 한 근에 쑥을 넣어 닷새씩 먹었다. 어떤 때는 죽에 온통 쑥만 있는지라 이공이 아내에게 "밀가루 한 숟갈 더 넣으시오" 하기도 했다. 공동 식사를 할 때에도 혼자 나가서 음식을 따로 먹었다. 한번은 따로 먹는 것을 선교사 서기가 쫓아가 빼앗아 먹어 보니 쑥범벅이었다. 먹지 못하고 토해 버리고 말았다고 한다.

무엇이나 좋은 것을 탐내어 먹는 것은 절대 금하셨다. 그리고 먹는 곡식이 사람에게 끼치는 영향을 고려했다. 곡식 중에 조, 보리, 쑥, 파 같은 것은 사람의 피를 마르게 한다고 보고 그것만 먹어서는 안 된다고 했다. 콩은 열물熱物이지만 콩잎은 냉물冷物이요 팥은 그 반대라는 의견을 가지고 있었다.

한번은 찰밥이 먹고 싶어 먹으려다 배고픈 사람이 생각나서 도저히 못 먹고 기어이 밥그릇을 들고 나가 가난하고 배고픈 이웃들에게 나누어 주고 돌아왔다. 이날이 눈이 내린 날이었다. 일찍 추수를 해서 올벼쌀이 생기더라도 가난한 이웃 먼저 주고 나서야 비로소 자기가 먹었다.

또 한번은 식혜가 먹고 싶다고 해서 아내가 식혜를 해 드렸더니 "이놈이 진작 도랑물에라도 빠져 죽었어야 하는데 죽지 않고 이제껏 살아

온 것이 이런 것이나 탐나서였던가" 하며 통곡을 하셨다.

그는 묵을 좋아했다. 세상 떠나시기 얼마 전 산중에 숨어 살 때 아내를 시켜 "등광리에 가서 메밀 좀 얻어다가 묵 좀 쒀 주소" 했다. 아내가 마을에 내려가(마을이라지만 각시바위와 등광리는 30리 거리이고 산길이어서 오가는 데 여섯 시간이 걸린다) 이 집 저 집 다니며 메밀을 찾아보았으나 일제 말이라 식량이 없어 빈손으로 올라왔다. 이공은 "그럴 것이오" 했다. 아내는 그날 이공의 측은한 모양이 잊히지 않아 이공이 세상을 떠난 뒤에도 일생 동안 묵을 먹지 않았다고 한다.

행색은 늘 거지꼴이었다. 김 아무개 목사를 찾아갔더니 미치광이로 알고 안 만나 주었고 노나복 선교사는 처음에는 만나 주지 않다가 다른 목사와 같이 찾아가니 만나 주었다. 이공에게 세례를 베풀어 준 선교사라서인지 만나 주고 성경도 가르쳐 주고 했다. 그러나 그때 동행했던 오복희 전도사가 보기에는 그 역시 진심으로 대해 주었다기보다는 교만했다고 한다. 한편으로는 후에 교계에서 이세종에 대해 이단 논란이 일어나자 노나복 선교사는 정색을 하면서 "아니오, 그 사람은 예수 잘 믿는 사람이오" 하고 변명해 주고 가끔씩 직접 산당에 찾아가 만나기도 했다고 한다. 아마 남다른 행색을 하고 다니는 이공을 처음에는 잘 이해하지 못했으나 그와 만나면서 그의 신앙이 어떠한지를 점차 알게 되어 태도가 변했으리라고 본다.

능주에서 선교사 20주년 기념식이 있어 무명옷을 입고 가던 이세종은 불쌍한 거지를 보고는 옷을 바꿔 입었다. 체구가 크기에 옷을 바꾸어 입으면 언제나 옷이 작다. 키 크고 몸집 큰 거지는 없는 법이다. 키 크고 몸집 크면 일을 많이 할 수 있기에 배고프지는 않다. 아무튼 바꾸어 입은 옷에 이가 기어 다니고 있었다. 그 행사에 참석했던 장로들과 전도사들이 그러한 그의 행색을 못마땅하게 여기며 입을 삐쭉거리면서도 오히려 하는 말이 '남이 보는 데서 그런 행위를 하는 것은 위선'이라는 것이었다.

이제는 깊은 산에서 자연과 더불어 살다 보니 고기도 먹지 않고 생선도 먹지 않고 초목도 불쌍한 생각이 들어 고사리도 꺾지 못했다. 감자 심으려고 캐낸 풀뿌리를 다시 옮겨 심고 물을 주었다. 땔감으로 쓸 나무도 낙엽 진 후 죽은 가지만 가져다 때고 지냈다. 칡넝쿨도 밟지 않고 길가에 뻗으면 비켜 주었고 이도 죽이지 않고 물에 빠진 쥐도 건져 주었다. 독사도 죽이지 않고 몰아내기만 했다. 논물이 말라 가는데 미꾸라지, 올챙이, 붕어가 꿈틀거리며 죽어 가니 옷에다 싸서 물 많은 곳에 옮겨 주어 살게 하였다.

그러나 호랑이에게는 달랐다. 호랑이가 어느 날 밤에 나타났는데 큰 소리로 만물의 영장인 사람을 해치려느냐고 호통을 치니 놀라 도망갔다. 호랑이를 쫓아 온 산을 다녀 새벽녘에 돌아오니 이슬에 옷이 다 젖었다고 한다. 야담이 아니고 이공에게 직접 들은 이야기라고 한다.

제가는 실패해도

남 말하기 좋게 4대 악처라 한다. 소크라테스, 공자, 존 웨슬리John Wesley, 톨스토이의 아내가 4대 악처라고 흔히들 말한다. 누구든지 소크라테스와 살아 보고 이야기하렷. 남의 일이라고 쉽게 말하는 사람들은 나라 걱정하느라 나랏일을 내 가정 일보다 더 생각하면서 바른말 하고 사는 사람의 아내가 되어 보아야 한다.

공자와 같이 살아 본다면 누구든지 악이 복받칠 것이다. 사람은 멀리서 보아야 존경이 간다. 한마을에 살면서 이웃과 부딪히고 오해도 생기고 하다 보면 존경심이 없어진다. 한마을에 살기란 힘든 일이다. 하물며 한 지붕 밑에 살기란 더욱 힘든 일이다. 제일 힘든 일은 한 이불 속에 살기다. 공자님과 한 이불 밑에서 살아 본다면 존경보다는 멸시를 하게 될 것이다. 사람은 만능일 수가 없어 나랏일이나 인류를 위하는 일을 하다 보면 마누라를 위하고 가정 돌볼 틈이 없는 것이다. 또 마누라보다는 국가 일이 먼저 생각나고 그 일을 먼저 하기 마련이다. 또 정의롭게 사노라면 자기의 실수는 보고도 그냥 지나치지만 같이 사는 식구들의 잘못은 곧잘 지적하기 마련이다. 허물이 없어서이다. 이런 고로 밖에서는 악처로 평할 수밖에 없다.

석가가 마누라와 같이 살았다면 부부 싸움이 끝날 날이 없었을 것이다. 석가가 마누라를 두고 떠났고 후에는 마누라가 불교에 입문해 제자로 살아서 다행이다. 예수 또한 결혼을 했더라면 부부 싸움보다는 이혼을 했을 것이다. 가정생활을 성실히 하실 분도 아니고 제자들과 패거리를 만들어 밤낮 쏘다니는 남편을 누가 존경하겠는가.

이공 역시 마나님이 참다못해 견디다 못해 집을 떠나 다른 남자를 만나 개가를 하셨다. 이세종은 백 명의 교인을 거느리는 일보다 한 여자 비위 맞추기가 더 힘들다고 하셨다. 이공 부인은 성격이 이공과 대조적이고 무식하고 생각은 좁고 답답한 사람이었다. 이공은 "당신은 산골에서만 살아야 한다. 당신은 샘(질투)이 많은 여자라서 도회지에 살면 더 나빠진다"고 하면서 늘 부인을 타일렀다.

우리나라는 예부터 어른들의 이름을 부를 수가 없었다. 전라도에서는 시집을 오면 그 새댁의 고향이나 특징을 살려 택호를 부른다. 이세종 부인은 한골댁이라 했고 한골어머니라고도 불렸다. 본래의 이름은 문순희였다. 이세종이 예수 믿기 전 총각으로 남의 집 머슴살이를 할 적에 주인이 사람됨을 보고 자기 딸을 주어 사위로 삼았다고도 하고 가난한 집 딸을 민며느리로 데리고 왔다고도 하지만 자세히는 알 수 없다. 그리 중요한 것은 아니나 민며느리라는 말이 맞을 수도 있다. 부잣집에서는 딸 혼사를 그렇게 하지 않았다.

결혼을 안 하려면 안 해도 꼭 결혼을 하려면 성인과는 하지 말아야 한다. 도인道人이나 기인奇人이나 거룩한 사람과 살려면 같이 거룩해야지 그렇지 않으면 가정을 꾸미고 애틋한 정을 나누고 은밀한 사랑을 속삭일 기회가 없다.

더욱이 한골댁은 아들을 낳지 못해 이공이 두 번이나 첩을 얻었다는 이야기가 있다. 이공의 성격은 엄격하고 보수적이어서 부인의 행동을 일일이 간섭했다. 여름날 더울 때 집 안에서 옷가슴만 헤쳐도 "어떤 남자가 온다고 옷을 벗어?" 하고 벼락같이 소리를 질렀다. 예수를 믿은 뒤에는 남매처럼 지내자며 같이 자지도 않고 식사도 같이 하지 않아 쓸쓸한 생을 살게 되었다. 더 이상 같이 살 수 없는 젊은 아내는 같은 마을 청년과 함께 마을을 떠나 살기에 이르렀다. 뒤늦게 행방을 찾았으나 아내가 돌아오려는 생각이 없자 짐꾼을 불러 아내가 쓰던 살림 도구를 보내 주었다. 그때까지는 장모가 살아 있었는데 나머지 살림을 장모에게 가져다 주었다. 이공은 아내와 사는 현 남편을 자주 찾아가 모두가 내 잘못이니 아내를 돌려보내 달라고 무릎을 꿇고 빌었다. 부인은 그 남자와 몇 년 동안 같이 살다 헤어졌다. 부끄러우나 다시 돌아와 살았는데 예전과 같은 쓸쓸한 생활이 반복되었다. 또다시 집을 나가서 간 곳은 능주 밤고개의 어느 홀아비가 아들만 여럿 데리고 사는 집이었다. 이번에도 짐꾼을 불러다 점심까지 잘 먹여 먼 길을 떠나게 했다. 떠나는 날 내다보지도 않고 윗방에 쪼그리고 앉아 있었다.

이세종은 능주로 간 아내의 집을 다시 찾아갔다. 한번은 제자인 오복희 전도사와 양달목 씨도 함께 찾아갔는데 아내는 구정물을 바가지에 퍼 가지고 와서 전남편인 이공에게 퍼부었다. 이런 수모를 다 당하고도 이공은 "하나님을 잊어버리지 마시오. 살다 살다 못 살겠으면 다시 돌아오시오" 하고 돌아왔다. 부인은 그 남자와 그럭저럭 몇 년을 살다가 다시 헤어지기로 작정했다. 그러나 그 남자가 놔주지를 않았다. 그런데 구약성경에 아브라함의 아내를 빼앗은 이집트인에게 재앙이 내리듯 그 남자의 집안에도 이상스러운 흉조가 생겨났다. 난데없이 흰 개가 지붕 위로 올라가 짖어 대고 잘 크던 돼지가 갑자기 죽는 등 여러 가지 두려운 일들이 벌어지자 할 수 없이 한골댁을 돌려보내게 되었다.

이공은 돌아온 한골댁을 받아 주었으나 마을 사람들이 마을의 수치라며 우물에 소금을 풀고 집집마다 가시 울타리를 치는 등 모두들 갑자기 효부열녀가 된 양하였다. 그러나 이공은 부인을 대신해서 "이 여자는 나이 팔십이 되어도 철들지 못한다 했으니 이 철없는 여자를 용서해 주십시오" 하면서 빌었다. 형님마저 찾아와 우리 집안에서는 받아 줄 수 없다고 했으나 날이 어두워지도록 설득하여 돌려보냈다. 이때부터 이공은 아내에게 관심을 갖고 대해 주었다. 한골댁은 이공에게 한글을 배워 성경을 읽기 시작했고 세상을 떠날 때까지 성경을 읽으며 사셨다. 이후로는 이공 곁을 떠나지 않고 한평생 신앙생활을 하다가 이공의 임종까지 지켜보았다.

이공의 가정사를 정리해 보면 어릴 적 조실부모하셨고 머슴살이를 하며 재산을 모아 뒤늦게 결혼하였다. 아이가 없어 아이를 낳으려고 공드리느라 산당 생활을 하였다. 예수를 믿으면서 어려운 사람 도와주느라 다시 가난해졌다. 빚을 탕감해 주고 어려운 친척들을 돌보고 면사무소와 노회에 재산을 헌납하였다. 마나님은 두 번씩이나 시집갔다 돌아오는 불행한 생을 사셨다. 말하자면 즐거움은 없이 사셨다.

하나님께서는 꼭 그렇게 두지만은 않으신다. 그 보답으로 기쁨을 주신다. 성령을 받은 자들에게는 기쁨이 있다. 어느 해 정월 이공은 이상한 병을 앓았다. 중병이 나서 열이 오르고 음식을 먹지 못했다. 두 달쯤 지나도 고쳐지지 않았다. 이 소식을 들은 노나복 선교사가 광주에서 자동차까지 대령하여 광주제중병원으로 가자고 하지만 거부하였다. 그는 병이 나도 약을 쓰지 않고 광주에 좋은 의사가 있다고 해도 예수보다 좋은 의사는 없고 신약보다 더 좋은 약은 없다고 하였다. 제자 이상복에게 자기를 업고 산당으로 가자고 했다. 죽어도 산당에서 죽겠다 각오를 하고 방의 물이 얼 정도로 추운 산당으로 갔다. 추운 밤에 말없이 누워 있던 이공은 몸이 굳어지기 시작했다. 이상복에게 몸을 흔들어 달라고 했다. 얼마 후에 숨을 내쉬며 이제야 정신이 든다면서 "아까는 내 몸이 어디에 있는 줄 몰랐소" 했다. 그러더니 갑자기 몸이 화끈거린다면서 도끼로 얼음을 깨라 하시고 옷을 홀랑 벗고 연못가 바위에 벌렁 드러누워 얼음물을 퍼부으라고 하였다. 세 번이나 얼음물을 퍼부었는데도 몸에서 김이 모락모락 났다. 새벽 동이 틀 무렵, "저기 상복씨, 저기 이상한 것이 안 보여요?" 하면서 얼굴에 감격의 기쁨이 가득했다. 그는 자기 손을 눈에 붙였다 떼었다 하면서 "눈을 가려도 보이고 안 가려도 보여요" 했다. 예수의 얼굴을 본 것이다. 그 이후로는 초자연적인 힘이 생겨났다. 능력이었다. 병은 흔적도 없이 나았다.

제자들이나 친척들의 증언에 의하면 그분은 능력 있는 분이었고 미래를 예견하기도 했다. 비밀을 지켜 나타내지 않으려 했으나 간혹 입에서 미래를 내다보는 말들이 나오곤 했다. 마을 뒷산에서 기도하다가 내려와 발이 머무르는 곳에서 "이곳에서 내 이름을 부르리라"는 음성을 들었는데 여러 해 뒤 그곳에 예배당이 세워졌다. 어느 때는 이공이 집을 사 주면서 집 지키기 어려울 것이라고 했는데 과연 그 집을 못 지키게 되었다. 어느 때는 "논이나 밭이나 자기들의 것으로 아느냐? 농사지어 자기만 배불리 먹을 줄 아느냐? 목화 농사하는 이들이 한탄할 때가 온다. 놋쇠 수저로 밥 먹고 있으나 이것도 모두 거두어 갈 때가 온다"고 예언하였다. 이 말씀을 하신 때는 일제가 우리나라를 강점한 지 얼마 되지 않아서였다. 그때는 아직 쌀과 목화 공출이 없었다. 그러나 일본이 전쟁을 시작하면서 쌀과 목화는 탈곡하고 수확하는 것을 기다렸다가 그 즉시로 걷어 가고 집에 있는 쇠붙이란 쇠붙이는 수저 한 벌도 남기지 않고 걷어 갔다. 이 말씀을 하신 당시에는 뜻을 이해하지 못했으나 모두가 예언대로 되었다.

또 한번은 제자 이상복 집사에게 "앞으로 좋은 세상이 온다. 모두가 똑같이 먹고 똑같이 입고 똑같이 쓰고 똑같이 아는 세상이 온다. 그러나 나는 못 보고 당신과 당신 후손은 볼 것이오" 했다. 이 말씀은 일제 시대가 끝나고 민주주의 시대가 올 것을 예견한 것이다. 그때는 양반과 상민이라는 계급이 있었고 부자와 가난한 사람의 격차가 커서 먹고 입고 쓰고 배우는 것에 제한이 많았다. 계급이 낮거나 가난한 사람은 먹는 것과 입는 것도 부족했고 배우는 일은 엄두도 내지 못했다. 그러나 일제 시대가 지나고 다음 세대들이 사는 민주주의 시대가 되면 그러한 제한이 줄거나 사라진다는 것을 미리 내다보고 하신 말씀이다. '나는 못 보고 당신과 그 후손들은 보겠다'고 하신 말씀은 일제 강점기가 언제쯤 끝날 것인지와 민주주의 시대는 그 이후에 도래할 것까지 알고 계셨다는 것이다.

하나님의 온전하심과 같이 너희도 온전하라

예수 믿지 않는 세속 사람들이 산제를 지낼 때 정성을 들인다. 석 달

열흘(100일)간 비린 것이나 고기를 먹지 않고 잠자리를 하지 않는다. 혈기를 부리지 않고 상갓집이나 중병을 앓는 집도 가지 않는다. 목욕재계하고 제단 앞뿐 아니라 길가까지 깨끗이 청소하고 양쪽으로 황토를 뿌린다. 이렇게 정성을 들이고 조심하다가도 방심하면 벌을 받을 줄 안다. 예배는 더욱 그렇다.

이세종은 성령의 역사를 세 단계로 보았다. 첫째, 성령은 감동이 오는데 누구나 쉽게 받을 수 있다. 불신자나 살인자들도 받지만 머무르지 않고 쉽게 지나간다. 둘째는 보통으로 받는 것인데 회개해야 받는다. 사람이 햇빛을 받으려면 밖으로 나와야 하는 것과 같다. 자기에게 달렸다. 회개해야 한다. 셋째는 충만하게 받는 것이다. 그릇에 물을 가득히 담으면 넘쳐흐르는 듯한 것인데 이것이 성령을 완전하게 받는 일이다. 그때는 떠나지 않는다고 하였다.

참 믿는 사람에게는 성령도 믿음도 세례도 하나다. 말세에는 칼 같은 성령, 불같은 성령을 구해야 한다. 칼은 참과 거짓을 분별하는 은혜요 불같은 성령은 불순한 것을 태워 버리고 사랑의 뜨거운 은혜를 받는 일이라 했다. 이세종은 고백하기를 "나는 성경을 암송하지 않고 세상 학문 공부하듯이 알아보려 하지도 않는다. 사람을 대할 때 상대편이 무슨 문제를 가지고 있으면 그때그때 적당한 성경 말씀을 일러 주시기 때문에 아는 것이지 내가 애쓸 필요가 없다. 성령을 받으면 배우지 않아도 안다. 그렇지 않으면 내가 아는 것은 아무것도 없다. 그러므로 신자의 최대 소원은 성령 충만을 받는 일이다. 아무리 신학교에서 성경 해석을 학문적으로 많이 배워도 사람이 연구해 온 것만 가지고는 부족하다. 풍수지리를 보는 이에게 전도하려면 풍수지리에 대한 상식을 많이 알아야 전도하기 쉽고 의사에게 전도하려면 내가 의학에 대한 상식이 충분하면 더 쉽다. 그러나 성령이 인도하실 때에는 풍수지리나 의학 상식이나 그때그때 적절한 상식을 주신다. 누구를 상대로 전도하든 성령께서 미리 다 일러 주셔서 막히지 않는다"고 한다. 지식을 초월한 태도다.

한때 성신파 운동이라고, 해남 일대를 휩쓸고 광주까지 그 바람이 불어와 곳곳의 교인들 속에서 소동이 일어났다. 그러나 그때에도 요동하지 않고 제자들에게 신을 분별하는 방법을 가르쳐 주었다. 첫째는 사람의 성격에 달렸다. 너무 감정적인 사람은 이런 운동이 일어날 때 냉정하게 이성적인 판단을 못 하고 휘청거리다가 곧 넘어진다. 이럴 때는 칼날 같은 판단이 필요하다. 둘째, 신자들이 건전한 신앙생활을 하려면 모든 방면이 구비되어야 한다. 마치 십자가 형틀이 좌우상하 사방을 가리키듯 신자들은 지식, 신비, 경험, 지혜의 네 가지 기둥을 겸전兼全해야 건전한 믿음을 가질 수 있다. 어떤 신자가 경험도 지혜도 지식도 별로 없는데 단지 신비와 열심 두 가지만으로 감정에 날뛰어 덤빈다면 그는 반드시 넘어지고 말 것이다. 그러므로 신자는 '하나님의 온전하심과 같이 너희도 온전하라'는 말씀처럼 되어야 한다.

성신파 소동에서 사람들이 불을 봤다는 일에 대하여 이공은 "마귀의 불을 보고도 성령의 불이라고 한다"고 하였다. 옷감을 보면 무명이나 명주는 별로 광택이 없고 반질반질하지만 가짜 인조견은 유달리 반짝거리고 사람들의 호기심을 끈다. 마찬가지로 참 성령이 아닌 거짓 영과 잡신雜神의 역사는 사람들의 시선을 끈다. 병도 고치고 이상한 일도 많아서 호기심을 끌고 반질거린다. 그러나 그것은 참된 것이 아니다.

이제 오른뺨, 왼뺨 이야기다. 심술궂고 짓궂은 이가 거지꼴로 다니는 이세종을 나무에 묶어 놓고 갔다. 이 일을 잊고 하루 종일 돌아다니던 그 사람이 오후에 지나가다가 이공이 나무에 묶여 있는 것을 보고 "왜 풀고 가지 않고 여태까지 있었소?" "매는 것도 법이니 푸는 법도 있어야지요." 사내가 미안해서 묻는 말에 아무 원망도 않고 그렇게 대답했다.

기독교를 핍박하던 박씨 문중의 어떤 사람이 마을 네거리에서 이공을 들어 비석돌 위에 올려놓고 꼼짝 말라고 했더니 이공은 종일 그대로 있었다. 이 자식 저 자식 해도 이공은 그저 "예, 예" 할 뿐이다. 저녁 무렵이 되어서야 그를 보고 "이제 내려가도 될까요" 묻고 내려왔다. 박씨는 자기의 소행이 너무 부끄러워 그 후에 예수를 믿었다.

이공은 사람을 차별하지 않았다. 거지나 손님이나 똑같이 대했다. 어떤 거지는 이공 집에 왔다가 똑같이 먹던 음식을 주었더니 송구해서 못 먹고 갔다는 이야기도 있다.

이공은 신사참배도 피할 겸 화학산 등성이 각시바위 바로 밑에 움막집을 짓고 사셨다. 그곳에서 구도 생활을 하시다가 마나님과 네 제자들이 지켜보는 데서 임종을 맞았다. 임종 사나흘 전에 제자들을 시켜 나뭇가지를 베어 오게 하시고 자기 발로 재어 엮었다. 그 위에 눕고 "나 죽거든 옷 갈아입히지 말고 꼭 이대로 묻으시오. 그렇지 않으면 천벌받습니다" 하였다.

임종 전 울음을 참던 부인이 울음을 터뜨리니 죽어 가던 분이 벌떡 일어나서 "울음을 그치시오. 내가 예수님 따라가는데 울어야 되겠소. 내가 가고 싶어 가는 것이오. 명命이 있으니 어쩔 수 없이 가는 것이오" 하고서 숨을 거두었다.

이세종이 별세한 때는 8·15 3년 전인 1942년 음력 2월이었다. 마흔 살에 신앙생활 시작해서 예순세 살에 별세하셨다. 제자들이 10전씩 거두어 50전으로 근처 매장지를 사고 새 옷을 준비했으나 유언대로 누더기를 입으셨다. 근처에서 괭이를 빌려다가 조촐한 장례를 치렀다. 임종 후 유산이라고는 가마니 한 장도 없고 십자가 고상도 없고 사진 한 장도 없었다.

이세종 3 – 이세종에게 배운 제자들

이세종은 좀처럼 멀리 출타한 일이 없었다. 신앙생활 초기에는 전도한다고 이 집 저 집, 이 거리 저 거리 밥을 굶어 가면서 돌아다녔다. 어느 정도 신앙이 깊어지면서 말로 전도하는 것은 효력이 없으며 신앙생활을 삶으로 보여 주어야 한다고 하셨다. 더욱이 기도에 열중하다 보면 밤새는 줄 몰랐고 성경을 읽다 보면 계절 지난 줄도 몰랐다고 한다. 밤낮 성경 읽다가 새 쫓는 소리 들으며 벌써 가을인가 하셨다고 한다.

사람이 태어나면서부터 밖으로만 돌아다니고 뛰어다녀야 직성이 풀리는 성격이 있고 반대로 돌아다니기보다 조용히 앉아 있고 명상을 좋아하는 성격이 있다. 이세종은 일대기를 보니 고요함을 좋아하는 쪽에 속한 것 같다.

예수는 동적인 사람으로 태어났다고 보겠다. 집도 없이 한평생 돌아다녀야 직성이 풀렸다. 석가는 똑같이 집이 없었으나 앉아 있기를 좋아했다. 예수는 이집트 피난 생활을 빼면 갈릴리에서 태어나 사마리아, 거라사, 벳새다까지 겨우 100리 안에서 평생을 사셨다. 갈릴리 호수 위쪽으로는 가 보지 않았다.

이세종도 화순 도암면 등광리에서 태어나 서울을 갔다는 이야기가 있으나 확실치 않고 광주에 몇 번 가 본 일 외에는 역시 100리 안에서 한평생 사신 것이다. 지금처럼 차가 다니고 비행기가 다닐 때가 아니었다. 이세종은 광주 구경이라도 하셨지만 다른 친구들은 화순읍에도 못 가 보고 일생을 사신 분들도 계셨을 것이다. 도암에 중장터가 있고 시장이 서니 화순읍까지 나갈 일이 없는 것이다. 여행이나 구경은 배부른 사람들에게나 있을 수 있는 일이다. 그 외에는 교회 다니는 이들이 사경회니 무슨 기념회니 하면서 돌아다니는 범위가 넓어지기도 했다.

이세종은 신앙심이 깊어 가면서 오히려 화학산 각시바위 밑으로 들어가 세상을 뜨셨다. 그러나 향기가 짙은 꽃이 있으면 벌과 나비가 날아들듯 이세종의 신앙의 향기를 따라 광주에서까지 찾아드는 이들이 많았다. 그는 자기에게 성경을 배우고 신앙생활을 하겠다는 이들에게 세속 인연을 끊을 것을 강조하고 그런 이들을 같은 신앙인으로 생각하고 가르치셨다.

더욱이 산당으로 지어 놓은 곳이 예배처요, 기도처요, 성경 공부하는 장소가 되었으니 세속과 점점 더 멀어졌다. 이세종은 무엇보다 가정생활에서 벗어난 신앙생활을 강조했다. 그를 따르던 이들이 가정생활을 소홀히 할 것을 가르치면 모두 떠나게 되었다. 그러나 가정을 돌보면서도 이공을 찾아 나선 이들이 있었다. 그를 주로 찾아 나선 이들은 최흥종, 강순명 목사, 최 장로, 백 전도사 등이었는데 그들은 모여서 때로는 이공을 골려 주기도 하면서 잘 어울렸다.

이세종은 강순명 목사에 대해서 "그는 너무 호인이어서 탈이다. 그런 성격의 사람들은 무엇을 끊을 결단력이 없다"고 했다. 이세종이 강조한 신앙생활은 부부간이라도 성관계를 않고 사는 것이다. 자신이 그렇게 사셨다. 강순명 목사는 의지가 약해서 그건 못 하겠다고 했다. 이런 생활은 어느 정도 독살스러운 성미가 있어야 한다고 했다.

백 전도사에게는 의지는 강하나 다른 성격의 약점이 있다고 지적했다. 그러므로 이러한 말씀은 지키지 못하겠다고 평했다.

최 모라는 금욕주의자가 있어 아내를 칡넝쿨로 기둥에 묶어 놓고 자기는 산속에 들어가 사는 사람인데 그가 이세종을 찾아와 함께 살면서 신앙생활을 하자고 했으나 이세종은 거절했다.

한천에 사는 장 모 씨도 이세종을 따라다닌 분인데 그는 길 가다가 불쌍한 사람을 보면 모조리 데려가 자기 집에 수용하기 시작했다. 어떤 이가 무작정 그런 일을 하는 것을 염려하자 그는 다음과 같은 대답을 하였다. "죽 끓이다 물 한 그릇 더 부으면 될 일 아닙니까? 하나님이 다 먹여 주시는데 무슨 걱정입니까?"

어느 유명한 목사가 자기의 국부(음경과 고환)를 스스로 잘라 내고는 아는 사람들에게 자기가 죽었다고 부고장을 돌렸다는 소문이 났다. 이세종은 이 소식을 듣고 "그 행위는 아내와 합의해서 한 일이 아니니 옳지 못하고 비성서적이다"라고 평했다. 그 목사가 스스로 자기 몸에 칼을 댄 것이 잘못이요, 거세만 해 놓고 부고를 돌린 것은 거짓이라고 했다. 그 목사의 행위는 물론 자기 생활의 결심을 표시한 것이겠지만 이공의 비판이 정확한 비판이다.

그 뒤에 그 목사가 이공을 찾아왔는데 생식을 한다고 사과나 실과를 많이 가지고 다니는 것을 보고 그가 생식하는 것은 잘못이라고 말했다 (그때 전라도에서는 사과가 아주 귀한 과일이었다. 다른 과일도 마찬가지였다). 괜히 곁에 있는 사람들에게 괴로움만 끼치는 일이라고 했다. 그러나 그 목사도 이세종 못지않게 바로 살아 보려고 애쓴 분이었으므로 이공은 그 목사를 가리켜 "바로 믿으려는 분은 그분 한 사람뿐이다"라고 하셨다.

이세종은 방술을 베풀기 전에 뱀에게 물리면 방술은 무용이니라(「전도서」 10:11)라는 말씀을 인용하면서 "남의 병을 고치려 하지 말고 자기 병을 먼저 고쳐라. 자기가 되고 나서야 남의 병도 고쳐 낸다"고 가르치셨다. 구도求道에는 자리自利와 이타利他가 잘 조화되어야 한다. 줏대가 서지 못하고 자기 자신이 아직 미완성인 사람이 무엇을 하려고 덤비는 것을 보고 "고기는 익지 않았는데 꼬챙이가 먼저 왔다"고 풍자했다.

수레기어머니라고 부르는 이가 있다. 그는 이세종의 제자 중에 뛰어난 분이었다. 전해 들은 이야기로는 그는 본래 나병 환자였는데 화학산 도구밖골에 들어가 여러 해 동안 목욕재계하고 기도하다가 깨끗이 나았다고 한다. 남편은 천도교를 믿었으나 매일 잔치를 차려 먹다가 파산하고 비렁뱅이가 되었다고 한다. 그분이 사는 곳은 이세종과 같은 등광리였다. 자녀를 낳았으나 모두 일찍 죽고 이세종을 따라다니면서 그의 교훈을 받게 되었다. 이공은 그에게 충고하기를 "집을 짓지 말고 아기를 낳지 마시오" 했다. 그래도 젊은 나이라 마지막으로 아들 하나를 낳았다.

이현필은 청년 시절에 이세종을 따라다녔다. 이세종의 사상을 이현필이 제일 잘 받아들였다고 본다. 그는 이세종처럼 곤충도 살생하지 않으려고 했다. 이세종의 성경 강의를 여럿이서 필기를 했으나 이현필만큼 완벽하게 필기한 제자는 없다. 이세종은 이현필을 천재라고 평했다.

이현필은 이세종의 전기를 썼다. 「우리의 거울」이라는 글은 간단하지만 이세종의 면모를 잘 설명했다. 그가 아니었으면 이세종이라는 사람이 세상에 다녀간 자취가 기록으로 남기 어려웠을 것이다. 사람들은 이세종의 영이 이현필에게로 옮겨졌다고 말한다. 물론 두 사람은 성격이나 여러 면에서 많은 차이가 있다. 한때는 두 사람의 사이가 좋지 않았다는 이야기도 있다. 이현필이 스승인 이세종의 총애를 받으면서도 끝내 순결 사상은 따르지 못하고 결혼했을 때 이공은 실망했다. 그 후에 이현필이 아내와 별거하고 남원 서리내에 가서 나이 어린 소녀들을 거느리고 훈련시킨다는 소식을 들었을 때에도 이공은 실망했다.

이세종은 제자들에게 성경 하나만 읽으라고 늘 권했다. 그러나 이현필은 다른 책을 많이 보았다. 시집도 읽고 가톨릭 서적도 읽었다. 그러나 이세종은 일생 동안 성경 한 권만 읽었다. 이현필의 제자라는 김준호가 『논어』 한 권을 가지고 있었는데 이현필은 어느새 다 읽고 그중 감동된 구절을 따서 제자들에게 가르치기도 했다. 이세종의 제자 한 사람이 이현필을 찾아왔다가 그 방에 『논어』가 있는 것을 보고는 이현필이 타락했다고 실망하고 돌아갔다는 이야기도 있다. 그러나 이세종과 이현필은 끊을 수 없는 사제지간으로 보아야겠다.

내가 1961년에 동광원을 찾아갔을 때는 이현필 선생님이 대단히 뛰어난 인물이어서 스승인 이세종은 오히려 제자의 그늘에 가려져 있었다. 아버지만 한 아들이 없고 스승만 한 제자가 없다지만, 동광원 안에서 같이 사는 식구들 외에도 호남 지방 곳곳에서 이현필 선생을 사모하고 존경하여 그의 신앙을 본받고자 하는 이들이 대단히 많았다. 좀 과장된 말 같지만 그 당시 동광원에서는 이현필 선생님이 말씀하시면 그 말씀을 곧 성경이요 예수님 말씀이요 하나님 말씀으로 여기고 따랐을 정도다. 이현필 선생에 대한 이야기는 뒤에서 길게 쓰련다.

이상복은 열아홉 청년 때부터 예수를 믿었는데 그 모친은 이세종과 동갑이었다. 모친 때문에 이세종을 알게 되었다. 집이 극빈하여 돈벌이를 하려고 여기저기 돌아다녀 보았으나 번번이 실패하였다. 그때 이세종이 찾아와 "들어서 죽 쑤는 사람은 나서도 죽 쑤는 법이다. 집에 있으면서도 돈을 벌 수 있는데 왜 나가 돌아다니며 벌겠다고 그러는가? 그러지 말고 자기 집에 있으면서 일만 부지런히 하시오" 했다. 그래서 그 말씀대로 했더니 빚도 다 갚고 소도 사고 생활이 윤택해졌다. 그래서 청년들과 같이 이세종의 강의를 듣게 되었고 부인도 같이 이세종을 따라다녔다.

우리는 이상복 집사님을 찌울래 집사님이라 했다. 전라도 사투리가 무척 짙은 분인데 말씀하실 적마다 '그렇기 때문에'의 '때문에'를 '찌울래'라고 하신다. 전라도 사투리에도 없는 말인데 혼자서 자주 쓰신 말씀이다. 내가 사는 곳에 오실 때마다 아무 때라도 설교하시라고 예배 준비해 놓으면 이세종 선생님께서 가르치셨던 말씀을 곧잘 줄줄줄 전해 주셨다. 틈틈이 '그러기 찌울래, 찌울래' 하셔서 처음에는 웃음도 나왔으나 그 정도는 웃지 않고 참을 수 있었다. 말씀이 너무나 거룩 거룩하고 어려운 고비를 견디며 슬프고 가난하게 사셨던 이야기였기에 '그러기 찌울래' 하실 때 웃을 수가 없었다.

그 찌울래 집사님은 허술한 바지저고리에 고무신을 신고 다니시는데 메고 다니던 망태가 특히 기억난다. 가느다란 새끼로 드문드문 엮어 손수 만드신 망태. 내가 어릴 적에 아버지가 크게 만들어 주셨던 꼴망태를 축소시켜 만들어 메고 다니셨다.

그 찌울래 집사님 아들 중에 이세철이라는 이가 있다. 내가 경기도에 살 때 자주 찾아와 며칠씩 같이 지내곤 했다. 그러다 소식이 끊어져 40여 년이 지났는데 어떻게 내 소식을 알았는지 몇 해 전 여름에 처자를 거느리고 우리 집에 다녀갔다. 지금은 목사가 되어 익산에서 목회를 하고 있다고 한다. '그러기 찌울래' 이상복은 이세종의 2세였고 이세철은 3세요 세철의 아들도 성장하여 4세, 그리고 5세도 볼 수 있었다.

오복희는 18세에 결혼하였으나 1년 만에 남편이 죽어 19세에 청상과부가 되었다. 양반집 가문이라서 재혼을 못 하고 살아갈 길이 막막했다. 자살하려고 세 번이나 양잿물을 마셨으나 실패하였다.

그는 일찍부터 교회를 다녔기에 한국 교회 초대 목사들의 설교를 많이 들었다. 길선주, 김익두, 주기철, 김인서 등의 사경회는 다 참석해 보았다. 교회 경험과 상식이 많았으므로 한때 호남 지방을 휩쓴 성신파와 싸울 때에는 "사단아!" 하고 소리 지르며 항쟁하기도 했다. 그는 광주 이일성경학교에 다니면서 이세종을 알게 되었다. 그러다 보니 학교에서나 교회에서나 이단을 따라다닌다고 말썽이 났다. 학교를 졸업할 무렵 이세종의 사상에 흠뻑 젖어 세상 영광을 마다하고 졸업장도 받지 않았다.

이현필 등과 3년간이나 이세종을 따랐고 이세종의 임종까지 지켜보았다. 이세종이 세상을 떠난 후 이현필은 남원으로 가서 자기 이상을 좇아 동광원을 준비하였고, 오복희는 해남으로 갔다. 탁발 수행도 하고 겨울에도 삼베옷을 입고 다니며 걸인 생활도 했다. 한국전쟁 당시에 국군이 부산 지방으로 후퇴했을 때 남한은 9개월간이나 공산주의 세상이었다. 천태산은 공산 유격대의 운동장이라 불렸다. 오복희는 그 천태산 밑 등광리에서 40명의 고아들을 데리고 있었다. 그리고 후에 이현필이 세운 동광원에 함께 살았다.

오복희는 일생에서 가장 기뻤던 때가 두 번 있었다. 한 번은 6·25 때 빨치산에게 끌려 50리 길을 걸어가면서 순교할 각오를 하고 찬송을 부르던 때였다. 또 한 번은 탁발 수행을 하면서 찬송을 부르던 때라고 한다. 탁발을 하면 인심을 알아낼 수가 있고 근심이 모두 사라진다고 한다.

나는 평소에 오복희 전도사님을 어머니라고 불렀다. 오복희 어머님은 체격이 무척 크시고 남자처럼 태어나셨다. 동광원에서 줄곧 같이 사셨고 틈틈이 이세종 선생님 말씀도 해 주셨다. 어머님은 동광원에서 같이 사시기는 했으나 생활은 동광원의 규칙을 벗어나 자유롭게 사셨는데 아무도 제지할 수가 없었다. 그분은 이현필과 같이 이세종 선생을 따르던 도반이랄까, 이현필 선생의 제자가 아니고 항렬이 같은 셈이다. 그래서 실제 동광원의 어른들보다 나이가 젊었어도 어른처럼 지내셨다.

동광원 진도 분원이 있었는데 오복희 어머님은 그곳에서 예배를 보았고 마을 사람들도 그 예배에 같이 참석하곤 했다. 그중에 지역 학교에서 선생 한 사람이 주일마다 참석했다. 윤영윤이라는 선생이었는데 아직 미혼이었다. 오복희 어머님이 그 윤 선생을 꼬시고 꼬시었다. 한참 꼬시고 있을 때 나도 자주 찾아가 꼬시는 데 거들었다. 선생질 그만하고 동광원에 들어와 같이 살자고, 빨리 정리하고 동광원에 들어오라고 꼬셨다. 그러나 쉽지 않았다. 교대 다닐 때 학자금을 정부에서 융자받아 다녔는데 그 융자금을 모두 갚고 나와야 한다는 것이다. 나중에 그 빚을 어떻게 정리했는지는 모르지만 동광원에 들어와 같이 살게 되었다. 젊은 청년이라서 동광원에서도 활동을 잘했다. 강원도 우리 집도 다녀가곤 했으나 몇 년 전에 교통사고로 생을 마쳤다. 장례식 때 남원의 동광원 묘지에 안장하였고 나도 그 자리에 참석하여 나보다 젊은 이의 무덤에 삽질을 하고 왔다. 오복희의 후임이라고 기대도 많이 했다. 윤영윤은 스스로를 '도마도'(토마토)라고 했다. 이름에 같은 자가 두 개라고. 또 별명이 오복희 아들이기도 했다.

이세종 선생님은 내가 태어나기 전, 아니 생겨나기 전에 돌아가셨다. 이세종 선생보다 세 살 위이신 최흥종 목사님과 나는 5년 동안 같이 살았다. 이현필 선생과도 동광원 안에서 3년간 같이 지냈다. 동광원에서는 이세종 선생보다 이현필 선생 이야기만 있었다. 앞에서 말했듯이 이현필 선생께서 나더러 각시바위 근처에 있는 집에 가라고 지시를 하셔서 그곳에서 여름 한 철을 보낸 때가 있었다. 거기가 이세종 선생께서 임종하신 집이었고 목수 일 잘하는 양인운 형님이 복원한 것이다. 그때가 내 기억으로 열아홉 살이었다.

그 집에서 본 것이 이세종 선생님의 생애와 가르침을 적어 놓은 '거울'이라는 공책이었고 후에 엄두섭 목사님이 더 많은 증언과 자료를 정리해 내신 책이 『호세아를 닮은 성자』였다. 만약 이 책이 조금 더 일찍 발간되어 거기서 읽었더라면 바로 밑에 내려다보이던 집의 박복만 어른을 자주 찾아뵈었을 터이나 그때 만나 뵙지는 못했다.

양인운 형님께서 이세종 선생이 사시던 집을 그대로 복원하셨는지는 몰라도 그렇지는 않은 것 같다. 우선 방 넓이는 그런 대로 같았을지 몰라도 높이는 아니었다. 방 길이는 사람이 누워도 여유가 1미터쯤 더 있었고 넓이는 두 사람이 누우면 몸이 닿지 않으나 세 사람이 누우면 몸이 닿을 정도의 넓이였다. 높이는 방 안에서는 일어설 수 없었다. 부엌에서는 일어설 수 있었다. 집 바로 앞에 텃밭이 있었고 더 내려가면 묘지가 있었는데 그 묘지가 바로 이세종 선생의 묘지였다. 비석도 없고 조그마한 분묘였다.

사모님이신 한골댁 어머님은 뵙지 못하였다. 내가 군 복무를 하고 평신도로서 목회를 하다가 1971년 2월 도장리에 내려가니 한골어머니께서 1주일 전에 돌아가셨다고 한다. 도장리에서 정월순, 정월례 어머님들이 같이 모시다가 초상 치르고 오셨다는 말씀만 들었다.

이세종은 그 당시 무명이나 명주는 별로 광택이 없고 반질반질하지만 인조견은 유달리 반짝거리고 호기심을 끈다고 하셨다. 일제 때 인조견이 얼마나 비싸고 고급 옷감이었을지 생각해 본다. 8·15 이후 내가 자라던 시절만 해도 우리 국민 모두가 무명을 벗어던지고 인조견 옷을 입는 것이 소원이었다. 시집갈 새색시가 혼수감으로 인조 웃동을 해 입고 간다면 소원 풀이를 하는 것이다. 그러나 그 시절에 모든 국민이 갖고파 했던 인조견보다 무명이나 명주가 더 좋다는 것을 이세종 선생이 알고 계셨다는 사실에 놀라지 않을 수가 없다. 요즘 들어 내가 강조하는 것이 몸을 차게 하고 덥게 하는 음식을 구별하는 것인데 이세종은 그때 이미 알고 계셨다. 그분이 따로 의학 공부를 하신 것도 아니고 옷감이나 음식 같은 걸 연구하신 적도 없다. 성경 한 권만 가지고 한평생 사신 분이었다. 더욱이 약을 사지 않으시는 분이었다. 양약뿐 아니라 한약도 안 쓰셨다. 그런데도 보리, 조, 밀 같은 곡식이 냉한 성질을 지녔다는 말씀을 기록에 남도록 하신 것은 놀라운 일이다.

흔히들 이세종 일파를 전라도에서 산중파山中派라고 비난했다. 동광원마저도 산중파 이단이라고 비난했다. 이세종은 신앙심이 깊어질수록 깊은 산으로 들어갔다. 두 가지 이유에서였다. 말로는 전도가 필요 없음을 알았고, 신앙생활에 꼭 필요한 것이 기도, 찬송, 성경(말씀)이라고 여겼기 때문이다. 기도에 열중하다 보면 점점 산중으로 들어갈 수밖에 없다. 찬송은 아무 때 아무 곳에서나 할 수 있지만 역시 깊은 산속에서 조용히 찬송하다 보면 대도시 대형 교회의 파이프오르간이 반주하는 성가대와는 비교할 수 없는 찬송의 묘미가 있다고 하겠다. 은혜의 찬송을 하다 보면 점점 깊은 산으로 들어가게 된다. 물론 반대하는 교인들도 있겠으나 그것은 깊은 산속에서 고요히 또는 목소리 높여 찬송을 해 보지 않은 사람들의 이야기다. 한번 불러 보라. 은혜의 찬송이 무엇인지. 성경 또한 대도시에서 읽고 명상하는 것과 깊은 산에 들어가 혼자 읽을 때 느끼는 감동은 다르다. 경험해 보지 않은 사람은 비난할 자격이 없다. 무엇보다도 기도가 그렇다. 어디에서 하는 기도가 더 하나님과 가까워지고 응답을 얻을 수 있는지는 경험해 본 사람만 안다. 깊은 산속에서 산맥의 정기가 뻗어 내린 곳에 자리 잡아 명상과 기도를 직접 해 보아야 안다. 기도원이 점점 깊은 산을 찾아 들어가는 것도 이유가 있어서이다.

무엇보다 이세종이 깊은 산을 찾아 들어간 것은 내가 판단하기로는 신사참배를 반대하고 피하기 위해서였다. 그 당시 일반 교회에서는 총회 차원에서 신사참배를 가결하고 목사들이 앞장서서 선동하기도 했다. 신사참배를 피하려면 깊은 산속에 들어가는 수밖에 없었다.

멀리 갈 것 없다. 내 고향 교회의 집사들이 그랬다. 오북환, 서재선, 배영진 집사님 세 분이 뜻을 같이한 친구 사이였다. 남원에서 삼일목공소를 함께 운영하신 분들이다. 이 중에서 오북환, 서재선 집사님은 신사참배를 거부하고 산으로 들어가셨다. 꼭 사람을 만나거나 활동할 일이 있으면 밤에 찾아오셨다. 그러곤 새벽에 떠나셨다고 한다.

그러나 배영진 집사님은 신사참배를 하셨다고 한다. 마을에 살면서 하지 않을 수는 없었을 것이다. 후에 장로가 되셔서 교회를 지킨 배영진 장로님은 신사참배를 마음으로는 반대했으나 교회를 유지하려니 안 할 수가 없었다. 나가서 참배할 때 겨우 할 수 있는 것이 '어서 망해 주십시오' 하고 기도하는 정도였다. 물론 참배하실 때마다 하는 기도가 이루어졌으리라고 생각한다.

신사참배를 피하여 깊은 산속에 은둔하면서 하는 신앙생활과 그들을 산중파라고 비난하면서 큰 교회 지키기 위해 아침마다 '고고구 신민나리 지가이 짝! 짝!' 찾는 신앙생활 중에 어느 편이 참인지 분별할 때가 온 것이다.

나 또한 일제 때 태어나서 그 당시 성인으로 신앙생활을 했다면 어느 편에 섰겠느냐 하는 생각을 해 본다. 혹 내 고향 교회에 신사참배를 반대하는 어른들이 많아서 나도 반대 쪽에 있었기를 기대해 본다. 내 고향 교회는 신사참배를 거부하다 일제 말에 문을 닫았다.

화순 도암면에 가면 이세종 선생을 따르던 후임들이 아직도 살아 계신다. 모두가 80세 넘은 분들이지만 기억은 남아 있으시다. 그리 나타나지 않는 신앙생활을 하셨고 특히 일반 교회를 안 나가고 가정 가정마다 아침저녁 예배를 하고 가까운 이웃끼리 모여 주일마다 예배를 한다. 농사짓고 이웃과 더불어 안빈낙도하며 살아가시는 어른들이 아직도 여러 분 계신다. 해마다 돌아가셨다는 소식만 들으면서 나도 늙어 가고 있다.

이세종 선생님의 행적이 잊혀지고 말 것 같아 2013년에 이세종 선생 기념사업회를 창립했다. 내가 부회장이란다.

삼일목공소와 나의 살던 고향

내 고향 순창 유등에 교회가 있었다. 마을 한복판에 있는 건물인데 예배당이라고 했다. 어릴 적에는 그냥 비어 있는 건물이었다. 내가 국민학교 2학년 때 교회라고 하면서 모여 예배를 하게 되었다. 후에 알고 보니 교회가 세워진 것은 1934년이었다. 실제 무슨 교회 연혁이나 자료가 아무것도 없었다. 다만 배영진 장로님이 교회 주인이고 거의 혼자 운영을 하셨다. 장로님께서 가끔씩 교회를 지을 때가 이기권이 태어난 해였다고 하셨다. 이기권은 내 친척 형님이신데 나보다 열한 살 위였다. 내가 1945년생이니 그 형님은 1934년생이다. 그래서 교회가 지어진 해가 1934년이 정확하다.

교회 건물 모양은 한옥 기와집이다. 약 10리 밖에 제실祭室이 있었는데 그 제실이 헐려서 옮겨 왔다고 한다. 기록은 없으나 그 배경은 이러하다. 일제 때 옥출산이라는 산에 철로를 개설하느라 굴을 뚫게 되었다. 그 공사 때문에 헐린 건물이 있었을 텐데 제실도 그중 하나였을 것이다. 한옥이었으나 내부에 기둥 두 개가 서 있었고 제실 마루와 같았다.

교회라고는 하지만 사람들이 모이기보다는 주로 비워진 채로 있었는데 어쩌다 그렇게 되었는지는 후에 알았다. 일제 말 일본인들에 의해서 교회 문이 닫힌 것이다. 물론 신사참배에 앞장서고 교인들이 행사 때마다 신사 앞에 가서 절하고 짝짝 손뼉을 치면 교회 문 닫고 비워 둘 필요가 없었을 것이다. 6·25 때 또다시 예배를 할 수 없었고 전쟁이 다 지난 후에야 예배를 할 수 있었다.

교회를 창립하신 배영진(1904. 12. 19.~1977. 10. 24.) 장로님께서는 유등면 소재지 마을인 외이리가 아니고 3킬로미터 떨어진 버들이라는 곳에서 태어나셨다. 일제 때 객지로 나가셔서 한때는 군산에서 변호사 사무실도 갖고 지내셨다고 하신다. 잘은 모르겠으나 일제 때는 변호사들이 모자라 자격이 없어도 법정에서 변호를 할 수 있었는가 보다. 아니면 서류 작성도 해 주고 증인으로서 변호에 준하는 대변을 했으리라 생각해 본다. 그때 신앙생활을 하시다가 고향에 오셔서 집사일 때 교회를 세우신 것이다. 더 재미있는 것은 장로 임직을 순창읍에 있는 교회에서 받으신 것이다. 명함에는 언제나 순창중앙교회 장로 배영진이라고 쓰여 있었다.

순창에는 순창교회가 있고 순창중앙교회가 있었다. 원래는 순창교회였는데 50년대에 기장, 예장의 교파싸움에 의해 교단이 나누어지면서 순창교회가 기독교장로회가 되었고 거기에서 갈라져 나와 세운 곳이 대한예수교장로회 순창중앙교회였다. 그래서 순창교회와 순창중앙교회와 유등교회가 있는데 고향 교회 세 곳의 종소리가 다 제각각이었다.

땡그랑, 땡땡, 땡

순창교회는 종소리가 한 번씩 나도록 땡, 땡, 땡 하면서 친다. 중앙교회는 세 번씩 소리 나도록 친다. 땡땡땡, 땡땡땡, 땡땡땡 치다 보니 땡그랑, 땡그랑, 땡그랑 하고 들린다. 순창교회와 중앙교회의 거리가 300미터 정도 되어 종소리가 달라야 어느 교회 종소리인지 구별할 수 있었다. 4킬로미터 정도 떨어진 유등교회에서는 종소리를 두 번 나도록 쳤다. 땡땡, 땡땡, 땡땡. 이 소리를 잘 들으면 천당, 천당 하는 소리로 들린다.

장로님의 셋째 아들인 배경천이 있다. 지금은 목사로 미국 가서 사시지만 어릴 적 별명이 '끙깡이'였다. 겨울방학을 맞아 신학생 한 사람을 2개월 동안 임시 교역자로 채용하게 되었다. 당시 신학생이었던 배경천 형님이 전도사 노릇을 하면서 겨울 동안 성경 공부도 하고 성탄절에는 연극을 꾸며 공연하였다. 교회에서 한 것이 아니고 학교 교실을 빌려서 발표회를 했다. 지금처럼 텔레비전이 흔한 때가 아니라 아무 극이라도 공연을 한다고만 하면 30리 안에 사는 주민들이 다 모여들었다. 합창 발표도 했는데, 나는 독창을 했다. 3학년 때 처음 무대에 서서 찬송가를 불렀는데 사람들 얼굴은 보이지 않았다. 반짝거리는 눈들만 보면서 노래 부르고 내려왔다.

연극을 하는데 연극 효과를 위해 교회 종소리가 있어야 했다. 지금 같으면 시간 맞추어 전화기로 연락해서 진짜 교회 종을 치면서 하든지 했을 것이다. 아니면 아무 놋쇠라도 두들겼으면 좋았을 것이다. 그런데 배경천 형님이 그냥 입으로 끙깡, 끙깡 하면서 종소리 흉내를 냈다. 그래서 그 이후로 그 형님 별명이 끙깡이가 되었다.

한옥에 종각은 안 어울려

종각 세운 이야기를 빼놓을 수 없다. 한옥 기와집에 유럽처럼 건물 앞에 붙여서 종각을 세워야 했다. 종각 나무로 12미터 정도 되는 소나무를 썼다. 섬진강가에서 잘라 강물에 띄워 내려오게 했다. 다시 마을 앞개울에서 끌어올려 가져왔다. 서양의 종탑처럼 한옥 기와집에 연결해서 기둥 네 개를 세우고 짜 맞추어 종을 높이 매달았다. 종은 높이 매달려 있고 줄로 당겨 치게 되어 있었다. 소리는 한 번이든 두 번이든 세 번이든 원하는 대로 자유롭게 칠 수 있었다. 종 제조 회사는 대구에 있는 성종사였다.

그런데 문제가 하나 있었다. 교회를 지을 때 유럽이나 서양처럼 설계를 해서 벽돌로 쌓고 지붕은 경사지도록 뾰족집으로 짓고 지붕 자재는 동판이나 함석으로 했으면 좋았을 것이다. 그러나 유등교회는 전통한옥이어서 기와 지붕이었다. 기와 지붕과 종각을 연결해서 짓고 종각이 아까우니 중간에 마루를 놓았다. 그 마루와 기와 지붕 높이가 같았다. 아이들이 종각을 타고 올라가 기와 지붕이 놀이터가 되곤 했다. 어른들은 모른다. 지붕에서 놀다가 어른들이 지나가면 빨리 용마루 너머로 숨으면 된다. 그래도 아이들 몸이 가벼워 기와가 깨지거나 지붕이 새지는 않았다. 이건 문제도 아니었다.

진짜 문제는 이제부터다. 종을 칠 때마다 한옥집이 같이 울리니 벽이 흔들려서 흙이 떨어지고 벽과 기둥 사이가 벌어졌다. 무엇보다 지붕의 기와가 흔들려서 흘러내렸다. 종을 칠 때마다 조금씩 조금씩 흘러내렸고 비만 오면 온 지붕이 새곤 했다. 다시 고쳐 이고 또다시 이었지만 아무리 해도 안 된다. 철사로 엮은 기와를 구해다 이어 보고, 구멍 뚫린 기와를 맞추어다 이어 봐도 안 된다. 결국은 한쪽을 함석으로 바꾸었다.

그래도 벽이 움직였다. 종을 칠 때마다 연결 지어 달아 낸 방에서는 벽이 움직여 흙이 떨어졌다. 몇 년간을 수리하다 결국은 종을 땅에 내려 놓고 땅에서 치게 되었다.

삼일목공소

　배영진 장로님은 고향에 돌아오시기 전 남원에서 목공소를 경영하셨다. 삼일목공소다. 오정환, 서재선, 배영진 세 사람이 같이 차렸다. 남원에 차렸기에 주로 광한루 부근에서 나오는 목공예품과 관련된 일을 했다. 동광원 역사에 이현필, 오북환이 등장하는데 역시 삼일목공소 이야기가 나온다. 그러나 그 목공소에서 무슨 목공예품을 직접 만들어 낸 이야기는 없다. 내 어릴 적 고향 교회에 오동환 집사님이 사셨다. 그 집에 가면 뒤란 처마 밑에 옻칠을 안 한 목기들이 많았다. 그 목기들은 삼일목공소에서 만들던 것이었는데 목공소를 정리하고 남은 것을 실어다 둔 것이었다. 오동환 집사님은 오정환 집사님의 형님이시고, 그 밑으로 오동옥 목사가 있다.

　삼일목공소는 일제 말에 어려움을 많이 겪었다고 한다. 3·1운동을 기념해서 삼일목공소 아니냐고 주재소에서 나와 수시로 조사했고 불려가기도 했다. 물론 처음부터 신사당에 나가 열심히 참배했더라면 그런 일이 없었겠으나 삼일목공소에서 일하는 사람들이 신사당에 나오는 일이 전혀 없으니 주시당할 수밖에 없었다. 그때마다 예전 변호했던 실력으로 "우리는 삼위일체 하나님만 믿기 때문에 삼일목공소다. 그리고 세 사람이 세운 목공소지만 한마음이 되어 같이 경영하려고 이름을 그렇게 지은 것이다" 하고 아무리 말해 봐도 소용이 없다. 신사참배를 거부하니 목공소를 유지할 수가 없었던 것이다.

세 분이 헤어지게 되었다. 서재선 집사님은 공성 원달 깊은 산으로 들어가셨다. 오정환 집사님은 이현필 선생의 신앙을 본받아 그 무리들 사이로 들어가셨다. 배영진 장로님은 고향을 찾아 순창으로 돌아오셨다. 삼일목공소를 경영하셨던 세 사람의 공통점은 모두 집사라는 것과 순창 유등면이 고향이라는 점이다. 배영진 집사와 서재선 집사는 유등면 소재지가 아니고 2킬로미터 떨어진 유촌 출신이고, 오정환 집사는 면 소재지인 외이리가 고향이었다. 지금도 본적이 그렇게 되어 있다.

처녀 전도사 있을 때는 총각이 많아

유등교회는 목회자가 따로 없이 배영진 장로님 혼자서 예배인도를 하셨다. 교회 형편이 어려워서 목회자를 따로 둘 수 없기도 했으나 꼭 그런 것만은 아니었다. 선교사를 통하면 얼마든지 목회자 생활비를 지원받아 전도사를 둘 수 있었다. 그래서 한때는 전도사를 둔 적도 있었다. 몇 명이 다녀갔다. 그러나 오래 견디지 못했다. 처음 부임한 이는 서른 살 된 노처녀 전도사였다. 김영순 전도사였다. 6·25 직후 1953년쯤이었다. 6·25 발발 이후 공산 정권 아래에서 교회 문을 닫고 있다가 인민군들이 물러가기를 기다려 문을 다시 열기 시작한 즈음이었다. 그들이 물러가기 전에는 교회나 예배당이라고 안 하고 공회당이라고 했다. 그때 고향 마을 누나들이 그곳에 모여서 회의도 하고 노래도 배웠다고 한다.

김영순 전도사는 짧은 양장 치마에 높은 구두를 신고 다녔는데 동네 노인들의 조롱거리였다. 직접 대고 '구두 벗어라, 긴 치마 입어라' 하며 쏴

대고 이년, 저년 찾는 때도 있었다. 다만 유리한 것 한 가지는 처녀 전도사가 오니 동네 남자들, 특히 총각들이 몰려들었다는 것이다. 그러나 오래 견디지 못하고 떠났다. 뒤에 나이 든 전도사가 왔으나 너무 무당 짓을 해서 집사였던 내 형님이 쫓아내고 말았다. 무엇보다도 배영진 장로님의 신앙관과 맞지 않았다. 이현필, 오정환, 서재선 같은 성인다운 신앙을 지닌 이들과 같이 지내다 시대보다 너무 앞선 신앙생활을 하는 전도사들을 들이고 보니 다른 점이 많았다. 내보내지 않았어도 본인들이 견디어 낼 수가 없는 것이다. 전도사가 없는 강단에서는 언제나 배영진 장로님이 설교를 하셨다. 설교 내용의 70퍼센트는 동광원 이야기다. 그중에서도 오정환, 서재선, 이현필 선생에 대한 말씀이었다. 유영모, 함석헌, 김상돈, 현동완 같은 분들의 업적과 신앙생활 이야기도 있었다.

오정환과 오북환

서재선 집사의 고향도 같은 유등이지만 오정환 집사는 바로 우리 마을 출신이었다. 오정환 집사님은 외이리 480번지이고 내 호적은 외이리 480-1번지였다. 오정환 집사를 동광원에서는 오북환 장로님이라고 불렀다. 내가 동광원에 가서 보니 오정환이 오북환으로 되어 있었다. 아마도 오정환이라고 호적계에 출생신고를 했는데 바를 정正 자를 북녘 북北으로 잘못 알고 기록했으리라 생각해 본다. 맞는 말일 것이다. 여기선 동광원 이야기 나오기 전까지는 편의상 오정환으로 칭하고 동광원 이야기에서는 오북환으로 칭하고자 한다.

오정환 집사 신앙을 바라보는 시각은 두 가지였다. 교회에서는 성인이었지만 교회 밖 마을 어른들에게는 나쁜 놈, 빌어먹을 놈, 이상한 놈으로 불렸고 늘 화젯거리였다. 실은 고향 교회의 부흥과 전도에 큰 걸림돌이 되는 분이었다. 우선 가정 파괴자다. 장가가서 마나님과 한 번도 성관계를 갖지 않으니 그대로 병이 나서 돌아가셨다. 마나님이 마지막 임종 때 남긴 말씀이 "무정한 사람"이었다. 재혼해서 아들을 낳으셨는데 그분이 지금 동광원 이사장인 오세휘 장로이시다. 아무튼 재혼했어도 가정을 갖지 않고 수도 생활을 하러 떠나셨다. 어렸을 때부터 어른들이 말씀하셨다. "정환, 그놈은 좋은 옷 있으면 거지 주고 누더기만 입고 다닌다. 쌀밥 해 주어도 안 먹고 콩잎과 쑥만 먹고 산다."

오정환 집사의 형님은 오동환 집사로 마을에서도 부유한 생활을 하는 편이었다. 또 사촌 형님은 마을에서 양조장을 경영했는데 그 당시로는 부자였다. 오동용 아저씨인데 내 아버지와 내종사촌이다. 내 아버지의 고모님 아들이시다. 내 할아버지께는 형제 셋, 자매 셋이 있었는데 출가한 누나들이 모두 친정 가까이에 와서 사셨다. 할아버지 큰형님께서 벼슬까지는 못 했어도 참봉이라는 직함을 가지고 계셨다. 그 참봉 그늘 아래 여동생들이 모두 친정 마을로 이사 와서 사셨다. 그중에 한 분이 오동용 아저씨의 어머님이셨고 동시에 내 할아버지의 누님이셨다. 그리고 할아버지 누님을 따라 나머지 친척들이 임실군 덕치면 안다물이라는 산골에서 이사 와 사시면서 동네에서 부를 누렸다. 친척들은 부자들이고 큰형님도 부자였다. 그런데 주어진 부를 모두 버리고 걸인 생활을 자처하는 신앙을 마을 사람들로서는 이해할 수 없는 것이었다.

오정환 집사의 어머니께서 아프셔서 약으로 쓰려고 미꾸라지를 사다 놓으셨다. 어머니께 무슨 미꾸라지냐고 물으니 약에 쓰려고 사 왔다고 하신다. 그러자 오 집사는 어머님 병을 좀 늦게 고치더라도 이 많은 생명을 죽일 수는 없다면서 모두 물에 넣어 살려 주었다고 한다.

정환 예수, 영진 예수

우리 고향에는 예수가 둘이다. 정환 예수, 영진 예수다. 정환 예수는 대략 이렇다. 1911년에 나시어 1991년에 가셨다. 고향은 나와 같고 아버지는 우리 마을에서 장가실댁 노인이라고 불렀다. 집은 부잣집이었다. 사랑채가 있어 온 동네 사람들이 모여 놀 수 있는 집이었다. 1935년 광주에 있는 동생 오동옥과 옥동가구점을 운영하였다. 1940년 9월 신사참배 거부로 동생과 같이 수감되어 5개월간 옥살이를 하였다. 남원으로 가서 고향 예수쟁이 친구인 배영진, 서재선과 같이 삼일목공소를 차렸다. 여기서 이현필 선생을 만나게 되었다.

  오정환 집사님은 고향인 순창 유등에서는 나쁜 예수꾼, 잘못된 예수꾼이었다. 그러나 나에게는 그 나쁜 이야기들이 모두 설교였다. 굶고 짚신 신고 더러는 맨발로 다니고 누더기 입고 옥살이 하고……. 나는 무척 만나고 싶었다. 내가 5학년 때 고향 교회에 오셨다. 교회 사택에 와서 꿇어앉아 계시는데 아침부터 아무 말씀도 안 하시고 몇 시간을 앉아만 계셨다.

배영진 장로님과 오달근 집사님과 세 분이 같이 앉아 계시는데 세 분 다 네 시간 동안 아무 말씀도 없었다. 그해는 오정환 집사님이 쌀을 안 잡수신 해였다. 후에 직접 들은 말씀인데 1년 동안 쌀을 먹지 말아야겠다는 각오를 하고 지내신 때였다. 우리 집에서 고구마를 한 바구니 가지고 가서 사택에서 쪘다. 물은 적당히 부었으나 빨리 익지 않았다. 솥을 두 번 열어 보았지만 아직도 익지 않았다. 두 시간을 삶아도 익지를 않았다. 할 수 없이 설컹거리는 고구마를 드렸더니 한 바구니를 다 잡수셨다. 그리고 나에게 첫 번째 하신 말씀이 찬호 씨 아들이냐고 하신다. 내 아버지 존함이 찬 자, 호 자, 임찬호였다. 내 얼굴에서 아버지 모습이 보였던 것이다. 아버지와 오정환 집사님은 6년 나이 차이가 나셨다. 그러고 나서 또 저녁까지 아무 말씀도 안 하고 앉아 계셨다. 나까지 연합해서 새벽예배 후부터 밤까지 침묵 대회를 한 셈이다.

오정환에서 오북환으로

언제인지 오 집사님께서 또다시 고향에 오셨다. 배영진 장로님, 어린 나와 함께 10리 떨어진 나병 환자촌에 갔다. 그 환자촌 이름이 성자원이었고 성자원을 세울 때 배영진 장로님이 큰 역할을 하셨다. 그때부터 수시로 같이도 가고 혼자서도 찾아갔다. 그곳에 주 집사님이라는 분이 계셨는데 나병으로 실명하셨다. 앞을 못 보셨다. 그러나 신앙은 깊으시고 그 마을의 지도자 격인 큰어른이셨다. "오정환 집사님 오셨습니다" 했더니 반가워서 어찌할 바를 모르고 "오 집사님, 오 집사님" 하면서 기뻐하셨는데 그 모습을 말로 표현할 수가 없다. 그러나 오 집사님은 거기에서도 아무 말씀 없으시고 침묵만 지키다 떠나오셨다. 그 주 집사님은 나중에 시력을 다시 회복하셔서 얼굴을 맞대고 볼 수 있었다. 그리고 성자원 교회에서 장로 임직을 받으셨다. 내가 동광원에 가서 살게 된 뒤로는 수시로 같이 생활할 수가 있었다.

내가 동광원에 가서 살게 되니 오정환 집사님 이름과 호칭이 오북환 장로로 바뀌었다. 동광원 생활 10여 년간 한 번도 오 장로님의 설교를 들어 볼 수 없었는데 이현필 선생님이 돌아가신 후로 갑자기 말문이 트이시더니 이제는 말씀을 시작하면 멈출 줄을 몰랐다. 성경을 줄줄 외우시고 몇 장 몇 절에 무슨 말씀이 있다고 오 집사님 정도로 정확하게 말씀하시는 분은 아직까지 못 보았다. 다만 성경 해석을 하실 때 동정을 지키자는 뜻으로 주로 해석하셨는데 장점이자 단점이었다. 1974년의 일이다. 앞에서 적었듯 수양회 때 오북환 집사님이 설교를 하시는데 유영모 선생님께서 "오 집사, 그 해석은 잘못한 해석이오"라고 말씀하신 적이 있었다.

나는 '마는' 소리를 들으면 밥을 굶습니다

오정환 집사님이 어떤 유명한 목사를 초대한 일이 있었다. 그분이 사람을 초대한 것은 처음이었다고 한다. 그 목사님이 초대받아 오셔서 오 집사님께 "세례를 어떻게 생각하십니까?" 하니 오 집사님은 "세례가 좋기는 좋습니다마는" 한다. 그러자 그 목사님이 대뜸 "저 오늘 저녁 안 먹겠습니다" 한다. 오 집사님이 깜짝 놀라서 왜 그러시냐고 하니 "저는 '마는' 소리를 듣는 날은 밥을 굶기로 했습니다" 하시고는 식사 초대를 받은 장소에서 금식을 선포하셨다. 오 집사님은 어떻게 할 수가 없어 사죄하고 굶겨 보냈다고 한다. 물론 오 집사님은 더 굶었겠습니다마는.

그 초대받은 목사는 내일 내 생각이 바뀌는 한이 있어도 오늘은 확신을 가지고 있는 사람과 같이 식사를 하겠다는 생각을 가진 이였다. 세례가 좋으면 좋다, 나쁘면 나쁘다고 확신을 갖고 살아야지 그렇지 못한 사람을 앞에 두고 식사를 할 수가 없었던 것이다. 그냥 밥만 굶는 것이 아니다. 종일 굶으면서 그를 위해 기도하겠다는 목사였다.

나 또한 오늘날 제일 듣기 싫은 이야기가 있다. '같아요' 소리다. 세례를 어떻게 생각하느냐? '좋은 것 같아요', '나쁜 것 같기도 해요' 하는 대답이다. 지금 나이 40대, 50대 밑으로는 무슨 말을 하든지 무슨 질문을 하든지 말끝이 '같아요'로 끝난다. 맛있는 것 같아요. 좋은 것 같아요. 한때는 '같아요' 소리를 들으면 그날 밥을 굶을까 하는 생각도 해 보았다. 그랬다가는 매일같이 듣는 '같아요' 때문에 굶어 죽을 것 같았다. 이런 평가를 하면서 글을 쓰고 있는 내가 잘못된 것 같아요, 아니면 잘 평가하고 있는 것 같아요?

한복과 양복

오정환 집사님은 목수 일을 잘하셨는데 목공 기술이 보통 솜씨가 아니셨다. 그러나 동광원에서 만난 오북환 장로님은 목수 일 하는 모습을 거의 보여 주지 않으셨다. 집 지으러 이곳저곳 다니지도 않으셨고 목수 연장을 챙겨 가지고 다니시는 것도 못 보았다. 그저 농사일만 하셨고 일하실 때는 무섭게 하셨다. 그리고 아무 말씀도 없으셨다. 그 이유를 그분 장례식 때 김준호 님께 들었다.

오북환 장로님은 남원 삼일목공소에 계실 때 이현필 선생을 처음 만났다. 오 장로님은 한복을 입은 이현필을 기대했는데 양복을 입고 나타나셨다. 오 장로님은 "선생님, 한복 입으실 줄 알았는데 양복을 입으셨네요" 하셨고, 이현필 선생은 그때 당장 양복을 벗으시고 한평생 한복만 입고 사셨다. 늘 그랬는지는 모르겠으나 내가 본 이현필은 한결같이 한복 입은 모습이셨다. 오북환 장로님 역시 한복을 평생 입고 사셨다.

양복과 한복 이야기 좀 하련다. 나와 절친한 이해학 목사 이야기다. 평생 노동운동을 하면서도 노동자답지 않게 여름에도 꼭 긴 양복에 흰 와이셔츠를 입고 다닌다. 어느 날 그 거추장스러운 양복 벗어던지지 그러느냐고 했더니 옷을 이렇게 입고 다녀야 검문을 안 한다고 한다. 물론 큰 죄를 짓고 도피 생활을 한 것은 아니다. 그러나 검문을 받고 조사를 당하다 보면 시간이 많이 소비되는 게 사실이다. 한때는 타고 있던 버스에서 내려 다음 버스를 타야 했다. 나 또한 무수히 당했다. 나도 복장 때문에 그런 것을 늦게 알았다.

일제 때 독립운동하던 이들의 복장을 보면 일본인들이 즐겨 입는 복장을 하고 일본인들이 즐겨 쓰는 '도리우치'라는 모자를 쓰고 다닌 것을 사진으로 볼 수 있다. 왜 일본이 싫고 독립운동한다는 이들이 일본인 복장을 하고 다닐까 싶었으나 검문과 검색을 피해 다니느라고 그런 것을 늦게야 알았다.

오북환 장로님은 이현필 선생이 평생 한복을 입으시는 것을 보고 '나는 이현필 선생 생전에는 설교도 성경 말씀도 하지 않아야겠다'는 각오를 하셨다. 아무튼 이 선생님 생전에는 벙어리처럼 사셨다. 다른 이들의 설교를 듣기만 하고 성경 공부만 하셨다. 이 선생님이 돌아가신 이후로는 말씀만 시작하면 해가 지는지도 모르고 줄곧 몇 시간씩 하셨다. 아침 먹고 시작하면 점심때쯤 쉬었다 다시 시작하셨다. 해가 가고 달이 가고 다시 연년이 가도록 성경 말씀을 하시며 여든 살까지 아무 병도 없이, 병원 의지하지 않고 사시다 가셨다.

십자가에 기대고 사는 예수, 십자가를 지고 가는 예수

굶고 헐벗고 고통받고 옥살이하고 가정을 버리고 돌아다닌 정환 예수가 있다면, 지방 유지로서 자녀들 여덟 명을 모두 대학에 보내고 판사 사위 두고 고을에서 큰소리치며 사시는 영진 예수가 있었다.

나는 정환 예수도 아니고 영진 예수도 아니었다. 두 분의 신앙관을 모두 닮은 것 같다. 어려서부터 동광원에 들어가기 전까지는 줄곧 배영진 장로님 설교를 들었고, 그분의 말씀을 따를 수밖에 없었다. 그분은 불의를 보면 못 참으시고 꼭 한 말씀 하셨다. 젊었을 때 관절염을 앓아 오른쪽 다리가 굽혀지지 않으셨다. 그러다 보니 항상 한쪽 다리를 뻗고 앉으셨다. 그래도 순천에서 광주까지 걸어서 다니셨다. 불구의 몸이지만 건강한 사람들과 똑같이 걸으셨다. 실력이 있으셔서, 교회를 다녀도 종중 일도 모두 의논하고 일일이 감독도 하셨다. 친척들 중에 어른 노릇을 하셨고 기관에서도 지방 유지이셨다. 지서장이 바뀌거나 경찰관이 새로 발령받아 올 때에도 꼭 인사를 왔다. 학교장이 바뀌어도 교사가 새로 부임해도 언제나 인사하러 오고 떠날 때도 인사하고 떠났다. 국경일마다 학교에 행사가 있으면 꼭 단상에 서서 한 말씀씩 하셨다. 3·1절 기념 행사가 있으면 3·1 독립운동의 경험과 그 역사에 대해 사열대에서 말씀하시는 것이다.

생활도 윤택하게 지내셨다. 집도 우리 마을에서 제일 좋은 집을 사서 사셨다. 옛날 진사가 살던 집이었다. 임 진사였는데 그 당시 면 단위에서는 제일 세도가 높은 선비였다. 벼슬은 못 했어도 진사라면 원님과 더불어 풍류를 즐기고 시서를 논할 실력을 갖춘 초시 어른이다. 그 진사가 읍으로 이사를 하게 되니 그 집을 사서 사신 것이다. 대문이 있고 대문 옆으로 방이 여러 칸 있었다. 아무튼 큰 집이었다. 그 집은 6·25 때

불에 탔다. 그냥 탄 것이 아니다. 인민군들이 밤에 태우고 새벽에 도망갔다. 어느 날 자고 나서 보니 우리 마을 지서와 면사무소 숙직실과 배 장로님 집이 타서 없어졌다. 어렸던 나는 자느라고 몰랐는데 형님들은 불태우는 것을 보았다고 한다. 지서 건물은 목조건물이라서 먼저 태웠다. 면사무소 건물은 콘크리트 건물이라 빨리 타지 않으니 목조건물인 숙직실만 태웠고, 그다음 마을에서 제일 잘 지어진 집, 옛날에 진사가 하인들 거느리고 살던 집, 더욱이 공산당이 싫어하던 예수쟁이 집을 태운 것이다. 목격한 친척 형님 말씀에 의하면 겨릅(대마 등 삼의 껍질을 벗긴 속대. 가볍고 불이 잘 붙는다)을 단에 묶어 가지고 불을 붙여 처마 끝으로 한 바퀴 돌고 나서 다 타는 것을 보고 떠났다고 한다. 불태우는 것을 보긴 보았지만 끌 생각도 못했다. 저들은 무기를 가졌으니 말이다. 결국 전소되고 말았다.

나 또한 우리 마을에서 제일 큰 집을 짓고 사니 옛날처럼 전쟁이 터지고 공산당원들의 침략을 받는다면 우리 집이 제일 먼저 태워질 것 같다. 화재 보험은 들었는데 그렇게 불이 나면 보험 혜택이 되는지 안 되는지 보험회사에 문의해 보아야 하겠다.

성자원을 세운 배영진 장로

배영진 장로님은 활동가이셨다. 국회의원과도 친하게 지내고 관공서 출입도 자주 하셨다. 그때 서민들은 관공서 출입하기 힘들었다. 국회의원의 힘을 빌려 순창읍 변두리의 물 흐르지 않는 곳에 자유당 시절 나병 환자촌을 건립하도록 주선하셨는데, 그것이 바로 성자원이다. 어릴 때 배영진 장로님과 함께 성자원을 찾아가면 나병 환자들에게 지나친 대접을 받았다. 반면에 배영진 장로님은 나병 환자들에게 잘못이 있으면 사정없이 꾸중하신다. 어느 날은 얼마나 큰 잘못을 저질렀는지 설교하시다가 "이 문둥이 떼들아!" 하고 고함을 치셨다. 아무도 대들지를 못했다. 나병 환자들은 걸인들이었기 때문에 배영진 장로 덕분에 먹고산다고 할 정도였다. 성자원에 큰 공을 세우셨기에 그처럼 공개적으로 지나친 욕설을 퍼부어도 모두 받아들였지 지나가는 강사가 그처럼 과도한 욕설을 한다면 몰매 맞아 죽었을 것이다.

장로님이 이름을 밝히지 않으셨으니 누구인지는 몰라도 한번은 선교사가 나병 환자들 몫으로 나온 구제품과 돈 일부를 유용한 일이 있었다. 그 선교사는 한국말에 익숙했다. 장로님은 선교사에게 직접 대놓고 꾸중을 하셨다고 한다. "한국에 이런 속담이 있습니다. '문둥이 콧구멍에서 마늘 조각을 빼먹는다.' 선교사 당신이야말로 문둥이 콧구멍에서 마늘 조각을 빼먹는 못된 인간이오." 지금 한센병을 앓고 있는 이들에게는 생소한 이야기이고 귀에 거슬리는 단어들이겠으나 내가 어릴 때는 나병이니 한센병이니 하는 말은 없었고 그냥 문둥병이었다. 문둥병이란 말은 이제 다 들어가고 한센병이 되었으나 성경에만은 남아 있다. 혹 새 번역이나 공동 번역을 하고 또다시 시대에 맞는 단어를 찾아 성경 번역을 한다 해도 문둥병만은 한센병으로 번역하지 말았으면 한다. 한센병으로 번역한다면 그것은 번역이 아니고 영역이기 때문이다.

2012년 한국방송(KBS) 〈아침마당〉에 출연한 때였다. 방송을 하려고 걸어가는데 작가가 "목사님, 부탁인데 방송 도중 문둥병 소리는 하지 말아 주셔요. 한센병이라고 해 주셔요" 한다. "왜 여기가 미국이야, 내 나라에서 우리말을 못 쓰고 왜 영어를 써." "그래도 안 됩니다. 만약 문둥병이라고 하면 한센병 환자들 몰려와서 방송국 때려 부순다고 난리나요." "난 방송 못 해도 한센병이라고는 못 하겠다." "그러면 나병이라고 해 주셔요." 그래서 겨우겨우 우리말 두고 중국에서 빌려다가 나병이라고 했다.

그들의 음식을 먹기 힘들다면

문둥병 환자들이 모여 사는 마을에 가면 피부가 짓무르고 코가 없고 귀가 없고 눈썹이 없고 손마디가 잘려 나간 것을 그대로 볼 수 있고, 여전히 상처가 아물지 않아 진물이 나는 이들도 있다. 이런 이들이 준비해 준 식사를 한다는 것은 여간 어려운 일이 아니었다. 그러나 배 장로님은 거리낌 없이 잘 잡수신다. 나도 어릴 적부터 배웠기 때문에 곧잘 먹었다. 그때 배워 둔 생활이 한평생 장애인들과 함께 거리낌 없이 살아갈 수 있는 큰 밑천이 된 것이다.

마을의 의원

나에게 열 살 아래인 조카딸이 있었다. 조카딸이 입이 헐어서 고쳐지지 않으니 어머니께서는 손녀를 업고 나와 함께 장로님 댁을 찾아갔다. 장로님은 무슨 양약을 주셨고 조카딸은 금방 고쳐졌다. 그렇다면 내가 어릴 적에도 병이 나면 어머니께서 업고 가셨을 것이다. 언제나 상비약이 갖추어져 있는 장로님 댁은 의사가 없고 한약방도 없는 우리 마을의 1차 진료소요 상담소였다. 꼭 한약이 필요한 사람은 그 자리에서 붓을 들고 한약 이름을 적어 준다. 이런 것을 '화재 뗀다'고 했다. 어떤 병이 있어 한약방을 찾아가 진맥하고 약을 지어 오면 진맥한 값과 약값이 비싸다. 그러나 마을의 실력 있는 선비를 통해 필요한 약 이름을 적어 그 처방을 가지고 한약국에 가면 아주 싼 값으로 구입할 수 있고 약 효과는 똑같다. 지금도 서울 경동시장이나 금산 약초시장에서 이루어지고 있는 일이다. 배 장로님은 마을에서 그런 역할도 하셨다. 그러나 크게 의학 실력이 있으셨던 건 아니다. 다만 모르시면 한의학 서적을 보시고 처방해 주셨다.

배 장로님이 의학에 관심을 두었던 것은 장로님 자신이 몸이 불편하셨던 탓도 있을 것이다. 관절염으로 한쪽 다리를 못 쓰셨고, 말년에는 중풍으로 수년간 누워 계시다 돌아가셨다. 지금 같으면 내 상식으로 관절염이나 중풍 정도는 병도 아니다. 다 고쳐 낼 수 있었을 터이나 그때는 내가 너무나 무지했다.

장로님은 8남매를 두셨는데 중간에 죽었다는 이야기는 못 들어 보았다. 내 아버지와 친구 사이신데, 내 부모님은 아홉 명을 낳으셔서 그중 네 명이 죽고 다섯 명이 살았다. 장로님의 자녀들은 대략 이렇다. 큰아들은 고등학교 교사다. 둘째 아들은 사업가였다. 셋째 아들은 목사로서 미국에 살고 있다. 큰딸은 법관과 결혼했고 역시 미국에서 산다. 이곳 시골교회에 헌금을 보내 준 일이 있었다. 둘째 딸은 숭실대학교 직원과 결혼해 정년퇴임하고 서울서 산다. 셋째 딸은 나보다 한 살 아래라 같이 컸다. 다만 그 시대에는 양반 의식이 있었고 경제적으로나 신분상으로나 같이 놀지 못했다. 또 내가 자랄 때 우리 고향에서는 같은 반 여자아이들과는 자리도 따로 앉았고 서로 말을 하고 지내지도 못했다. 어른들이 그런 것이 아니고 아이들이 놀려 대니 따로 컸다. 한 살 아래인 은자였는데 몇 번 이야기도 못 하고 같이 자랐다. 몇 년 전 영등포지방회 여선교회연합회장을 맡았을 때 임원들, 담임목사와 같이 다녀갔다. 또 내가 감리교 전국여선교회연합회 총회 때 주제강의하러 여선교회관에 갔을 때 참석했다 한다. 그 밑으로 딸 둘이 있는데 어떻게 살고 있는지 잘 모르겠다.

자녀들을 나열한 것은 정환 예수와 영진 예수를 비교하기 위해서다. 배 장로님은 사회적으로 성공하신 분이다. 언젠가 사모님께서 표창장을 받으셨다. 자녀 교육에 성공하신 장한 어머니라고. 그리고 장로님 집 앞에, 바로 파출소 앞에, 비석을 세웠다. 물론 돌아가신 뒤였다. 그 비석 세울 때 담을 쌓고 미장하는 일을 어린 내가 직접 했었다.

빈손으로 따낸 당선증

한때 각 지역의 면장을 선거로 뽑던 시절이 있었다. 참의원, 도의원, 면의원이 있었는데 그 어떤 선거보다 선거전이 치열한 것이 면장 선거였다. 다음으로 치열한 선거가 면의원 선거였다. 배 장로님께서 그 면의원 선거에 후보 등록을 하고 선거 기호를 받으셨다. 이름이 영진인 줄 알았는데 하동下童이었다. 형님이 계시니 아래아이인 것이다. 선거 기호가 나왔으니 사진이 담벼락마다 붙어 있는데, 아무런 선거운동도 안 하고 그냥 집 안에 앉아 계신다. 평소보다 외출도 더 안 하셨다. 당선이 되면 되고 말면 말고가 아니고 당선 확정을 믿고 계신 것 같았다. 그때 선거운동이란 지금처럼 선거법 위반, 이런 것 없었다. 주민들 관광을 시켜 준다거나 고무신을 사서 유권자마다 돌리는 정도가 아니었다. 출마해 당선된 뒤까지 그 집에서는 밥과 술이 끊이지 않고 잔치를 벌였다. 온 동네 사람들이 그 집에서 날마다 밥을 먹고 술을 먹었다. 이런 것을 부정선거라 한다. 지금처럼 선거법이 시행될 때가 아니라 더했다. 배 장로님은 차 한 잔 대접한 일도 없이 당연히 당선이 되었다. 당선 후 축하하러 모여드니 '닭 한 마리 잡아 죽 쑤어라' 해서 쌀죽 쑤어 몇십 명이 나누어 먹은 것이 선거에 들인 돈의 전부였다. 지금도 이런 사람들만 의원이 되면 좋겠다.

종중의 제사

배 장로님은 친척 집이나 문중 대소사에는 꼭 참석하셔서 모든 일들을 지시하고 감독하셨다. 옛날에는 시제라는 제사가 있었다. 조상의 선산에 모든 종중 사람들이 모여 큰 제사를 지낸다. 많은 제물을 차려 놓고 제사를 지냈다. 물론 종중이 크면 클수록 떡을 많이 한다. 보통 쌀 두 가마씩 했다. 다들 두루마기 입고 갓 쓰고 복장도 갖춘다. 그냥 술 따르고 절하는 정도가 아니다. 제사 예절이 있다. 한문 공부 많이 하고 목소리 크고 실력 있는 문중 어른이 큰 소리로 외친다. "집사인 초헌관 점시" 하면 집사 두 사람과 처음 제사 대표자인 헌관이 제단 앞에 나와 선다. 물론 사전에 목욕재계하고 부부 관계도 삼갔어야 한다. "대축인 제집사 관세인 관세" 하면 축 읽을 사람과 후에 집사 될 사람들과 앞으로 제사에 임할 사람들이 모두 손을 씻고 세수를 해야 한다. "행 수저례 주인례 행알천궤" 하면 수저를 제자리에 옮기고 제사의 주인은 조상을 아뢰면서 꿇어앉아야 한다.

다 쓸 수 없다. 종중의 종손이 술 따르고 절하고 온 종중이 함께 절하고 축 읽고 또 절하고 헌관 바꾸고 또 절하고……. 약 20분 정도 진행된다. 다 끝나면 다음 조상 산소에 가서 똑같이 한다. 조상이 여럿이면 하루 종일, 또는 며칠씩 제사 지낸 뒤 떡과 음식을 모두 나누어 가지고 헤어진다.

이런 때 다른 사람들은 다 한복에 두루마기 입었는데 장로님 혼자서 양복 입고 계셨다. 장로님은 참석하셔서 종중 회의는 다 진행하고 관리하시되 제사 참여는 안 하신다. 어렸던 나와는 반대였다. 같이 교회 다닌 친척 형님들이 친척 어른들께 제사 참여 안 한다고 꾸중을 들어 나도 억지로 줄을 섰다. 하지만 장로님은 그 위로 어른들이 계셔도 인격이나 인품, 실력 덕분에 제사 참여 안 하셔도 아무도 감히 간섭하는 것을 못 보았다. 물론 그곳은 배씨 문중이었고 나는 성이 임가라서 문중은 달랐다. 만약 같은 문중이었으면 예수 믿는 사람들은 제사 참여 말라고 먼저 빼놓고 제사에 임하라 하셨을 것이다.

정월의 동네 세배

정월이 되면 초하룻날 종갓집으로 모여 조상께 제사 지내고 거기서 친척 어른들께 세배드린다. 그리고 각각 자기 집으로 가서 자기 조상께 제사 지내고 가족끼리 어른들께 세배드린다. 그다음 이웃 어른들께 세배드린다. 온 동리 사람들 빼놓지 않고 다 찾아뵀다. 물론 두루마기 입고 다녀야 한다. 집안에 어른이 계시면 그 집 자녀들은 세배 다닐 수 없다. 세배하러 온 사람들께 음식 대접해야 하고 또 인사를 드려야 한다. 나이가 좀 들면 세배를 받아야 하기에 집 안에 앉아 계셔야 한다. 그리고 그 다음 날 세배하러 다닌다. 배 장로님은 정월 초이튿날 어른이 계신 집집마다 세배를 다니셨다. 우리 집도 할머니가 계셔서 할머니 돌아가실 때까지 빠짐없이 세배를 오셨다. 그 당시 양반 행세하는 집안에서는 그런 일이 없었다. 배 장로님은 양반이면서도 동네 어른들을 잘 모신 것이다.

우리 고향 마을은 주로 윤씨가 본토인이었고 배씨들과 우리 임가들이 있었다. 서로가 양반이라고 기 싸움을 하며 지냈다. 윤씨들은 좀 인

정받는 양반이었다. 우리 고향 윤씨 중 2004년 노무현 대통령 탄핵 때 판결을 맡았던 헌법재판소 윤영철 소장이 내 국민학교 6년 선배였다. 그 윤씨 가문은 동네 이 집 저 집 세배 다니는 것을 못 보았다. 아마 그렇게 세배 다니면 양반의 위신이 추락할까 우려한 가문의 결정이었을 테고 아이들 교육도 그렇게 시킨 모양이었다. 그러나 배씨, 또 오정환 집사님 친척인 오씨들과 우리 가문은 서로 세배를 다녔다. 가문 간 기싸움이 성행하는 와중에 장로로서 집집마다 어른 찾아 세배 다닌다는 것은 존경해야 할 일이었다. 한쪽 다리를 구부리지 못하면서도 한쪽 무릎을 꿇으시고 세배하면서 예절 갖추기란 더욱 힘든 일이었다. 그 당시는 장애인들을 지금만큼이라도 대접해 줄 때가 아니었다. 오히려 병신이라고 놀려 댈 때였다. 그래도 장로님은 지금보다 대접받고 사셨다.

찬송가 부르면서 닭서리 한다

  지금은 전설로만 내려오는 이야깃거리다. 닭서리, 수박 서리, 참외 서리……. 재미있는 도적질이다. 자라면서 그런 서리했다는 추억담이 누구나 있다. 밤에 몰래 이웃 마을에 가서 닭 훔쳐 와 잡아먹었다거나 더러는 자기 집 닭도 어른들 몰래 친구들과 훔쳐다 잡아먹던 이야기들이 있다. 나는 뻔히 알면서도 못 했다. 어릴 적부터 다닌 교회에서 나쁜 일이라고 배웠기 때문이다. 친구들이 서리해서 삶아 놓은 닭고기도 안 먹었다. 그것은 죄라고 배웠기 때문이다. 그러나 보고도 고발은 안 했다. 경찰들에게가 아니라 주인집에 이른다는 말이다. 닭서리 하는 대상은 언제나 장로님 댁이 1순위였다고 한다. 주일 밤과 수요일 밤은 예배 시간에 온 가족이 교회에 나가니 교회 가서 가족들이 다 참석했는지 확인해 보고 찬송가 부르면서 닭 훔쳐다 삶아 먹었다고 한다. 후에 친구들에게 들은 이야기이다.

목회자 사례비 없는 교회

배영진 장로님이 세운 내 고향 유등교회에는 목회자 사례비가 없었다. 사례비가 없으니 헌금이 적게 나와도 운영비로 쓰고 남는다. 남는 돈과 선교사의 지원을 받아서 일찍이 논을 샀다. 논이 세 마지기인데 600평이다. 밭도 있다. 누구든지 목회자가 되려면 논밭에 농사지어서 먹고 생활하라는 뜻이었다. 내 유년주일학교 선생이었던 김형래 집사님이 목회자로 몇 년간 사셨다. 그 이전에는 오달근 집사님이 몇 해 동안 목회자로 계셨다. 그러나 사례비는 따로 없었다. 논농사는 교인들이 같이 짓는다. 모내기도 같이 하고 논김도 같이 매고 추수도 같이 한다. 물 관리만 목회자가 하면 된다. 목회자 사례비가 없는 것은 역시 동광원의 영향을 받았기 때문인 것으로 보겠다. 논농사 지으면 쌀이 여섯 가마 또는 아홉 가마 나온다. 이 쌀마저 목회자가 다 먹는 것도 아니었다. 교회 행사 때 떡도 하고 밥도 하고 목회자도 먹었다. 따로 쌀을 관리하는 사람은 없었다.

교회 논이 있어 쌀이 안정되니 어느 목회자가 와도 밥은 굶지 않았다. 교인들은 성미聖米가 무엇인지도 모르고 지내 왔다. 또 장로님 자녀들이 고향 교회에 헌금을 보내 준다. 우리 고향 교회에서는 객지에 나가거나 시집을 가서도 헌금 보내는 것을 당연한 일로 알고 커 왔다. 목회자 사례비 없고 객지 나간 이들이 헌금 보내오고 시집간 교인들도 헌금을 보내오니 따로 선교비 지원 없이 자립하고 잘 지내 왔다.

그 후로 철없는 전도사들이 들어와 논 팔아서 교회 짓자, 무슨 헌금, 작정 헌금, 무슨 감사 헌금 떠들어 대도 교인들은 묵묵히 예배 참석만 하고 지낸다. 떠들다 지치면 떠들다 말고 떠난다. 논은 지금도 존재하고 있다.

고향 교회에는 오정환, 서재선, 이현필 선생들의 신앙관이 스며들었다. 철저한 자립정신과 목회자 사례비 없는 전통이 1970년대 초까지 내려왔다. 특징이 한 가지 더 있다. 동광원에서는 누가 오든지 설교하라고 시킨다. 유등교회에서도 누가 오든지 설교를 시켰다. 주로 동광원에서 수시로 다녀갔다. 다녀갈 때가 주일이 아니어도 아무 때나 종 치고 예배 시작하고 설교를 시켰다. 물론 꼭 맘에 든 설교만 한 것이 아니다. 더러는 터무니없는 말로 지껄일 때도 있다. 그래도 교인들은 잘 참고 들어 준다. 배 장로님 역시 잘 들어 준다. 그 사람이 다시 와도 또 시킨다.

노회나 총회와 관계가 잘 이루어지지 않는다. 자립을 못 해서 노회나 총회의 지원을 받으려면 열심히 참석을 해야 하고 그곳의 방침을 따라야 하지만 그럴 필요가 없어서인지 아무 관심이 없다.

우리 고향 교회에서는 전도하기가 힘들다. 아니 되지를 않는다. 영진 예수가 있고 정환 예수가 있어서 그렇다. 영진 예수 같으면 그런대로 다행이련만, 만약 정환 예수가 된다면 우선 가정 파괴해야 하고 고기 먹지 말아야 하고 쌀밥 먹지 말아야 하고 늘 금식해야 하고 누더기 입어야 하고 맨발로 다녀야 하고 가끔씩 옥살이도 해야 한다. 어찌 됐든 사람들에게 정환 예수는 싫은 것이다.

나는 처음 영진 예수로 시작해서 중간에 정환 예수로 변했다. 정환 예수일 적에는 고향에 가지를 못했다. 그러나 또다시 영진 예수가 접붙여지면서 고향에도 가게 되었다. 지금은 정환 예수와 영진 예수가 반반쯤 희석이 된 것 같다.

나의 옛 스승 이현필

내가 어릴 적에 다닌 유등교회에서는 주로 배영진 장로님께서 설교를 하셨는데 이현필 선생 이야기가 거의 빠지지 않았다. 훌륭하시단다. 신앙이 깊고 예수 잘 믿는다고 한 세 분 중에서 서재선 집사님은 일찍이 돌아가셨고 오정환 집사님은 5학년 때 뵈었으나 이현필 선생님을 뵙지 못했다. 내가 꼭 만나고 싶은 분이 첫 번째 이현필 선생이었고 그다음 유영모 선생이었다. 이 선생님은 고향인 순창에 자주 오셨으나 후두결핵으로 몸이 점점 약해지면서 도무지 오시지를 않는 것이다. 그렇다면 내가 찾아가서 뵙고 그 단체에 들어가 살아야겠다는 각오를 했다. 그러나 초등학교라도 졸업을 하고 찾아뵈어야겠다고 생각했다. 그 전에는 차비도 없고 고향을 떠날 엄두가 나지 않았다. 물론 군 제대하고 동광원에 들어가 살면 좋겠으나 이현필 선생은 몸이 아프시다니 돌아가시기 전에 빨리 얼굴이라도 뵈어야겠다는 생각이 들었다. 기다리고 노력한 끝에 찾아가 뵙고 동광원에서 살 수 있었다.

이현필 선생은 어떤 분인가. 물론 『맨발의 성자』라는 책에 소개되어 있으나 내가 본 이현필은 책과 다른 점이 있고 책에 빠진 이야기도 있다.

내가 소개하고픈 선생님은 이것이다. 8·15 직후부터 선생님은 '병원 가지 말자', '약 쓰지 말자', '학교 가지 말자', '고기 먹지 말자', '원조물자 먹지 말자', '결혼하지 말자', 이렇게 주장하고 가르치셨다. 서양의 학이 들어와 우리나라에서 못 고칠 병들을 고쳐 내고 있는데 병원 가지 말자는 것은 되지 않는 말이었다. 그러나 지금 지나고 보니 병원 안 가도 고쳐질 병이 훨씬 많아졌다. 약 또한 좋은 약도 많으나 좋지 못한 약이 너무나 많다. 학교 또한 이렇게 학교를 많이 다닌 나라가 또 있겠는가. 그런데 교육정책 잘못되었다고 대안학교가 줄줄이 생겨나고 있다. 또 전 국민이 영양실조로 고생할 적에 고기 먹지 말자고 한다면 어느 신앙인이 수긍하겠는가. 그러나 지금의 현실을 보니 고기를 많이 먹어 생기는 병이 너무나 많다. 원조물자 또한 지속적으로 주어질 것이 아니며 우리 국민들의 식성이 바뀌면 그네들의 잉여농산물을 수입해야 될 것을 미리 아신 것이다. 아마 이 선생님께서는 50년 후를 뻔히 보시고 말씀하셨을 것이다.

이현필 선생은 1913년 1월 28일, 한일병합조약이 맺어지고 햇수로 3년 뒤에 나셨다. 전남 화순군 도암면 용하리(권동)에서 농부의 둘째 아들로 태어나셨다. 어려서 머리가 총명하여 이웃들에게 장래가 촉망된다는 이야기를 들었다. 초등학교를 졸업하고 돈을 벌기 위해 고향 집을 떠나 나주 영산포로 가서 닭 장사를 했다고 한다. 일본인 내촌감삼內村鑑三(우치무라 간조) 계열의 관파管波 씨가 세운 교회(일명 관파교회)에서 여전도사와 관파 씨의 전도로 복음을 듣고 주님을 영접하였다. 1927~1932년 화순군 도암면의 숨은 신앙인 이세종의 움막에서 성경 공부를 한다. 이세종의 신앙을 본받고 진리를 깨달아 자기를 부인하고 하나님의 영원한 생명으로 거듭나서 예수 그리스도와 살게 된다. 그때 같이 성경 공부에 참여했던 최흥종 목사, 강순명 전도사와 광주에 진출한다.

광주 YMCA 농촌사업협동조합 총무였던 에비슨(Gordon. W. Avison, 1891~1967)이 세운 농업실습학교에서 강순명 전도사가 이끈 독신전도단에 가입하여 3촌(농촌, 어촌, 산촌) 전도운동에 참여하다가 이 무렵 서서평 선교사가 세운 확장주일학교에 나갔다. 서서평 선교사와도 사귀고 신앙생활을 함께하였다. 신안동 재매교회 전도사로 시무할 때 백춘성 장로와 신앙적 교제가 이루어져 백 장로는 일생 동안 동광원과 인연을 맺고 전 재산을 동광원에 헌납하기도 했다.

23세에 서울 YMCA 야간부 영어학교에서 영어 공부를 하면서 김현봉 목사가 시무하는 아현교회에 출석하다가 YMCA 총무 현동완, 원경선 선생을 알게 된다. 25세에 백영흠 목사 처제인 황홍윤 씨와 결혼하여 화순 가래몰에 분가하여 살았는데, 이세종 선생의 순결 사상을 본받아 사랑하는 아내를 떠나 신앙인 동지들과 공동체 생활을 한다. 그때부터 제자들이 생겨나기 시작한 것이다.

1943년(30세)에는 남원 삼일목공소에서 오북환 집사를 만난다. 수시로 모여 성경도 가르치면서 비밀리에 예배를 한다. 지리산 자락 서리내와 갈보리에서 신도들에게 성경을 가르치고 남원 부근을 순회하며 복음을 전한다. 이때 이 선생의 신앙에 감화를 받은 신도들이 아예 가정을 버리고 모이기 시작하여 우리나라 최초의 기독교 수도 공동체가 형성되었다. 오북환 집사는 아예 삼일목공소를 정리하고 이 선생과 수도자의 길을 걷는다.

1946년(33세), 남원에서 맺어진 신앙의 동지들, 바로 말하면 제자들과 광주로 와서 YMCA 구내에 머물다가 회장 최흥종 목사, 총무 정인세와 신앙적 교제가 이루어져 일생 동안 친교를 나누게 된다.

1949년, 수도 공동체가 방림동 밤나무골 부지 100여 평을 김판용 집사로부터 희사받아 그 터에 서울 YMCA 현동완 총무의 희사금으로 집을 지어 이주하였다. 훗날 백춘성 장로가 헌납한 자산으로 봉선동 감나무골까지 확장하였다. 이때부터 매년 수양회를 가졌다. 수양회는 꼭 공동체 식구들만 모여서 한 것이 아니고 멀리서도 참석하였다. 강사로는 최흥종 목사, 오산학교 교장을 지내셨던 다석 유영모 선생, 현동완 총무 등이 언제나 오셨다.

　　1948년 여순반란사건 이후로 고아들이 발생하여 1949년부터 고아들이 늘어나니 의사 김상옥 씨가 돈 8만원을 주어 화순 도암면 봉화리 청소골에 초가 세 칸을 매입하고 고아 8명을 거두었다.

　　1950년, 목포에서 고아원을 운영하던 윤치호 선생의 제안으로 광주 중심의 유지 70명이 모여 고아원 '동광원'을 설립해 운영하기로 하였다. 당시 광주 YMCA 총무로 있던 정인세를 원장으로 추대하였다. 그러나 정인세 총무가 망설이고 있을 때 이현필 선생이 "하나님 아버지 앞에서 정결하고 더러움이 없는 경건은 곧 고아와 과부를 환난 중에 돌아보고 자기를 지켜 세속에 물들지 아니하는 이것이니라"(「야고보서」 1:27)고 적은 쪽지를 받아 보고 원장직을 수락하였다. 한때는 600명의 고아들을 돌보았다.

　　6·25가 터지고 북한군이 남침하자 동광원 가족들, 그리고 피난 가지 않은 유화례 선교사를 화순군 도암면 화학산으로 피신시켜 77일 동안 죽음의 위험을 무릅쓰고 보호해 주었으며 피난 과정에서 8명이 순교하였다.

　　1955년, 후두결핵으로 고생하다 며칠째 물 한 모금 넘기지 못하여 신촌에 있는 굴에서 제자 한영우가 머물던 곳으로 찾아갔다. 여기서 아무 고기나 사 오라고 해 그것을 끓여 입에 떠 넣으라고 한다. 떠 넣어서 고기 국물이 넘어가니 다시 떠 넣으라고 한다. 이현필은 동광원 식구들의 금기인 고기 국물을 먹은 것이다. 그리고 나서 "나도 그리스도의 보혈을 의지하여 구원받을 사람이지 선행이나 금욕 고행으로 구원받을 사람은 아닙니다" 하며 동광원 사람들이 고기나 약을 안 먹고 금기로 여기는 율법주의자가 될 것을 염려하여 이같이 몸소 실천하였다. 단순히 고기나 약을 먹지 않는 것이 진정한 믿음 생활이 아님을 보여 주었다. 또 1951년에는 광주제중병원에 입원을 하였다. 그때까지 '병원 가지 말자' '약 쓰지 말자' 하고 금기시해 온 계명 아닌 계명, 혹은 율법을 본인이 입원하면서 깨트린 것이다.

8·15 이후부터 나라에 결핵 환자들이 늘어나기 시작했다. 1956년, 폐결핵은 불치병으로 경원시된 탓에 환자들이 발붙일 곳이 없어지자 이 선생은 YMCA 현동완 총무의 도움으로 후원을 받아 무등산 올라가는 길 산수동에 30명의 결핵 환자 수용소를 지었다. 이것이 송등원이다. 최흥종 목사님이 운영하셨고 김준호가 운영을 넘겨받아 무등산으로 진출하여 무등원이 생겨난다. 제중병원 커팅턴 원장의 지원이 지속된다.

1964년 3월 18일 새벽 3시 경기도 고양시 벽제 계명산 아래서 "오 기쁘다, 오 기쁘다"를 외치며 임종하셨다. 지금 계명산에 무덤이 있다.

여기까지는 호남신학대학교 차종순 총장이 쓴 책 『성자 이현필의 삶을 찾아서』를 참고해 선생의 생애를 간추린 것이다. 물론 그 이전에 엄두섭 목사님이 쓴 『맨발의 성자』에도 도움을 받았다. 글을 정리하다 보니 『맨발의 성자』에는 무서운 구절이 쓰여 있다. "출판 및 판매에 대한 모든 권한은 본 출판사가 소유하고 있습니다. 출판사의 사전 서면 허락 없이 상업적인 목적으로 번역, 재제작, 인용, 촬영, 녹음 등을 할 수 없음을 알려 드립니다." 이러한 글이 쓰여 있으므로『맨발의 성자』에서는 가능하면 글 인용을 안 하려고 한다. 물론 그 책을 집필하며 자료수집차 엄 목사님께서 동광원에 오셨고, 오실 적마다 나는 동광원 식구로 거기에 있었다. 또 내가 한 이야기도 책에 들어가 있다. 처음 출판할 때는 단체 사진에 내 사진도 들어 있었다. 아무튼 되도록이면 인용을 안 하려고 한다. 하지만 상업적인 목적이 아니니 출판사와의 관계에서 큰 시비는 없을 것으로 안다. 내가 글을 쓰는 목적은『맨발의 성자』에 빠진 이야기들을 보태려는 것이기 때문이다.

  어릴 적부터 이현필 선생에 대해서 글을 쓰고 싶었으나 만약 그때 엄 목사님이 쓰시지 않고 내가 썼다면 동광원과 이현필은 이단이 되어 한국에 사이비 종교 단체로 남아 있었을 것이다. 엄 목사님은 평양신학교 출신으로 교계에서 인정해 준 어른이시기에 그분이 쓴 글은 한국 기독교계에 큰 영향을 미쳤다. 글이 나오기 전까지만 해도 한국 교계는 동광원을 이단시하고 지냈었다.『맨발의 성자』에 빠진 이야기를 채워 넣고 거기에 덧붙여 재정리할 필요가 있어 동광원 측에서 먼저 차종순 총장에게 글을 정리해 주십사 부탁을 드렸다. 물론 부탁드린 기간보다 시간이 더 걸렸다. 좀 더 정확한 자료와 다양한 증언들을 참고하고자 하셨던 것이다. 지금부터는 차 총장님이 정리해 놓은 글을 참고하여 내가 본 이현필에 대해서 쓰고자 한다.

  차 총장님 역시 동광원을 이단에서 완전히 구해 주시는 큰 공을 세우셨다. 다행히 총장님 책에는 '무단 복제 금지' 같은 문구가 없어서 맘 놓고 정리해 볼까 한다. 그러나 이 책들이 나오기 전에 내가 듣고 정리해 놓은 글들도 있어 어떤 내용은 반복될 수밖에 없다. 또 유화례 선교사 이야기는 내가 전주 진달네교회에 있을 적에 김금남 누님께 엄 목사님과 같이 듣고 같이 기록했었다. 사흘 밤낮을 들은 이야기다.

이현필 선생의 삶은 이러했다

 이세종의 산당에서 진행되는 성경 공부에 관심을 보인 사람은 최흥종과 그의 사위 강순명이었다. 화순 도암의 이세종이 예수 그리스도를 믿고 새 사람이 되어 그동안 모은 재산을 노회에 헌납하고 가난한 사람들을 구제한다는 소식에 광주의 많은 목회자들이 관심을 가졌다. 도대체 그가 어떤 사람인지 알아보기 위해 화순 도암 천태산 아래 이공의 산당으로 찾아온 사람들이 있었는데 그중에 최흥종 목사가 대표적이었다.
 이세종을 찾아온 또 다른 사람으로는 서울 감리교신학교의 정경옥(1903~1945) 교수가 있었다. 진도 출신으로 서울 경성고등보통학교에 다니다 3·1운동으로 체포되어 목포형무소에서 옥고를 치렀다. 이후 고향에서 진도중앙교회를 설립하고 목회에 투신하고자 서울 협성신학교(감리교신학교)를 졸업하고 미국 유학을 다녀왔다. 뛰어난 저술과 강의로 명성이 높았다. 그런데 갑자기 영혼의 밤을 경험하고는 교수직을 내려놓고 고향으로 돌아가 단순하고 소박한 생활에서 얻은 진리의 기쁨을 발견한다. 이때 화순 땅에 성자가 있다는 소문을 듣고 이세종을 찾아가 직접 대화를 나눈다. 그때 나눈 이야기를 '숨은 성자를 찾아서'라는 제목으로 1937년 7월 〈새사람〉이라는 잡지에 실었다.
 그가 이세종을 묘사한 대목 일부를 보면 다음과 같다.

> 그는 과연 자기를 이긴 사람이요 참된 사랑의 사도이다. 그에게 간디의 정책도 없고 선다싱의 이론도 없고 내촌의 지식도 없다. 그러나 나는 간디보다도 선다싱보다도 내촌보다도 이공의 인물을 숭경하여 마지아니한다. 나는 이런 위인들보다도 그를 이 세상에 자랑하고 싶다. 물론 그는 설교가도 아니요 신학자도 아니요 경제가도 아니요 사업가도

아니다. 그러나 나는 그의 가식 없는 인물을 존경한다. 공은 몸갈피가 호리호리하고 키는 다섯 자도 못 된다. 그의 목소리는 옆 사람이 겨우 알아들을 수 있을 만큼 작고 부드럽다. 나는 이 소박하고 순후한 성자를 대할 때 마음에 넘치는 감격을 금할 수 없었다.

이렇게 천태산에서 숨어 사는 이공을 세상에 알린 분이 정경옥 교수였다.

성자로 알아본 정경옥 교수와 달리 최흥종 목사와 강순명 등은 1932년 이세종의 산당에 찾아와서 이세종과 「창세기」 해석을 놓고 논쟁했다. 그 자리에는 청년 이현필도 함께 있었다. 최흥종과 강순명은 이해가 빠르고 명민한 이현필을 보고 이렇게 시골에 있을 것이 아니라 도시로 나가서 성경학교를 나와 목회자가 되어야 하지 않느냐 하고 설득하였다. 그들의 권유에 따라 이현필은 광주로 나왔다. 최흥종 목사의 주선으로, 에비슨이 세운 농업실습학교 기숙사에 기숙하며 강순명이 조직한 독신전도단에서 일하게 되었다. 독신전도단은 20명으로 짜여 있었다. 기성 교단의 반대로 순천에 내려가 양토장으로 갔으나 이현필은 신안동 재매교회(현 광주신안교회) 전도사직을 맡게 되어 순천으로 가지 않고 1936년까지 재매교회 전도사 사역에 전념하였다. 한편 최흥종 목사와 사위 강순명은 광주의 성녀로 알려진 서서평 선교사와 깊은 사귐을 갖고서 광주의 빈민들과 나환자들을 함께 돌보는 일을 했다. 서서평 선교사가 세운 이일성경학교에서 가르치기도 하면서 복음을 전하였다.

이현필은 1938년에 결혼하여 3년이 지나 아내가 임신했으나 자궁외임신으로 수술을 했고 여러 가지 이유로 해혼解婚을 했다. 그 당시 해혼이 유행처럼 되었다. 인도의 간디, 오방 최흥종은 1935년에, 다석 유영모 선생은 1941년에 해혼을 했다. 이현필은 1941년쯤으로 본다. 물론 이세종에게는 일찍부터 있었던 일이다. 그 후로도 해혼하는 이들이 많았다. 가정생활보다는 기도에 열중하고, 동광원도 독신 단체가 시작되면서 가정과는 멀어졌다.

신앙생활에 깊이 들어가면 들어갈수록 고통이 시작된다. 이 선생님은 이때부터 한평생 음식의 맛을 가리지 않고 사셨다. 그 당시 모두의 바램이었던 흰쌀밥에 고깃국에 한 상 가득 차려 놓은 밥상은 대하지 않고 일생을 사셨다. 의복은 언제나 한복 바지저고리였다. 내가 알기로는 동내의冬內衣나 털 세타(스웨터)는 한 번도 몸에 걸치지 않았을 것이다.

이 선생님의 새벽 시간은 언제나 기도하는 시간이었다. 기도 장소도 그냥 방 안이나 교회 예배당이 아니었다. 언제나 산에 있을 때는 산 기도였다. 어느 날 산 기도를 하고 새벽에 내려오는데 누나가 나와서 맞이했다. 동생의 애처로운 모습에 아침상을 차려 주는데 밥상 아래로 기어들어 온 고양이가 이 선생의 동상 걸린 엄지발가락을 고기로 알고 물었다. 이때 이 선생은 "이거 고기 아니오" 하면서 빼냈다. 기도에 열중하고 생활이 검소하다 보면, 즉 육이 고통스러울수록 영은 활발히 움직이기 마련이다. 이때부터 멀리 보는 일들이 생겨났고 그 영적인 투시력에 끌려 신앙생활을 같이하려고 따르는 제자들이 많아지기 시작했던 것이다.

어느 날 누가 밤나무 밭에서 살면서 탁발하다가 개에게 물렸다. 물린 것을 숨기고 있었는데 저녁예배 시간에 이현필 선생이 이렇게 말했다. "여러분이 오늘 탁발하는데 개에게 쫓기는 것을 보고 특별하게 기도했소."

다음은 김승명 장로에게 들은 이야기이다. 이 선생님과 좁은 방에서 이야기를 하다가 어떤 분의 이름이 거론되었다. 한참 그분 이야기를 하고 있는데 밖에서 문 두드리는 이가 있었다. 이 선생님은 아무렇지도 않게 "들어오시오" 하였고, 여태까지 화제로 올랐던 그이가 들어와서 그대로 이야기가 진행되었다 한다. 이런 일을 여러 번 겪었다고 한다.

무엇보다 내 고향 교회 배영진 장로님께 소개받은 이현필은 예언가라는 이야기가 전부였다. 1958년쯤 장로님이 사모님과 함께 이 선생님을 보러 광주에 갔다. 인사하고 떠날 때 갑자기 '사진기 있었으면 장로님 내외분을 찍어 두었으면 하나 사진기가 없다' 하시면서 헤어졌고, 얼마 후에 사모님이 돌아가셨다.

1938년 9월 조선예수교장로회가 신사참배를 가결하였고, 모든 목회자들과 교인들이 도시마다 세워진 신사에 참배하게 되었다. 1942년에는 한국에 있는 모든 개신교를 통합시켜 일본기독교조선교단만 남겨두었으며 각 지역을 교구로 묶어 교구장을 한 사람씩 임명하였다. 또 각 교파에서 발행한 신문을 통폐합시켜 하나로 만들고, 교회도 통폐합해 한 도시에 하나둘 정도 두어 예배를 드리게 했다. 나머지 교회는 팔아서 군수품 납부 자금으로 활용하였다. 이처럼 일제에 의해 배교 행위가 강요되던 시기에는 기독교 신앙인이라 할지라도 다양한 태도를 보일 수밖에 없었다. 일제에 적극적으로 협력하는 사람, 해외로 망명하는 사람, 국내에서 깊은 산이나 오지로 숨은 사람, 무장투쟁으로 맞선 사람, 신사참배를 거절하여 감옥에서 순교하거나 고통을 당하는 사람들로 구별할 수 있었다. 그렇다면 이현필은 어떤 유형에 속하는가? 이현필은 1940~42년 사이에 화순 도암면 청소골, 쑥골, 마당바위(문바위)에서 영적 고뇌와 투쟁의 시간을 가지며 사회의 흐름도 제대로 몰랐다. 그러나 신사참배하는 기성 교회 목회자는 일제의 지시에 따라 할 짓 못할 짓 다 해야 했고, 교인들도 신사참배 확인서가 없으면 배급을 받지 못하므로 먹을 것, 마실 것, 입을 것 때문에 영혼을 파는 신세가 되었다.

이런 때 남원읍 교회를 다니던 집사들 가운데 교회의 설교와 가르침에 만족할 수 없어 진실한 기독교인으로 꿋꿋이 살아가려는 이들이 있었다. 이들이 바로 남원에서 삼일목공소를 운영하면서 비밀리에 예배를 드려 오던 오정환, 서재선, 배영진 집사였다.

오정환 집사가 삼일목공소에서 따로 예배를 드리게 된 동기는 1935년경으로 거슬러 올라간다. 오정환 집사의 동생 오동옥은 탈마지(J. Y. N. Talmage, 타마자) 선교사와 친숙한 교제를 나누며 서구적인 사고를 익히고 학문에 관심을 가졌다. 운남성경고등학교에 입학하여 졸업하였다. 신사참배 거부로 1940년 9월 20일부터 광주 유치장에 1년 6개월 정도 수감되었고, 약 1년쯤 지나 탈마지 선교사도 감옥에 갇혔다. 탈마지 선교사는 1941년 12월 8일부터 1942년 4월 5일까지 100일간 수감된 경험으로 『감옥일기』라는 책을 엮었다. 이 일기에 오북환·오동옥 형제에 대해서 자세히 기록했다.

> 나의 선교 구역 북동쪽에 있는 구역에서 예배당을 새롭게 건축하였지만 군사정권에서 선교사들의 순회를 제지시켰기 때문에 나는 예배당을 보지 못하였다. 내가 마지막으로 그 지역에 교회를 방문하였을 때에 그 회중은 오 씨의 집에서 모임을 가지고 있었으며 그는 나와 함께 지금 감옥에 있는 오씨 두 형제의 아버지다.

오씨 형제의 아버지 집이 있던 곳이 바로 내 고향 순창 유등이다. 오씨 형제의 아버님은 내가 어릴 적에 마을 노인으로서 택호가 장가실 노인이셨다. 우리 마을에서 큰 집이었고 사랑채에서 예배를 보기 시작했다고 배영진 장로님께 들었다.

오정환 집사가 먼저 풀려나 1941년쯤 남원으로 가서 세 분이서 삼일목공소를 차린 것으로 본다. 오정환 집사와 오동옥 목사는 신앙의 길이 갈리게 된다. 오동옥 목사는 교회의 조직에 참여하여 교회 위주로 신앙생활을 하였고, 형은 교회 조직을 떠나 말씀과 기도와 실천의 삶을 살고자 다른 길로 가게 되었다. 후일 오동옥 목사는 오방 최흥종 목사 장례식 때 사회를 맡는다.

남원 삼일목공소에서 오정환 집사는 이현필 선생을 초청하고 그 후 한평생 같은 신앙의 길을 걸었다. 삼일목공소에서 숨어 드리는 예배에 남원의 여러 가족이 늘어나게 되니 남원읍 교회의 눈치도 보아야 하고 신사참배 거부도 드러날까 봐 일단 흩어지기로 한다. 오정환은 남원군 주천면에 있다가 화순군 도암면 둔전리 도구밖골로, 서재선 집사는 전남 곡성군 죽곡면 원달리로, 배영진 집사는 순창 유등면 외이리로, 강남순(동광원 김금남 원장 어머니) 가족은 구례군 산동면 둔사리 서리내로 떠난다.

1947~48년 사이에 이현필이 주로 활동한 곳은 광주 방림동(지금의 봉선동), 화순 도암, 지리산 서리내와 갈보리(갈밭), 해남, 강진, 진도, 보성, 곡성이었고, 전라북도에서는 남원읍과 수지, 대산, 대강, 주생 등에서 전도 활동이 시작되었다. 이때 이현필만 다녀가면 교회가 흔들렸다. 한 번만 지나가도 교인들이 가정을 버리고 떠나고, 처녀총각들은 결혼을 안 하고 출가하거나 학업을 포기하고, 직장인들은 직장을 버리고 떠났다. 이처럼 이현필의 신앙을 본받고자 일생을 바치는 이들이 늘어나 그 수를 헤아릴 수 없어졌다. 곳곳마다 모여 농사짓고 가르치고 구제하고, 무엇보다 사랑을 실천하면서 살았다.

서재선과 김광석

성 프란체스코가 그랬듯이 프란체스코 성인보다는 그의 제자들 중에 더 훌륭한 인물들이 있다. 그러나 제자들 중에는 스승의 그늘 아래 가려져 빛을 보지 못한 일이 많다. 더러는 그렇지 않은 이들도 있다. 공자를 공자로 만들어 준 것은 맹자였고 노자 역시 장자를 잘 만난 것이다. 예수 역시 바울이 없었으면 어느 때 세상에 다녀갔는지도 모를 뻔했다. 간디 하면 비노바 바베가 떠오른다. 유영모는 김흥호와 박영호가 후세에 세상에 알렸다.

이세종과 이현필은 좀 다르다. 스승 이세종보다는 이현필이 더 현존하게 된다. 그리고 그의 제자들이 덮여져 있다. 어찌 됐든 스승의 그늘에 가리어졌다. 가려져도 너무나 가려졌다. 제자들 중에 순교자들이 있는데도 이름이 거론되지 않는다. 내가 아는 바로도 낱낱이 이름마저 거론할 지면이 모자란다. 또 본인들은 이현필 스승의 제자라지만 이현필 자신은 너무나 겸손해서 제자라는 표현도 안 썼고 그런 생각마저 안 했다. 또 제자라는 말이 무색한 것은 그 당시 이현필을 따르던 신앙인들의 무리 중에 이현필보다 훨씬 나이가 위인 어른들이 많았기 때문이다. 몇천 명 되는 개개인들의 독특한 신앙생활을 모두 다 나열할 수가 없으나 그중에 좀 두드러진 이들은 짚고 넘어가야 한다.

먼저 서재선 집사다. 삼일목공소를 같이 운영하던 오북환은 광주가 활동 무대였으나 서재선은 곡성으로 가서 사기막이란 골짜기를 개간해 들어가 살았다. 곡성 죽곡면 원달리에서 30리쯤 들어간 깊은 산인데 삼산이라고 불렀다. 물론 신사참배를 피하기 위해서 깊숙이 들어간 것이다. 그러나 목공 기술이 있어 가끔씩 마을로 내려와 목공 일을 하고 돈을 받거나 쌀을 받아 생활을 하였다. 일반 생활보다는 구제와 봉사가 몸에 밴 생활이었다.

그곳 원달리에 원주민으로서 큰 부자가 있었다. 조상에게 내려 받은 땅도 많고 소작인도 많았다. 김광석이라는 이였다. 김광석은 물려받은 재산이 있었기에 주색잡기에 빠졌다. 술을 즐기는 정도가 아니다. 술집을 차렸다. 그것도 두 곳이나 차렸다. 첩을 두고 그 첩을 이용해서 첩이 주모가 된 것이다. 두 곳 다 그랬으니 첩첩이 첩이었다. 잡기는 노름이었다. 날이면 날마다 노름판에서 살았다. 그래도 양심은 있고 후회스러운 일들도 있어 때때로 노름만은 안 해야겠다는 각오를 한다. 그러나 아무리 각오를 해도 한번 노름에 빠지면 헤어나기가 힘들다. 어느 날, 만약 내가 다시 노름을 한다면 손가락을 자르겠다는 각오를 하기에 이르렀다. 그랬으나 또다시 노름판에 앉아 있는 자기 모습을 보고, 각오했던 대로 자기가 직접 도끼로 왼손 엄지손가락을 잘라 버렸다. 작심삼일이 아니고 작심일일도 아니었다. 잘린 손가락 헝겊으로 처매고 그날 밤에 그 손으로 또다시 노름을 했다고 한다. 직접 들은 이야기다. 김광석은 원달리에 본가가 있고 물론 본처가 본가 지키고 살았다. 첩을 두고 술집을 하고 있는 주막집 두 곳은 본가에서 내려다보이는 몇십 미터 거리에 있었다. 본처의 마음이 어땠을까 하는 생각을 어릴 적에 해 보았다.

김광석에게는 풍문에 듣기로 좀 남달리 궁금한 사람이 있었다 한다. 목수 일을 하는 사람인데 그냥 보통 목수가 아니었다. 그저 지나치고 말 그런 인물이 아니었다는 것이다. 그래서 그분이 어떤 분인지 알기 위해서 집안에 불러들여 놓고 목수 일을 시켰다. 찬장도 짜 달라, 책상도 짜 달라, 이 일 저 일 시키면서 행랑채에서 같이 자는 것이다. 자는 것도 아니고 어두운 방 안에서 절대 잠들지 않고 깨어 감시하는 것이다. 잠을 안 자고 지켜보니 이 목수는 새벽마다 일어나 무릎을 꿇고 기도를 한다. 그것도 매일같이 같은 시간에 일어나 기도를 하는 것이다. 그리고 꼭 기도 끝에 "이루어 주시옵소서" 하고는 눈물을 흘리는 것이다. 어느 날은 참다 못해 불을 켜고 당신 도대체 어떤 사람이냐고 붙들고 다그쳤다. 그랬더니 그 목수는 예수 믿는 사람이라고 했다. '이루어 주시옵소서'가 무슨 뜻이냐고 하니 우리나라가 일본에게 침략을 당했으니 빨리 독립과 해방을 이루어 주십시오 하는 기도였다고 한다.

그래, 예수 믿으면 좋으냐고 하니 좋다고 한다. 나도 믿을 수 없느냐. 물론 믿을 수 있지요. 그럼 어떻게 믿을 수 있어요. 일요일마다 일하지 않고 예배를 드리는 것이오. 어데서 어떻게 드려요. 원칙은 교회를 가야 하지만 교회 가면 일본인의 신이 있는 신사에 참배를 해야 되니 해방될 때까지 우리 집에서 예배를 드리지요. 나도 같이 드릴 수 있어요? 물론이지요. 그럼 다음 일요일에 가면 돼요? 이왕이면 일요일에 오지 말고 며칠 후면 12월 25일 예수님 생일이니 그때 오시오 하고 약속을 했다. 그때부터 예수 믿으러 갈 준비를 한 것이다.

어릴 적에 어머니 따라 절에 간 일이 있어 그럴 때 갖추어야 했던 예의를 이번에도 지켰다. 우선 목욕재계하고 옷을 새 옷으로 하도록 마나님께 부탁한다. 떡을 한 말 하고, 정성을 들여야 하니 떡 담을 석작(가는 대나무를 엮어 만든, 뚜껑 있는 네모난 상자)도 새것으로 사고 석작을 쌀 보자기도 새 광목으로 샀다. 그날이 오자 새벽에 일찍 30리 길을 걸어서 갔다. 너무 일찍 간지라 날이 새도록 떨고 있었다. 날이 밝아서야 들어갔다. 지금 생각하니 성탄절 아침이라 새벽에 들어갔어도 실례가 되지 않았을 것이라고 하신다. 아무튼 이른 새벽에 정성껏 준비해서 찾아갔으니 절에서처럼 불공드리고 제상 차리고 하는 절차를 기다렸으나 아무 행사도 없고 간단히 기도만 하고서 떡을 먹는 것이다. 너무 허망했다고 하신다.

예배를 마치자 매주일 이렇게 해야 예수 믿는 것이라고 한다. 예수 믿는 것이 간단한 일이 아니었다. 우선 예수 믿으려면 술집을 해서는 안 된다는 것이다. 두 군데나 열었던 술집을 접어야 한다. 또 예수 믿으면 첩을 두어서는 안 된다는 것이다. 술집을 안 하기는 쉬우나 사랑하는 여인들을 보낼 때 제일 슬펐다고 한다. 그래도 예수 믿으면 그렇게 해야 한다기에 사랑하고 정든 여인들과 생이별을 하게 된 것이다. 노름은 물론 해서는 안 된다기에 스스로 손가락을 자르고도 못 참았던 노름도 그 즉시 안 하게 되었다. 그다음 술을 끊어야 한다기에 그 즉시로 술을 끊었다. 그러나 담배는 피우고 있었는데 얼마 후에 "담배를 피우셔요?" "예, 피우지요" "담배 피우면 안 되는데요. 담배 피우는 것은 나쁜 것이오." "예? 나빠요? 그럼 끊지요" 하고 그 즉시로 끊었다고 하신다.

그 목수가 서재선 집사였다. 서재선 집사는 좀 일찍 돌아가셨고 그의 아들이 서경원 전 국회의원이다. 이제 김광석은 술집을 차렸던 주막집을 예배당으로 사용하고 거기서 예배를 드린다. 그리고 동광원 식구들이 와서 살고 고아들도 같이 산다. 입양한 고아들이 수없이 많다. 김광석의 나이는 이현필이나 서재선보다 많으나 이현필, 서재선의 제자가 되는 셈이다. 재산의 일부를 동광원에 내놓고 동광원에서 농사짓고 관리하면서 이곳이 동광원 곡성 분원이 된 것이다. 동광원의 신앙은 유별나다. 간음은 물론 안 해야 되지만 부부간에도 성관계를 하지 말아야 동광원다운 신앙생활이다. 김광석 집사는 첩들과의 관계는 끝났어도 이제 본처와의 관계마저 정리해야 했다. 1964년쯤부터는 내가 그곳에 자주 찾아갔다. 서재선 집사님은 돌아가신 뒤였고 오북환 집사님이 계셔서 자주 찾아뵈었고 또 동광원 식구들이 그곳에 사니 자주 찾아갔었다. 갈 때마다 한 번쯤은 본가에 초대되어 안방에서 사모님이 직접 마련해 주신 식사 대접을 받곤 했다.

지리산 서리내에서 일어난 일이었다. 김광석 집사가 밤늦게 그곳 기도처를 찾아가 자다 보니 늦잠을 자고 말았다. 해가 떠 있어 깜짝 놀라 깨어나니 밖에 이현필 선생이 떨고 서 있는 것이었다. 그날은 눈이 많이 왔고 이현필 선생의 복장은 언제나 홑바지저고리였다. 속옷은 없다. 물론 버선이나 양말은 한겨울에도 신지 않으셨다. 그러고는 떨고 서 계신 것이다. 매일 이른 새벽 모여 기도회를 갖는 시간이었는데 신앙의 동기인 김광석 집사가 자고 있으니 깨우지 않고 스스로 깰 때까지 몇 시간을 기다리며 떨고 서 계셨던 것이다. 그리스도의 사랑은 내가 배고플 때 다른 사람이 배불리 먹는 것을 보고 기뻐하는 것이다. 내가 추워 떨고 있을 때 다른 사람이 따뜻한 방에 잠자는 것을 보고 기뻐하는 것이 그리스도 사랑이다.

김광석 집사는 정이 많다. 무엇보다도 손님 접대를 너무나 공들여 한다. 내가 나이 열아홉 살 때 갔는데 나 한 사람 대접한다고 출가한 집 안방에서 사모님 시켜 아침을 먹게 해 주셨다. 그곳 원달리 동광원 분원의 지도자이셨다. 다른 곳은 손님으로 찾아가거나 살겠다고 하면 조건이 붙으나 그곳은 어떠한 조건도 없다. 아무라도 오면 붙들고 같이 살자고 한다. 거기 같이 사시는 어머님들 말씀이다. 김광석 집사님은 지나가는 까마귀라도 붙들고 같이 살자고 하신다고. 인정이 너무 많은 것이 큰 장점도 되지만 단점도 된다. 정들고 헤어지면 그냥 눈물을 흘리면서 우신다. 김광석 장로님께 예수 믿고 신앙생활하시는 데 제일 힘드신 일이 어떤 일이냐고 여쭈어 보았더니 술 끊고 담배 끊고 노름 안 하고 술집 걷어치우고 한 것은 그런 대로 쉬운 일이었으나 사랑하던 애첩과 헤어지는 일이 제일 힘들었다고 하신다. 그것도 두 사람이다. 사랑하는 여인들과 주색잡기에 놀아났던 술집은 예배당이 되었고 이것이 후일 원달교회의 시작이었다.

김광석 장로를 전도해서 감화시킨 서재선 집사는 이현필 선생의 가르침을 그대로 받아들여 생명 사랑하는 데 일가견이 있다. 어느 날 뒷산에서 고라니를 잡아 파는 이에게 고라니를 5원 주고 사서 산으로 데려가 놓아 주었다. 그분의 별명은 '고라니 놓아 준 사람'이다. 나병 환자들이 이불 하나를 가지고 서로 빼앗으려 하는 것을 보고 아내와 의논한 다음에 결혼 예물로 마련한 솜이불을 가져다주었다. 그는 나병 환자들을 만나도 일일이 악수하고 집으로 데리고 와 식사 대접을 해서 보낸다. 물론 식사 대접은 서재선 집사가 아니라 그의 아내가 해서 보낸다. 그의 아내라지만 나는 그분 이름대로 유난 씨 어머님이라고 불렀다. 서재선 집사님은 못 만났어도 유난 씨 어머니는 오래 사셨기에 늘 뵙고 살 수 있었다. 만나면 '락경이, 락경이' 하신다. 한번은 아들 서경원이 "어머니, 이제는 락경이 그러지 말고 '목사님' 그래" 했더니 "그래도 락경이가 좋은 걸 어떻게 해' 하신다. 언젠가는 집에서 텔레비전을 보다가 내가 화면에 나오니 그 자리에서 끝날 때까지 춤을 추셨다고 한다.

서재선 집사의 아들 서경원 형님을 나는 고향 교회에서 처음 만났다. 그가 군대 가기 위해 고향을 찾은 것이다. 지금은 현지에서 입대하지만 그때는 군대 가려면 꼭 본적지를 찾아가야 했다. 신체검사도 약 1년 전 본적지에서 해야 되고 입대할 때도 본적지에 집결해서 출발했다. 그래서 입대하려고 고향인 순창 유등에 오북환 장로 아들로 지금 동광원 이사장인 오세휘와 같이 왔다. 그 후로 서경원 형과는 인연이 길다. 형님이 크리스찬아카데미 교육을 추천해 주었고 나는 그것을 계기로 강원용 목사님과 인연이 되어 진보적인 신앙관을 갖게 되었다. 가톨릭농민회 활동을 하게 되었고 사회운동, 농민운동, 농촌운동 한답시고 젊음을 제법 보람 있게 보내게 되었다.

경원 형님과 나는 사는 방식이 너무나 다르다. 만나면 의견이 안 맞아 다투고 헤어지면 존경스럽다. 나는 형님이 가톨릭농민회 회장 하는 것도 싫었고 국회의원 되는 것도 싫었다. 그래도 존경이 간다. 유신체제 때 경원 형은 가톨릭농민회 전남회장이었다. 유신정권에서 교섭이 들어왔다. 유정회 국회의원을 하도록 할 터이니 농민회에서 빠져나오라고. 그래도 국회의원 자리를 마다하고 농민회에 열성이었다. 그때 같이 농민회 창립했던 사람들 중에서 정부에서 사무관 자리, 서기관 자리 내주니 여러 명 들어갔다. 그런 유혹 물리치고 지키고 버티고 있다가 민선으로 출마해서 당선되었다. 당선 소감이 무엇이냐고 기자가 물으니 선거운동하느라 못자리가 늦었으니 빨리 못자리해야 한다고 말했다. 물론 못자리하라고 군민들이 국회의원 시킨 것은 아니었다. 그러나 국회가 열릴 때까지는 못자리할 시간은 있을 것이니 괜찮다. 아직 국가에서 월급 나올 때가 아니니 사생활을 해도 되었다.

국회의원이 이북에 가는 것은 싫었다. 이북에 가서 김일성 만나고 오라고 함평 군민들이 찍어 주지는 않았을 것이다. 아무튼 감옥에 갔고 마산교도소에 갇혀 있었다. 면회를 갔다. 죄수, 그것도 빨갱이 면회를 간 것이다. 담당 교도관이 나와 면회 신청을 다 도와주고 특별실로 안

내한다. 죄수더러 칭호가 '영감님'이시다. 영감님께서 지금 단식을 하고 계시니 나더러 단식 좀 안 하게 풀어 주시라고 간곡히 부탁을 한다. 면회 시간 제한도 없다. 담당 교도관에게 반말하고 심부름시키고 교도관은 영감님, 영감님 하고 떠받든다. 죄수와 교도관이 뒤바뀌었다. 꼭 의원 사무실의 비서를 부리는 것 같았다.

아들은 국회의원 되어 서울로 가고 고향에는 80세 넘으신 어머니, 내가 부르기에 유난 씨 어머님께서 혼자서 농사를 지으신다. 국회의원 되고 나서 발표가 나니 유난 씨 어머니는 "하나님, 이거 뭔 짓이다요?" 하고 기도를 드렸다고 하셨다. "경원이 지가 농사꾼이지 농사 안 짓고 국회의원 되었다고 이거 뭔 짓이다요" 하셨다고 한다. 그리고 넓은 농토를 다 가꾸고 계셨다. "경원이 지가 빨리 국회의원 끝나면 와서 농사 지어야 되니까" 그때까지 농토를 지키고 있어야 된다고 하셨다.

유난 씨 어머니나 경원 형님이나 발을 자주 다치신다. 한번은 인사차 들렀더니 어머니가 발을 다치셔서 석고로 감고 농사를 지으신다. 아들이 빨리 와서 농사지어야 하고 만약 못 지으면 손자라도 지어야 한다고 하셨다. 집이 분교 옆문 쪽에 있고 그곳에 조그마한 문방구를 하고 있다. 마루 여기저기에 가격을 써 놓고 물건을 널어놓았다. 공책 얼마, 과자 얼마, 뭐 얼마, 널려 있다. 아이들이 와서 돈 옆에 놓고 가져간다. 점원도 없고 감시 카메라도 없다. 계산이 맞느냐고 묻지도 않았다. 틀려도 좋고 맞아도 좋다. 맞으면 맞는 대로 좋지만 틀리면 어려운 손자 손녀가 그냥 가져갔겠구나 하고 계산도 안 하신 것 같았다. 사진기 없어 찍어 놓지 못했던 점이 아쉬웠다. 의원 당선 뒤 한번은 찾아갔더니 예수를 믿으려면 락경이 예수를 믿어야지 우리 경원이는 경원이 예수를 믿어서 안됐다고 하신다. 락경이 예수가 무척 부럽다고 하신다. 경원이 예수는 시위하고 다치고 감옥 가고, 늘 그런 예수다. 락경이 예수 찾으실 때는 경원이 형이 감옥 가 있을 때가 아니고 국회의원으로 있던 시절이었다.

며칠 전 경원 형님에게서 전화가 왔다. 아들이 신부 되어 사제 서품식을 하니 참석할 수 있느냐고. 지금 어디 사시느냐고 했더니 지난 해 고향에서 농사지었다고 한다. 콩 농사를 했는데 수확이 너무 적었다고, 콩 종자 탓이라고, 콩이 밭에서 모두 띄었다고 하기에 그것도 역시 종자 탓이라고 일러 주었다. 지금은 전처럼 시골집 지키면서 농사짓고 있다. 내가 좀 어리지만 같이 늙어 가며 누가 먼저 죽을지 시합하면서 지내고 있다.

동광원東光園

지리산 줄기인 남원 서리내와 갈밭(갈보리)은 동광원의 근원지라 하겠다. 또 같은 시기에 광주 YMCA 건물에서도 일을 벌이고 있었다. 웬일인지 몰라도 광주 양림동의 YMCA 건물은 1920년대부터 한국 YMCA에서 초청한 농업 선교사를 통하여 준비해 두신 사회적 실천 장소다.

동광원은 이현필의 정신과 신앙생활을 따르던 제자들의 수도 공동체를 뜻한다. 그 시작은 1943년부터라고 할 수 있다. 이현필이 전북 남원읍 교회 신자들에게 성경 강해를 하면서부터 비롯되었다고 보겠다. 이현필의 진실한 신앙생활을 보고 감화를 받은 이들이 1944년부터 지리산 자락 서리내와 갈밭에서 움막을 짓고 농사를 지으며 수도 생활을 시작하였다. 주일이면 수십 리 밖에서까지 그 모임에 찾아와 예배를 드렸다.

이현필은 1947년 9월 1일 서리내에서 소년·소녀 14명에게 집중적으로 성경 말씀과 신앙생활을 가르치기 시작하였고, 이것이 우리나라 최초의 개신교 수도 공동체였다. 이 공동체에 동광원이라는 이름이 생긴 것은 몇 년 뒤의 일이다. 원래 동광원은 1950년 1월 광주에서 창설

된 고아원의 이름이었다. 이 동광원의 운영을 이현필의 신앙을 따르던 수도 공동체 가족들이 맡았다. 1948년 여순반란사건 때, 또 1950년 6·25 전쟁 때 발생한 고아들이 많았다. 6·25 전쟁 직후에는 장소가 없어 광주 계림국민학교에서도 모여 지냈다고 한다. 많이 모였을 때는 600명이 넘을 때도 있었다. 어느 고아원이나 마찬가지이겠으나 동광원도 그리스도의 사랑으로 아이들을 정성껏 돌보았다. 이들이 지금의 봉선동 밤나무골에 모여 있어 시민들이 동광원 사람들이라 부르기 시작한 것이다.

1954년 도청이 동광원을 폐지하고 고아들을 전남북 각지로 분산시켰다. 주로 목포 유달원과 남원의 향육원으로 갔다. 그러다가 하나둘 다시 돌아왔다. 이렇게 되돌아온 고아들과 예전 동광원을 운영하던 이들이 같이 모여 사는 단체가 이루어졌는데 폐지되어 없어진 옛 고아원의 이름을 가져와 동광원이라 칭하며 지금까지 내려오고 있다. 동광원은 '동방의 햇빛'이라는 뜻이기도 하고, 내가 생각하기로는 빛고을로 불리는 광주光州에서 시작되었다는 뜻도 들어 있겠다.

이현필에게 남원과 서리내는 오북환과 김금남으로 대표되는 영적인 제자들을 양성한 곳이었고, 주로 평신도 위주로 시작된 곳이었다. 광주와 무등산은 동광원을 외적인 면에서 전국적으로 확대시키는 곳이었다.

광주에서는 목회자들(최흥종, 최영욱, 김필제, 강순명, 백영흠), 선교사(김아열, 유화례, 고허번), YMCA 인사들(현동완, 정인세, 김천배)이 주축으로 함께했다. 남원에서나 광주에서나 이현필과 동광원 운동을 반대하고 비난하는 사람들이 많았으나 지속적으로 지원해 주는 인사들이 비난하는 세력보다 우세했기에 유지되어 왔다.

한국 YMCA는 1924년에 한국 농촌의 부흥이 곧바로 한국 사회의 부흥이라는 결론에 따라 미국의 농업 전문 선교사들을 초청하였다. 그래서 1926년 광주 YMCA에는 한국 초기 선교에 큰 획을 그은 올리버 에비슨(Oliver R. Avison, 1860~1956) 선교사의 아들 고든 에비슨 부부가 파송되어 왔다. 캐나다인인 아버지 에비슨은 서울 세브란스병원 초대 원장으로서 고종의 주치의를 지냈고 세브란스병원의학교(현 연세대학교 의과대학)의 설립자 겸 초대 교장을 맡아 한국 의료사업에 크게 기여한 이였다. 아들 고든 에비슨은 광주 YMCA의 농촌부 협동총무로 재직하면서 전도 활동을 하였다. 그는 한국 교회 지도자들에게 농업 기술을 전수하기 위하여 기숙사가 딸린 농업실습학교를 세우고 과수원, 양축(돼지, 닭, 소, 염소 기르는 일) 기술을 전하기 시작하였다.

광주 YMCA 회관이 없었기에 에비슨은 4천 엔을 부담하여 그 부지에 건물을 완공하였다. 그때가 1932년 2월이다. 새롭게 완공된 YMCA의 체육부 간사 겸 체육관장이었던 김후욱은 그의 친구 정인세에게 유도부를 맡겨 주었다. 정인세는 1932년부터 광주 생활을 시작하여 1936년 27세 때 최병준 목사의 큰딸과 결혼한 후 광주에 정착하면서 덴마크 체조 보급, 수피아여학교 농구부 코치, 그리고 1935년부터는 YMCA 체육부 간사로 활동하였다. 강순명이 평양신학교에 입학함에 따라 1937년 농업실습학교의 학감을 맡기도 하였다.

1939년 에비슨 선교사가 일제의 선교사 축출령에 따라 귀국하고, 1938년 평양신학교가 신사참배를 가결한 후 폐교됨으로써 정인세와 백영흠 두 사람은 각각 제 갈 길로 가게 되었다. 정인세는 강원도 산골에서 숨어 지냈는데 8·15 이후 서울로 나왔다가 길거리에서 주형옥 목사와 서한권 장로를 만나 광주로 갔다.

일제로부터 해방은 되었으나 모든 것은 어수선하였다. 일제 치하에 해외로 피신하였던 동포들이 돌아왔으나 마땅한 거처가 없고 일자리도 없었다. 천막이나 움막에 기거하였고, 이들의 자녀들은 길거리를 배회하면서 구걸로 연명하였다. 광주 천변에 움막을 짓고 살아가는 모습은 처참하였다. 더욱더 문제가 되는 것은 도덕적 해이였고, 미군들과의 관계에서 퇴폐 향락 문화가 한국 사회에 침투하여 윤리적인 문제를 일으켰다.

8·15 이후 미군정청 통치로 인하여 1945년 9월부터 광주 양림동 선교부에서는 미군 장교들이 생활하고 수피아여고 건물은 미군 사병들이 쓰게 되었다. 서서평 선교사가 세운 이일학교는 국제적십자사 건물로, 오웬기념각은 미군들이 체포한 용공 용의자들을 수용하는 임시 감옥으로 사용되고 있었다. 이런 와중에도 선교사들은 1946년 6월에 시찰단을 보내 선교의 가능성을 타진하여 김아열, 노나복, 도마리아, 유화례 선교사 등이 양림동 선교부로 돌아와 무너진 집터를 수리하면서 선교 사업을 다시 시작하였다.

광주 YMCA는 1945년 10월에 동명동 서한권 장로 집에서 첫 재건 모임을 갖고 회장은 최흥종 목사, 총무는 정인세가 맡았다. 이 두 사람 외에 광주 YMCA 주변의 인물들은 정인세의 스승인 현동완 총무, 강순명 목사, 백영흠 목사, 유영모 선생, 그리고 선교사 에비슨 총무와 노나복 목사 등이었다. 이현필의 큰 울타리로 하나님께서 마련해 주신 인물들이었다.

정인세는 광주 YMCA 총무로 있으면서 일본인들이 소유했던 적산가옥 한 채를 인수하여 고등농민학원을 시작하였다. 이현필은 이 학원 사감을 맡으며 학생들에 대한 영적 지도에 앞장섰다. 이때가 1946년 봄쯤 되었다. 이 학원은 방림동 최흥종 목사 가족 소유 토지에 '양영원'이라는 간판을 걸고 농어촌 자녀들의 교육 훈련을 전담하는 기관으로 전환했다가 또다시 시점을 알 수 없는 어느 때부터 양림교회 유치원에 간판을 걸었다.

　한편 서울에 식구들을 남겨 둔 이현필은 오북환과 다시 전남 지역으로 내려와 광주 YMCA와 관계를 맺고 최흥종 목사, 정인세 총무 등과 농촌운동에 적극적으로 참여하였다. 이 시기 이현필은 한국 사회의 앞날에 큰 어려움이 닥칠 것을 예견하였다. 이현필은 정인세에게 1948년 초부터 "앞으로 많은 피 흘릴 일이 생기겠는데요" 하면서 "나와 함께 이곳저곳 다녀 봅시다" 하였다. 1948년 10월 14연대 반란 사건, 일명 여순 사건이 발생하기 전에 정인세 원장과 아홉 명으로 이루어진 남도순회전도단을 구성하여 순천, 여수, 고흥, 녹동, 소록도, 완도군, 평일도, 강진, 해남, 광주 등을 돌아다녔다. 일행이 강진읍교회 배영진 목사와 같이 있을 때 14연대 반란 소식이 전해지자 이현필 선생은 "피난 갔다 죽는 것보다 우리는 여기 있으면서 일 좀 합시다" 하면서 배영진 목사더러 쌀을 모으게 하고(피난민이 생길 터이니) 정 총무에게는 "간호법을 가르치시오" 했다.

창주 현동완 선생

　현동완 선생은 1899년 6월 12일 서울에서 태어났다. 아호는 창주滄柱로, 1917년 조선중앙YMCA학관을 졸업한 후 1918년부터 YMCA 간사로 부름을 받아 소년부와 체육부 간사, YMCA연맹 주일간사, 영창英彰학교(Y학관) 교장, 그리고 서울 YMCA 총무를 지내는 등 거의 전 생애를 YMCA와 더불어 산 사람이다. 그의 가문도 YMCA와 밀접한 관계를 가지고 있다. 큰아버지 현흥택은 구한말에 군인으로서 전권대사 민영익의 수행원이 되어 미국과 유럽을 다녔으며, 1896년 독립협회가 조직될 때에는 정령正領의 신분으로 창설에 많은 활약을 했다. 특히 1903년에 황성기독교청년회가 창설될 때 자문직을 맡았고 1907년에 회관을 지을 때에는 현재 서울 YMCA 부지를 포함한 대지 4백여 평을 기증하여 궁지에 빠진 회관 건축 사업을 성공리에 추진시켰다. 뿐만 아니라 현흥택 씨의 아들 동식, 동철 등도 YMCA 운동에 깊이 참여했다. 그 가운데서도 창주 선생은 그야말로 일생을 YMCA를 위해 헌신하였다고 할 수 있다.

창주 선생은 YMCA 초창기 소년부와 체육부 사업에 많은 공을 세웠다. 서울 YMCA는 1916년부터 실내 체육관을 열고 운영하였는데 창주 선생은 농구 선수 겸 감독으로 일본에 원정을 갔다. 그가 이끄는 Y농구팀은 전국을 누비며 명성을 떨쳤다. 또 1938년 일제의 탄압으로 YMCA가 폐쇄 상태에 있던 어려운 시절에 주임간사가 되었고 8·15 이후의 정치사회적 혼란기는 물론이고 6·25 전란으로 인하여 회관이 상실되고 부산 피난과 환도가 이루어지는 격변기에도 온갖 역경을 극복해 나가면서 YMCA를 지키는 데 온 힘을 쏟았다. YMCA 역사상, 우리나라 역사상 제일 힘겨웠던 시기였다. 이때를 피하지 않고 이끌어 주신 분이다.

1936년부터 1937년까지 이현필은 서울 YMCA 야간부 영어학교에서 공부하다 현동완 총무와 친분을 맺었다. 1949년 이현필 선생이 이끄는 수도 공동체는 방림동 밤나무골 부지 100평을 기증받았지만 집 지을 자금이 없어 걱정하던 차에 현동완 총무가 희사금을 주어 집을 지었다. 이곳이 바로 사회복지법인으로 설립된 귀일원이다.

1948년 여름에는 현 총무의 초청으로 동광원 가족 일부가 서울로 진출하여 삼각산과 경기도 능곡에 머물렀다. 서울에 머무는 가족들은 YMCA에서 시행하는 강좌를 들었고, 독신자 20여 명은 능곡의 YMCA 산하 건물과 토지에 마련된 오원吳園에서 수도 생활을 했다. 처음 겨울

동안은 인심 좋은 능곡 들녘에서 탁발을 하며 살았고, 이듬해에는 농사를 지어 자급자족하며 성경 공부와 수도 생활을 하였다. 이것을 계기로 경기도 지역이 복음화 전진 기지가 되었고 후일 계명산 동광원이 생겨났다. 계명산 동광원 위쪽에 현 총무가 지어 놓은 흙집이 있었다. 현 총무는 그 집을 동광원에 기증했고 주로 동광원 남자들이 사용했다. 후일 현 총무가 먼저 가시고 난 뒤 이현필 선생이 그곳에서 임종을 맞았다. 내가 계명산에 갈 적마다 주로 그 집에서 생활했다. 후에 아현동 교회에서 매입했고 그 집을 개조해서 더 잘 활용해 보려다 허가 관계가 잘못되어 지금은 헐리고 없어졌다. 아쉽다.

6·25 전란 이전에 남과 북은 이미 갈려 있었다. 북이 싫어서 남으로 온 피난민, 남이 싫어 북으로 간 난민들이 하루 평균 1만 명 정도였다고 한다. 현 총무는 점심을 먹을 수 없는 이들을 위해 38선 근처 큰길가에서 밥장사를 했다. 쌀값이 안 나올 만큼 적은 돈을 받으면서 밥장사를 했는데 모두가 당연시하며 사 먹고 지나간다. 그러나 1만 명 중 1명쯤은 그 사정을 알고서 감사하다는 인사를 하고 간다. 이 한 사람의 감사 인사 때문에라도 현 총무의 밥장사는 이어졌다.

현 총무는 6·25 전란 이후에 사회적으로 가장 긴급히 요청되었던 전쟁 고아 및 부녀자들을 위한 구호사업에 주력하여 많은 공헌을 했다. 1952년에는 삼동부녀회관三同婦女會館을 설립하여 남편을 잃은 여성과 윤락 여성을 구호하였고, 1953년에는 100만 평이 넘는 난지도 전부를 매입하여 삼동소년촌三同少年村을 짓고 거리에서 방황하는 고아들을 데려다 양육하였다. 삼동소년촌은 소년들의 자치단체였는데 지금도 YMCA 사업의 하나로 운영되고 있다. 그 당시 창주 선생은 이승만 대통령에게서 보건사회부 장관직을 제의받았으나 거절하였다. 장관보다,

YMCA 총무보다 고아들의 아버지로서 전쟁 고아 구호사업에 심혈을 기울였다. 또한 각종 사회 활동을 통해 국가 재건에도 많은 이바지를 했다. 그는 1949년에 한국산악회 회장직을 맡았다. 일제 강점기 YMCA 산악회원들을 이끌고 백두산 정상을 등정한 경력과 자연스럽게 이어지는 발걸음이었다. 그리고 브라질, 멕시코 등 남미 각국을 순방하면서 이민 사업을 추진했는데 성과는 별로 없었으나 당시 외교 관계가 극히 어려운 때에 이러한 포부를 품고 시찰 여행을 했다는 데서 그의 애국심을 엿볼 수 있다.

창주 선생은 1956년 동광원 하계수양회 때 강사로 왔다. 이때 이현필 선생에게서 갈 곳도 발붙일 곳도 없는 폐결핵 환자들의 어려운 처지를 듣고 당시 이기붕 국회의장을 만나 300만 원의 후원금을 마련해 주었다. 이 후원금으로 무등산으로 올라가는 산수동 골짜기에 폐결핵 환자들의 요양원인 송등원을 창립하였다. 오갈 데 없는 환자들 30명을 이곳에 거둘 수 있었다. 이후 무등산 삼바실을 근거로 요양원이 확장되어 무등원이 생겨났고 한때 환자가 600명 정도까지 늘어났다.

창주 선생은 전형적인 선비이며 풍자가로서 많은 일화를 남기고 있다. 그는 한복 두루마기를 짧게 만들어 YMCA 직원들의 사무복으로 사용하게 했다. 양복바지 위에다 한복 두루마기를 입으니까 비웃는 사람들도 있었고 적극 반대하는 사람도 있었다. 개량 한복이 나온 지금은 별로 어색하지 않지만 그 당시에는 어울리지 않는 우스운 복장이었다. 개량 한복의 원조라 하겠다.

창주 선생은 '다백의고多白衣考 견대자見大慈'라는 글씨를 써서, 평화를 사랑하는 이들은 '다 배기고 견디자'는 뜻으로 풀면서 직원들에게 용기와 백의민족의 긍지를 불어넣어 주었다. 자칭 애국자라는 이들을 향해서는 '우거지국優巨志國 안목고眼目高 건방지계建邦志計 양담배養淡

輩'라는 한시로 풍자를 했다. 한자 그 자체의 의미를 풀어 읽으면 '큰 뜻으로 나라를 걱정하는데 안목이 높구나, 나라 세우는 계획으로 많은 후배들을 기르는구나' 하는 칭송을 담은 시 같지만, 실은 애국자인 척하면서 뒤로는 외세에 영합하는 자들에게 '우거지국 안 먹고 건방지게 양담배만 피우는가'라고 일침을 가한 것이다.

그 외에 관여한 각 기관마다 업적이 많이 있겠지만 동광원에서 본 현 총무의 발자취는 대략 이 정도였다. 우리나라 YMCA에서 노력해서 세월이 더 가기 전에 창주 선생의 업적을 더 많이 발굴해야 하리라 본다.

창주 선생은 1963년 10월 25일 삼동소년촌에서 고아들이 지켜보는 가운데 고요히 눈을 감으셨다.

고아원의 시작

전라남도 지역에서 고아원을 시작한 선구자가 목포의 윤치호 전도사다. 그는 1928년에 부모 잃은 고아 7명을 데리고 고아원을 시작하여 공생원共生院을 운영하였으며 1932년에는 일본 여성 다우치 치즈코(한국명 윤학자)와 결혼하고 500명이 넘는 고아들을 돌보기 시작하였다. 윤치호는 1949년에 정인세 선생에게도 고아원을 운영할 것을 강력하게 요청했으며, 그렇지 않아도 고아들을 돌보려 하였던 이현필과 그의 제자들은 이 사업에 적극적으로 매달리게 되었다. 이렇게 해서 최흥종 목사, 김천배, 백영흠 목사와 전남지사, 경찰서장 등 광주와 전남 지역 유지 70여 명이 발기인으로 사회복지시설 동광원을 설립하고 정인세가 원장을 맡았다. 또 1949년부터 이현필에게 고아들을 데리고 와서 맡긴 곡성의 강인영이 총무를 맡았다.

동광원이 시작한 날짜는 1950년 1월이며 고아들은 20명 정도 되었다. 광주 YMCA 60평의 2층 건물과 창고 100평가량이 있었으므로 2층은 회관으로 사용하고 창고 100평을 고아원으로 사용하였다. 정인세 선생은 1948년 이후 이미 광주 YMCA 총무를 사임한 상태였는데, 동광원 원장을 맡음으로써 이제부터는 이현필과 신앙의 노선을 100퍼센트 같이하게 된다. 문제는 황금동 광주 YMCA 본부 건물과 동광원이 구분이 되었다 할지라도 고아들이 북적거리기에 YMCA인지 고아원인지 시비하는 사람이 많아진 것이다. 고아들은 20명이고 고아들을 돌보는 보모와 선생들도 20~30명 정도 되니 아무리 조심하고 조용히 한다 해도 YMCA 회관은 동광원 사람들로 북적거렸다. 고아들은 늘어나고 일정한 건물이 없어 선생 및 보모들을 포함해 10명, 20명씩 흩어져 살게 되었다. 무등산 숲속에 거처를 두기로 하고 지산동 수의축산전문학교 교사로도 가고, 방림동 밤나무골 현재 귀일원 자리로도 가고, 1949년 말 목포 오봉열 의사의 집으로 가고, 해남으로도 갔다.

1950년 6·25가 일어나자 이현필은 황금동 식구 여덟 명을 남원으로 보냈다. 미국인 선교사 유화례 씨는 전쟁이 나서 모든 선교사들이 피난을 갔는데도 홀로 피난을 가지 않았다. 그때 이분을 동광원 식구들이 숨겨주고 살려 낸 공로가 있다. 수복된 후 남원제일교회에서 1951년 초 강사 초청이 있어 백영흠 목사, 이현필 선생, 유화례 선교사를 강사로 모셨다. 남원은 지리산을 끼고 있어 후퇴하지 못한 인민군 패잔병들이 많았다. 또 지역에서 공산당 활동을 하던 빨치산들도 지리산에 숨어 살았다. 정부에서는 군인과 경찰들을 지리산 토벌대로 파견했는데 이들은 남원읍에 주둔하였고 토벌대 대장도 남원제일교회에 다니게 되었다. 이 무렵 이현필, 백영흠 목사의 설교는 시기가 적절했고 무엇보다도 유화례 선교사의 살아 있는 증언이 남원읍 기독교계에서 거센 신앙의 물결을 치기 시작했다. 그때는 장로교회가 합동이니 통합이니 기장이니 예장이니 나뉘어 있지 않을 때였고 감리교나 성결교는 이 지역에 없었다. 부흥회를 한다면 이웃 교회뿐 아니라 교회라는 교회는 모두 모여 강의를 들을 때였다.

이 무렵 광주 동광원의 성홍기 간사와 광주 성서학관에 재학 중이던 임백용 외 청년 21명이 성경 공부와 여러 신앙운동을 전개하여 남원읍의 동광원 식구들에게 큰 힘이 되었다. 남원 일대에 동광원 운동이 퍼져 나갔고, 가정을 정리하고 재산을 동광원에 헌납하고 들어와 사는 이들도 있었다. 이때가 남원에서 동광원 운동의 전성기라 할 수 있겠다. 1951년 여름에 이현필 선생은 남원을 방문하여 광주로 이동하라는 말씀을 하셨고 모든 식구들은 광주로 이동하였다. 그때 이현필 선생의 말씀은 동광원 식구들에게는 그대로 하나님 말씀이었다. 성경은 몰라도 되지만 이현필 선생님 말씀만 잘 따르면 예수 믿는 신앙생활이었기 때문이다.

동광원 식구들에 대해서는 광주시로부터 배급이 있었다. 배급품은 '미군 대한對韓 원조'(AFAK, Armed Forces Assistance to Korea) 기획에 따라 나오는 각종 구호물품이었다. 동광원에 이 구호물자가 직접 올 수 있었던 배경에는 유화례 선교사를 구해 준 공적도 있었다. 수복 후 한국 정치 상황은 유 선교사의 말에 의해 결정된다고까지 해석할 수 있었다. 6·25 전쟁 중 한국에 남아 있는 아마도 유일한 미국 민간인이었기 때문이다. 주한미군의 구호품은 트럭으로 실어다 주는데 주로 가공식품으로 깡통에 들어 있는 음식들(과일과 고기), 우유, 과자, 치즈 등이었고 옷도 많았으나 크기가 맞지 않는다. 아무튼 그때가 행복했다. 먹을 것 있고 방에서 잠잘 수 있었으니까.

고아원 식구들은 600명이 넘는데 한군데서 살게 되었다. 말이 고아원이지 동광원에서는 고아원이라는 생각도 안 한다. 또 고아라는 말도 쓰지 않는다. 고아인지 아닌지 구별도 안 한다. 동광원에서는 가족이 있어도 가족과 같이 살지 않았다. 따로 떨어져 나간 사람들이 아니면 원 안에서는 부부간이라도 따로 생활한다. 원장님 자녀들도 마찬가지다. 총무와 간사들 자녀들도 고아들과 같이 생활해야 한다. 그때 그 고아라는 아이들이 내 친구들이었다. 친구 어머니가 주방에서 일했는데 오히려 어머니를 보면 도망 다녔다고 한다. 부모님이 없는 친구들이 서운할까 봐 멀리서 부모님을 보면 피했다고 한다. 동광원의 분위기가 그랬다. 이현필 선생의 정신이고 예수님의 정신이었다. 아무튼 하나님 뜻대로 하는 이가 내 형제와 자매요 모친이고 자녀들이기 때문이다. 혹 자녀가 있어 그 부모들이 다른 아이들보다 특별히 따로 챙기는 것을 본다면 즉 결심판 대상인 것이 동광원 분위기였다. 원장이라도 예외일 수가 없는 것이다.

고아들을 잘 돌본다는 소문이 멀리 퍼져 나가고 또 유화례 선교사 살려 낸 공도 있어 1952년 어느 날 미군 군사고문단에서 동광원에 위문을 왔다. 이현필이 미군과 영어로 대화하는 것을 보고 한영우와 많은 식구들이 깜짝 놀랐다고 한다. 이현필은 초등학교만 나왔고 지금까지 말씀 중에 영어를 쓰지 않아 영어는 전혀 못 하는 줄 알았는데 뜻밖의 일이었다. 이현필이 19세 때 서울 YMCA에서 영어 공부를 한 사실을 식구들은 모르고 있었던 것이다.

미국의 원조물자는 정부에서 지원받아 나눠 주지만 민간 차원에서는 주로 선교사들을 통해 교회 계통으로 지원이 많았다. 선교사와 기독교 단체와 도청의 관심사인 동광원은 원조물자가 넘쳐 창고에 쌓이게 되었다. 그러나 동광원을 운영하는 이들의 원칙은 첫째, 고아들 몫으로 나온 물자는 운영하는 사람들이 먹어서는 안 된다는 것이었다. 심지어 누가 위문차 사 가지고 온 과일 하나라도 운영하는 사람이 먹어서는 안 된다는 것이 이현필의 정신이었다. 또 고아들 사이에서까지 고기 먹지 말자는 정신이 있어 창고에 쌓인 고기 통조림은 밖에 나가 채소와 바꾸어 먹게 되니 이것은 도청 감독관들이나 외부에서 볼 때 부조리였고 지탄받을 일이었다. 또 병원 가지 말자, 양약 쓰지 말자는 것이 이현필 선생의 신앙 신조였는데 아이들이 병이 나도 병원에 가지 않고 더러는 죽게 내버려 둔다는 것 또한 큰 지탄의 대상이 될 만했다. 그다음이 교육 문제인데 자체적인 신앙과 학과 교육은 시켜도 제도권 학교에 일체 보내지 않는 것이 원칙이었다. 8·15 이후 온 국민의 희망 사항이었고 온 국민이 생을 바쳐 가며 뒷받침하려는 학교 교육을 거부한 것이다. 또 설명은 안 하셨으나 이현필 선생은 그때부터 미국의 원조물자 먹지 말자는 뜻을 깊이 품고 있었다.

때마침 우리나라 교계에서 통일교의 문선명, 전도관의 박태선, 용문산의 나운몽 그리고 동광원의 이현필을 이단시하던 때였다. 이제는 전남도청과 광주시에서 동광원을 폐쇄할 명분이 생겨난 것이다. 물론 몇 차례 지적이 있었고 시정할 수 있는 기회도 주어졌다. 아이들 학교 보내고 병원 보내고 고기 먹이도록 해라, 그렇지 않으면 고아원을 폐쇄하겠다는 경고가 전해졌고 수차례 교섭도 있었다. 이현필은 고아원이 폐쇄당해도 신앙만은 고수하겠다는 정신으로 폐쇄를 수용한다는 결정을 내렸다. 1954년 여름 전남도청 직원들이 아이들을 차에 태워 전남의 각 고아원으로 분산시켰다. 먹다 남은 곡식까지 모두 실어 갔다. 동광원을 운영하던 식구들은 터전을 잃고 갈 곳이 없어 방림동으로, 능곡으로 가거나 다리 밑에서 거적 치고 생활하게 되었다. 다리 밑은 사회에서 버려진 이들과 인연이 깊은 곳이다. 광주 양림교와 부동교 다리 밑은 오래전부터 나환자와 걸인들의 합숙소였다. 1908년 로버트 윌슨Robert Wilson 선교사가 다리가 없는 한 소년에게 인공 다리를 만들어 준 곳, 1920년 말에 서서평 선교사가 오복희 전도사를 통해 나병 환자들에게 자신이 덮던 이불을 전해 준 곳이었다. 다리 밑은 우선 눈비를 피할 수 있는 곳이고 특히 양림천변에는 맑은 물이 솟아나는 샘이 있었다.

이현필과 김준호의 일화다. 에비슨 농업실습학교에서 강당 한쪽을 빌려 생활하던 때였다. 김준호는 하루 종일 넝마주이와 탁발 생활을 하고 지친 몸으로 돌아왔다. 이현필은 "오늘 보았던 사람 중에 가장 불쌍한 사람이 누구였소?" "양림다리 밑의 거지들이었습니다." 이 말이 나오자마자 이현필은 자기가 덮던 이불을 그 거지들에게 갖다 주고 오라 했다. 김준호가 다시 가서 죽어 가는 소년에게 이불을 덮어 주고 왔으나 그다음 날 가 보니 힘센 다른 거지가 빼앗아 가고 없었다. 이러한 정신으로 동광원을 운영했다. 고아들은 모두 흩어졌으나 며칠 후부터 되돌아오기 시작했다. 그때 돌아온 아이들이 내 친구들이었다. 다른 고아원을 가니 배도 부르고 고기도 주고 학교도 보내 주지만, 사랑이 없어 되돌아왔다는 것이다. 목포에 있는 어느 고아원은 약간 떨어진 섬이었는데 헤엄을 쳐서 빠져나왔다는 친구들의 이야기를 들었다. 되돌아온 고아들에게 동광원은 예전처럼 고아원이 아니었다. 그저 다리 밑의 거지들일 뿐이었다. 그래도 사랑과 함께 걸인 생활을 택한 것이 동광원에 있었던 아이들이었다.

김금남과 유화례 선교사

김금남은 지금 동광원 원장이다. 동광원의 구성원 중에는 가정생활을 하다가 이현필의 신앙생활을 따르고자 가정을 정리하고 따라나선 이들이 많았다. 이들 중 남원의 네 자매가 강화선, 강남순, 강차남, 강부남이었는데, 김금남은 강남순의 딸이다. 혼인을 안 하고 일생 수도 생활을 하고자 나이 열아홉에 어머니와 이모님들을 따라 이현필의 제자가 되었다.

  미리 소개해 두어야 할 인물이 있다. 방안식과 방영식(목사)이다. 곽신천 전도사의 두 아들이다. 방안식은 1923년 12월 21일생이고, 방영식은 1929년 12월 19일생이다. 방안식은 일제 때 일찍이 영산포 자동차학원에서 운전 및 정비사 자격증을 땄다. 곽신천 전도사는 영산포교회에서 하나님을 섬기다가 후임 손양환 목사에게 자리를 넘겨주었다. 곽신천 전도사는 이현필을 기독교인으로 전도한, 직함 그대로 전도사다. 이현필은 방안식과 방영식의 유년주일학교 교사였다. 방안식은 1947년 광주에서 선교부 운전사로 취직하여 어머니 곽신천 전도사, 동생과 광주로 왔고, 아버지는 농업실습학교 창고를 개조한 집에서 살았다.

유화례 선교사는 1893년 12월 21일생이다. 1927년 1월 11일 밤 광주에 도착하여 선교사 생활을 시작하였다. 1972년 여름, 내가 전주 진달네교회에 있을 때였다. 엄두섭 목사님이 이현필의 전기를 쓰시겠다고 자료수집차 진달네교회에 오셨고, 김금남 누님께서 같이 오셔서 사흘 밤낮을 유화례 선교사에 관해 말씀하셨다. 그 말씀 내용을 나도 적어 놓았으나 엄두섭 목사님께서 정리하신 글이 책으로 출판되었다. 다음은 차종순 총장님의 글을 다시 정리한 것이다.

동광원이라 하면 한국 최초의 개신교 수도원이고 바람직한 공동체다. 무엇보다도 사회복지를 하는 귀일원은 우리나라에서 바람직한 복지 시설이라 하겠다. 가난과 청빈, 순결한 신앙생활을 목표로 삼고 살아왔으나 내가 본 동광원의 큰 업적은 유화례 선교사를 6·25 전란 중 피신시켜 살려 낸 이야기다.

북한군이 남원에 진입할 즈음에 광주로 이동해 왔던 이현필은 동광원 식구들과 함께 화순군 도암면 화학산 청소골로 피신할 준비를 하고 있었다. 그때 방안식의 어머니 곽신천 전도사로부터 연락이 왔다. 내용인즉 광주 선교부의 선교사들은 미국 대사관의 지시에 따라 부산과 일본, 미국으로 다 철수했는데, 광주 수피아여고 교장인 루트(Florence E. Root, 유화례) 선교사는 전쟁 발발 후 한 달이 넘도록 귀국을 미루면서 고아들과 병약자를 돌보다가 피신할 기회를 놓쳤다는 전갈이었다. 그리하여 유화례 선교사는 동광원에서 보호해야 한다고 이현필과 정인세가 결단을 내렸다. 여기서 꼭 강조하고 싶은 이야기는 미처 피신하지 못한 것이 아니고 피신할 기회가 충분히 있었는데도 죽을 각오 즉, 순교할 각오를 하고 피신하지 않았다는 것이다. 유 선교사에게 평화로울 때 선교한다고 와서 떠들다 전쟁이 나서 온 국민이 죽어 가는데 나만 살겠다고 한국을 떠나는 것은 하나님 뜻도 아니고 천주님 뜻도 아닌 것이다.

방안식·방영식 형제가 유화례 선교사를 이끌고 광주를 떠나 화순으로 가기 위해 유 선교사 집의 문을 두드렸을 때 유 선교사는 목욕 중이었다. 피난 가기 위해서 하는 목욕이라기보다는 순교를 각오하고 몸을 청결하게 하고 죽으려고 했던 목욕, 즉 목욕재계의 예식으로 볼 수 있겠다.

유화례 선교사는 〈전남매일신문〉에 '그때 이야기'라는 제목으로 당시의 일을 27회에 걸쳐서 연재하였다. 그중 한 편을 보면 이렇게 말하였다.

> 1950년 6월 25일 전주에 선교사들이 모여 선교사회 강당에서 예배를 하고 있었다. (……) 전화를 받으러 갔던 사람이 예배가 끝나고 (……) "북쪽에서 공산군이 38선을 넘어오고 있습니다. 여러분께서는 곧바로 부산으로 출발, 부산에서 미국이나 일본으로 떠나라는 연락이 왔습니다." 나는 다시 하나님의 뜻을 알려 주시라고 기도했다. 떠나지 않기로 작정했다. (……) 나는 광주로 돌아왔다. 나는 우리 지프차를 타고 피난민들이 들끓고 있는 학교나 창고 등지로 돌아다니게 되었다. (……) 7월 23일 상오 11시, 양림예배당에 가려고 준비하고 있는데, 조용택 전도사, 동광원 원장, 이 모 씨 등이 달려왔다. "인민군이 지금 장성까지 내려왔습니다. 광주 사람들은 어물어물하고 있을 때가 아닙니다." 곧 숨이 넘어갈 듯 다급한 목소리였다. (……) 조 전도사와 함께 간단한 짐을 꾸려 집을 나섰다. 호남신학교 뒤에 갔을 때 동광원에서 나온 청년 두 명이 기다리고 있었다. 이들은 둘이서 멜 수 있는 들것을 만들고 나는 그 들것에 환자로 가장하고 뉘어졌다.

이상의 내용으로 본다면 유 선교사는 6월 25일부터 7월 23일까지 약 한 달 동안 피난민 돕는 생활을 하다가 곽신천 전도사와 조용택 전도사를 통하여 이현필이 이끄는 동광원 식구들 사이로 피난을 하게 되었다. 방안식·영식 형제의 길 안내로 광주 선교부 건너편 에비슨 농업 실습학교로 갔다. 거기에 동광원에서 파송한 신남식, 손덕삼, 김삼용과 함께 조용택, 김재택 선교사가 기다리고 있었다. 이들은 먼저 유화례 선교사를 환자로 위장하고 들것에 뉘인 뒤 출발하였으나 언덕에서 구른 뒤 들것이 부서지고 말았다. 방안식 형제가 자기 집으로 가서 사다리를 들고 와 다시 새롭게 만들었다. 이렇게 하여 방림동 밤나무골에 도착한 후 굴을 파고 유 선교사를 숨겼으나 밤나무골로 광주의 피난민들이 몰려오는 바람에 여기도 더 이상 안전한 곳이 못 되었다. 이때까지는 모든 것을 비밀로 하였다. 유 선교사는 곽신천 전도사의 의견으로 눈과 머리를 가리고 환자로 위장하였기에 외국인이라는 낌새를 나타내지 않았고 또 의심할 것도 없었다.

1950년 7월 23일 오전예배를 마친 정인세 원장도 비로소 유 선교사에 대하여 알게 되었다. 이현필은 김금남에게 큰 한복 한 벌을 만들게 했고, 대숲에 숨어 있는 유 선교사를 김금남에게 소개하였다. 그리고 같이 떠나게 하면서 생사를 함께할 것을 명하였다. 이렇게 하여 동광원 식구들은 유 선교사와 함께 광주를 떠나 화순 도암 청소골로 이동하게 된다. 이미 인민군은 전라도 전역을 점령한 상태였다. 떼 지어 이동할 수가 없어 이현필은 지리를 잘 아는 사람들로 인솔자를 정하여 열 명 정도를 한 조로 모두 12개 조를 짜서 나누었다. 유화례 선교사는 11분대에 편성되었다. 청년 중에 힘센 사람 셋을 골라 지게꾼을 삼아 유 선교사를 지게에 지고 가게 하였다. 신남식, 손덕삼, 김삼용이 바로 이 건장한 청년들이었다. 선교사의 얼굴은 수건으로 가리고 구두는 벗겨 맨발로 두 다리를 굽혀 얼굴을 무릎으로 받치게 하여 싸릿대를 편지게 위에 옆으로 기대앉게 하였다. 짐짝으로 가장하기 위해 국방색 담요로 뒤를 씌웠다. 이 밤에 70리를 야행하는데 세 지게꾼이 번갈아 지면서 20리쯤 가서는 쉬고 해서 월요일 새벽까지 세 번 쉬어 화순 천태산 줄기 동두산 밑에 있는 유산각 앞에 이르렀다. 벌써 먼동이 터 오고 있는데 으스름한 마을길에서 누군가가 이리로 다리를 절뚝거리며 오고 있었다. 조심스럽게 물었다. "저, 정 선생이오?" "나는 성근이오." 그는 이 마을에 사는 기독교인으로 이세종에게 감화를 받은 분이었다. 그는 담요를 씌워 놓은 것을 힐끔 보며 "그게 뭐요?" 하고 물었다. 가슴이 덜컹했다. 엉겁결에 "짐이오" 해 버렸다. 그는 재차 물었다. "무슨 짐이오?" 그러더니 성근 씨는 돌아가면서 큰 소리로 "예수꾼들이다. 염려 마라"는 헛소리를 치며 치안대를 돌려보냈다. 이 과정에 대하여 두 가지 해석이 나온다. 나 또한 그렇다. 성근 씨가 유 선교사를 보고도 못 본 체 했으리라는 해석이 있고 하나님께서 성근 씨 눈을 가리어 주셨으리라는 해석도 있다. 어찌 되었거나 광주에서 청소골까지 150여 명이 하룻밤 새에 이동하였다.

유화례 선교사는 김금남의 각별한 동행 아래 중촌부락길 길갓집의 뒷방에 숨어 지내면서 기도로 하루하루를 보내야 했다. 그러나 안전이 보장되지 않았기에 유화례 선교사를 보호하면서 정인세, 조용택, 방안식, 김금남, 그 외 두 명 등 총 일곱 명이 청소골 소반바위로 가기로 했다. 가는 길에 이런 일이 있었다. 유 선교사는 다음과 같이 적었다.

이 밤중에 다시 어디로 간단 말인가? 나는 버선을 신었다. 여자 고무신도 얻어 신었다. 나는 버선에 고무신에 머리에는 수건을 둘러써 버렸고 거의 누더기 치마에다 저고리까지 입었다. 일렬로 좁은 산길을 점점 더 높이 올라갔다. 우리 일행은 일곱 명이었다. 갑자기 한 사람이 더 나타나자 나를 날카롭게 쳐다보던 젊은이가 크게 입을 열었다. "오, 이 사람 한국 사람 아니고 미국 사람이구먼. 당신은 공산주의를 어떻게 생각하시오?" 너무나 갑작스런 질문이었다. 나는 아무 생각 없이 입에서 나오는 대로 대답했다. "저는 미국인으로, 좋게 생각하지 않습니다." 그런데 이게 어떻게 된 일인지 알다가도 모를 일이다. 한 젊은이의 눈이 다시 나를 빤히 쳐다보았다. "당신 순천에서 살지 않았소? 당신을 내가 순천에서 본 것 같은데." 아, 이 사람은 내가 1949년 순천 애양원에 내려가 있을 때 어떤 성경학교의 초청을 받아 성경을 가르치고 있을 때 나를 본 사람이 아닐까? 젊은이는 우리와 함께 간 사람들과 무엇인가 얘기를 하더니 곧 우리에게 가라고 하면서 자기들은 산 아래로 내려갔다.

애양원 이야기가 나왔으니 잠깐 언급해 두자. 일제는 1938년 10월 한국 내 선교사들에게 철수 명령을 내렸다. 미국 남장로교 한국선교회 소속 선교사들도 대다수 떠나고 마지막까지 남은 사람이 광주의 탈마지 목사와 유화례 선교사였다. 탈마지 목사가 광주경찰서 유치장에 100일 동안 있다가 1942년 6월에 한국을 떠나기까지 유화례 선교사는 여수 애양원 나병 환자들이 사는 곳에서 원목 생활을 하였다. 그때에 유 선교사는 음성 나환자의 두 달 된 딸 진주를 양녀로 입양해서 보살폈다.

유 선교사는 김금남과 소반바위 동굴에서 살았다. 이 시기를 유 선교사는 이렇게 기록하였다.

산속의 생활이 3주쯤 지났을 때였다. 나는 무슨 병인지 모르지만 몸이 무겁고 거동이 거북스럽게 되었다. '주님이시여, 저를 위해 수고하는 이 사람들을 더 이상 괴롭혀서는 안 되겠습니다. 저를 병들지 않게 보호해 주십시오.' 나는 그날 저녁 기도하다가 갑자기 내일은 금식하고 집에서 떨어진 곳에서 하루 종일 있어야겠다고 마음먹었다. 바로 이 결정은 하나님께서 내리신 것만 같은 생각이 들었기 때문이었다. 나는 그날 밤을 마음 놓고 깊은 잠에 빠질 수 있었다. 다음 날 일찍 전날 마음먹은 대로 가끔 가곤 했던 냇가로 가서 숲속에 숨었다. 그런데 그날 정오쯤 되었을 때다. 산등성이를 넘어 치안대 1명과 청년 11명이 집을 급습했다. 이들은 산등을 넘어서자 곧 우리 일행이 숨어 있는 동광원 산집으로 내려 닥쳐 샅샅이 뒤졌다. 그러나 다행히도 산등을 넘어오는 그들을 발견하고 내가 거처하는 방에 들어가 방 한쪽 구석에 파 놓은 구멍에다 내가 입을 옷가지나 짐 꾸러미를 모두 처박아 버렸다. 젊은이들은 내가 그곳에 없는 것을 알고서 돌아가 버렸다. 냇가 숲속에서 밤늦게 돌아온 나는 그 말을 듣고 어젯밤 기도에서 나를 집에 두지 않고 피신시켜 주신 하나님께 감사했다.

바로 그날 그 자리에 이현필도 있었다. 그날 목숨을 구한 다음에 이현필은 유화례를 소반바위에서 서쪽으로 더 가서 계곡이 내려다보이는 절벽의 우거진 숲속에 파묻힌 각시바위 암굴 속으로 피신시켰다. 그러면서 젊은 여성 몇 사람을 동행하게 했다. 이 암굴은 그 지역에 사는 한종식 씨가 발견한 곳이었다. 이리로 피신해 있는 유화례 일행에게 밤 열한 시 넘어 음식을 날라다 주었다. 10일간의 동굴 생활은 비가 와서 온몸이 물에 젖음으로써 끝이 나고 말았다. 그 사이에 유 선교사를 찾으러 소반바위에 산사람들이 다녀가기도 했다(산사람이란 인민군들이나 공산당원들로서 마을에 살지 않고 산에 들어가 산 사람들이다). 그리하여 발견한 곳이 냇가 숲이었다. 이현필 일행은 움막을 세우고 지붕을 풀로 덮었다. 풀이 마르면 주변의 풀들과 색깔이 다른 것이 드러나니까 매일같이 새 풀로 갈아 덮었다. 그러던 어느 날 산불이 났다. 그 당시 상황을 유 선교사는 이렇게 기록한다.

> 우리가 그곳에 온 지 2주일, 광주를 떠나 산사람이 된 지 벌써 2개월 5일이 지났다. 9월 29일 밤이었다. 그날 밤따라 날씨가 몹시 추웠다. 밤 9시에 함께 있던 처녀가 밥을 짓기 위해 움막 안에서 불을 피우다가 마른 벽에 불이 붙어 버렸다. 불길은 금방 풀벽에 붙어 높이 솟았다. 불길은 10분도 못 되어 움막을 금방 삼켜 버리고 잿더미만 남았다. (……) 낮에 불을 피우면 연기가 올라가 발견될까 봐 밤에만 움막 안에서 불을 피워 밥을 짓고 하던 움막생활도 끝이 났다. (……) 다시 산길을 타는 강행군이 계속되었다. 그러나 점점 길이 좁아졌다. 동네를 향해 내려가고 있음이 분명했다. 상오 10시에 어떤 산 밑 동네에 이르러 약간 떨어진 집에 들어갔다. 그 집에서 점심을 겨우 얻어먹고 다시 떠나는 것이었다. (……) 상오에 내려온 산길을 버리고 다른 길로 다시 산으로 올라갔다. (……) 우리가 다른 길로 간 것은 우리 뒤를 밟은 사람들이 있으면 그들을 따돌리기 위해서였다. 나는 그들의 치밀한 계획에 새삼 놀랐고, 2개월 이상 불평 한마디 없이 나를 보호해 준 그들에게 머리가 숙여진다.

유 선교사는 이현필, 정인세, 김준호, 김금남과 함께 문바위로 향하였다. 그곳에는 그동안 산속에 피신해 있었던 동광원 식구들이 있었다. 조용택 전도사, 김재택 전도사, 방안식, 동광원 식구들 네 명과 네 명의 여순경이 있었는데, 그 여순경 중에는 황홍윤과 김은년도 있었다. 이들이 문바위에서 서울어머니(독립운동하신 분)가 마련한 토란죽으로 성찬을 먹고 있는데 이현필의 아버지가 찾아왔다. 집에서 산사람들이 문바위 쪽으로 가는 것을 보았기 때문에 혹시 아들과 일행이 거기 있다면 미리 알려 주기 위해서 지름길로 왔던 것이다. 어찌 되었거나 이현필은 문바위에서 아내 황홍윤과 아버지를 만나 볼 수 있었다. 그리하여 도구밖골 건너편 산 너머로 숨었다. 이렇게 숨어 지내다가 유엔군이 인천에 상륙해서 서울을 되찾은 날 하루 뒤인 1950년 9월 29일 이현필과 김준호는 산에 남고 정인세, 김금남, 청년 2명은 유화례와 함께 산길을 잘 아는 문재현의 안내로 걸어서 화순이 가까운 강정에 이르렀다. 신앙심이 좋다는 한 여자 집에서 하룻밤을 잤으나 분위기를 이상히 여기는 눈치여서 곧바로 한천에 있는 이세종의 제자 집에 숨어 지내기로 하고 기찻길을 따라 걷기 시작했다. 서울은 수복되었으나 지방에는 아직 인민군들이 통치하고 있는 곳도 있었고 국군이나 경찰이 관공서를 되찾았으나 밤에는 다시 인민군들이 들이닥쳐 관공서를 점령하고 지역 주민들을 불러들여 보초를 서게 하는, 말하자면 통치자가 하루에도 두 번씩이나 바뀌던 시절이었다. 한천 지역도 낮에는 국군, 밤에는 북한군 잔병과 지역 공산당원들이 다스리는 불안정한 상태였다.

한천에 있는 정 씨 4형제(정일채, 이채, 국채, 환채)는 능주와 동복에서 정미소를 운영하는 등 비교적 부유한 집안이었다. 이들에게도 종교에 대한 열망이 있었다. 어느 날 정국채 씨가 능주로 가는 길에 오북환 집사와 동행하게 되었다. 오북환은 이세종의 제자인 이상복과 오복희를 소개하였고, 이상복과 오복희는 이들 형제의 거처에서 예배를 인도하였다. 이들 4형제는 성경 읽고 기도하고 찬송하며 스스로 교회를 꾸려 가는 신앙인들이 되었다.

맨 처음에는 정환채 씨 부엌방에 숨었다(부엌방 문을 잠그면 밖에서는 알아볼 수 없는 집이었다). 그러나 도무지 안심이 되지 않아 정일채 씨

다락방에 숨었다. 방 안에는 김금남이 눕고 안방 벽장에는 유화례가 눕고 건넌방에는 정인세가 환자로 가장하여 누웠다. 두 청년은 그 집 머슴으로 가장하여 마당에서 새끼를 꼬기도 하고 틈나는 대로 마을을 순찰하면서 공기를 살폈다. 그러던 어느 날 인민군 복장을 한 청년들이 들이닥쳐 정인세, 김금남, 유화례 등을 모두 묶어 차에 태우고 갔다. 이 부분을 유 선교사는 이렇게 말한다.

한국에 와서 농촌 이곳저곳 다녀 봤으나 이곳 한천은 처음이었다. (……) 어떤 집에서 3일을 묵게 되었다. 그 집 안방에 높이 있는 벽장 속으로 들어가야만 했다. 3일째 되는 날이었다. 한낮이었다. 함께 지내던 처녀가 숨을 헐떡이며 벽장 안으로 기어올라 왔다. "도대체 무슨 일이오?" 다그쳐 물었으나 하도 숨이 가쁜 탓인지 대답도 못 했다. 바로 이때 또 누가 벽장문을 두드렸다. (……) 집주인은 숨이 넘어갈 듯 새파랗게 창백한 얼굴이었다. (……) "누가 온 것 같아요" 하고 벽장 속 깊이 파고들었다. 벽장문 바로 앞에 있는 처녀가 보이자 "내려와!" 하고 밖에서 소리쳤다. 여기서 모든 것이 끝나는구나 하는 표정을 지으며 (……) 겁에 질린 얼굴을 했다. "내려오시오!" 나는 아무 표정도 없이 바깥을 쳐다보았다. 아, 이것이 어찌 된 일인가! 내가 아는 조 집사님, 동광원 사람들이 경찰과 함께 마당에서 내가 숨어 있는 벽장을 응시하고 있지 않는가. 이 생각 저 생각에 머리를 가다듬을 수가 없었다. 그러나 결박은 시원찮은 것이었다. 아, 이 사람들이 나를 잡아가기 위해서 온 것이 아니라 오히려 나를 보호하기 위해 온 사람이구나. 그러나 구경하는 사람들은 우리가 잡혀 끌려가는 것으로 생각했음이 틀림없었다. 트럭이 동네를 떠났을 때 나를 묶은 오랏줄은 풀어 버렸다.

방안식의 동생 방영식은 후발로 화학산에 피신하였다가 9월 28일 이전에 광주로 돌아갔었다. 방영식은 새로 부임한 경찰서장에게 유화례 선교사의 거처를 알려 주었다. 신임 전라남도 경찰서장은 그렇지 않아도 광주로 출발하기 전 맥아더 장군에게서 특별한 명령을 받았다. 광주에 부임하면 유화례 선교사를 찾으라는 명령이었다. 맥아더는 부산에 피신해 있던 미첼(Herbert P. Mitchell) 선교사를 통하여 유 선교사의 소식을 들었던 것이다. 그리하여 신임 경찰서장은 인민군 복장으로 위장하여 유 선교사를 숨겨 준 집이 차후 피해를 당하지 않도록 보호함과 동시에 유 선교사가 북한군에게 잡혀갔다는 소문이 나게 함으로써 이후에 산사람들의 수색으로 돌아올지도 모를 동네 사람들의 피해까지 생각한 것이었다.

　유 선교사를 화순 도암 화학산으로 피신하게 한 동기는 우선 이현필 선생의 고향이었기 때문이다. 고향이기에 우선 산속의 지리에 익숙하다. 산길 한번 잘못 들면 몇 미터를 두고도 몇 시간씩 고생을 하게 된다. 길 잘못 들면 죽기도 한다. 산길은 익숙하지 않으면 죽는다. 그러나 이현필 선생 인도에 따라 길 찾아 나눈 분대를 한곳으로 모이게도 하고 흩어지게도 하면서 길 잃어 고생했다는 이야기를 들은 바가 없다. 또한 그때그때 순간을 모면하면서 적을 피했던 아슬아슬한 이야기가 많았다.

　고향의 이점은 두 가지가 더 있었다. 하나는 고향이라 3개월 동안 식량을 조달해서 먹을 수 있었다는 것이고, 다른 한 가지는 주민들의 보호를 받을 수 있었다는 점이다. 물론 고향이라고 다 그런 것은 아니다. 평소 고향에서 인심 잃고 살았으면 적대감과 보복이 두려워 고향 찾아 은신할 수가 없었을 것이다. 평소에 지역에서 나쁜 짓 하지 않고 덕을 베풀고 살았음이 확연했고 이현필 선생 스스로도 자신감이 있었던 것이다.

피난 도중 이야기 두 가지를 전하고자 한다. 정인세 원장님 말씀이었다. 어느 날 대낮에 일행과 피해 가다 북한군에게 발각되었다 한다. 누구냐고 하기에 이제는 죽는구나, 마지막이로구나 하고서 더 이상 숨기거나 거짓말해서는 안 되겠다는 생각에 "정인세입니다" 했더니 오히려 예의를 차리고 "정 총무님이시오? 우리가 굶어 죽게 되면 그때마다 동광원 식구들이 남겨 둔 먹을 것이 있어 살아난 일이 여러 번 있었습니다. 전쟁이 끝나면(북한군이 남한을 점령해서 적화통일하면) 틀림없이 정인세와 그의 일당이 잡힐 것이고 그때 가서 은혜에 보답하고 살려 주려고 했는데 이곳에서 만나니 은혜를 갚을 기회가 왔습니다' 하고는 공손히 돌려보내 주었다는 이야기다. 동광원 식구들은 그때그때 식량을 구할 수 있었고 숨어서 밥해 먹다가 자리를 이동하면 식량과 부식을 두고 떠났다고 한다. 피신해 들어온 다른 사람들을 생각해서였다. 동광원에서 화학산으로 들어온 이들만 150여 명이었고, 다른 사람들도 피신하러 많이 들어와 있었다. 숨어 지내면서 아무 때고 거기 있는 식량을 먹을 수 있어야 하는 것이 기본이다. 또 내일 일을 염려 말라는 것이 주님의 명령이고 계명이었다. 그 덕으로 같이 피신했던 일행도 굶어 죽지 않았다. 만약 식량과 살림 도구를 짊어지고 다녔더라면 오히려 여러 번 발각되어 죽었으리라는 것이다. 피난 짐이 간단해서 살아난 경험이 많이 있었다 한다. 그러나 적군도 그 덕분에 죽을 고비를 여러 번 넘겼다는 것이었다.

또 한 가지는 지형 지리 문제로 김준호 선생에게 들은 이야기다. 유선교사 일행과 함께 숨어 지내다 헤어져 이현필과 김준호 두 사람이 따로 움직일 때였다. 밤길을 가는데 두 갈래 길이 있었다. 김준호는 오른쪽 길을 선택했고 이현필은 왼쪽 길을 택했다. 이현필은 자꾸 왼쪽 길을 주장했으나 김준호의 판단은 오른쪽 길이었다. 이현필은 김준호 의견대로 따라갔다. 몇 미터 가지 않아 적군들이 무리 지어 있었다. 다행히 발각은 안 되었고 숨을 죽이고 되돌아와 이현필이 택한 길로 가니 평탄한 길이었다. 그 순간 김준호는 아무 말도 할 수 없었다고 한다. 그 심정을 이루 표현할 수가 없었기 때문이다. 평생 존경하는 선생님이고 선생님이 지옥을 가면 같이 갈 각오까지 하고 따랐는데 나 때문에 길 잘못 들어 죽었다면 후세 사람들이 어떻게 평가하겠느냐, 제자 따라가다 죽었다고. 그 당시에 이현필을 신봉하는 사람들이 대략 5천 명은 넘었으리라 판단했다 한다. 이들의 원성을 어떻게 듣고 사느냐. 그때는 아무 말도 못 했고 몇 년 후에 물었다고 한다.

"선생님, 그때 왜 억지로 저를 끌고 다른 길로 가시지 않고, 죽게 되는 길로 저를 따라오셨습니까?"

"순종하다 죽는 것은 아름답지요."

서울어머니와 이현필

서울어머니는 유화례 선교사를 숨겨 준 화학산에서 혼자 집 지키고 살다 순교하신 분이었다. 그분 이야기는 '내 고향은 순창입니다'부터 시작된다. 어릴 적 부모님을 여의고 어린 나이에 부잣집 아기 봐주고 밥 얻어먹고 사는 남의집살이를 했다. 그러니까 가족도 친척도 없으셨다. 아직 어려서 다른 일을 할 수 없는 어린아이는 그 집 아이 봐주는 생활부터 시작하는 것이다. 아이를 봐주면서 주인집 아가씨와 같이 자랐다. 성년이 되어 갈 무렵 방학이 되면 봉사 활동하는 대학생들이 야학을 열었다. 밤마다 대학생들이 한글을 가르치는데 주인집 아가씨는 야학을 다녀오지만 남의집살이하는 신세라 배우러 갈 수가 없었다. 다만 주인집 아가씨가 배워 온 한글을 부엌에서 부지깽이로 전해 배웠다. 태극기 그리는 것도 배우고 애국가도 배웠다.

아버지를 찾자!

일제 때는 대학생들이 농촌계몽 활동을 했다. 낮에는 농가의 일을 도와주고 밤에는 독립정신을 살리고자 교육을 시키던 시절이었다. 1개월 정도 기간을 잡고 한글을 가르치고 나라를 빼앗긴 사실도 알려 주었다. 밤마다 "아가씨, 오늘은 무엇을 배웠어요?" 하고 묻고 또 배우고 하는데 어느 날 오늘은 '아버지를 찾자' 하는 것을 배웠다고 한다. 그날 밤 대학생들에게 물어보니 진짜 아버지가 아니고 우리나라의 아버지, 잃어버린 나라의 아버지를 찾자는 뜻이란다. 그럼 나라의 아버지를 찾는 데 아버지가 안 계신 나같이 무식한 사람도 힘을 보탤 수 있는지 알아봐 달라고 부탁했다. 그 학생들 역시 동지들을 규합하려던 차에 같이 찾으러 가자 해서 함께 만주로 떠났다. 물론 남녀 학생들로 이루어진 독립운동 조직이었다.

이 처녀는 무식하지만 밥하는 일은 너무나 익숙했다. 그런데 여학생들은 도무지 밥 한 번 제대로 해내지 못했다. 그도 그럴 것이 일제 때 대학생이면 집집마다 식모 두고 종 두고 지낸 귀족들이었다. 이 처녀는 일행들의 모든 뒷일을 도맡아 하면서 공부를 하기 시작했다. 그러나 독립단 학생들은 공부 외에는 아무 일도 할 줄 몰랐다.

문제는 이때부터였다. 한평생 목숨 걸고 나라를 찾겠다더니 주로 여학생들이 날씨가 추워지자 하나하나 부모 보고 싶다고, 고향 생각 난다고 다 떠나고 남학생들만 남았다. 실망에 실망을 하게 된 것이다. 만주에서 출발해 상하이까지 가면서 갖은 고생을 다 하였다. 무엇보다 독립군을 숨겨 주고 발각되면 모진 매를 수없이 맞았다. 결혼 적령기가 된 노처녀가 혼자 몸으로 살다 보니 의심을 받아 독립운동을 할 수가 없었다. 이때 위장결혼을 했다. 독립을 이룰 때까지만 부부처럼 살자는 것이었다. 그렇게 되니 의심받을 일은 없어 살기가 한결 쉬워졌다. 그리고 임시정부 수립하는 데 같이하게 되었다. 정규 대학은 안 나왔어도 대학생들과 살다 보니 실력도 늘어 어떤 책이든 거침없이 읽고 독립운동가로서 당당히 한몫할 수 있게 되었다.

그러던 중 8·15를 만나 귀국을 했다. 나라를 찾고 나자 너도나도 벼슬자리를 탐하기 시작하였다. 위장결혼했던 남편마저도 벼슬자리를 다투어 차지했다. 그것까지는 이해해 줄 수 있었다. 정부 요직에 있으니까 그 밑의 자리를 얻으려는 사람들이 돈 보따리를 가지고 온다. 그 돈을 뿌리치지 않고 받아 든 것을 보고 크게 실망을 했다. 생명을 같이하면서 독립운동했던 동지들에게 실망을 하고 이제는 믿을 만한 사람, 진실한 사람을 찾아 떠나게 된다.

부자가 불공을 오면 염불 소리가 크다

금강산 어느 절에 혼자서 사시는 여승을 찾았다. 이분이야말로 불심이 있어 욕심 없이 사시는 분으로 알고 어머니 삼기로 했다. 이제 속세를 떠난 어머님을 모시게 되었으니 진정 평화를 찾은 줄 알았다. 아니었다. 그렇게 믿고 믿었던 어머님에게마저 실망을 하게 된다. 불공드리러 오는 신도들이 돈을 많이 가지고 오면 갑자기 목탁 소리와 염불 소리가 커지고 불공을 오랫동안 드리는데, 돈을 적게 가지고 오면 대충 소홀히 하시는 모습을 보게 되었다. 처음에는 몇 번이고 의심하지 않으려 했다. 어머님이 피곤해서 그러시겠지 하고 지나쳤으나 그것이 아니었다. 이제는 참으로 믿을 사람이 없구나 하고서 다시 서울역으로 갔다. 그때까지는 만주에서 입던 털옷들을 팔아 돈을 좀 쓸 수 있었다. 차표를 사서 종점도 모르고 "이 차 가는 데까지 표 주세요" 하고 떠난 기차가 전라선이었다. 밤새도록 달린 기차가 광주 지나 남평, 능주, 춘양을 지나는데 산이 좋고 물이 좋아 그냥 내렸다.

산골로 깊숙이 깊숙이 들어가 의지할 수 있는 막을 지었다. 독립군으로 살았기에 산에서 먹을 것과 못 먹을 것도 구별할 수 있고 농사도 지을 수 있었다.

불심이 있어서인지 짐승도 와서 같이 살았다. 육식도 안 하고, 생나무도 꺾지 않고 말라 죽은 나무만 때고 살았다. 어떤 집인지 몰라도 집은 한 칸 가지게 되었다. 어느 날 비가 와서 밖에 나가지 못하는데, 독립운동하다 매 맞은 몸은 더욱 쑤시고 아프. 이때 이웃집에서 "서울댁, 이 책 좀 봐"하고서 신약성경 한 권을 갖다 준다. 그냥 서울서 차 타고 왔으니 서울댁이었다. 동광원 식구들은 어머님 나이가 되다 보니 서울 어머니라고 불렀다. 나이도 가르쳐 주지 않았다. 독립운동하던 동지들이 정부 요직에 있어도 누구 하나 이름을 거론하지 않았고 계약 결혼한 남편 이름도 안 가르쳐 주셨다.

신약성경을 읽다 산상수훈에 빨려들어가고 무엇보다 팔복八福에 도취된다. 심령이 가난한 자 복이 있다. 그려, 맞어. 애통하는 자 복이 있다. 그려. 온유한 자 복 있고 땅을 차지할 것이다. 그렇지. 주리고 목마른 자 복 있다. 그렇고 말고. 긍휼히 여기는 자 복 있다. 맞당게. 마음이 청결한 자 하나님을 볼 것이요. 의를 위하여 핍박을 받는 자 복 있나니 천국이 저희 것이요. 나를 인하여 너희를 욕하고 핍박하고 거짓으로 너희를 거스려 모든 악한 말을 할 때에는 기뻐하고 즐거워하라. 하늘에서 상이 큼이니라. 너희 선지자들도 이같이 하였느니라. 암, 그렇고 말고 하고서 끌려들어 간다. 이 책을 읽다 보니 저자를 알고 싶다. 이 정도의 저자라면 진실해서 믿고 따를 수 있겠노라고, 누군지 가르쳐 달라고 하니 책 준 사람은 저자가 이미 2천 년 전에 죽고 없다고 한다.

　신약성경을 읽고 또 읽다 보니 저절로 신앙인이 되었다. 피난 나온 동광원 식구들과도 한마음이 되었고 유화례 선교사를 숨겨 줄 때 큰 도움을 주셨다. 주로 숨어 있을 때 먹을 것을 많이 주셨다. 유 선교사가 숨어 있을 때도, 유엔군 상륙 이후 유 선교사가 미군에 의해 떠나게 된 후에도 건너편 산 능선에 숨어 있는 이현필과 김준호에게 사흘에 한 번씩 꼭 밥을 갖다 주었다. 두 분이 숨어 있는 굴에 서울어머니가 줄곧 밤을 이용하여 밥을 가져다 주신 것이다. 인민군에게 발각되면 죽고 만다. 그래서 가지고 오지 말라 하면 한 번만 더 가지고 올게, 그리고 다시는 안 가져올게 하시면서 계속해서 갖고 오셨다. 어느 날 밥을 안 가져 오셨다. 집에서도 연기가 나지 않았다. 그때 순교를 당하신 것이다.

서울어머니의 순교

　전라도 일대에서는 1948년 10월 19일에 발생한 14연대 반란사건(여순 사건)으로 인하여 많은 피해자가 발생하였다. 이어 1950년 북한군 침략으로 인한 전쟁 때문에 동족상잔의 쓰라린 아픔과 고통을 겪었다.
　이러한 시대적 아픔이 중첩된 시절에 동광원의 터전인 남원 지리산 일대와 광주 무등산, 화순 화학산 일대는 미처 후퇴하지 못한 북한군과 공산 사상을 지닌 지방 빨치산(partisan)들의 활동 근거지였다. 이러한 좌익 잔당들의 근거지가 전라도에 많았고 마지막 빨치산이 소탕된 곳이 지리산이었다. 이 중에도 영암 월출산으로 시작해서 영암의 금정면, 나주 세지면, 장흥 유치면이 합쳐진 화학산 일대는 좌익 잔당들의 좋은 은신처였다.

처음에는 동광원을 좋게 보았다. 자기들이 꿈꾸고 있는 공산주의란 같이 일하고 같이 먹고 계급이 없는 사회인데, 바로 이들이 그런 공동체를 실천하고 있었기 때문이었다. 그러나 유화례 선교사를 숨겨 준 사실은 반미를 부르짖는 좌익 세력에 배척의 구실을 주기에 충분하였다. 1950년 9월 28일 서울 수복 이후 화학산의 동광원 식구들은 거의 빠져나가고 거기 터 잡고 살고 있던 강차남과 서울어머니, 그곳 토박이 문 공이 남았다. 그리고 피난 왔던 이현필과 김준호가 있었다. 화학산 잔당들은 처음에는 동광원 식구들에게 어느 정도 친절과 배려를 보였으나 시간이 지나면서 특히 젊은 여인들과 처녀들을 취조한다는 명목으로 희롱하고 괴롭히는 정도가 심해져 갔다. 동광원 식구들이 화학산을 빠져나갔다는 판단이 서고 9·28 수복 이후 북한군 상부와 연락이 두절된 것을 안 후로 더욱 거칠어졌다. 그리하여 서울어머니와 인근 초막에서 수양하는 강차남을 붙들어 소위 인민재판에 회부하였다. 이유는 유화례 선교사 숨겨 준 일이었다. 이 소식을 들은 문 공은 집안에 숨어 있다가 가족들의 만류를 뿌리치고 "나도 유 선교사 숨어 있는 곳을 알고 있었다, 누가 이분을 죽이려느냐" 큰 소리로 외치고 뛰어나갔다가 함께 체포되었다. 이분들은 죽창과 칼에 찔려 순교를 당하였다.

　이 세 분은 오북환 장로가 1944년부터 8·15 해방 때까지 신사참배를 피해 숨어 있던 바위 위에 신발을 나란히 벗어 놓고 갔다. 이를 두 가지 뜻으로 해석한다. 신발이 귀한 때라 죽기 전에 벗어 놓으면 누가 신을 것으로 봤으리라는 것이다. 죽어 가는 현장을 알리고 싶었을 것이라고도 해석한다. 그분들의 시체는 가까운 곳에 묻어 드렸고 표시도 해 두었다 한다.

　세월이 지나 1980년 이후의 일이다. 동광원에서 한영우 장로님의 의견에 따라 동광원에서 살다 죽은 사람들의 묘지를 남원에 만들었다. 이곳저곳 흩어져 있는 산소를 옮겨 오기도 하고 동광원에서 죽는 이들도 모두 남원의 동광원 묘지로 옮겨 왔다. 원장님 묘가 제일 위에 있고 묘지의 봉분이 크고 한 것이 아니다. 순서도 없고 크기도 일정하다. 처음에는 가족들이 비석을 세웠는데 크고 작고 맞지 않아 비석 크기를 일정하게 하여 세웠다.

서울어머니의 시신을 찾으려 했으나 한영우 장로 일행이 아무리 찾아도 표시해 둔 곳에 시신 흔적이 없는 것이다. 30여 년이 지났으니 시신은 없어졌다 해도 뼈라도 남아 있어야 하지만 그조차 없어 그 부근에서 흙을 조금 파 가지고 왔다. 서울어머니를 안치할 자리에 삽질을 하는데 바위가 나와 삽질을 할 수 없었다. 어차피 시신도 없는지라 바위 위에다 흙만 덮고 그 앞 묘비에 '서울어머니의 묘'라고 비문을 쓴 것이 전부다. 이름도 생년월일도 사망일도 몰랐으니까. 자녀들 이름 하나 새겨지지 않았다. 심지어 뼛조각 하나도 지상에 남기지 않으셨다.

보초 잘 서!

김준호가 이현필과 숨어 살 때 이야기다. 밤에 북한군 병사를 마주쳤다. 이때 김준호가 큰 소리로 "보초 잘 서!" 했더니 "네!" 하고 경례를 하고 지나갔다 한다. 그때 일로 또 빼놓을 수 없는 이야기가 있다. 밤마다 자정이 지나면 산길을 몇 킬로미터씩 몰래 내려와 마을 외딴 집에서 신앙생활하는 서울어머니께 밥을 받아 가야 했다. 가져다가 두 사람이 나누어 먹고 다음 날 밤까지 기다리곤 했다. 화학산 일대에 아군은 없고 북한군이 점령하고 있을 때였다.

밥을 부엌 어디에 따뜻하게 놓아 두면 그걸 훔쳐 가는 것처럼 해야 밥해 준 사람이 온전히 살아갈 수 있었다. 전쟁 중 국군들이 들이닥쳐 밥을 해 달라고 해 반가워서 밥해 준 사람을 북한군이 죽인 일이 많았다. 하물며 저녁마다 그들이 찾고 있는 이들을 때맞추어 밥해 주다 발각되면 같이 죽는다. 그러던 어느 날, 밥 주는 어머니가 의견을 냈다. 밥을 두 그릇 가지고 가서 식은 채 먹지 말고 한 그릇은 어두운 부엌 아궁이 앞에서 불 쪼이면서 따뜻하게 먹고 가고, 한 그릇만 가지고 가서 선생님 드리면 덜 무겁고 발각될 확률도 적을 것이라는 의견이었다.

김준호는 그렇게 하기로 하고 어두운 부엌에서 맛있게 배불리 먹고 추위를 녹인 다음 밖으로 나왔다. 신경을 곤두세우고 벌레 소리마저 신경 쓰면서 걸어가려는데 길 한쪽에 어떤 사람이 알몸으로 떨고 서 있었다. 아무리 봐도 적은 아니었다. 떨리는 몸을 견딜 수 없어 지나치게 떨다 김준호에게 들킨 이는 이현필 선생이었다. 아무 말도 못하고 밥을 가지고 올라가 선생께 드렸다. 연유인즉 이러했다. 밤중에 김준호가 밥을 가지러 가서 올라올 시간이 될 즈음 선생은 냉수마찰을 하셨다. 냉수마찰이 다 끝났는데도 김준호가 오지를 않았다. 두려웠다. 북한군에 잡혀갔거나 무슨 일이 있는 것이 확실했다. 때마침 다람쥐든 무슨 산짐승이 소리를 냈을 것이고, 소리 나는 방향으로 내려가다 내려가다 결국은 아궁이 앞에서 밥을 먹는 김준호를 보기에 이르렀다. 안심은 되지만 어찌할 바를 몰랐고 사정없이 떨리는 몸을 숨길 수도 없으셨던 것이다.

그때 김준호는 창자를 뒤집어 내고 싶은 심정이었다 한다. 이현필에게 그리스도의 사랑이란 내가 춥고 떨고 있을 때 사랑하는 제자가 따뜻한 아궁이에서 불 쪼고 밥 먹는 모습 보고 기뻐하는 것이었다. 김준호는 이때 겪은 일과 길 잘못 들어 죽을 뻔했던 경험, 이 두 가지 때문에 한평생 선생님 앞에 바른 소리 못 해 보았고 선생님께서 지옥을 가시더라도 같이 가야겠다는 각오를 했었다 한다.

235

규정을 정하는 것도 신앙이요 깨는 것도 신앙이다.

그 당시 동광원 하면 고기 안 먹고 병원 안 가고 학교 안 가는 것이 장점이기도 하고 사회로부터 지탄받는 요인이기도 했다. 동광원에서 그것은 지켜 나가야 할 율법이자 계명이었고 식구들은 이 같은 신앙생활에 보람을 느꼈다. 어느 날 이현필 선생은 신촌에서 고물 장사하는 한영우를 찾아갔다. 그리고 뜬금없는 일을 시킨다. 한영우더러 아무 생선이라도 사 오라 한다. 한영우는 선생님 명이니 사 가지고 왔다. 물 붓고 끓이라 하신다. 요리할 줄도 몰랐고 그냥 끓였다. 입에 떠 넣으라고 하셨다. 몇 숟가락 잡수시고 이제 되었다고 하신다. 선생은 동광원에서 고기 먹지 말자는 것은 사소한 규칙에 의한 것인데 이것이 무슨 계명인 것처럼 신앙의 신조로 굳어지는 것을 큰 문제로 여기셨다. 이것을 몸소 해결하셨던 것이다. 이때까지는 동광원 식구들 중에 고기 먹은 사람이 있으면 신앙을 배반한 자로 여기던 때였다. 이렇게 하시고서 정인세 원장님께 "저를 동광원에서 추방시켜 주십시오, 저는 고기를 먹었습니다"라고 하셨다. 죄가 아닌 것을 죄인 것처럼 인식하고 있는 관습은 깨뜨려져야 한다. 이현필은 말했다. "저는 위선자입니다. 저는 그리스도의 보혈을 의지하여 구원받을 사람이지 선행이나 고행으로 구원을 얻으려는 사람이 아닙니다."

병원이 문제다

고기 먹는 이야기 좀 더 하련다. 내가 어릴 적에 원조물자 먹지 말자는 이현필 선생 말씀은 모두 좋은 뜻으로 받아들였다. 다만 고기 먹지 말자는 말씀은 도무지 이해가 되지 않았으나 1980년대 이후부터 이해가 갔다. 우리는 지금 고기를 너무 많이 먹는다. 고기가 나쁘다기보다는 너무나 많이 먹는다. 고기를 먹기 위해서 엄청나게 많은 사료를 수입해 온다. 우리나라 곡물 자급률은 20퍼센트 정도이지만 쌀 자급률은 그렇지 않다. 쌀 생산량 4천만 섬이 넘은 지 오래다. 우리 국민 한 사람이 1년에 쌀 한 섬을 다 못 먹는다. 쌀 자급은 되었는데 곡물 자급이 안 되고 있는 것이다. 이현필 선생은 40년, 50년 후 우리나라가 어떻게 달라질 줄을 그때 이미 예측했던 것이다. 안 먹어도 살 수 있을 줄 알고 되도록 안 먹어 보려 했는데 안 되었습니다 하는 이현필의 고백이었다.

1951년에 이현필 선생이 병이 난 김준호를 위해 함께 병원에 입원하신 일이 있다. 그때까지는 죽어도 약 쓰지 않고 병원 가지 않고 죽어가는 것이 신앙생활이었다. 그때 김준호의 병은 꼭 입원을 해야 고쳐질 병이었다. 그러나 이현필 선생이 김준호더러 그냥 입원하라면 안 한다. 그것이 동광원에서 지켜 온 신앙생활의 신조였기 때문이다. 그래서 본인이 직접 입원해야 김준호가 입원할 것을 아시고 그대로 실천하셨다. 김준호도 어떤 일이든 이현필 선생 말씀은 모두 따르기 때문에 병원에 입원하기로 한 것이다. 선생은 김준호와 같은 병실에 함께 입원을 하고 있다가 3일 후에 먼저 퇴원을 하셨다.

이현필 선생과 김준호가 갑자기 병원 간다는 말에 가장 기뻐하신 분은 최흥종 목사님이었다. 그분은 뛰다시피 즐거워하시면서 "내 아들아, 내 아들아, 잘 생각했다, 어서 입원하자" 하셨다. 최 목사님은 이현필보다 33년 어른이셨다. 평소에 이현필을 아들처럼 아끼고 존경하였다. 병원 가지 말자는 잘못 가르친 신앙관이 마음속으로는 싫었으나 이현필이 하는 일에 반박하거나 따지지 않고 그대로 지켜보고 있었는데 입원하겠다니 몹시 기쁘셨던 것이다.

이처럼 이현필 선생은 구원과 관계없는 교리, 사랑하는 사람들과 사랑하는 제자를 죽어 가게 하는 잘못된 교리를 계명처럼 알고 살아간 풍습을 몸소 고쳐 나갔다. 이것도 본인이 죽기 전에 해결해야 될 문제였다. 병원 이야기도 그렇다. 병원이란 꼭 필요하지만 서양 의학은 우리나라 사람과 맞지 않는 것이 많다. 또 잘못된 의사들이 많다. 병을 고치려고 병원이 있는 것이 아니고 돈을 벌기 위해서 있는 병원이 점점 많아진다. 병을 고치기 위해 의사가 있는 것이 아니라 돈을 벌려고 의사가 된 사람들이 많아지는 것이 문제다.

그 당시에 동광원 식구들은 차 타고 다닌 일이 별로 없었다. 경기도 능곡과 계명산을 제외하고는 동광원들이 모두 전라도에 있었다. 전라도에서도 남원을 제외하면 모두 전라남도에 있었다. 그러기에 기차 타고 서울 가는 일 외에는 별로 차 타는 일이 없었다. 돈도 없지만 동광원 식구들은 걸어 다니는 것 또한 신앙생활의 일부였다. 그래서 교통사고 날 일이 별로 없었다. 이 선생이 주장하셨던 것처럼 지금까지 걸어 다녔다면 교통사고로 죽는 젊은이는 없었을 것이다.

동광원에서 나와 함께 있었던 폐결핵 환자들 중에도 이현필 선생의 신앙을 따라 약 먹지 않는 환자들이 많았다. 그러나 이상한 것은 약 먹는 사람들보다 약 먹지 않은 사람들 중에 폐결핵이 고쳐진 사람들이 훨씬 많았다. 최장익이라는 청년이 있었는데 해군에 입대해서 훈련받다가 폐결핵에 걸렸다. 그때는 폐결핵 걸리면 가정에 돌아갈 수가 없었다. 돌아가도 나가라고 한다. 쫓겨난다. 본인이 나와야 한다. 죽어도 집에서 죽지 말고 나와서 죽어야 한다. 그래서 동광원으로 왔는데 일체 약을 먹지 않으니 고쳐진 것이다. 최장익은 지금 70대 중반이지만 살아 있다. 폐결핵 약이라야 그 당시 '지트'(Isoniazid)와 '파스PAS', 두 가지였다. 약이 얼마나 독한지 결핵 때문에 죽는 숫자보다 약물 중독으로 죽고 약을 계속 먹어 위장병으로 죽고 간이 나빠 죽는 숫자가 더 많았다. 실제로 약 쓰지 말자, 병원 가지 말자는 이론이 더 좋았다. 이 문제 역시 이현필 선생님에게는 40년 후, 50년 후에 어떻게 될 것이 모두 보였으나 그 시대에는 이해가 되지 않는 것이었다. 또 그 이론이 마치 교리처럼 되자 몸소 깨뜨리셨던 것이다. 이현필의 생각은 '나는 고기 먹고 약을 썼으나 그래도 고기 안 먹고 약 쓰지 않은 사람을 존경한다. 그런 분들의 신앙도 존경한다. 구원은 그리스도의 보혈로만 얻는다. 고기 먹고 약 쓰고 한 사람도, 그렇지 않은 사람도 서로 존경한다'였다.

참말로 행복한 사람은 속옷이 없습니다.

이현필 선생께서 하신 설교 말씀은 많이 들었으나 그때 나는 어린 나이였기에 다 기억하지 못한다. 그중 특히 기억나는 말씀이 있다. "행복한 사람들은 집이 없습니다. 더 행복한 사람은 두 벌 옷이 없습니다. 참말로 행복한 사람은 속옷이 없습니다."

이 선생님은 평소 옷차림이 언제나 바지저고리였다. 두루마기를 입고 예의를 갖춘다거나 하는 것도 없었다. 당신의 옷 따로 챙기거나 그런 것도 없었다. 봄부터 가을까지는 속옷이 없었고 겨울에는 동내의 입으신 것을 못 보았고 항상 그 복장이었다. 임종 때는 3월인지라 경기도는 아직 추웠다. 죽은 사람 몸에서 벗긴 옷은 누가 입지 않으니 나 죽으면 꼭 옷 없는 사람 주라고 미리 겉옷을 벗어 두고 속옷만 입고 돌아가셨다. 그렇게 옷이 귀한 시절이었다. 헌 옷도 없어 헐벗고 죽는 사람들이 많았다.

아, 기쁘다, 기쁘다

　점쟁이도 자기 죽을 날은 모른다고 하지만 이현필 선생이 혼자 방에서 기도하는 소리를 들으니 "네, 가지요, 가지요" 하셨다 한다. 3월 17일에는 내일 새벽 세 시에 내가 죽는다고 시간까지 말씀하시고 그 말씀이 거짓말이 될까 봐 세 시에 맞추어 임종하셨다. "아, 기뻐, 아, 기뻐. 이 기쁨은 어떻게 표현할까. 종로 네거리에서 전하고 싶어. 아, 기쁘다. 아, 기쁘다"를 연발하시면서 마지막 말씀으로 "내가 먼저 갑니다. 다음에들 오시오" 하고 숨을 거두었다. 선생님께서는 평토장으로 하라 했으나 무덤을 만들었고, 거적에 싸서 묻으라 했으나 관을 썼다.

오방 최흥종 1

최흥종 목사의 본명은 최영종이었다. 그는 1880년 5월 4일 광주 불로동에서 7남 2녀 중 차남으로 태어났다. 5살 때 어머니인 국 씨가 돌아가시고 새어머니 공 씨와 살게 된다. 1891년 동생 최영욱이 태어났고, 열아홉 살 때 아버지마저 세상을 떠나셨다. 그해 부인 강명환과 결혼하였다. 어릴 때는 한학 공부도 했으나 기독교를 알기 전 그는 깡패가 된다. 광주에서 무쇠 주먹으로 통했다 한다. 무등산 부근 화순과 통하는 길가에서 살았는데 화순 사람들이 광주 시장을 오려면 선발대 한 사람이 최영종이 자고 있는지 안 자고 있는지 확인해 보고 잠이 깨기 전에 시장을 가기도 했다고 한다.

나는 노년에 든 최흥종 목사님을 처음 만났는데 체구가 무척 큰 분이었다. 내가 열아홉 살 때 길 가다 보면 가끔씩 업고 가야 될 일이 있었다. 업어 보면 무척 무거워 오랫동안 업고 갈 수가 없었다. 살은 없고 뼈만 남았는데도 그랬다. 하물며 젊은 나이에 살까지 찌고 근육까지 있었으면 내가 업을 수 있는 체격이 아니었을 것이다. 아무튼 깡패로서 손색이 없는 체격이셨다. 그의 무쇠 주먹이 지배하는 양림동 언덕에 1904년 외국인들이 들어와 교회를 짓고 들락거렸다. 그는 그 모습이 꼴사나웠다. 친구 최재익과 함께 패거리를 이끌고 건설 현장에 나타나 굽기 위해 말리고 있는 벽들을 무너트리고 목수들의 연장을 빼앗으며 행패를 부렸다. 이때 김윤수 집사가 나타났다. 그는 스무 살 위인 김윤수 집사의 위엄과 기품에 고개를 숙인다. 김윤수 집사의 임시 숙소에 들어가 인생 역정과 기독교인이 된 사유, 여기에 교회를 짓는 이유 등에 대한 설명을 들은 최영종은 마음에 상당한 감동을 일으킨다.

이를 계기로 1904년 12월 25일 크리스마스 예배에 친구 최재익과 패거리들을 이끌고 참석한다. 그렇다고 해서 갑자기 기독교인이 된 것은 아니었다. 처음에는 호기심으로 갔으나 김윤수 집사의 지속적인 설득과 벨 목사의 영향을 많이 받았다. 수시로 나누는 대화 가운데 자신을 희생할 각오를 하였다. 또한 민족을 생각하게 되었고, 일본 세력이 깊숙이까지 뻗쳐 오는 지금 고난당하는 이 민족을 위해 할 수 있는 일이 너무나 많음을 알게 되었다. 그 후 날마다 양림동 선교사 촌에서 살았고 제2의 인생에 접어들었다. 그때가 스물네 살이었다고 한다. 그때도 기독교에 완전히 귀의한 것은 아니었다. 가정의 생계도 꾸려야 했다. 깡패로서의 잘못된 삶을 정리하고 지방 유지였던 가문도 생각하면서 순검巡檢 채용에 응시한다.

그 당시 순검은 의병을 진압하는 역할을 맡고 있었다. 즉 나라를 배신하는 직업이었다. 순검 채용에 응시한 이유는 김윤수 집사나 벨 목사에게는 이해가 가지 않는 것이었다. 그 이유를 이렇게 설명하였다.

지금 을사보호조약을 반대하는 투쟁이 한창입니다. 그래서 일본군들과 병무청에서는 의병들을 잡아들이느라 혈안이 되어 있습니다. 제가 순

검이 되어 의병들한테 도움이 되어 주겠습니다. (『영원한 자유인』, 43쪽)

최영종이 순검이 된 이유에 관해 여러 가지 해설이 있지만 아무튼 순검이 되었다. 1905년에 채용되었으나 일본인 순사와 월급이 5배 이상 차이가 난다. 또한 상사인 일본인들의 민족 차별도 있었다. 더구나 의병들과 애국지사들은 국가를 위하여 목숨을 내놓고 살아가는데 자신은 애국은 고사하고 오히려 배국背國하는 자가 된 것이다. 이때부터 붙들려 온 의병들에게 따뜻한 눈길과 손길을 주게 되었다. 이 중 열두 명의 의병을 풀어 준 일이 있었다. 순검 간부도 아니고 말단직에 있으면서 마음대로 의병을 풀어 줄 수는 없었다. 다른 순사들 없이 혼자 의병들을 지키고 있다가 그들더러 자신을 밧줄로 나무에 묶어 놓고 도망치라고 했던 것이다. 몇 달 후면 사형을 당할 의병들을 살려 준 것은 칭찬 받을 일이었다. 벨 목사는 그때마다 칭찬도 했으나 꼬리가 길면 잡히는 법이니 그만둘 때가 되었다고 조언해 준다.

순검 생활을 2년 만에 접는다. 그 결정적인 계기는 광주의 최성기(최흥종과 한집안) 씨가 중심이 되어 전남 국채보상기성회國債報償期成會라는 단체가 만들어졌는데 광주경시청으로부터 이 단체의 간판을 떼어 오라는 명령을 받은 것이었다. 순검을 그만두고 1907년 양림교회 최초의 세례자가 된다. 이때 최흥종으로 이름까지 바꾼다. 최영종의 악명은 다 씻고 최흥종으로 일어선다. 최영종은 나쁜 사람이었고 최흥종은 훌륭한 성자다. 최영종은 모두 전생의 일이었다.

그 후 다른 직장을 찾아 농공은행 토지조사원으로 취직한다. 토지조사원은 조선인의 고혈을 짜내는 일본의 고리대금 대기업인 농공은행에서도 가장 충성스러운 하수인이었고, 이것 역시 조선인으로서 할 일이 아니었다.

왜 나는 이렇게 나중에야 깨닫지. 나는 역시 돌주먹이 적격인가. 왜 나는 하는 일마다 가는 곳마다 체면을 깎아 먹을 곳만 택한단 말인가. 그까짓 돈이 무엇이고……. 우리 조선인들의 피를 빨아먹는 곳에서 무엇을 얻으랴. (앞의 책, 23쪽)

1908년, 그는 새로운 선교적 삶을 출발한다. 광주선교진료소 의사로 부임한 윌슨(Robert M. Wilson, 한국명 우월순)의 어학 선생으로 자리를 옮기면서부터다. 오기원(William L. Owen) 선교사의 전남 남동부 지역 순회여행을 따라다니며 그의 헌신적인 의료 선교에 감동을 받게 된다. 특히 그가 1909년 3월 오한으로 눕자 자신의 부족함도 깨닫는다.

오기원을 치료하기 위해 목포에서 급히 올라온 의사 포사이드의 무조건적인 사랑의 행위를 목격한 최흥종 집사에게 새로운 깨달음이 다가왔다. 차마 볼 수 없는 흉측한 나병 환자를 포사이드 선교사가 안아서 말 위에 태우고 환자가 떨어뜨린 피고름 묻은 지팡이를 최흥종 집사더러 주워 달라고 한다. 최흥종은 내키지 않았으나 서양인 선교사가 내 동포를 저렇게 아끼고 사랑하는데 내 동포를 내가 꺼림칙하게 생각하고 망설이는 것은 잘못임을 알고 집어 주었다. 이 사건을 계기로 최흥종의 생은 완전히 바뀌었다. 나중에 출판된 최흥종의 일대기 제목이 『성자의 지팡이』인 것도 이 일화에서 연유한 것이다.

최흥종은 광주선교진료소에 몰려온 나환자들과 함께 생활하면서 포사이드나 윌슨 원장보다 더 헌신적으로 돌보기 시작하였다. 진료소 뒤에 세 칸 기와집을 짓고 나환자들을 돌보았으나 환자들의 숫자가 점점 더 많아짐에 따라 최흥종은 또다시 중대한 결심을 한다. 조상으로부터 물려받은 봉선동 땅 1천여 평을 선뜻 내놓은 것이다. 친척이나 가족들의 반대를 무릅써야 했다.

나병 환자들은 병이 완치되거나 퇴원하는 일이 없다. 한평생 죽는 날까지 같이 살아야 하는 병이다. 1909년부터 1912년 11월 14일 광주 나병원이 완공될 때까지 그는 윌슨 의사의 조수이자 한국인 나병 환자를 돌보는 책임자였다. 1912년 8월 장로가 되었는데 광주 최초의 장로였다. 윌슨 원장은 최흥종이 나병 환자를 돌보는 의사가 되어 일생을 바치려 하였다고 말한다.

조상에게서 물려받은 땅을 기증하고 가족보다 나병 환자들을 더 아끼고 사랑하는 것이 가족들(아내와 자녀들)에게는 용납이 되지 않는 일이었다. 부인은 그가 옆에 오지도 못하게 하였고 자녀들을 만지지도 못하게 했다. 당연한 일이다. 나병은 전염병이기에. 아무튼 가족과는 멀리 지내셨다. 내가 무등산에 목사님과 같이 살 때 생일이면 1년에 한 번 가족들이 찾아오는데 사모님은 못 보았고 아들들도 안 왔고 딸들만 왔다. 점심 먹고 내려간 것이 전부였다. 또 목사님이 광주 시내 다녀오셔도 아들 집에서 주무시고 오셨다는 이야기는 없었다.

최흥종 장로를 번뇌하게 한 것 중 하나는 일제 앞잡이로서 순검 생활을 하고 농공은행에 근무했다는 죄책감이었다. 1910년 한일합방으로 나라가 송두리째 일제의 지배하에 들어간 뒤 1911년 5월 광주 숭일중학교 교정에서 YMCA 학생 간사 이승만의 강연이 있었다. 이를 계기로 최흥종은 새로운 목회의 길을 선택한다. 그간에 시베리아 선교사로 지원했으나 노회에서 권면하여 가지 않기로 하고 1914년 8월 15일 노회의 허락을 받고 평양신학교에 입학한다. 평양신학교에서는 1년 중 3개월 합숙 훈련을 했고 9개월 동안 각자 목회지에서 목회에 전념하면 현장 실습으로 간주하였다. 이때 광주 지역의 목회 활동 중에는 윌슨 의사가 맡았던 어린이전도 북문안교회의 주일예배가 있었다. 숭일학교 강당에서 아이들을 집합시켜 드리는 확장주일학교 즉 순회주일학교 예배에는 시내 교회보다 더 많은 숫자가 모였다. 최흥종은 숭일학교 출신의 젊은이들을 모아 독립정신과 민족운동 세력을 연대하는 교회 부흥 및 YMCA 청년운동에 적극 참여하였다.

3·1운동 때 광주 지역에서는 최흥종 장로와 숭일학교 교사인 김철 장로가 책임을 맡았다. 광주에서 '삼합양조장'이라는 명칭의 위장 비밀 독서회를 운영하던 비기독교인들을 결합하였다. 최흥종은 3월 8일 거사를 준비하고 서울의 3·1 독립만세운동을 직접 관찰하기 위하여 김철 장로와 서울에 갔는데 그만 합세하여 만세를 부르다가 일경에 체포된다. 최 장로는 서대문구치소에서 재판을 받고 14개월 동안 옥고를 치른다. 이때 서서평 선교사가 건네 준 영어 성경과 신학 서적 몇 권이 감옥 생활에 도움이 되었다. 복역을 마치고 통신신학을 거쳐 북문밖교회의 청빙을 받아 목사가 된다. 그 후 시베리아 선교사로 파송받아 1921년부터 1923년까지 시베리아 선교를 하다가 다시 광주 남문밖(금정)교회의 목사가 되었다.

1924년 광주 YMCA 3대 회장직을 맡았고 신간회 창건, 농촌지도자 양성을 하면서, 농촌야학, 신용협동조합, 농우회를 결성한다. 여성운동과 여성야학 그리고 노동운동에 대한 지원과 사회 참여에 힘을 쏟고, 1920년 7월 3일 조선노동공제회 광주 초대회장이 된다.

나환자들을 섬김

앞서 말한 봉선동 땅 1천 평을 내놓아 나환자들의 집단촌(1909~1912)을 만들었다. 월슨 원장과 최흥종 목사는 나환자들에게 의술도 가르쳐서 스스로 치료하게 하기도 하고, 건축 기술도 가르쳤다. 또 신학

교육을 할 기관을 설립하여 30여 명에게 교육을 베풀었다. 그러나 밀려드는 나환자들을 감당하기 힘들어 광주를 떠나는 조건으로 유지들에게서 기금을 받아 순천과 여수 중간에 있는 율촌면 신풍리 바닷가 15만 평의 광활한 지역을 구입한 뒤 이전을 추진했다. 교회, 병원, 숙소 등의 신축 공사가 1926년 9월에 완료되어 나환자들 600여 명이 옮겨졌다. 여기가 바로 지금의 애양원이다.

최 목사는 나환자공제협회가 부탁한 모금 임무를 흔쾌히 수락하고 이들을 돕는 일에 헌신을 다하였다. 서서평 선교사와 함께 나환자에 대한 근원적인 치료 대책을 세우고자 전국적인 모금운동을 벌였으나 그 당시 경제 사정이 어려워 큰 성과는 못 보았다. 도지사를 찾아가기도 하고 나환자 150여 명과 광주에서 서울까지 걸어서 총독부로 찾아간다. 나환자들에게는 차를 탈 차비도 없었으나 차에 태워 주는 사람도 없었다. 모두가 걸인들이었다. 출발은 150명이 했는데 중간에 다른 나환자들이 합세하여 500여 명이 되었다고 한다. 이 행사를 구라救癩 행진이라 했다.

총독이 만나 주었고, 소록도의 소규모 갱생원(자혜원) 시설을 확충하여 나환자 전원이 입원 치료를 할 수 있다는 확답을 받는다. "나환자도 조선의 백성이고 사람이다. 이들에게도 인권이 있고 권리가 있다. 왜 이들에게 생계에 대한 보장을 해 주지 않느냐." 최흥종 목사의 인간적 호소에 총독도 감화를 받아 "현재의 조그마한 나환자 시설인 자혜원을 확장하고 소록도에 있는 일반인을 육지로 옮겨 섬 전체를 나환자 수용소로 격리해서 수용민을 보호하자"는 답변을 이끌어 낸 것이다. 이리하여 조선나환자근절협회를 조직하고 서울에서 발기인을 70여 명 모았으나 당시의 경제적 침체 때문에 모금 성과는 별로 없었다. 결국 1932년 6월 23일 서울 지역 나환자 30여 명과 함께 신풍리 애양원으로 떠났다.

1932년 6월 30일 애양원에서는 윌슨 원장의 나환자 사업 25주년 기념 예배가 있었다. 그날 윌슨 원장은 "모든 나환자들은 힘써 일함으로 마음이 자연히 기뻐지고 정신이 깨끗하여지고 육체도 따라서 건강하여진다. 그러면 병은 물러가게 된다. 나환자들을 싫어하고 멀리하는 것은 예수 믿는 사람이 아니다" 하고 말하였다. 이런 취지로 애양원이 중심이 되어 총독부 국립 시설인 소록도 갱생원 확장 공사를 나환자들과 어렵게 진행한다(1931~1939). 그리하여 1939년 11월에 6,100명을 수용하는 규모의 시설을 마련한다.

걸인들 점심 대접

한편 광주에서는 총독의 초도순시 때 미관상 보기 싫다고 양동 지역 주변의 부랑자 천막촌을 깡그리 부숴 버려 걸인들 200여 명이 갈 곳이 없어진 사건이 있었다. 최 목사는 도지사를 찾아갔으나 허사였고, 오히려 총독 순시 때 총독을 만나 걸인들의 움막을 지을 수 있다는 허락과 건축 비용까지 약속을 받아 냈다. 그러나 언제나 그렇듯이 당국의 협조는 잘 이루어지지 않았다. 당시 YMCA 회장은 동생인 최영욱 의사가 맡았고 최 목사는 1934년 중앙교회 담임목사로 부임한다.

경양 방죽가로 걸인들의 거처를 옮기고 중앙교회 교인들과 하루 한 끼 식사를 대접한다. 일제는 신사참배를 강요했고 총회나 노회에서도 동의하기에 이른다. 이 무렵 최흥종 목사는 YMCA 회장직도 사임하고 중앙교회 담임목사직도 그만둔다. 그리고 잠시 잠적하여 사망통지서를 모든 친지들 앞으로 배달한다. 그 내용은 이렇다. "1935년 3월 17일 이후 나 오방 최흥종은 죽은 사람임을 알리는 바입니다. 인간 최흥종은 이미 죽은 사람이므로 차후로 거리에서 나를 만나거든 아는 체를 말아 주시기 바라오. 나 최흥종은 오늘부터 지상에서 영원히 떠나 하나님 속에서 진실로 하나님과 함께 자유롭게 살 것입니다. 여러분들도 죄를 회개하고 하나님을 믿고 구원을 얻길 바랄 뿐입니다."

사망통지서를 내기 전 1935년 초, 서울의 오금선 의사를 찾아가 거세 수술을 받았다. 지금이니까 거세수술이라고 하지, 내가 1963년에 목사님 앞에서 장로님께 직접 들은 말씀인데 목사님께서는 불알을 깠다고 하셨다. 그때 나는 매일 밤마다 목사님 목욕을 시켜 드렸다.

목사님은 호를 오방五放이라 하셨다. 오방이란 다섯 가지 욕심을 버리시겠다는 뜻인데 그것이 오욕이다. 오욕이란 명예욕, 물질욕, 식욕, 성욕, 수면욕이다. 후에 이영생 선생은 다른 풀이를 하였다. 첫째 가사家事에 방만放漫, 둘째 사회에 방일放逸, 셋째 경제에 방종放縱, 넷째 정치에 방기放棄, 다섯째 종교宗敎에 방랑放浪이라고 하셨다. 혈육에 얽매이지 않고 사회적으로 구속받지 않으며 정치적으로 자기를 앞세우지 않고 경제에 얽매이지 않으며 종파를 초월한다는 뜻이다. 그러나 최 목사님 살아 계실 때 나는 오방의 뜻을 다만 오욕을 버린다는 뜻으로 들었다.

전남 건국준비위원장

최흥종 목사가 오방답지 않게 8·15 이후 건국준비위원회 전남 지회 위원장을 맡았으나 그것은 마지못해 맡으신 것이다. 맡기는 했으나 어느 정도 정리가 되자 위원장을 박준규에게 넘겨주었다. 17일 동안만 위원장이었다. 1945년 9월 10일 미 육군 소령 길버트Gilbert가 광주에 와 도정을 인수받고 전남 도지사를 최 목사님 동생인 최영욱 의사에게 맡겼다. 그리고 도정 고문회장에 최흥종을 위촉하였다. 최 목사는 걸인들이나 나병 환자들에게만 몸 바쳐 살았지 정치적인 문제에는 관심이 없으셨다. 잠시 동안 YMCA 회장직을 맡았고 48년에는 동생의 뒤를 이어 호남신문사 회장을 지냈지만 모두가 필요할 때 도와주었던 것뿐이다.

최 목사에게 가장 중요한 일은 혼란 와중에 다른 사람들의 관심 밖에 있는 구라 사업이었다. 선교사들이 떠난 애양원의 임시 단장직도 맡았고 소록도의 갱생원 살인 사건도 수습하였다. 또한 미군정 당국과 협조하여 나환자 수용소 두 곳에 물자를 보급하기도 하였고, 1946년 전체 6천 명 가운데 소록도교회 교인이 4천 명까지 늘어나자 좁은 교회 예배당을 308평 규모로 늘리기도 하였다.

1947년 광주대성공립국민학교에서 시국 강연을 끝낸 김구 선생이 최흥종 목사를 찾았다. 최흥종 목사와 대화를 나눈 뒤 정치에 참여하지 않고 나환자나 걸인들과 살기를 희망하는 것이 진실된 마음이라고 하면서 화광동진和光同塵이라는 휘호를 전하고 떠났다. 김구 선생은 1949년 6월 26일 피살되었다. 이 소식을 들은 최 목사는 100일 동안 묵언으로 지내셨다. 6·25 때도 피난 가지 않고 걸인 및 나환자들과 기거하였으나 아무런 피해가 없었다. 인민군들도 애양원에는 속속들이 간섭하지 못했다 한다. 애양원 손양원 목사 기념관에 유품들이 많은 것은 전쟁 중 집 안까지 뒤지지는 않았기 때문이라고 내 친척 형님인 임락원 장로님이 증언하였다.

종교적으로 개방되신 분

1950년대 초 소록도 개원 기념일 축하 행사 때 당시의 원목 고 목사가 장관에게 말했다. "목사는 밤낮없이 목회를 해야 하는데 이 섬에 불신자, 구교 신자들과 같이 살고 있으니 신변이 불안하오. 따라서 장로교인만 남겨 두고 타교도나 불신자는 타처로 옮겨 주시오." 이렇게 청원하니 듣는 사람 모두가 어안이 벙벙하고 장관도 차마 무어라고 운을 떼지 못하는데 그때 오방 선생이 일갈했다. "허, 그 말은 목사가 할 말이 아니며 사람이 살고자 하면 죽고 죽자고 작정하면 사는 것 아닌가." 그러자 좌중이 비로소 안도의 한숨을 내쉬었다. 그 자리에서 목격한 이들은 오방 선생을 경애하는 마음이 더 짙어졌다.

오방 선생은 하나님은 한 분이라고 믿으셨지만 하나님 믿는 방법을 독재적으로 획일화시키지는 않았다. "자네는 그림을 좋아하고 나는 사람을 좋아하듯이 예수를 믿는 것도 그 방법에 어느 정도 자유를 허락하셨다네. 이러한 자유마저 없다면 하나님은 독재자일 것이고 나는 그런 하나님은 안 믿는다네." 그러고 나서 의재 허백련과 오방 두 사람이 투합하여 삼애학원을 세워 농민 교육을 하게 되었다. 초대 교장이 최흥종 목사였다.

나환자와 결핵 환자 정착촌을 세우다

나주군 남평면 산포리에 10여 명의 완치 퇴원 환자들이 집단을 이루고 정착하였으나 살길이 막연하였다. 이들의 요청으로 전라남도와 나주군에 연락하여 음성 나환자 정착촌을 만들기 시작하였다. 함태영 목사, 김재준 목사, 조향록 목사, 진문원 씨를 이사로 초대하고 정준 국회의원을 초대 단장으로 삼아 사단법인 호혜원이 생겨난 것이다. 한동안은 호혜원에서 살기도 했다.

1951년 광주제중병원 원장으로 온 커딩턴(고허번) 의사는 결핵 환자들을 수용할 병동을 만드는 데 헌신하여 최 목사에게는 포사이드 의사의 분신 같은 분이다. 커딩턴 의사의 손에 구원받은 무료 입원·치료 환자가 수천 명이었다. 폐결핵 환자들은 가족에게 버림받았기에 병이 완치되어도 갈 곳이 없고 힘든 일을 할 수도 없다. 어떤 환자는 병을 고쳤지만 갈 곳이 없어 자살을 기도하기도 했다. 이런 소식을 들은 서림교회 우경필 목사가 상당한 헌금을 보내 주었다.

　최흥종 목사는 YMCA 현동완 총무에게 협조를 부탁하고 결핵 치유를 위한 호소문 '백십자여명회'를 전국적으로 발송하였다. 현동완 총무는 당시 국회의장인 이기붕에게 호소문을 전달했고, 지산동 6천여 평의 땅을 전세로 얻어 60여 명의 환자들을 수용한다. 그곳을 만송晩松 이기붕을 기념하여 송등원松燈院이라 하였다. 내가 가 보았으나 30명 정도 살면 적합한 곳이었다. 환자들이 점점 늘어가니 주민들의 불평도 많았다. 이에 커딩턴 원장과 최흥종 목사는 양성 환자는 조봉골, 골매와 무등산으로 분산하고, 운영 및 모든 생활은 동광원에서 맡게 했다. 그때부터 무등산 결핵 요양원은 무등원이라 칭하였다. 주로 동광원 식구인 김준호, 김은자 님께서 맡아 운영하였고, 동광원과는 좀 다른 기관이었다.

　당시 최흥종 목사님은 노인이셨기에 무등원 원효사 절터에 초가집 세 채를 개조하여 결핵 환자 30여 명과 함께 살았다. 이곳을 원효사라 불렀다. 그 너머 계원사 옛 절터에는 50여 명이 살았다. 처음 시작한 삼바실에 30여 명, 김덕영 장군 우물터에 20여 명, 바람재, 스기밭 모두 합하면 무등산에만 150여 명이었다. 무등원은 송등원의 연속이라지만 김준호, 김은자 두 분이 세웠다 해도 과언이 아니다. 최 목사님도 모든 것을 김준호에게 위임했고, 사무적인 것을 일체 간섭 밖에 둔 은퇴 상태에 계셨다. 내가 3년을 같이 있었으나 무슨 결재가 오가거나 보고가 온 일도 없었다. 이곳저곳 돌아다니실 수도 없었고 단지 원효사 터에 있는 30여 명의 지도자였다. 주일예배 설교뿐 아니라 수시로 말씀도 해 주시고 사랑해 주셨다.

수신제가 어렵다

사람이 수신修身, 제가齊家, 치국治國을 모두 겸할 수는 없는 모양이다. 수신은 할 수 있어도 가정도 다스리고 사회봉사도 하고 국가까지 다스릴 수는 없는 것 같다. 수신, 즉 자신의 마음과 몸 관리는 기본으로 잘해야 하겠으나 가정도 돌보고 사회적으로 훌륭한 일을 한다는 것은 잘 안 되는 일이다. 정치인들은 월급 받아 가면서 가정을 돌볼 수 있고 일반 목회자들은 교회에서 사례비 주니 가정 돌보면서 일할 수 있지만 결핵 환자들이나 나병 환자들을 돌보면서 가정생활도 잘 꾸리기는 어렵다. 전염병이기에 그들과 같이 살면서 수시로 가정에 드나들 수가 없는 것이다. 또 가정에서 버림받은 이들과 같이 살면서 나만 가정 있다고 수시로 다녀오거나 찾아와서도 안 된다.

그때 결핵 환자들과 같이 살면서 이런 일이 있었다. 최 목사님 생일 때 가족들이 두 시간쯤 다녀가셨다. 마나님이나 아들 며느리는 구경도 못 했고 따님 두 분과 외손자녀들이었다. 숫자가 많다 보니 목사님 방에는 다 들어가 앉을 수가 없었다. 할 수 없이 공동으로 먹고 자고 예배드리는 방으로 오게 되었다. 그곳에 살고 있는 노인에게 방이 비좁으니 좀 나가 달라고 했다. 그랬더니 노인이 밖에서 "나더러 나가라고 했다"며 슬퍼하신다. 충분히 이해가 되었다. 자녀 있다고 생일날 찾아오는 것도 서러운 일이지만 가족이 왔다고 자리까지 비켜 주어야 하는 슬픔이

253

겹친 것이다. 그 모습을 목격한 나는 한평생 공동생활을 하면서 가족들을 멀리하고 살았다.

오방 최흥종 목사님 역시 가족들과 같이 살 수 없었고 돌볼 수도 없어 이미 출가하신 분이셨다. 누구보다도 장남 최득은 씨는 아버지에 대한 불만이 많으셔서 반항심에 호를 오취五取라 하기도 하고 더러는 육취六取라고 했으나 다른 사람들도 불러 주는 정식 호는 아니었다.

마지막 급식

최흥종 목사님은 조금만 몸이 불편해도 금식을 하셨다. 1966년 2월 10일부터 금식을 시작하였는데 돌아가실 때까지 하시겠다는 것이다. 물론 마시기는 하셨다. 처음 금식하실 때 배탈이 나신 것이다. 내가 지금 판단하기로는 목사님은 무척 건강하셨으나 장이 약하게 태어나셨다. 평소에도 배탈이 나면 잘 굶으셨다. 이때는 의학 상식을 지닌 그분의 판단으로 더 사실 수 없음을 아신 것이다. 34일째 되던 날 장남과 가족들이 올라와 모시고 내려가셨다. 가셔서도 금식은 계속하셨다. 금식 100일째 되는 1966년 5월 14일 2시 10분에 임종하셨다.

장례는 광주 사회장으로 치렀다. 광주에서 첫 사회장을 치른 분은 서서평 선교사였고, 그때 장례식 사회를 최흥종 목사가 맡은 바 있다. 두 번째 사회장의 대상이 된 분이 서서평 선교사와 동갑인 최흥종 목사였다. 사회는 오동욱 목사가 맡았다. 홍성봉 목사의 기도와 허백현의 조사가 이어졌다. 나환자들만도 200명은 족히 될 것 같아 나환자를 대표하여 호혜원 총무 최일담 씨가 추가로 추도사를 했다 한다. 폐결핵 환자들도 많았다. 다만 무등산에서 같이 살고 있는 중환자들은 갈 수가 없었다. 추모식에는 어른들만 참석했고 나는 어리다고 끼워 주지도 않았다.

한 사람이 평생 살면서 훌륭한 사람이 되고픈 생각은 해 보지만 그렇게 살기가 어려워 훌륭한 사람이 나오지를 않는다. 자기를 위해서 살면 훌륭한 사람이 아니다. 자기 몸 간수만 잘하고 살아도 모두 칭찬한다. 나병 환자들이나 폐결핵 환자들은 자기 몸 간수를 잘 못한 것이다. 자기 가족을 위해서 사는 사람도 훌륭한 사람이 못 된다. 그러나 자기 가족을 돌보지 못하고 딴 마음 품다가 가정마저도 파괴하고 사는 사람들이 있어 가정만 잘 돌보아도 장한 어머니·아버지, 효자·효녀, 열녀 소리를 듣는다.

훌륭한 사람이란 가족보다는 사회의 어려운 사람들을 돌보는 사람이다. 최흥종 목사님은 자신보다 가족보다 사회를 위해 산 사람이다. 제일 바람직하고 훌륭한 사람은 자기 스스로 건강하고 흠 없이 살면서도 가족들이 잘 살 수 있도록 보살피고 사회에 공헌한 사람이다. 그러나 자신의 건강을 잘 돌보면서 가정을 꾸리기는 쉬워도 가족과 사회의 어려운 사람들을 같이 돌볼 수는 없는 것이다. 하나를 선택해야 한다. 가족을 돌보는 사람은 장한 어머니·아버지는 될 수 있어도 훌륭한 사람은 아니다. 그러나 가족 외에 다른 사람을 돌보는 이는 훌륭한 사람이다. 최흥종 목사님은 가족보다는 그 당시 사회의 어려운 이들과 같이 살았으니 훌륭한 사람이다.

한 가지 최 목사님을 도와준 것은 그 시대가 어려운 시대였다는 것이다. 일제 침략이 없었으면 독립하고 싶어도 못 한다. 나병 환자들이 없었으면 구라 사업을 하고 싶어도 못 한다. 폐결핵 환자가 없었으면 무등원이 생겨나지도 않았다. 최 목사님께서 지금 살아 계신다면 무슨 일을 하실까 생각해 본다. 아마 환경농업과 환경운동을 하실 것이다.

오방 최흥종 2

한국 기독교 인물 중에 꼭 소개해야 될 인물이지만 잊혀질까 봐 최흥종 목사 이야기를 이어 가고자 한다. 어떤 사람이 무슨 일을 했느냐보다 무슨 말을 했느냐에 신앙인들이 더 무게를 싣고 있다 최흥종 목사님은 무슨 말보다는 무슨 일을 했다는 데 그 뜻이 있겠다.

스승을 찾아서

내가 자랄 적에 최흥종 목사님 이야기는 듣지도 못했다. 다만 이현필, 오정환, 서재선, 유영모, 현동완, 함석헌, 김상돈 같은 분의 이름만 듣고 자랐다. 그중에 스승으로 꼭 모시고 싶은 분이 첫 번째 이현필이었다. 이현필이 제일 훌륭한 스승이라서라기보다 아직 판단력이 모자라던 나에게 배영진 장로께서 그렇게 소개해 주셨기 때문이다.

스승은 찾아 떠나야 된다. 1961년 여름 이현필 선생을 찾아 떠났다.

광주로 가서 계신 곳을 알아보니 무등산에 계신다 한다. 시내에서 무등산까지는 차편이 없었다. 비가 오는 날 걸어 올라갔다. 삼바실이라는 곳에 선생님이 계셨는데 매일같이 피를 토하고 계시니 전염병이다. 또 나는 어려서 만날 수가 없다고 하신다. 병세가 조금 완화되기까지 원효사 옆에 있는 무등원에서 기다리라 한다. 영문도 모르고 기다리고 있으라니 기다려야 한다. 기간이 정해져 있지도 않고 그냥 기다리고 있어야 한다. 그곳은 무등원이고 폐결핵 환자들을 수용하고 있는 곳이었다. 결핵 중에서 중환자들이었고 남자들이다. 동광원은 물론이고 무등원에서도 그렇다. 장애인, 비장애인 구별 없이 그대로 섞여 사는 곳이다. 무등원도 말은 결핵 환자 요양원이라지만 가서 살다 보니 결핵 환자와 결핵 환자 아닌 사람이 반반이었다. 폐결핵 환자가 열다섯 명쯤이고 환자 아닌 이도 그 정도 모여 같이 살고 있었다.

거기에 82세 되신 노인 목사님이 계셨다. 1960년대에 82세면 지금 100세 넘은 노인을 보기보다 어려웠다. 그만큼 수명이 길어졌다. 그 목사님이 최흥종 목사님이셨다. 그 목사님 밑에서 같이 살게 된 것이다. 목사님께서는 나를 무척이나 귀여워하시고 기특하게 여기셨다. 어디를 가든 나를 꼭 앞세우고 지팡이 삼아 데리고 다니신다. 나와 같이 길을 나서면 지팡이를 주시고 내 어깨에 손을 얹고 다니셨다. 그곳에 내 동갑 친구들이 두 명 있었으나 한 사람은 하체불구라서 다리를 못 쓰고 목발 두 개 짚고 다니고, 한 친구는 이름이 윤명노인데 폐결핵에 골결핵까지 겹쳐서 혼자 몸 가누기도 어려웠다. 그러기에 목사님이 밖에 나가실 때는 내가 모시고 다니게 되었다.

목사님은 방 한 칸을 혼자 쓰시는데 방에서 혼자 밥을 따로 해서 드신다. 쌀만 씻어 드리면 죽을 끓여 드시고 나머지 반찬도 모두 혼자 만들어 드셨다. 지금처럼 가스레인지가 있는 것도 아니고 방 안에서 밥을 한다는 것은 상상도 할 수 없는 시대였다. 그때 석유곤로를 처음 보았다. 참 신기한 물건이었다. 석유만 있으면 방 안에서 밥을 할 수 있는 물건이다. 나중에 내가 아무리 어려워도 환갑 되기 전에 석유곤로 한 개 살 돈은 모아 놓고 늙어야겠다는 생각을 그때 했다. 지금은 소원이 이루어졌다. 가스레인지가 실내에 있으니. 실내 변소가 없고 뒷간으로 따로 걸어 나가야 되었지만 요강을 사용하시지는 않았다. 상수도 하수도도 없었고 개울물 떠다 먹으면서 살았다. 물은 떠다 드려야 했다.

그리고 밤마다 방 안에서 목욕을 시켜 드렸다. 그때 두 다리를 못 쓰고 손만 쓰는 탁영만이라는 친구가 매일 목욕을 시켜 드렸는데 나도 같이 거들었다. 그러면 보답으로 차를 타 주신다. 나는 차가 무슨 음료인지 모르고 살아왔다. 처음 차를 주시며 이건 코코아라고 하신다. 코코아가 무슨 열매인지 모르고 컸다. 지금도 그날 처음 먹은 코코아 생각이 나서 가끔씩 먹어 보지만 그때 그 순수한 코코아 맛을 찾기가 어렵다. 너무나 필요 없는 첨가물이 많이 들어 먹기가 싫다.

그다음 날은 토마토 차라고 타 주신다 그냥 차만 주신 것이 아니고 나더러 영어 공부하라고 일러 주신다. 따라서 읽으라고 하시지만 이가 한 개도 없어서서 발음은 영 아니었다. 당시 영어를 할 수 있는 이들은 나와는 멀리 살았었다.

립톤 토마토 숍프 믹스

"립톤은 영국의 토마토 차 회사이고 숍프는 국물이고 믹스는 갈아 놓은 가공품이다"라고 설명해 주신다. 그 당시 영어는 구경하기가 어려웠다. 강냉이 가루가 미국에서 포장되어 왔다. "강냉이 포장지 보고 따라 읽어라. 옐로우 코런 메얼(yellow corn meal). 노란 강냉이 가루다." 그러나 결핵 환자들과 먹고살기 힘들어 영어 공부하고 있을 시간이 없었다.

이야기가 빗나가면서 립톤 토마토 이야기 좀 하련다. 1961년이면 온 국민이 정신 못 차리고 배고플 때다. 배고플 때 먹었던 음식은 두고두고 기억이 나는 법이다. 그때 그 어린 나이에 오염되지 않은 입맛에 영국에서 상술 곁들인 가공 식품을 먹어 봤으니 그 맛은 한평생 두고두고 기억할 수 있다. 그때부터는 토마토 차만 보면 먹고 싶었다. 토마토 주스도 마찬가지였다. 그러나 그때마다 최 목사님께서 타 주신 그 맛이 아니었다. 20년 전 비행기 타고 중동 쪽으로 가고 있었다. 비행기 안에서 주는 차가 토마토 차였다. 맛을 보니 그 옛날 목사님께서 타 주신 그 맛이었다. 승무원을 불러 "이 토마토 차 만든 곳이 영국의 립톤 회사다. 맛을 보고 알아냈으니 맞는지 확인해 보라" 했다. 승무원이 가서 확인하고 오더니 맞다고 한다. 자기도 몰랐다고 한다. 이번에는 25년 전 일이다. 오산 까치산 기도원에 강의차 갔다. 원장 만나 차를 마시는데 역시 그 맛이었다. 이 차 회사가 영국의 립톤 회사라고 했더니 가서 확인해 보고 온다. 영국에서 동생이 선물로 사 왔다고 한다. 어떻게 차 맛을 보고 영국에 있는 회사 이름까지 알 수 있느냐고 한다. 나는 차 맛만 보면 회사 이름까지 알 수 있다고 했다. 이것은 풍을 친 것이 아니고 현실이다. 다른 차는 모른다.

무등원에 가자마자 옴이 올랐다. 목사님 방에는 약품이 많이 있었다. 목사님 동생이 의사였고 목사님도 평생 나병 환자들과 같이 살면서 늙어 가시기에 의학 상식이 많으셨다. 상식 정도가 아니고 공부도 하셨다. 면허만 없지 의사였다. 옴 약을 조제해서 주신다. 바셀린에다 유황을 제조해 주셨다. 바르는 대로 고쳐진다. 그때 배웠듯이 유황 가루를 모든 피부병에 지금도 사용하고 있다. 지금 우리 집에는 분말 유황이 떨어지지 않는다. 나는 바셀린보다는 들기름에 분말 유황을 섞어서 피부병에 사용한다. 이 글 읽고 혹 따라서 하면 안 된다. 모든 피부병이 같은 것이 아니고 원인이 다 다르니 유황을 써야 될 피부병이 따로 있다.

동양인의 병, 『동의보감』이 고친다

1963년 여름이었다. 목사님께서 배탈이 나셨다. 사흘간 물만 드시고 계속 굶으신다. 70세 넘은 노인들이 각자 약을 가르쳐 준다. "형님, 익모초만 찧어 드셔요. 아주 직방입니다." "그보다는 너삼 뿌리가 더 좋습니다." "아니 쑥즙이 더 좋아요." 그래도 목사님은 듣지 않으신다. 노인들이 "왜 그렇게 고집이 세요. 최씨니까 고집이 세요, 목사니까 고집이 세요?" 아무리 해도 안 통한다. 나만 조용히 부르신다. "너 지성인이니 잘 들어 두어라. 쟤들이 가르쳐 준 약이 잘못된 것이 아니라 그 말 맞다. 그 약도 맞다. 그러나 나는 안 맞는다. 쟤들은 일을 많이 하고 거친 음식 먹었고, 나는 놀았고 부드러운 밥 먹고 있다. 내 약 따로 있다. 그렇다고 해서 너희들하고 나하고는 신분이 다르다고 하면 사람 차별한다고 할까 봐서 말을 못 하고 있다. 너는 잘 들어 두어라. 내 약은 따로 있다." 이 말씀이 나에게 한평생 큰 도움이 되고 있다.

누구나 익히 알고 있는 상식이다. 돼지고기 먹고 병난 데는 새우젓을 먹으면 고쳐진다. 새우 먹으면 안 고쳐진다. 소고기 먹고 병난 데는 배를 먹어야 고쳐진다. 사과 먹어도 안 고쳐진다. 개고기 먹고 병난 데는 살구를 먹으면 고쳐진다. 복숭아 먹어도 안 고쳐진다. 술 먹고 속 아픈데 해장국으로 북어국 먹으면 풀린다. 동태국 먹어도 안 풀린다. 이처럼 무슨 음식을 먹고 병이 났느냐에 따라 고치는 약이 정해져 있다. 비스름한 음식으로는 못 고친다. 그렇다면 보리밥에 상추쌈 먹고 김치·간장·고추장 먹고 생활하던 사람들의 병은 빵 먹고 고기·우유 먹고 산 사람 병과는 원인도 다르고 치료법도 다르다. 주식이 밥인 사람들이 밥 먹고 난 병을 버터·치즈 먹고 연구한 사람들이 잘 못 고친다. 우리 병은 우리 선조들이 연구해 온 의학으로 고쳐야 빨리 고칠 수 있다. 그때부터 나는 우리 선조들이 병을 치료하던 경험과 상식을 잘 들어 두게 되었다. 그로 인해 지금 내가 돌파리로서 돌파리답게 자리를 지키고 있는 것이다.

시간 나실 때마다 말씀해 주신다. 의학계에서 배우셨다고 하신다. 어떤 사람이 사냥을 나가 꿩을 잡아 목에다 걸고 오다가 옹달샘에서 물을 마셨다. 물을 마시는 동안 꿩 그림자가 옹달샘에 비치는데 얼룩뱀으로 착각했다. 물을 마시고 나니 뱀은 없어졌다. 이때부터 뱀이 목욕한 목욕물을 먹었으니 꺼림칙해서 병이 난다는 것이다. 그 병을 의사는 못 고친다. 그 병을 고치려면 오랜 상담 끝에 다시 그 사람을 데리고 옹달샘으로 가서 그 사람 목에다 꿩을 걸고 엎드린 후에 꿩 그림자인지 얼룩뱀인지 확인시켜 주어야 고쳐진다고 하셨다. 이 말씀도 50년이 지난 지금까지 나의 돌파리 상식에 큰 도움을 주고 있다. 무슨 병이든 결과만 가지고는 못 고친다. 원인을 알아야 고쳐진다는 돌파리의 상식이었고, 이것이 무수한 사람을 살려 냈다. 최흥종 목사님은 돌아가신 뒤에도 수많은 생명들을 살려 내고 계신다.

석가, 공자도 구원받았다

내가 무등산에 가서 첫 번째 맞는 주일 설교 말씀이었다. 성경은 어느 구절을 읽었는지 몰라도 설교 내용은 석가도 구원받았고 공자도 구원받았다는 내용이었다. 나에게는 크나큰 충격이었다. 어릴 적부터 지금까지 오직 예수만 믿어 온 기독교 신앙인이다. 마귀 대장이고 우리의 적이고 원수고 멸망받아야 할 불교의 수장 석가모니다. 또 그같이 없어져야 될 종교의 창시자인 공자다. 그들도 구원받았다는 말씀에 큰 충격이 왔다. 그러나 그때 같이 예배 참석한 사람 중에 한 사람도 의아해하는 사람이 없었다. 설교가 끝나고 목사님께 따지기 전에 질문한 사람마저 없었다. 무등원은 그리 무식한 사람만 모여 사는 곳은 아니었다. 폐결핵 환자 중에는 가난한 사람, 무식한 사람들보다는 지식인들이 더 많다. 대학을 나온 사람도 있고 신학교를 졸업한 사람도 있었다. 장로·집사는 물론이고 누구보다 열심히 기독교 보수 신앙을 평생 지켜 온 노인들도 있었다. 주일날은 일하지 말아야 되니 방을 쓸고 닦는 일도 하지 말아야 한다는 율법 아닌 율법을 지킨 노인도 있었다. 그러나 최 목사님의 말씀에는 아무도 말꼬리를 잡거나 말허리를 자르거나 말머리를 흐리는 이가 없었다. 목사님이 너무나 훌륭한 삶을 살아오셨기에 그처럼 충격적인 말씀을 하셨어도 아무도 반항하는 사람이 없었다. 만약 그러면 결핵 환자로 수용되어 있던 그곳에서 쫓겨날까 봐 그랬을 것이라는 해석도 해 보지만, 그런 이론 가지고 반박했다 해서 쫓아낼 만큼 소견 좁은 목사님이 아니셨다. 지금은 기독교에서 다른 종교를 이해해 주는 폭이 넓어졌다. 같이 예불도 드리고 예배도 드리지만 그 당시에는 어림없는 일이었다. 나는 이 같은 글을 일찍부터 쓰고 싶었으나 속 좁은 기독교인들이 있을까 봐 쓸 수 없었다. 지금도 이 글을 읽은 이들은 항의하려는지 몰라도 내가 적은 것은 그때 그 목사님이 그런 설교를 하셨다는 것뿐이다. 글을 쓰고 있는 임락경이는 목사로서 어떤 생각을 갖고 있느냐, 확실한 신앙 노선을 정하라는 항의를 하려는지 몰라도 그때 그 목사님이 그 장소에서 그런 설교를 하셨다는 지나간 이야기일 뿐이다.

기독교 정신으로 세워진 출판사에서 어떤 생각으로 이 글을 편집했느냐 하는 독자들의 항의가 생겨나고 나서 매월 발행하는 판매 부수가 줄어들려는지 몰라도 그런 뜻이 아니다. 다만 그때 1961년도 여름 주일날 무등산에서 최흥종 목사님이 그런 내용의 설교 말씀을 하셨다는 것뿐이다.

최 목사님의 단호한 설교 말씀의 결론은 오직 예수 이름으로만 구원받을 수 있다는 것이었다. 이런 기회에 속 좁은 기독교인들 마음 좀 넓히면서 신앙생활을 하셨으면 한다.

원효사 복음교회

1963년 9월쯤 일이다. 갑자기 목사님께서 광주 시내에 가겠다 하신다. 사나흘 걸릴 것이라고 하신다. 노선 버스가 없었고 소형 관광버스가 하루에 한두 차례 영업을 하면서 무등산을 오르내리고 있을 때였다. 무등원 식구들은 버스를 탈 생각을 못 했지만 목사님은 80세가 넘으신 데다 지팡이에 의지한 노장이고 약자이셔서 버스를 타고 광주에 다녀오셨다. 목적은 교회를 하나 지어야겠다는 것이었다.

다녀오신 결과는 이렇다. 전라도에서 제일 재산이 많은 광주여객 사장 박인천 씨를 만났는데 석유 두 드럼을 사 주기로 했다고 하신다. 석유가 얼마나 귀했던지 집집마다 호롱불 밝힐 석유도 없을 때였다. 무등원이 몇 년 동안 불 밝힐 석유 걱정은 안 해도 된다 하셨다. "길 가다가 도지사하고 시장하고 만났지. 그래서 교회 짓는다고 헌금해 주기로 했지. 몇 사람 만나고 나니 교회를 지을 수 있겠어서 올라왔다." 그 즉시 교회를 지었고 3개월 만에 거기서 예배를 볼 수 있었다. 정확하지는 않으나 교회 건물은 40~50평 정도 된 것 같다. 강대상은 없다. 목사님이 일어서서 설교하실 힘이 없으니 앉아서 하실 수 있도록 앉는 책걸상 하나 있고 그 옆으로 방이 있어 그 방에서 생활하고 계셨다. 그곳에서 임종 전 금식 들어갈 때까지 계셨다. 그러니까 교회 짓고 3년간 사신 것이다.

사찰 부지에 교회가 섰다

교회를 지은 땅은 원효사 땅이었다. 그때 그곳은 마을이었고 무등원 결핵 환자들이 쓰고 있는 집터도 모두가 절 땅이었다. 절 주지에게 교회를 짓겠다고 승낙을 받았는지 안 받았는지도 모르겠다. 아무튼 그 사찰 주지하고는 땅 문제나 도지 문제 가지고 전혀 문제가 없었다. 말하자면 텃세 문제가 거론되지 않았다. 절 땅에다 교회를 짓고 있는데도 그랬다. 사전에 목사님께서 주지에게 승낙을 받았는지 아니면 주지가 알고도 너그럽게 덮어 주고 품어 주고 계셨는지, 최홍종 목사님의 명성이나 인격에 감격하여 그랬는지, 아니면 도지사, 시장의 권력에 눌렸는지 모두가 궁금하기만 하다. 어찌 됐든 원효사 사찰 부지에 교회가 세워졌고 복음교회라고 했다. 그 당시 원효사 주지 스님은 잘못하면 천당 갈 수 있겠다 하는 생각도 해 보았다. 물론 속 좁은 기독교인 생각으로는 예수 이름으로만 구원이었다.

하도 거시기가 거시기헌게

1963년 8월이었다. 몇 사람이 모여 있을 때였다. "목사님 팔십 평생 사시면서 제일 기억에 남을 만한 말씀 한마디 해 주십시오" 하는 제의를 드렸다. 누구나 한평생 살다 보면 말씀 한마디 남기고 떠나야 한다. 그 말씀은 짧으면 짧을수록 좋다. 가령 석가 같으면 8만 4천 대장경을 팔십 평생 설했으나 한마디로 축소하면 자비인 것이다. 공자 역시 칠십 넘도록 사셨고 수많은 말씀을 하였으나 한마디로 줄이면 인仁이다. 소크라테스는 '네 꼬라지 파악을 해라'라는 말로 요약된다. 구약성경 그렇게 두꺼우나 모두가 율법이요, 율법을 축소시키면 십계명이 되고 십계명을 더 줄이면 하나님 공경, 이웃 사랑이다. 여기까지는 모세가 줄여 놓았다. 모세가 줄여 놓은 하나님 사랑 이웃 사랑을 예수가 더 줄이려고 세상에 오셔서 지극히 보잘것없는 이에게 하는 것이 나에게 한 것이라고, 이웃 사랑과 하나님 사랑을 합하여 사랑으로 줄여 놓고 가셨다. 노자처럼 무위를 말하거나 장자처럼 말이 필요 없다는 말을 할 수도 있다. 노자가 말이 필요 없다는 설명을 하다 보니 3천 마디를 하셨다. 또다시 장자가 나타나서 우리 선생님이 그러시는데 말이 필요 없다더라고 5천 마디를 하셨다. 나 또한 말이 필요 없다는 말을 또 하고 있다. 성철 스님처럼 자비는 자비이고 사랑은 사랑이다라든가, 노무현처럼 아무도 미워하지 말라든가, 박완서처럼 나 죽거든 부조 돈 받지 말라거나, 한평생 살면서 한 말씀 남겨야 한다.

최흥종 목사님이 하셨던 한 말씀이다. 만주에서 수많은 군중이 모였는데 단에 올라갔었다. 말씀인즉 "하도 거시기가 거시기헌게 거시기가 거식헌다" 했더니 그 수많은 군중이 박수를 보내며 환호했다. 그러곤 단에서 내려오셨다 한다. 이것이 다다. 이 이야기를 10여 명이 들었는데 그것이 무슨 뜻이냐고 묻는 이가 아무도 없었다. 제일 나이 어린 나도 다 알아들었다. 그리고 최흥종 목사님을 소개할 때마다 이 말씀을 자주 사용해 왔다. 그래도 아무도 그 뜻이 무엇이냐고 묻는 이가 없었다.

몇 년 전부터 젊은이들이 그 말이 무슨 뜻이냐고 묻는다. 이 말을 이현주 목사에게 했더니 이현주 목사 왈, "그 말을 못 알아들을 놈이 누가 있느냐. 나 이 말씀 자주 써먹어야겠다. 나 써먹어도 되지?" "뭐, 내가 한 말이냐. 최흥종 목사님 말씀이지. 많이 써먹어라. 나도 써먹고 있으니." 요즘 젊은이들이 기도도 잘 안 하고 깊은 명상도 안 하고 더욱이 노자 『도덕경』 첫 줄도 읽지 않고 신앙생활을 하니 그런 질문을 하게 된다. 나도 무슨 뜻인지 목사님께 물어보지 않았고 돌아가신 지도 50년이 넘었다. 아무튼 무슨 뜻인지는 확실히 알고 있다. 그래서 하도 거시기가 거시기헌게 거시기가 거식헌다.

애양원의 창시자

여수 애양원 병원에 갔다. 행정국장인 정옥동 장로가 애양원 소개를 한다. 맨 먼저, 최흥종 목사가 깡패였는데 기독교인이 되어 나병 환자들과 같이 살면서 광주에 나병 환자가 정착할 집을 마련했고 이곳 여수로 옮겨 왔다는 말씀부터 시작해서 애양원 창립 경위를 설명한다. 그 후로 나는 애양원과 교류를 지금까지 지속하고 있다. 뭐, 나병 환자들을 돌본다거나 도움을 주는 것이 아니다. 내가 수시로 도움을 받았다. 무엇보다 병원의 도움을 많이 받았다. 처음 그곳 교육관에서 전국 목회자들 교육이 있었고 강의차 갔다. 애양원 병원 간호사가 병원 소개를 했다. "우리 병원은요 수술비 없다고 수술 안 해 주지는 않아요." 그러면 좋은 병원이다. 좋은 학교는 돈이 없어 등록금 못 내도 졸업시켜 주는 학교다. 훌륭한 선생은 가르친 값 안 줘도 가르쳐 주는 선생이다. 훌륭한 의사는 환자가 돈 못 내도 수술 먼저 해 준 의사다. 훌륭한 목사는 사례비 못 줘도 설교 값 못 줘도 설교해 준 목사다. 내가 정농회 회장 때 한일평화교류회가 있었다. 일본에서 회원들이 왔을 때 애양원을 갔다. 전시관을 가 보니 애양원 역대 목회자들 사진이 전시되어 있었다. 그중 첫 번째 사진이 최흥종 목사님이었다. 후대로 손양원 목사님도 있었고 이강일 목사님이 목회자로 나환자들을 섬기다가 지난해 가셨다.

혈식군자血食君子

　최흥종 목사님은 굶어서 돌아가셨다. 어찌 생각하면 자살이라고 해야 한다. 그러나 그분이 굶어서 돌아가셔도 자살이라고 생각한 사람은 한 사람도 없다. 내가 같이 살아 봐서 잘 안다. 의학 공부도 하셨고 나병 환자들을 돌보고 사셨던 목사님 방에는 상비약 정도가 아니라 모든 약이 다 있었다. 그때 말로 돌팔이 의사였다. 평소 배탈이 나면 굶으셨던 목사님 본인이 판단하시기에 이번 배탈은 못 고치고 돌아가실 것을 아셨다. 그로부터 굶으셨다. 아마 굶지 않으셨으면 3, 4일 아니면 7, 8일 사시고 돌아가셨을 것이다. 굶으셨기에 100일을 더 사신 것이다. 우리나라에는 남자 7일 굶으면 죽고, 여자 9일 굶으면 죽는다는 말이 내려오고 있었다. 물론 예수는 40일이었고 석가는 6년이라는 시간 동안 조금씩 먹었다.
　목사님은 인류의 역사 기록에 남을 만한 일을 하신 것이다. 목사님 금식이 60일이 지나면서부터 언론에 보도되기 시작했다. 어떤 신문에 최흥종 목사 금식 60일, 또 다른 신문에 최흥종 목사 금식 62일, 65일, 70일, 80일, 이제는 신문만 보고서도 임종을 알 수 있었다. 100일 금식이라는 기록을 남기신 것이다.

그러면 자살이다. 그러나 언론에 자살이라고 평가한 사람은 아무도 없었다. 그것은 목사님께서 본인 건강 상태를 너무나 잘 아셨기 때문이다. 목사님은 병이 나셔서 100일 굶고 가셨으나 건강한 사람이 며칠 굶으면 죽는지 나도 궁금하기는 했다. 그러나 멀쩡한 사람이 며칠 굶으면 죽는가 생명을 갖고 실험을 해 볼 수도 없고 그런 실험에 본인이 자원할 사람도 없다. 2010년, 정농회의 내 전임 회장이 금식하다 죽게 되었다. 그는 무척 건강한 사람이었다. 100일을 못 채우고 88일 만에 죽었다. 꼭 굶어 죽었다기보다는 얼어 죽었다고 본다.

목사님은 혈식군자다. 예부터 병 없이 건강하게 살다가 임종 때 음식을 못 먹고 자기 피를 다 먹고 임종하는 사람을 혈식군자라 했다.

나를 타락시킨 백춘성 장로

1973년 가을, 내가 경기도 장흥 동광원 분원에 살 때였다. 백춘성 장로님이 찾아오셨다. 그해가 환갑이셨고 환갑 수기로 쓴 자서전 『고마운 세상』을 가지고 오셨다. 장로님은 내 앞에 무릎을 꿇으시고 나를 선생님이라고 부르신다. 내가 당신보다 30년 더 문화인이고 지성인이고 현대인이니 무조건 선생님이시란다. 그래서 배움을 청하러 찾아오셨다고 하신다. 그러고 나서 앞뒤가 맞지 않고 되지도 않은 말들을 받아 적고 계신다. 미개인들은 300년 전 쓰던 호미 그대로 쓰고 있으나 지금 현대인들은 10년 만에 경운기, 트랙터 가지고 농사를 짓는다고 하신다. 또 늙은이들이 경제권을 쥐고 있으면 없어지거나 줄지는 않아도 발전을 할 수가 없다는 것이다. 본인은 모두 다 자녀들에게 넘기셨다 한다. 사업하다 망해도 좋다는 것이다. 그 돈 모두 국내에 있고 다른 사람이 성공하는 데 보탬이 된다는 것이다. 그때까지 내가 알고 있는 것은 백춘성 장로님이 본인의 전 재산을 동광원에 바치신 사업가라는 것뿐이었다.

옛 사람은 미개인, 요즘 사람은 문화인·현대인·지성인이라는 말씀이 나로 하여금 30세 때 뜻을 세우게(立志) 하였다. 어릴 적부터 좋다는 것은 다 했고 진리라면 다 추구했다. 정의에는 칼 같았고 거룩이들(聖人)이 하는 짓은 다 따라 했던 나였다. 이현필 선생이 하던 일을 모두 따라 하려 했고 하지 못한 것들은 기어이 하려고 노력했다. 학교 가지 말자, 병원 가지 말자, 약 쓰지 말자, 원조물자 먹지 말자, 고기 먹지 말자, 이발소 가지 말자, 목욕탕 가지 말자, 양복집·구둣방 가지 말자 등, 모두 내 신조였고 지켜 왔다. 일어나는 시간은 네 시였다. 냉수마찰 먼저 하고 한 시간 예배가 있으면 좋고 아니면 기도 시간을 한 시간 갖는다. 기도가 지루하면 찬송가나 성가를 부르면서 한 시간을 채워 나갔다. 낮에는 일하고, 일을 해도 남을 위해서 해야 한다. 또 다석 선생님이 하시던 1일 1식도 지켜 냈다. 그분이 앉는 자세인 무릎 꿇고 앉는 자세도 지켜 냈다.

영화관이나 다방도 안 갔고, 신문 안 보고 라디오도 듣지 않았다. 가능하면 차 타지 말고 걷자는 생각으로 경기도 장흥에서 서울도 걸어 다녔다. 의정부는 물론이고 능곡까지 20킬로미터, 서울까지는 16~20킬로미터인데 수시로 걸어 다녔다. 장흥에서 벽제 계명산까지는 12킬로미터이지만 한 번도 차 타고 다닌 일이 없었다. 운동 기구도 없었고 오락 기구도 갖지 않았다. 화투는 물론이고 바둑, 장기도 안 했다. 글 쓰지 않겠다, 사진 찍지 않겠다, 배 타고 바다 건너가지 않겠다, 비행기 안 타겠다, 승용차 사지 않겠다, 통장 갖지 않겠다, 거룩한 책이 아니면 읽지 않았고 거룩한 자리가 아니면 가지 않았다. 깊이 들어가 살 수만 있으면 더 깊숙이 들어가 살려고 노력했고 혼자 있기를 즐기려고 했었다. 숨어 수도하는 이(은수자隱修者)들의 흉내를 다 내면서 살았다. 혼자서 기도 중에 예수님과 약속하고 다짐하고 실현하려 했던 각오와 다짐이 서른 가지 정도는 되었다.

　이 모든 일들을 백춘성 장로님을 만나고서 깨트렸다. 물론 지금까지 지켜 나간 것도 있으나 겉으로는 나타내려 하지 않았고 무척 평범한 신앙생활을 하기로 했다. 위에 빠진 것도 있다. 사회에서 반장도 하지 않겠다, 교회에서는 집사도 안 하겠다, 아무 단체든 단체장도 안 하겠다는 다짐도 곁들여 있었다. 예수님과 한 이 모든 약속을 다 취소하고 내 주장을 모두 포기하기로 했다.

　백 장로님을 만난 후 나는 새로운 삶을 살게 되었다. 지금까지의 삶은 모든 사람이 추구하고 바라보는 신앙적 삶이었고, 지금부터는 나타나지 않고 평범한 삶을 살게 되었다. 거룩한 삶이 아니고 속된 삶을 찾게 되었다. 지금까지 내 신앙관이 잘못되었다기보다는 옛사람이 말한 미개인의 신앙관이었다. 문화인다운, 현대인다운, 지성인다운 신앙생활로 바꾸어 나가기로 했다. 그렇다 해서 서른 가지 결단을 모두 바꾸어 나가겠다는 것이 아니다. 지킬 것은 지키되 나타나지 않게 조용히 지키며, 지키고 있다는 생각마저도 해서는 안 된다.

　그때 동광원으로 나를 찾아오신 백 장로님은 그길로 나를 데리고 서울로 나가셨다. 우선 사흘 동안 서울을 데리고 돌아다녔다. 우선 매주 일요일 오후 두 시에 종로에서 열리는 김형석 교수의 강의를 안내해 주신다. 또 노인이시라서 정동교회에 있는 노인학교도 보여 주시고 밤에는 흥사단 모임도 안내해 주신다. 명동성당에 있는 강의도 안내하신다. 절두산 순교기념관도 보여 주시고 조계사 구경도 시켜 주셨다. 그때까지 동광원 신앙이 제일이고 동광원 밖의 신앙은 모두 잘못된 신앙생활로 알고 있는 나에게 동광원 밖에도 훌륭한 신앙생활이 있었다는 것을 깨우쳐 주려고 애쓰셨다.

때맞추어 얼마 후에 양동석 목사님이 찾아오셨다. 그분은 한신대학교를 나오셨고 서울에서 500여 명 모이는 교회의 목사였다. 52세 되던 해 생활을 바꾸셨다고 한다. 사회적으로도 성공하였다 한다. 경제적으로도 명예로도 남보다 앞섰고, 교회적으로도 성공했다. 그리고 많은 사람을 전도하고 구제하였고 구원시켰다. 그러나 정작 본인은 걱정이 된 것이었다. 갑자기 '너는 어디로 가냐?' 하는 물음에 답이 없었다. 그 즉시 500여 명 모인 교회를 사임하고 본인의 구원에만 힘쓰기로 했다. 그 후로는 주일만 되면 다른 교회로 다녔다. 그것도 한 주는 어느 교회, 그 다음 주는 다른 교회, 셋째 주는 또 다른 교회를 다니면서 서울 시내 교회를 빠짐없이 다녔다. 그리고 시골 구석진 교회를 찾아다녔다. 그러던 분이 나를 찾아오신 것은 옛날 광주 YMCA에서부터 최홍종 목사님과 이현필 선생, 초창기 동광원의 역사도 깊이 알고 지내셨기 때문이다. 그래서 나를 일부러 찾아오신 것이다.

당시 청년 열다섯 명이 모여서 신앙생활을 하고 있을 때였다. 아침저녁으로 드리는 예배가 있었는데 저녁예배를 깨트린 것이다. 그렇다고 해서 기도나 말씀이나 자복과 회개가 아닌 것은 아니었다. 형식적인 찬송과 기도와 성경 말씀 읽는 것을 깨트리고, 속옷만 입고 잠에서 깨어나 앉기도 하고 뒹굴기도 하면서 대화 속에서 주님과 더 가까워지는 것이다. 이틀이 지난 후 나를 데리고 서울로 나가셨다. 그때가 1973년이었다. 한국대학생선교회(CCC)에서 주관하는 엑스포74 준비 모임이 열리는 CCC 회관으로 나를 데리고 간다. 거기서 약속 없이 백춘성 장로님을 만났고 회관에서 제공하는 식사를 같이 했다. 양 목사님은 사흘 동안 나를 데리고 가 봐야 할 곳들을 안내하신다. 서울대학 다니고 있는 아들을 불러내서 나에게 인사시킨다. 아들에게 이런 사람도 있다는 것을 보여 주어야 한다고 한다. 대학을 안 다닌 나는 서울대학을 그처럼 어렵게 들어간다는 것을 몰랐다. '옛 사람은 미개인, 지금 사람은 문화인·현대인·지성인'이라는 박춘성 장로님의 말씀과 '너는 어디로 가느냐?'는 양동석 목사님의 말씀, 이 두 분의 말씀에 따라 내 신앙생활에 변화가 오게 되었다. 동광원에서 평가한다면 타락이었다. 기존 교회에서 본다면 이단이었다. 영성과 진리를 추구하는 이들이 본다면 아무것도 보이지 않고 증거 없는 하찮은 삶이 될 것이다. 변화된 삶을 재정리해 보자.

아침에 일어난다기보다는 새벽에 일어난다. 일어나서 냉수마찰을 한다. 냉수욕은 국민학교 다닐 때부터 했다. 그때 우리 마을에 면허 없는 의사 선생이 있었다. 그분이 매일 새벽 개울가에서 냉수마찰을 하였다. 나도 따라 해 보겠다고 아침마다 고향 앞 큰 개울에서 냉수마찰을 했다. 그러나 한겨울에 얼음을 깨고 한다는 것이 쉬운 일이 아니었다. 고향에 공동 우물이 있었는데 그곳 물은 얼음물이 아니고 겨울에도 약간 따뜻한 기운이 돌았다. 한겨울에 그 의사 선생이 공동 우물에서 물을 끼얹는다는 어른들의 비난을 들었다. 그때 우물은 여인네들만 다니는 곳이었다. 젊은 남자가 거기에 새벽부터 가서 알몸으로 목욕을 한다는 것은 비난거리였다. 물론 돌담이 쌓여 있기에 목욕을 할 수는 있었다. 지금같이 가로등이나 무슨 조명 장치가 있는 것도 아니어서 더듬어 다닐 때였다. 아무튼 그 의사 선생이 하셨고 나는 어린아이라 아무도 모르고 신경도 쓰지 않았다.

그러나 문제가 있다. 냉수마찰을 하려면 우선 목욕탕 시설이 갖추어져야 한다. 또 하고 나서 따뜻한 방에서 추위를 녹여 주어야 한다. 그러나 도시의 부잣집을 제외하고 서민들은 씻을 수 있는 시설이 집 안에 없었다. 다만 시골에는 언제나 씻을 수 있는 대중 무료 목욕 시설, 즉 개울가나 강가가 있었다. 3천 리나 되는 넓고 긴 목욕 시설이었기에 언제나 냉수욕은 할 수 있으나 하고 나서 추위를 녹일 곳이 없었다. 봄이나 여름에는 언제나 할 수 있고 늦가을까지는 그런 대로 잘 했는데 한겨울 소한을 넘길 때면 몸살감기가 크게 와서 중단하고 봄에 다시 시작해야 한다. 지금 생각해 보니 그 의사 선생은 몸이 뚱뚱하고 열이 많은 분이었다. 6·25 사변을 겪은 지 10년 겨우 지난 때였다. 나는 성경에 돼지고기 먹지 말라고 해서 고기를 먹지 않고 자랐다. 나는 몸뚱이가 너무나 찬 체질이었다. 몸이 차서 새벽에 죽었는가 보려고 아버지께서 깨우기도 했다. 건강 찾기 위해서가 아니고 명을 불러오기 위해 자청해서 새벽마다 시행한 냉수마찰이었다.

그 후 동광원에 가서도 냉수마찰을 계속했다. 동광원은 주로 산골에 있고 또 동광원 식구들 중에 냉수마찰하는 사람들이 많아 온수 시설은 없어도 냉수욕하기에 불편한 점이 없었다. 주로 최창익 형님과 같이 했는데 하고 나서 자주 하는 말이 냉수마찰할 수 있는 체질이 따로 있다는 것이었다. 젊은 나이라 서로 경쟁하면서 하고 지냈다. 냉수욕을 하는 목적은 첫째는 극기 훈련이고 두 번째는 면역을 얻어 건강을 찾으려는 것인데, 극기는 얼마든지 할 수 있었으나 고기 먹지 않고 강냉이 죽 먹고 하는 냉수욕이란 병을 수시로 불러왔다.

동광원에서 있었던 일이다. 무등산은 여름에도 추운 곳이었다. 한겨울에 이대영 선생이라는 분과 양인운이라는 분이 개울에 들어앉아 누가 오래 견디나 시합을 하였다고 한다. 민족생활학교라는 곳이 있다. 내가 교육 때마다 냉온욕을 시키고 있다. 그곳에 4년째 교육 강사로 갔을 때였다. 목욕탕 냉탕은 지금은 미지근하지만 옛날에는 무척 찬 물이었다. 또 민족생활학교에서는 냉온욕을 하기 위해서 찬물의 온도를 더 낮춘다. 그러면 신부와 스님과 원불교 교무와 수사와 목사가 같이 냉탕에 들어가서 누가 오래 견디나 장난기 섞인 시합을 벌였다. 물론 내가 주도하였다. 수녀와 비구니와 여자 목사는 없어서 함께 참여할 수가 없었다. 그 시합에서 수사가 제일 오래 견디었다. 누구나 스님이 오래 견딜 것으로 알았겠으나 내 변호는 이렇다. 스님은 고기를 먹지 않아서 차가운 체질이고 수사는 고기를 먹고 살아왔기에 체질이 따뜻한 것이다. 글을 쓰다가 새벽 네 시에 찬물을 끼얹고 다시 따뜻한 이불 속에서 추위 녹이고 다시 글을 써 본다. 이순耳順이 지나 칠십을 바라보는 늙은 몸이지만 시설이 갖추어지니 해 볼 만한 냉수욕이었다.

백춘성 장로님을 만나고 나서 지속적으로 냉수마찰을 했는지 안 했는지 기억도 나지 않는다. 개구리나 뱀은 찬 피(冷血) 동물이지만 냉수욕을 곧잘 한다. 그러나 겨울에는 서리만 내리면 땅속에서 꼼짝도 안 하고 숨어 지낸다. 고래나 곰은 북극에서 겨울에도 냉수욕하고 지낸다.

일일일식一日一食 이야기

8·15 되던 해 태어났고 5년 후에 6·25를 겪었다. 전쟁과 후유증이 10년을 더 갔다. 전 국민이 배고픈 시절이었다. 이때는 1일 1식이 아니고 억지로 3일 1식일 때가 많았다. 아무튼 자라면서 억지로 1일 1식, 1일 2식 하면서 자랐다. 5·16 이후 국민들이 보릿고개를 넘기면서 배부르게 살아갈 때 나는 동광원에 들어가 1일 1식도 하고 1일 2식도 하면서 생활하였다. 게으른 사람들이 하기 좋은 변명도 되었으나 다른 사람들이 달리 봐 주는 것도 있다.

군대 생활을 마치고 이곳 광덕교회에서 목회자로 있을 때도 1일 2식은 지속되었다. 강원도에서는 제일 힘든 일이 무 하산下山이라는 노동이다. 화전을 일구어 높은 산에 산불을 놓고 퇴비나 비료 없이 무를 심으면 크고 맛있고 질이 연하다. 지고 올라갈 것은 무 종자였으나 지고 내려올 때는 2킬로그램이 넘는 무거운 무 뿌리다. 무 하산은 얼마나 힘이 드는지 1일 작업량만 채우면 오전에 끝이 나도 하루 품삯을 주던 때였다. 이처럼 힘든 일이라 아침밥을 든든히 먹고 새참도 국수나 밥이나 든든히 먹어야 일을 할 수 있었다. 그러나 나는 아침도 안 먹고 새참도 안 먹고 열두 시까지 다른 사람들이 지고 다닌 무 짐을 다 따라 지고 다니면서도 1일 2식을 하고 지냈다. 그 후로도 1978년까지는 지속적으로 지켜 왔다.

그다음 동광원 밖에서 생활하게 되었다. 생활이 어려워 가을철에 탈곡기 따라다니며 남의 벼 타작을 했다. 벼 타작은 그런 대로 굵고 할 수 있었으나 벼 가마니를 져다 주는 일이 힘든 일이었다. 벼 가마니를 저울에 달아 보니 100킬로그램 정도였다. 지금처럼 벼 가마니를 저울에 올려놓고 40킬로그램 되면 내리고 그런 때가 아니었다. 가마니에 벼가 얼마나 들어가든 한 가마니에 타작 삯을 넉 되씩 받는 것이다. 주인은 큰 가마니를 준비해 작대기로 늘리면서 늘린 만큼 삯을 적게 주는 제도였다. 이런 가마니를 달아 보니 100킬로그램이 넘었고 가벼운 것도 90킬로그램 정도였다. 이런 가마니를 500미터 되는 논길을 걸어 져다 주어야 한다. 새벽 네 시에 타작을 하고 다섯 시에 아침을 먹는다. 아침 먹기 전에 벼 가마니를 어깨에 메고 가는데 배가 고파 도저히 못 간다. 내려놓고 아침 먹고 다시 들쳐 메니 갈 수 있었다. 이날부터 1일 1식이니 1일 2식 하는 이론은 내 머리에서 지워 버리기로 했다. 다석 선생도 일하는 이들은 먹어야 한다고 하셨다. 그러나 일하지 않는 학자들에게 평생 1일 1식 정도는 해 볼 만한 놀이다. 백 장로님을 만난 지금 나는 1일 3식이다.

백춘성 장로님은 1913년에 태어나셨다. 이현필 선생과 동갑이시다. 광주 재매교회(현 신안교회) 초대 장로다. 초대 권사이신 정정촌 권사의 아들이다. 청년 시절부터 재매교회 예배를 인도했다. 전남방직공장 직원이었다. 1938년 조선예수교장로회총회가 신사참배를 가결한 이후 회사에서 신사참배를 강요한다. 기독교신앙에 철저한 백춘성은 회사를 그만두고 1940년 만주로 떠난다. 만주에서 돌아와 호남 굴지의 건설회사인 한국공업소를 경영하는 기업인으로 성장하지만 평생 동안 어려운 이웃과 함께 검소한 삶을 살았다. 1951년 11월 9일 장로 임직을 받은 후 모든 재산을 동광원에 기증한다. 기증한 과정이 기록에는 없어도 내가 직접 들었다. 어머님인 정 권사님께서 재산 상속 문제로 자녀들과 의논을 하게 되었다. 큰아들인 백 장로는 "어머님, 우리가 아들이지만 실제로 영적인 아들은 이현필이지요?" "그렇다." "그렇다면 재산 상속을 영적인 아들에게 해 주시고 싶지요?" "그런 생각도 해 본다." "그렇다면 다른 형제들 몫은 몰라도 내 몫은 어머님께서 원하시는 대로 어머니의 영의 아들인 이현필에게 드리겠습니다." "그렇게 해 줄래?" "그럼요, 어머니께서 원하시는 대로 해 드려야지요." "고맙구나." 이때 다른 형제간들도 모두 같은 생각으로 결정하고 동광원으로 헌납하기로 하였다.

어머님인 정정촌 권사님은 서서평 선교사의 신앙을 본받았고 서 선교사는 백춘성 장로의 누이동생을 이일학교에 입학시켜 부인조력회 회장직을 맡을 때까지 가르치고 길러 주었다. 그리고 이현필이 재매교회 전도사로 있을 때 어머님과 백춘성은 그의 신앙을 우러러보게 되었다. 백 장로가 어머님 회갑 잔치를 가지고 이현필에게 의논하자 이현필은 "거지들을 초청해서 잔치하십시오"라고 해서 거지들을 초청해 잔치를 했다. 재산 헌납 과정에서 이현필은 "한 번만 바치고 두 번은 바치지 마십시오" 하였다. 여기에는 두 가지 뜻이 있었다. 재산을 헌납한 뒤에 돈이 모이면 또다시 바치고 또 바치면서 느끼는 기쁨이 있어 자주 바칠까 봐 한 말이었을 것이다. 또 하나, 바치고 나서 바쳤다는 이야기를 늘 하면 그것 또한 여러 번 바치는 것이 된다.

그 후 50여 년이 지나 이현필 추모일인 3월 13일 추모식이 끝나고 몇 명이서 "옛날에 헌신짝 버리듯 버렸던 재산이지만 동광원에 기록으로 남기고 싶으니 그때 버렸던 과정을 한 번만 더 말씀해 주십시오" 했으나 백 장로님은 "나는 이 선생이 한 번만 바치고 두 번 바치지 말라고 했으니 그 과정을 말하지 않겠다"며 말씀을 안 하셨다.

이현필은 여러 명이 이곳저곳에서 재산을 헌납해도 다 받아들이지는 않고 등기 권리는 헌납한 사람 이름으로 두기로 했다. 그러다가 다시 찾아가는 이들도 있었다. 그러나 백 장로의 재산은 서슴없이 받아들였다. 살던 집과 전답, 조상 대대로 내려온 선산에서부터 살림 도구까지 모두 바치기로 한 것이다. 어머님은 추수가 끝나고 바치자고 했으나 백 장로가 그대로 바치자고 해서 바쳤다. 당장 끓여 먹을 부엌 살림살이는 갖고 나가야 되지 않느냐고 하니 숟가락 하나라도 가지고 가면 모든 것을 바쳤다는 것이 아니니 그대로 떠나겠다고 하며 온 식구가 떠났다. 이때 이현필은 이렇게 바치면 3년 안에 3층 집 지을 것이라고 했는데, 그 후 황금동에 광주에서 최초로 5층 건물인 한공빌딩을 짓게 되었다. 백 장로가 말하기를 이 빌딩은 이현필 선생의 예언대로 생긴 것이라 했다.

백 장로는 노력형이다. 그분은 유능한 인재가 아니고 보통 사람도 아니다. 그의 특징은 기억력이 없는 이다. 그냥 없는 정도가 아니다. 얼굴을 못 알아보는 정도가 아니다. 이름을 기억하지 못하는 분이다. 몇 번을 만나도 성도 몰라 그냥 선생이라고 부른다고 한다. 그 방면은 나도 마찬가지다. 얼굴 기억, 이름 기억이 무척 서투르다. 백 장로님이 아들 등록금을 내려고 연세대학에 갔는데 아들 이름을 잊어버렸다고 한다. 심지어는 명단을 내놓아도 못 찾아냈고 사진첩을 내놓으니 얼굴을 보고 이 아이가 내 아들이라고 찾아내서 등록금을 내셨다고 한다. 아들 이름은 나도 기억한다. 처음에 아들 4명을 낳기로 하고 낳기 전에 이름을 미리 지어 놓았다고 한다. 정·의·용·사로 정남, 의남, 용남, 사남으로 지었는데 넷째는 역시 '사'남이었다. 그러나 계획은 없었는데 다섯째를 갖게 되었다. 장로님이 현장에 가고 없을 때 낳았는데 가족들이 합의해서 이름을 지었다 한다. 정의용사만 있고 이기지 못하면 무얼 하느냐, 이기고 봐야 한다고 이길 승勝 자로 승남이란다. 이렇다면 몇째인지만 알았어도 아들 이름을 잊지 않았을 것인데 그나마 등록금을 내러 갔기 망정이지 다른 일로 갔으면 사기 치러 온 줄 알고 사건이 커졌으리라 생각된다. 이렇게 기억력이 없는데 한국공업소라는 회사를 20여 년간 사장으로 운영했고 광화문 부근에 있는 빌딩 사무실에 나도 여러 차례 찾아갔었다. 그분이 환갑을 맞아 쓴 자서전 제목이 '고마운 세상'이다. 이런 사람도 한평생 살게 해 준 세상이 고맙다는 것이다.

그분은 예부터 공사를 할 때는 원칙대로 하기에 공사를 하고 나면 큰 돈은 남길 수 없어도 하자 보수 공사를 안 하기에 부도가 나거나 망하지는 않았다고 한다. 그분은 장로로서는 항상 자격 없는 60점짜리 장로라고 하신다. 처음 베드로가 장로고 바울이 장로였고 디모데가 장로라고 한다. 천국에도 열두 장로가 있다고 하였고 목사는 한 군데도 없다고 한다.

장로의 자격에서 시기심 질투심 모두 불합격인데 합격 점수가 되는 것 두 가지가 있다고 한다. 한 아내의 남편이 되어 절대로 딴 여자 생각 안 했으니 100점이고 소유한 것을 팔아 가난한 자를 주라 해서 한 번 그렇게 했기에 100점 얻어 60퍼센트 장로였으나 60퍼센트 장로니 자격

없는 장로라고 한다. 나에게 무시로 찾아오셨다. 1987년에는 이곳 강원도에서 주무시고 가셨고 귀일원에 갈 적마다 뵈었으나 2009년 11월 9일 97세의 일기로 고마운 세상을 작별하시고 지금은 고마운 천국에서 다른 세상을 사시고 계신다.

김현봉 목사 1

1960년대 내가 살았던 동광원 식구들이 입고 다닌 옷은 이렇다. 남자들은 머리 깎고 한복 입고, 여자들은 검은 치마에 흰 저고리로 역시 한복이었다. 머리는 파마할 돈이 없고 단정하게 손질하고 지낸다. 지금 원불교 여성 교무들 복장으로 보면 되겠다. 그 후 내가 서울에 가 본 것은 군복 입던 시절이었고, 1969년 제대 후 다시 동광원에 있었다. 이번에는 경기도에 있는 동광원이었기에 생활권이 서울이어서 서울에 자주 갔다. 서울 서대문구 쪽으로 가면 동광원 사람들이나 원불교인들과 같은 복장을 하고 다니는 사람들을 볼 수 있었다. 후에 알고 보니 아현교회 교인들이었다. 또 있었다. 군에 가기 전에 나는 동광원에 있었으니 머리 깎고 한복 차림이었고 제대 후에도 바로 머리 깎고 한복 입고 지금 이곳 화천의 광덕교회를 찾아왔었다. 내가 군복무한 곳이 이곳이었고 그때 군인 교회는 역시 군대 생활 분위기여서 면 소재지인 사창리의 감리교회에 출석했다. 이곳 광덕교회는 1968년 내가 군에 있을 때 개척했고 현역 사병으로서 교회에 출석을 했다. 그냥 출석이 아니라 성가

대 유년주일학교 교사였고 시간 나는 대로 심방까지 하기도 했다. 목회자가 없었다. 제대 후에도 목회자가 없기에 고향에 갔다가 곧바로 다시 왔다. 그때는 목사들이 귀해서 평신도 교회 사역자들이 많았다.

광덕교회에 자리 잡고 있을 때, 나보다 1개월 늦게 입대해 이웃 부대에서 복무했던 윤이위라는 병사가 제대하고 찾아왔다. 나와 약속한 것처럼 머리 깎고 한복 입고 찾아왔다. 아현교회 김현봉 목사님의 신앙을 닮고자 한다고 한다. 윤이위 선생은 같은 현역으로 있을 때 함께 교회 일을 했었다. 주일마다 아이들을 가르치는 일이었다. 군인이지만 보병이 아닌 병참부대(세탁과 수리)였고, 나 역시 보급을 맡았기에 군 업무 때문에 부대에서도 자주 접했다. 윤이위는 이름을 윤레위로 바꾸고 신학을 해서 목사가 되었다. 광주에서 목회할 때 찾아갔다. 나는 광주 동광원에 있을 때였고 그때마다 복장이 같았다. 전북 지역에서 목회할 때도 찾아갔다. 편지는 늘 오갔다. 그는 만날 때마다 김현봉 목사님의 설교를 정리하고 있었다. 또다시 소식이 없었는데, 행정구역상 논산과 대전이 합쳐진 마을에 감리교회가 있었고 내가 그 교회에 집회 인도차 간 적이 있다. 대전 인근이라서 그 부근에 아는 이들을 찾고 싶었다. 우선 뵙고 싶었던 송기득 교수님을 오시도록 했다. 그리고 윤레위 목사 부부를 오도록 했다. 40년 만에 만난 것 같다. 그 후 윤 목사는 전남 지역으로 목회지를 옮겨 갔다.

나와 옷 입은 모양이 같았던 윤 목사는 김현봉 목사님의 정신을 이어받고, 나는 이현필 선생 어쩌고 하며 찾다 보니 이현필과 김현봉의 관계를 알아봐야겠다는 생각이 들었다. 이현필은 1936년과 1937년 사이에 아현교회에 출석했다. 그때 YMCA 야간부 영어 학교에도 다녔고, 유영모 선생, 현동완 총무, 영어 공부를 함께 하던 원경선 선생도 알게 되었다. 김현봉 목사님은 1884년생이셨고, 이현필 선생은 1913년생이시다.

아현교회와 동광원은 같은 점이 많았다. 십자가 종탑, 화려한 강대상, 성가대, 간판이 없는 것이 같았고 의복이 같았다. 다른 것이 있다면 동광원은 가정이 없는 독신 공동체이고 아현교회는 가정을 위주로 한 공동체라는 점이었다. 아현교회는 우상의 제물을 먹지 않았고 동광원에서는 없어서 못 먹었다. 해마다 추석이나 설이 지나 벽제 묘지 부근에 제사 지내고 남기고 간 떡을 모아 오면 며칠간은 배불리 먹기도 했다. 내가 〈복음과 상황〉에 한국 신학 이야기를 연재하다 보니 김현봉 목사님 이야기는 빼놓을 수가 없었다. 잘 아는 윤레위 목사께 자료를 요구했더니 본인은 설교집을 정리했고, 생애는 요즘 인터넷 시대니 인터넷에서 알아보라고 한다. 여러 분이 정리를 해서 반복되기도 했으나 그중 백영희 목사와 김현봉 관계를 정리해 놓은 글이 인터넷에 있으니 찾아보시기 바란다.

김 목사님의 교훈을 따라 살려고 한 이들은 서울에도 많이 있으나 지방에도 많다. 우선 윤레위 목사가 사무했던 교회도 광주, 전북, 대전 등 여러 곳에 있었다. 1972년 사당동에 좀 특이한 교회가 있고 목사님이 진실하시다는 소식을 듣고 일부러 찾아갔다. 목사님은 머리를 갓 군에 입대한 병사처럼 짧게 깎고 있었다. 본인이 김현봉 목사님 정통 제자라고 하신다. 교회에서 신학교까지 하고 있었다. 옷은 양복을 입었으나 허름했다. 어느 교회가 정통인지는 몰라도 정통처럼 보였다. 지금 기억하기로는 김종호 목사님으로 여겨진다.

70년대 시골에서 올라온 소녀·소년들의 취직 자리가 없어서 이곳저곳 알아보고 다니던 중 아주 좋은 공장을 소개받아 찾아갔다. 스테인리스 공장이다, 월급이 크게 많지는 않으나 종업원들의 인격을 높여 주고 식구들처럼 같이 사는 회사였다. 신촌에서 성산 쪽으로 가는 산모퉁이에 있었다고 기억한다. 그때는 시골이었다. 이야기를 하다 보니 김현봉 목사님 교회 교인이란다. 빈손으로 상경했는데 아현교회에서 살다가 목사님이 사업 자금을 대 주셔서 시작한 공장이 크게 번창했다. 물론 십일조는 철저히 했고 사업 자금으로 받은 돈의 몇십 배를 헌금 통에 넣었다 하신다. 종업원들은 모두 목사님이 소개해 주신 아현교회에 다니고 있다고 하신다. 그 사장님 말씀에 따르면 목사님께서는 본인뿐 아니고 수많은 사람들에게 능력에 따라 노점상도 차려 주고 장사 밑천을 대 주신다. 돈을 빌려 주시는 것이 아니고 그냥 주신다. 사업을 잘해서 돈을 벌면 목사님께 갚는 것이 아니라 헌금 통에 넣으면 되고 봉투에 얼마 넣었다고 쓰지도 않는다. 1천여 명이 머리 깎고 한복 입고 생활했고 주로 아현시장에서 장사를 했다. 아현시장에서 머리 깎고 검정 치마 흰 저고리 차림으로 장사하면 아현교회 교인인데 이들은 속이지 않고 진실한 이들이라는 소문이 나서 믿고 샀고, 주일이면 시장이 마비되어 휴일이 되었다고 하신다. 서대문 부근, 신촌 부근에서 처음 만난 사람끼리 인사하면서 아현교회 교인이라면 진실되게 통한다.

동광원이 지금은 고양시에 있으나 그때는 고양군 벽제면 상곡에 있었다. 아현교회에 자주 가는 도중에 교회가 크게 분리되어 정 목사님과 안 목사님이 1층과 2층에서 같은 시간에 각각 예배를 드린다. 이렇게 지속되다가 정 목사에게 안 목사가 지고 교인들을 나누어 신촌 부근 산비탈로 물러나게 되었다. 이유인즉 헌금 통 문제인데, 김현봉 목사님은 제직도 없고 장로도 없고 회계 보고도 없었다. 그냥 그 많은 돈을 혼자 쓰시고 이를 아무도 의심하지 않았다. 한 사람에게 많은 돈을 주든 아무도 안 주든 상관하지 않았다. 그러나 후임 목사님이 똑같이 하려 하니 교인들이 믿어 주지 않는다. 회계를 두고 재정 맡을 제직을 세우자는 것이다. 김 목사님은 자녀가 없었고 후임 목사님은 자녀가 있는 차이뿐이었다. 또 60년대와 70년대 차이였다. 후임 목사님은 시대 변천에 따라 생활이 달라진다. 자전거와 손수레만 쓰시던 김 목사님 같지 않고 후임 목사님은 택시도 타고 다방도 가게 된다. 아니 외국도 나가신다. 이런 일들이 문제가 된 것이다. 김 목사님이 70년대까지 사셨으면 급할 때 택시 타고 다니셨을 것이다. 지금까지 계셨으면 양복도 입고 비행기도 타셨을 것이다.

아무튼 아현교회를 맡게 되신 목사님은 장로교에 등록하고 제직도 세우고 교회 제도에 예속했다. 그곳에서 밀려 나와 산비탈에 교회를 세운 안 목사님은 김현봉 목사님이 처음 개척하실 때처럼 개척의 길을 걷는다. 허술한 판잣집 몇 채 구입해서서 시골에서 올라온 사람들과 실직자들, 사회에 적응하지 못한 이들, 장애인들까지 같이 살고 계셨다. 복장마저 그대로였다. 이제 70년대는 유행에 맞지 않는 옷을 입고 다니니 경찰들에게 검문받기가 일쑤다.

내가 경기도 양주에 살고 있을 때 아현교회 교인들을 자주 접했다. 그중에는 환자들도 많았고 정신이상자들도 있었고 나에게 의탁한 사람들도 여러 명 있었다. 안 목사님은 고양시 계명산 동광원에 현동완 총무님이 지으셨던 집, 즉 이현필 선생님이 임종했던 집을 사셨다. 주로 거기에 계셨고 교인들도 왕래하면서 동광원과 친분을 유지하였다. 그 집을 이현필 선생의 기념관을 만들려고 다시 파시라고 하니 팔지 않으셨다. 지금은 안 목사님은 계시지 않고 현 총무님이 지으신 집, 이현필 선생이 임종하신 집은 고치려 하다가 잘못되고 땅은 소유가 달라 없어지고 말았다.

또 있다. 이리 주현교회 이교부 목사다. 내가 군에 있을 때 후배였던 정진환은 광덕교회에 같이 다녔고 제대 후에도 수시로 연락하고 지내는 사람인데 제대 후 숭전대를 졸업하고 청주의 일신여고 교사로 있었다. 청주에서 이리까지 교회를 다닌다. 나더러 같이 가 보자고 한다. 기회를 만들어 영락교회 집사 임종운도 함께 청주에서 만나 열차를 타고 이리까지 갔다. 여름철이었는데 교회뿐이 아니고 마당에 큰길까지 교인이라기보다는 환자들이 나와 있다. 교회라기보다 예배실만 크게 있고 나머지 집들은 환자 집들이다. 블록으로 올망졸망 지은 2층, 3층은 몇십 칸인지 모르겠고 누가 이교부 목사님인지도 모를 것 같았다. 그곳에서 몇백 명이 같이 살고 있다. 교인들은 인천에서도 부산에서도 온다고 한다. 교인이 몇 명인지 알 수도 없다. 교적부도 세례자 명단도 없고 파악도 할 수 없었다. 내가 보기는 500명은 넘을 것 같았다. 아무런 조직도 없고 그중 300명 정도는 환자 같았다.

 이교부 목사님은 여름이라서 반소매 차림으로 강단에 올라와 마이크를 잡고 노래를 하신다. 아무런 악기도 없고 그냥 노래한다. "하나님이 세상을 이처럼 사랑하사 이교부를 주셨으니 누구든지 교부 믿으면 멸망하지 않고 영생을 얻으리라 영생을 얻으리로다." 이 노래만 반복해서 30여 분간 부른다. 장애인들은 단에 올라와 같이 춤을 춘다. 다른 이들도 신명 나게 춤을 추면서 같은 노래만 반복한다. 40년이 지난 지금까지 내 귀에 쟁쟁하다. 설교 내용인즉 "내가 다 돌볼 수 없으니 서로 도와주어라. 우유 하나라도 사서 서로 돌보아 주어라. 돈이 없으면 아무 때라도 와서 달라고 하면 주겠다"였다. 문제는 이리 시내와 이웃 시에 있는 거지들은 다 모였는데 죽어 가는 사람이 매일같이 생겨난다는 점이었다. 시에서 장례를 치러 달라고 해도 안 해 준다고 하신다. 시에서는 골치 아픈 교회지만 복지과에서는 큰 도움을 준다고 한다. 사회복지과에서 할 일을 다 해 주니까 좋다는 것이다. "아픈 사람들은 기도하려면 나에게 하면 낫는다. 성경은 볼 필요 없다. 성경 원본이 여기 있으니 그냥 나를 보라." 한때 강대상에서 옷 벗었다는 그 목사님이었다. 예배는 드리는 것인지 받고 있는 것인지는 몰라도 거지들과 장애인들에게는 구세주임이 분명했다. 하나님이 세상에 한 번만 보내신 독생자임이 분명했다. 예배 드리던, 예배 받았던 광장에서 합판으로 좁고 길게 짜놓은 식탁에서 깍두기 반찬에 밥을 먹고 구세주이신 이교부 목사님과 음료수 한 잔 나누고 헤어졌다. 이분 역시 김현봉 목사님의 후예였다. 그 옆에 큰 교회 건물이 있는데 그곳도 김 목사님 제자 교회라고 한다.

　상주시 외서면 봉강리에 있는 교회다. 오정면 장로가 있다. 교단 소속은 없으나 확실히 장로교다. 내가 한 주간 강의차 가 있었다. 오 장로님은 가톨릭농민회 활동을 했고 정농회 이사로도 있었으나 지금은 정농회에 나오시지 않는다. 정농회가 싫어서가 아니고 겨울마다 내외분이 말레이시아에 다녀오신다. 1년 내내 농사지어 모두 가지고 오지를 찾아다니면서 4개월 동안 나누어 주고 오신다. 몇십 리씩 며칠씩 걷기도 하고 어떤 데는 허리까지 차는 강을 건너기도 해서 찾아다닌다. 올 때는 그냥 오지 않고 언청이들을 데리고 와서 수술해 주신다. 이제는 내외분이 나이가 드셨지만 다행히도 사위가 맡아서 그 일을 계속하겠다는 훌륭한 장로님이시다.

　나더러 교회 목회자를 추천해 달라고 한다. 조건은 농사를 지어야 된다, 많이 안 지어도 되지만 꼭 농사만은 지어야 교인들 사정을 알 수 있다, 내가 추천한 목사는 받겠다고 하신다. 마침 목회자가 맞지 않아 대기하고 있는 한 목사가 있어 추천해 드렸다. 농사는 조금만 짓는 것이 아니고 많이 짓는다. 이웃 마을 가톨릭 교인들이 칭찬한다. 부지런하고 열심 있는 목사님이라고. 오 장로님은 김현봉 목사님이 계실 때 아현교회 영향을 받았다고 하신다.

역시 아현교회 안 목사님 계열의 젊은이다. 정확히 말하면 아현교회서 밀려난 안 목사님의 신앙관에 뜻을 같이하고 그분이 갈라져 나와 새로 개척한 교회의 교인이었다. 이 사람은 김현봉 목사님을 뵙거나 설교를 들은 적은 없었고 안 목사님의 교회 교우였다. 교인이라기보다는 안 목사님 교회에 의지하고 사는 사람이었다. 30대 청년이었고 김현봉 목사님이나 안 목사님을 닮고자 머리를 깎고 유행에 맞지 않는 옷을 입고 다녔다. 일제 때 머리 기른 하이칼라상(서양식 유행을 따르는 멋쟁이라는 뜻의 high collar에 일본어 さん을 더한 말)은 고위급 인사들이나 하는 모습이었다. 그래서 머리를 깎고 다닌 것은 우리는 하이칼라가 되지 말자는 뜻이었다. 양복 역시 부자들이 입고 다녔다. 그때는 양복이 비싸고 귀하기에 도적들이 양복을 훔쳐 가기도 했다. 이런 뜻에서 우리는 한복 입자는 이론이었다. 그러다가 8·15가 지나고 5·16 이후부터는 한복이 양복보다 더 비싸고 귀해졌다. 지금처럼 개량 한복, 생활 한복이 없을 때였다. 그러다 보니 아현교회 후예들과 동광원의 젊은이들이 머리는 깎지만 한복은 고급 옷인지라 유행 지난 헌 옷을 입게 되었다. 그 당시 옷 장수들이 얄팍한 상술로 옷을 유행시킨다. 양복 옷깃을 넓히기도 하고 2, 3년 지나 좁히기도 하고 와이셔츠 목깃도 넓혔다 좁혔다 한다. 바짓단을 좁히고 좁혀서 60년대에는 맘보바지라고 걷어 올릴 수도 없게 조인 바지를 유행시키고, 70년대에는 또 나팔바지라고 바지 끝자락을 넓혀서 유행시키고 있을 때였다.

역시 아현교회 후예답게 유행 지난 좁은 바지를 입고 다닌 그 젊은이가 내가 있던 동광원 집을 빌려 기도하겠다고 와 있었다. 기독교에서 유명한, 이름을 밝힐 수 없는 목사와 같이 금식하고 기도하고 있었다. 기도하던 중 '우리나라를 기독교화시켜야 되겠다. 그렇다면 대통령 먼저 전도하고 회개시켜야 한다. 그러면 먼저 청와대를 찾아가 박정희 대통령 먼저 전도하고 회개시켜야 한다'는 신념을 가지고 목숨 걸고 전도하려고 서울로 나갔다. 불광동 시외버스 정류장에서 내려서 택시를 타고 "청와대 갑시다" 하니 택시 기사는 웬 유행에 맞지 않는 복장과 차림에 틀림없이 간첩으로 본 것이었다. 그 당시 간첩 식별 요령이 아침에 산에서 내려온 사람, 유행에 맞지 않는 옷을 입고 다니는 사람, 담배값을 모르는 사람이었고, 신고하면 3천만 원, 해상에서 신고하면 5천만 원이었다. 70년대 3천만 원이면 지금 3억 원도 아니고 30억 원 정도 화폐 가치가 있을 때였다. 택시 기사는 한평생 운전해도 살림이 어려우니 간첩 신고 한 번 해서 팔자 고쳐 보려는 생각도 있고 애국심도 발휘해서 그 청년을 간첩으로 오인하고 먼저 담배값을 물어봤을 것이다. 담배값은 모른다. 담배를 피우지 않으니 당연하다. 서울 지리도 모르고 이것저것 물어보니 국내 사정 다 모른다. 기사가 이런 사람을 태우고 청와대로 갔는지 어떤 특수 수사 기관에 갔는지 잘 모르겠으나 나중에 이 청년이 돌아와서 하는 이야기로는 모진 고문을 당했고 겨우 죽지 않고 돌아왔단다. 정신까지 이상해졌다.

70년대 유행에 맞지 않는 옷을 입고 다닌 아현교회와 동광원의 젊은 이들은 고난 숱하게 겪었다. 나도 그 당시 20~30대였다. 조사 많이 당하고 지냈다. 어느 날은 전주에서 농사짓고 있는데 주민등록증 보자고 하더니 가져 가면서 내일 파출소로 오라고 한다. 다음 날 동광원 식구들 여러 명이 같이 가서 조사받고 주민등록증 찾아 가지고 온 일도 있었다.

김현봉 목사 2

김현봉 목사는 1884년생이시니 내가 모셨던 최흥종 목사보다는 네 살 아래셨고, 이세종 선생보다는 한 살 아래다. 유영모 선생보다는 여섯 살 위였다. 출생은 경기도 여주에서 하셨으나 서울 서대문구에서 자라셨다. 스물한 살에 동대문 감리교회에 나가셨다가 목사님이 예배 후 "다음 주에도 나올 것이지요" 하여 "예"라고 대답한 것 때문에 기독교인이 되셨다 한다.

1912년 러시아와 중국에 학교를 세워 이주민 자녀들을 교육시키다 중국에서 체포되어 서울 서대문형무소에 이송되었으니 김 목사님은 서대문 부근을 떠날 수 없는 인연인 것이다. 1923년 출감하셨다.

평양신학교 재학 중 마흔네 살의 늦은 나이에 그 당시 세브란스병원 간호부였던 스물여덟 살 처녀 박천선과 결혼하셨다. 지금도 그렇지만 선보러 갈 때는 선볼 당사자보다 많이 못생긴 친구들을 딸려 보내는 것이다. 그래야 신붓감이 돋보이고 결혼이 빨리 성립되기 마련이다. 김현봉 역시 잘생긴 처녀와 곰보 처녀가 같이 나와 선을 보는데, 예정된 처녀는 젖혀 두고 같이 나온 곰보 처녀를 보니 내가 아니면 결혼하기 힘든 처녀겠구나 하는 마음으로 그 처녀를 선택해서 결혼을 하시게 된 것이다. 그 당시 부부간의 성관계도 죄악시하는 신앙관을 가진 이들이 있었다. 최흥종 목사님은 불알을 제거하셨다. 유영모 선생님은 쉰두 살에 우리 성관계 그만하고 해혼하자고 해서 같은 방을 쓰면서 돌아가실 때까지 성관계를 안 하셨다고 늘 말씀하셨다. 이현필 선생 역시 부부간에 헤어져 살았고 사모님과는 원수같이 사셨다. 동광원에 모여든 이들이 모두가 그런 분들이었다. 지금도 신령하다는 목회자들은 금요일부터 성관계를 안 하고, 젊은 부부끼리 우리는 동반자로 살되 성관계는 그만하겠다고 대중 앞에 선언한 이들도 생겨난다. 김현봉 목사님 역시 복음 사역을 하기 위해 부부라는 이름만 가지고 살자고 약속하면서 한평생 자녀 없이 사셨다. 그러나 부부간에 성관계를 가졌는지 안 가졌는지는 아는 사람이 없다. 그것 때문에 이현필 선생도 아현교회를 다니셨고 그 영향을 받지 않았나 하는 생각도 해 본다.

1924년 평양신학교에 입학하셨고 재학 중 광명리교회, 시흥 서면 한이교회, 구읍교회, 군포장로교회, 안양 붙임말교회, 수원 학현교회 등으로 돌아다니면서 전도사 사역을 하셨다. 그때는 목사 숫자가 모자라 전도사들이 단독 목회를 했다. 1928년 23회로 평양신학교를 졸업한 뒤 공덕리교회를 맡고 경기노회에서 목사 안수를 받았다.

기존 교회를 다니면서 목회를 해 보았으나 기존 교회들의 운영 방식이 목사님과는 맞지를 않았다. 성경대로 살지 않고 복음 전도 사역에만 열중하게 된 것이다. 소유를 팔아 가난한 자들에게 주고 이웃을 내 몸과 같이 사랑하라는 주님의 제일 된 계명을 지키지를 않았다. 더욱이 장로들과 부딪쳤다. 그럴 수밖에 없는 것이 장로는 교회를 유지해야 하고 건물도 짓고 관리해야 한다. 그러나 목사님은 이웃 사랑을 실천하고 싶으신 것이다. 할 수 없이 교회를 사임하고 목사님 뜻에 맞는 교회를 세워 이웃 사랑을 실천하시고자 교회 개척을 시작하셨다. 1932년 3월 31일 아현동 31번지에 뜻 맞는 교인 일곱 명과 창립 예배를 드렸다. 소나무들이 남아 있는 서대문 밖 공동묘지였고 시골 사람들이 시골에 살기 어려워 모여든 곳이었다. 빈민촌인 것이다. 여기서 목사님은 집 짓는 일부터 시작했다.

1938년 제27차 장로회총회에서 신사참배가 가결되자 목사님은 노회와 교단에 실망했다. 신사참배는 할 수 없고 기도 생활에 전념하셨다. 8·15 이후에는 교인 수가 200명이 넘어 건넌방과 마루를 트니 네 칸 집 벽이 없어져 그런 대로 좁은 공간에서 예배를 드릴 수 있었으나 말이 예배당이지 도시 빈민들의 숙소와 거처였다.

6·25 동란이 일어나자 삼각산으로 들어가 39일 동안 금식 기도를 하던 중 큰 은혜의 체험을 하셨다. 1·4 후퇴 때는 경남으로 피난을 가셨고 그곳에서 김 목사님의 영향을 받아 그분의 정신을 따라 지금까지 신앙생활을 이어 오는 이들이 많이 있다. 수복 후 다시 아현동으로 오셨는데 이제는 예수처럼 집 짓는 일이 몸에 능숙하고 열심히 일하시는 목수 목사이기에 교인들은 점점 더 늘어났다. 예배당은 비좁으나 교회 건물을 크게 지을 생각이 없으셨다. 교인 수가 늘어난 만큼 집들을 늘리고 벽을 쌓고 햇빛을 많이 받도록 큰 창을 내면서 비탈진 곳에 정으로 바위를 쪼아 얼기설기 지은 교회 겸 빈민가였다.

길가에 나가 노방전도에 전념하였고, 다른 교회에서 불만을 가지고 떠나온 이들은 받아들이지 않았다. 그들은 언제나 그랬듯이 여기 와서도 불화를 일으키기 마련이다. 그래도 제도 교회에 실망과 불만을 갖고 온 이들이 많았다. 무엇보다도 시골에서 올라와 정착을 할 수 없는 이들의 의식주 생활에 직접 도움을 주니 교인들이 늘어날 수밖에 없었다.

또 예배에 한번 참석하면 그분들이 자기와 친한 교인이나 친구, 가족을 데리고 와서 1,200명이 넘는 교회가 되었다.

목사님은 언제나 검은 한복 바지저고리를 입고 고무신을 신으셨다. 머리는 깎고 다니시고 예배 때만은 검정 두루마기를 입으셨다. 교회 간판도 없고 십자가나 종탑도 없고 의자도 없고 성가대나 악기도 없다. 교회 제직도 장로도 없다.

저녁 여섯 시만 되면 불을 끄고 사셨다. 꼭 주무시기만 한 것은 아니고 명상도 하고 기도도 하셨다. 그 대신 새벽 두 시면 산으로 기도하러 가신다. 잠이란 일찍 자면 일찍 일어나게 마련이다. 초저녁에 자면 새벽 두 시에 깬다. 새벽기도회를 교회에서 따로 갖지 않고 각자 산으로 가든 교회에서 하든 조용히 골방에서 하라고 명하셨다. 지금도 새벽기도를 없애기는 힘든 일인데 목사님은 일제 때부터 실천하실 수 있으셨다. 당시 아현교회 교인들은 공장 생활, 시장 생활, 주야간 교대 근무를 하고 있었으니 주일 밤 수요일 밤 예배에다 새벽기도회까지 강요하면 12시간씩 14시간씩 일하다가 손가락이나 손목을 잘리는 수도 있었다.

예배 시간은 철저히 지키셨다. 교인들에게 언제나 예배 시간 3분 전에 오라고 가르치셨다. 어쩌다 본인이 1분 늦게 나와 교인들에게 사과를 하기도 했다. 예배는 경건해야 한다고 찬송가를 너무나 크게 불러도 안 되고 박수 치면서 불러도 안 되었다. 설교는 다른 목회자들처럼 원고 써서 하시는 것이 아니고 그때그때 영감으로 하지만 설교가 두 시간을 넘기는 경우도 있었다. 의자가 없어 꿇어앉은 이들이 많았는데도 교인들은 잘 견디어 주었다. 은혜가 넘치면 지루한 줄도 모른다. 예배를 마치면 주일마다 사모님이 국수 기계로 뽑은 국수를 전 교인들이 같이 먹은 다음 오후 두 시에 다시 예배를 하고 헤어진다. 지금은 교회마다 점심 식사를 함께 하지만 그 당시에는 새로웠다. 이 역시 이전에 없었던 방식을 일제 시대에 일찍이 실천하신 것이다. 당시에는 모든 목회자들이나 교인들이 비웃은 신앙생활이었다.

심방 역시 오후에 하지만 심방 가서 예배를 드리는 것이 아니고 교인들 집을 가가호호 부지런히 찾아다니면서 생활을 보살펴 주시는 것이다. 무연탄이 떨어지지나 않았는지, 식량이 있는지, 병이 나지 않았는지 확인하고 해결해 드리는 것이다. 부지런히 한 집이라도 더 보살피고 다니시기에 하루에 60~70집 정도 다니셨으나 따라다니지 않았기에 잘 모른다. 그것이 가능했던 이유는 교회에 헌금을 관리하는 제직이 따로 없고 헌금 궤만 있고 열쇠는 목사님께서 갖고 계셨기 때문이다. 헌금 사용도 혼자 마음대로 하시고 따로 보고도 없다. 회계 장부도 없다.

사람을 믿지 말라, 모든 사람은 도둑놈들이라고 가르치셨다. 어떤 사람을 만나든지 이 사람은 도둑놈이다, 협잡꾼이고 사기꾼이라고 의심하고 살라고 가르치셨다. 시장 사람들은 모두가 거짓말쟁이고 속이는 사람들이라고 가르치셨기에 교인들은 누구에게 사기를 당하거나 속아 넘어가는 사람도 없었고 속이거나 사기를 치지도 않았다. 물건을 살 때는 깎는 일이 없고 미리미리 시세를 잘 알아서 구입하신다. 목사님은 시세에도 밝았기에 속아서 물건을 사는 일이 없으셨다. 혼자서 교회 살림 다 하시고 가난한 교인들 살림 다 해 주시기에 그럴 수밖에 없다.

60년대 배고픈 시절에 쌀밥과 고깃국을 거지들에게 대접하기도 했다. 주일예배 때는 시내의 거지들이 모여들었는데, 예배 후에 줄을 세워 100원씩 나누어 주어서 보내기도 했다. 교인들이 1천 명이 넘어 우리나라 10대 대형 교회 중에서도 제일 큰 교회였으나 건물을 크게 짓지 않고 헌금은 오로지 구제에만 사용했다. 교인들의 사업 자금으로도 대주었다. 교인들은 사업에 성공하면 모두 갚는다. 그냥 갚는 것이 아니고 헌금 통에 넣는다.

교인들에게 십일조만은 강조하셨다. 사업에 성공할 자질이 있어 목사님께 사업 자금을 받은 사람이 공장을 세우면 종업원들은 다 교인들이다. 모두 자기 일같이 하고 사업주 역시 양심적으로 운영을 하니 성공할 수밖에 없다. 그리고 공장의 이익 일부와 전 종업원의 십일조를 교회에 바친다. 교회에 바치는 것이 아니고 김 목사님께 바친다. 목사님은 하나님을 대신해서 또다시 그 돈을 회전시킨다. 아무도 감독하는 사람 없고 의심해 볼 생각도 없이 그냥 하나님처럼 믿는다.

1960년 5·16 이후 갑작스러운 화폐개혁이 있었다. 환율을 10 대 1로 줄였다. 즉 1,000원이 100원이 되고 100원이 10원이 되었다. 화폐개혁은 예고가 있는 것이 아니었다. 어느 날 아침 갑자기 오늘 화폐개혁이 있으니 한 사람당 2,500원만 교환해 주고 나머지는 국고에 환수하든지 쓰지 못하도록 했다. 그때 부자들은 은행에 돈을 두지 않고 현금을 가지고 사채놀이를 하곤 했다. 사채 이자가 100퍼센트였다. 10만원 빌리면 1년 뒤 20만원을 갚아야 했다. 그러니 돈 있는 이들은 은행이 아니라 집에 두고 사채놀이를 해서 큰 이익을 남겼던 것이다. 이런 악습을 알아낸 군사정권이 사채놀이를 근절시키려고 예고 없이 실시한 조치가 화폐개혁이었다. 이와 관련지어 내가 겪었던 일을 소개하고자 한다.

화폐개혁이 발표된 날, 나는 고향 집에 있었다. 1인당 2,500원씩 바꾸어 주고 나머지는 못 쓰게 한다는 발표에 부자들은 걱정이었다. 우리 집은 여덟 식구였으니 20,000원을 바꿀 수 있었으나 바꿀 돈 2,500원도 없었다. 그러나 옆집 친척 형님 댁에는 금고 안에 많은 돈이 있었는데, 형님께서 열쇠를 어디에 두었는지, 가지고 갔는지 다른 사람은 모르는 가운데 서울을 가셨다. 금고 안의 돈이 무용지물이 될 판이라 형수씨는 길길이 뛰고 온 동네 사람들은 마당 가득 모여 함께 염려하고 있었다. 그때 열여섯 살이던 나는 어릴 적부터 자물쇠 여는 취미가 있었다. 어떤 자물쇠든 한 번 분해해 본 뒤에는 'ㄱ'자 철사만 가지면 열 수 있는 기술이 있었다. 복잡한 미제 자물쇠도 한 번만 풀어 보면 원리는 간단했다. 옆집 친척, 형수씨의 길길이 뛰는 모습을 보고서 시험 삼아 금고 열쇠를 열어 보니 열렸다. 온 마을 사람들의 환호와 박수 소리에 나는 영웅이 된 기분이었다. 그 많은 돈을 은행이 아닌 관공서에서 2,500원씩 나누어 모두 교환하였다. 그러나 그 형수씨는 은혜 보답이 없었다. 나에게 2,500원 정도는 주셨어야 하지 않는가. 물론 후에 주려고 마음먹고 계셨는지 모르나 50년이 지난 지금까지도 고맙다는 인사가 없다. 지금은 노망하셨으나 그래도 생존 시에 은혜 보답을 기대해 본다. 또 마을 사람들이 대신해서 바꾸어 주었으면 마을 사람들에게도 10퍼센트씩은 주었어야 한다. 이제껏 없다. 그날 이후 나는 열쇠 여는 취미와 기술을 써먹지 않기로 했다. 지금은 내 집 자물쇠도 열지 못한다. 만약 그 기술을 가지고 있고 우리 고향에서 금고털이, 도둑이나 강도가 생기면 나를 먼저 의심하고 조사받는 고통이 있었을 것이다. 다행히도 그런 사건은 없었다.

그 화폐개혁이 되던 날, 화폐 교환하라는 날이 주일날이었다. 김 목사님은 교환 못 하고 못 쓰는 한이 있어도 주일날은 안 된다고 거부하셨다. 그리고 주일 지나 헌금 궤에 있는 돈과 따로 모아 두었던 돈을 자루에 담아 리어카로 싣고 갔더니 날짜가 지나 안 된다는 것이다. 목사님은 그렇다면 우리 교회에서는 어느 정권 때 이런 일이 있었노라고 교회사에 기록으로 남겨 두겠다고 했더니 담당자가 교환해 주었다는 이야기가 있었다.

목사님은 관혼상제를 너무나 간소하게 처리하셨다. 관례와 제례는 물론이고 결혼식을 너무 간단히 하신다. 주일예배 후 신랑신부 입던 옷 입은 채 세워 놓고 교인들 앞에서 "두 사람이 잘 살 것이지요?" "네." "네." 그러면 "기도합시다" 하고 기도하는 것으로 결혼식 끝이다. 장례식은 화장을 하라고 요구하셨고, 호화스럽게 장례차 부르지 말고 어른들은 리어카로 실어 가고 어린이는 자전거 뒤에 싣고 가도록 가르치셨다. 그렇게 가르치시던 김현봉 목사님께서는 1965년 3월 12일 오전 9시 50분 여든한 살을 살고 돌아가셨다. 장례 집례는 창광교회 이병규 목사님께서 주관하셨다. 당신 가르침대로 리어카에 실려 가셨고, 교인 1,200여 명이 뒤를 따랐다. 아현동에서 홍제동 화장터까지 리어카로 가니 한나절 동안 교통이 마비되었다고 한다. 이렇게 될 줄 알았으면 김 목사님께서 내 장례 때만은 빨리 차로 싣고 가라고 하셨을 것이다.

박석순 목사

내가 어릴 적에 순천에서 부흥회가 있었다. 강사는 박석순 목사님인데 40일간 금식하면서 금식 도중에 부흥회를 한다는 것이다. 부흥회에 참석하면 병이 고쳐진다고 한다. 나는 어려서 못 갔고, 우리 고향 교회 장로님과 친척 형님께서 한 주간 다녀오셨다. 그때는 부흥회를 하면 한 주 동안 그곳에서 먹고 자면서 했다. 부흥회라지만 병을 잘 고친다고 하니 한쪽 발을 못 쓰시는 장로님께서 그 발을 고쳐 보려고 다녀오신 것이다.

다녀오신 형님께 들은 이야기인데, 40일 금식 도중에 강의를 하셔도 힘이 있고 우렁찬 목소리로 하신다고 한다. 병은 안수를 하거나 특별히 상담을 하지 않고 기도 중 회개하고 간구하면 고쳐진단다. 병 고침보다는 회개를 우선해야 한다고 한다. 그냥 스스로의 믿음이 너를 낫게 했다는 말씀으로 스스로 고쳐졌고 수많은 이적이 일어나는 부흥회였으나 장로님은 고치지 못하셨다. 그럼에도 한 주간 눈물로 회개는 했다고 하신다.

그 후 내가 20대 때 동광원에 있을 때 고흥 포두에서 오병학이라는 전도사님이 자주 오셨다. 목회를 하면서 학교 선생으로 나간다고 한다. 주로 음악을 가르치고 음악에 능하셨다. 박석순 목사님이 운영하시는 그 학교 선생이었다. 나중에 김재검 목사 부부가 고흥에 살면서 그 학교에 선생으로 나간다기에 가 보았다. 물론 박석순 교장 선생님을 뵙고 싶은 생각이 먼저였다.

옛날에는 중고등학교에 못 다닌 학생들이 많아서 학생들이 많았으나 점점 적어져서 얼마 되지 않았고, 수업은 일반 학교와 똑같이 종 치고 시작하고 종 치고 쉬고 한다. 교사들은 지역 목회자들이 자원 봉사를 하였다. 목회자들은 회의가 많고 밖으로 자주 나가기 때문에 목회자 부부간에 한 과목을 맡아 한 사람이 빠지면 서로 보충해 주기도 한다. 그러나 다른 목회자가 대신할 수도 있다.

우리 마을에 중학생이 있었다. 단이라는 학생인데 공부를 1등도 하고 꼴찌도 한다. 시험 볼 때마다 한 번은 100점을 맞고 한 번은 0점을 맞는다. 같은 일이 꾸준히 반복된다. 실은 100점 맞기보다는 0점 맞기가 더 어렵다. 결국은 2학년 때 학교를 포기하고 말았다. 다른 학교를 알아보려고 원주 삼육학교에 가 보았으나 안 받아 준다. 결국은 멀리 있는 고흥의 박석순 목사님께 데리고 갔더니 반가이 맞아 주셨다. 학생들은 열두 명이고 남녀가 같은 학년이지만 합반은 안 된다. 한 명씩이라도 나누어서 수업을 해야 한다. 그리고 밥은 학생들끼리 해 먹어야 한다. 단이는 그 학교에서 적응을 너무나 잘한다. 검정고시로 학업을 마치고 졸업을 했다. 졸업하고서도 그 학교를 한동안 떠나지 않는다. 후배들 밥해 주고 공부시키는 일 때문이었다.

그 후로 나는 우연히 고흥을 자주 가게 되었다. 갈 적마다 박 목사님을 찾아뵈었다. 자주는 뵈었으나 아쉽게도 그때마다 시간이 짧았다. 택시 운전기사들의 이야기다.

"나 오늘 수지맞았다."

"얼마나 벌었는데?"

"야, 꼭 돈으로 계산해야 하냐?"

"그럼 뭘로 계산하는데?"

"고흥읍에 갔다가 박 목사님께서 차를 기다리고 계시는데 댁에까지 모셔다 드렸다"

"얼마 받았는데?"

"그 어른께 돈을 어떻게 받냐. 돈 때문에 택시를 안 타시는 분인데. 버스 기다리고 서 계시는데 모셔다 드리는 영광된 일을 했지. 그 어른을 잠깐이라도 모실 수 있어서 수지맞았단 말이야."

박 목사님의 특출한 생활은 가정사다. 북한에 두고 온 사모님이 계시기에 피난 나와서 또다시 결혼을 할 수가 없으신 것이다. 피난 나온 목사들이 북에 처가 있는데 이곳에서 재혼을 하면 간음이라는 것이다. 일부 목사들은 언제 끝이 날지 모를 전쟁이고 북한에 두고 온 처는 생사도 모르니 재혼을 해도 된다고 주장했다. 처음에는 재혼을 해서는 안 된다는 신앙인들이 많았다. 어떤 목회자들은 열 명이서 '우리는 절대로 재혼하지 말자'는 결의를 하기도 했다. 그렇게 기독교 교계에 공개적으로 알리고 신앙생활을 하기로 했다. 세월이 지나고 전쟁 상황이 끝이 나지 않자 10년 안에 열 명 모두가 재혼을 하였다. 그러나 그 목회자들을 아무도 잘못했다고 지적하는 교인들이 없었다. 박 목사님은 그 열 명의 목회자도 아니지만 한평생 재혼을 거부하고 사신 분으로 소문나 있었다. 내가 알기로는 장기려 박사와 박 목사님이 그렇게 사셨다고 한다.

정영남 님께서 박 목사님에 관해 책에 쓰신 내용은 다음과 같다.

박석순 목사는 1912년 1월 15일 평안북도 선천에서 부친 박영민 씨와 모친 전 씨의 둘째 아들로 태어났다. 어려서부터 머리가 명석하고 글공부를 남다르게 좋아하여 소학교에 들어가기 전 사서삼경을 다 떼고 편입생으로 들어가 3학년부터 학교 공부를 시작하여 신식 교육을 받았다. 인물이 출중하여 어디를 가나 그 기풍은 모든 사람을 압도하는 힘이 있었다.

그가 교회를 가게 된 동기는 소학교 교사로서 학생들을 가르치고 있을 때 그의 친구 오길복이 하루는 나와 함께 교회 다니자고 하여 그 친구 전도로 처음 인곡교회를 나가게 되었다.
당시 김익두 목사는 부흥사로 엄청난 능력의 종이었다. 그가 한번 외치면 성령의 크신 역사가 일어났다. 그를 통해 치유된 환자만 해도 수만 명에 이르고 말씀에 은혜를 받고 후일 목사가 된 사람도 수백 명이었다. 그러던 어느 날 선천군 남면에 있는 사토교회당에서 김익두 목사가 부흥집회를 한다고 하여 인근 교회에서 그 집회에 모두들 참석하게 되었다. 그리하여 박석순 선생도 이 집회에 참석하였던 것이 중생체험을 하게 되는 계기가 되어 성령의 역사로 놀라운 변화가 일어났다. 죄를 통회자백하고 잘못된 일은 일일이 본인을 찾아다니며 회개하기 시작했다. 그리고 불같은 마음으로 전도하기 위해 겨울방학인지라 학생들의 집을 일일이 방문하여 교회로 데려오기 시작했다. 그때의 소학교란 지금의 초등학교와는 전혀 다른, 머리의 상투를 자르고 이미 가정을 이루어 자녀가 있는 어른도 소학교에 다닌 시절이었으니 제자 한 사람만 전도해도 온 가족을 교회로 나오게 하는 그런 때였다.

그리고 장날이면 나가서 사람들이 많이 다닌 길목에 서서 지옥의 불 타는 그림을 그려서 들고 목이 터지라고 외치면서 예수 믿으면 천국 가고 안 믿으면 지옥에 간다고 노방전도를 하게 되었다. 그 열정을 보고 인곡교회 집사이지만 영산교회에서 초빙을 하여 그곳에서 전도를 하면서 목회를 하기 시작했다. 고령교회를 맡을 때는 전담 전도사로 몇십 명 안 되는 교회에 부임해서 그해 12월에는 정확히 400명이 넘는 대교회로 부흥시켰다. 그리고 평양신학교에 들어가 본격적으로 신학 공부를 하기 시작했다.

평양신학교를 졸업하고 목사 안수를 받은 후, 고령교회에서 한참 일할 무렵 1950년 6·25 전쟁이 발발하여, 당시 목사의 신분이라면 붙잡아 미 제국주의 앞잡이라고 총살당하는 경우가 많았다. 모두들 피난길에 올랐지만, 박석순 목사는 당시 교회당에 박혀 밤낮으로 기도만 하고 있었다. 그런데 낮이면 일하고 밤이면 교회 나와 같이 기도하던 집사가 있었는데 그가 밖의 소식을 알려 주면서 큰 보호막이 되었다. 그러던 어느 날 집사가 뜻밖에 교회당 안으로 헐떡이면서 뛰어와 "목사님! 큰일 났습니다. 목사님을 잡으러 오고 있습니다. 목사님, 목사님을 붙잡으러 왔다고요" 하고 난 후 발자국 소리가 들리고 집사가 교회당 문을 잠그려 하더니 무슨 생각이 들었는지, 갑자기 문을 확 열어젖히고 뛰기 시작하였다. "저놈 잡아라! 저놈을 놓치면 안 된다" 하는 소리와 함께 박석순 목사를 잡으러 왔던 보위부 사람들은 집사 뒤를 좇아가는 바람에 박 목사는 적들의 눈에 띄지 않게 교회당 문 반대편 기도실 문을 열고 뛰어나와 단숨에 담장을 넘고 죽을힘을 다해 뛰었다. 무작정 뛰고 뛰어 필사의 도망자가 되어 한참을 달리다 보니 공동묘지가 있고 그 주위에 가시나무가 둘러 있어 그곳에 몸을 숨겼다. 숨을 가쁘게 몰아쉬고 숲 사이를 헤집고 보니 젊은이 하나가 뒤쫓고 있었다. 이때 여자아이 하나가 맞은편에서 오고 있었는데 "너 이리로 사람 지나가는 것 보았냐?" 하고 물으니 "아니요, 못 봤는데요." 그 말을 듣고 "아니야, 분명히 이리로 지나갔을 텐데, 예배당 안에 숨어 있다가 도망쳤단 말이야. 그때 잡았어야 했는데, 애야, 동네 사람들 만나면 모두들 사람 잡으러 나오라고 해라." 그 소리를 듣고 생사의 길에서 박석순 목사는 정신이 오싹했다. 얼마 있다 믿음의 청년들이 죽지 않으려고 산으로 피신하러 와 박석순 목사를 알아보고 며칠 사이에 내무서원 놈들이 주민들을 다 동원해서 박 목사님을 찾으러 이 주변 산을 샅샅이 뒤질 거란 말을 들었다는 사실을 알려 주었다. 먹지도 못하고 다리를 펼 수도 없이 오그리고 숨어 앉았다가 허기진 배를 움켜쥐고 기진맥진 산에서 기다시피 내려와 피난민 인파에 밀려 남으로 남으로 향하였다. 내려오다 미군과 중공군의 치열한 전투 속에 미군은 수류탄을, 중공군은 총을 탕탕탕 쏘아 대 인산인해로 서로 살상하는 바람에 인명 피해는 이루 말할 수 없었다. 공산당은 "씨알까지 다 없애라. 죽여라 죽여" 하고 아수라장을 만들었다. 박석순 목사는 신사참배 반대로 두 번이나 옥고를 치렀지만 감옥보다 더 어려운 사태가 눈앞에 벌어졌다.

  사태가 너무 험악하여 더 이상 피난을 갈 수가 없어 박석순 목사는 집 주인이 버리고 피난 간 빈집에 들어가 부엌 바닥에 납작하게 엎드렸다. 갑자기 굉음이 들리고, 수류탄이 떨어져 그 파편이 목으로 관통했고 오른손 손가락 두 개는 손바닥에서부터 반은 잘려 있었기에 피투성이가 되어 소리 지르고 있으니 마침 미군 앰뷸런스 몇 대가 도착하여 부상자들을 호송하기 시작했다. 박 목사도 유엔군 부상병과 같이 이송되었다. 목줄에 파편이 끼어 있어 금방 숨이 넘어갈 듯 위급한 상황에 엄청난 고통을 견디면서 병원으로 후송되었다. 이것을 본 의사는 "파편 조각이 천만다행으로 호흡기와 식도 사이에 끼어 있어 당신은 두 번 산 것입니다. 쇳조각이 어느 쪽이든 한편으로 박히게 되었다면 당신은 여기까지 올 필요가 없는 사람입니다!"라는 말을 하였다.

다른 사람들은 걷고 걸어서 피난을 다녔는데 박 목사는 앰뷸런스에 실려 비행기로 후송하게 되었고 목의 파편을 제거하여 봉합 수술도 무사히 마쳤다. 어려운 피난길에도 하나님의 큰 섭리를 경험하고 제주도에까지 내려가게 되었다. 그때 제주 한림교회는 당시 제주도를 대표하는 교회로 박석순 목사가 그곳에서 간간히 설교를 맡아 했었고 다른 교회도 돌아가면서 설교를 부탁해 주일날이면 설교라도 할 수 있다는 마음에 주님께 감사한 마음으로 언제나 사양하지 않고 강단에서 말씀을 외쳤다. 그러던 중 한림교회에서 대구에 계신 박윤선 목사를 강사로 초빙해 집회를 하게 되었는데 성경학자 박윤선 목사가 박석순 목사를 보고 같이 대구로 가서 함께 일하자고 하여 제주도를 떠나 대구로 오게 된 것이다.

38세의 젊은 나이로 피난 내려와 6·25 바로 이듬해인 6월에 그의 나이 39세 때 전남 고흥군 포두면 면 소재지에 있는 길두교회로 부임해 오게 되었다. 당시 고정삼 장로가 대구까지 가서 박석순 목사를 모셔 온 것이다. 길두교회는 교회를 건축했지만, 성도 수는 장년이 겨우 30~40명에 불과했을 때 부임하여 몇 년 안에 400~500명으로 성장시켰다.

길두란 동네는 원래 길머리란 이름이다. 바다를 끼고 있기에 여수로 벌교로 다닌 배들이 정박했었고 배를 매어 두는 곳이라는 이름으로 길두頭인 것이다. 그런데 30대의 젊은 목사는 오자마자 구령열에 불타 있었으므로, 포두면 전체 마을마다 다니면서 전도 집회를 열었다.

몇 명 안 되는 청소년을 중심으로 청소년복음선교회를 조직하여 날마다 청소년들을 공략하여 전도하도록 하고 박석순 목사는 전도에 직접 앞장섰다. 그리고 저녁에는 당시 길두교회 정문갑 장로가 면장이었기에 마을마다 주민들을 모으라고 지시하면 면장님이 오신다는 말에 마을 사람들이 빠짐없이 면 사무실로 모여들었다. 먼저 장로인 정문갑 포두면 면장이 마을 사람들에게 강연을 하고 다음 젊은 박석순 목사가 청중을 향해 예수님이 이 땅에 왜 오셨는가에 대해 말씀을 하고, 예수님은 우리를 구원해 주시기 위해 우리 죄를 대신하여 십자가에서 죽으시고 장사된 지 삼일 만에 다시 부활하시었다는 사실을 불을 뿜듯 열정적으로 전도 집회를 인도했다. 그리고 예수 믿으면 구원받고 안 믿으면 지옥에 간다고 뜨거운 메시지를 전했다. 집회가 끝날 무렵, '예수 믿으실 분 손들어 보세요' 하면 '면장님이 믿으신 예수를 우리도 믿자' 하고 상당수 손을 들면 그들의 이름을 얼른 기록하게 하고 집회를 마치고 새 신자 등록카드를 가지고 목사님은 개별적으로 심방을 가서 그날 저녁 예수 믿겠다고 손을 든 마을 사람은 거의 알곡 신자가 되도록 온 정성을 다 쏟았다.

그때 길두교회 성도들은 20~30리씩 걸어서 교회를 다녔고 포두면 내에 주소를 두고 있는 마을 사람 중에 복음의 씨앗이 떨어진 사람들은 꼭 새롭게 변해 가고 있었다. 술만 먹으면 개차반이 된 남편이 변화가 일어나고 손가락질받고 살던 사람들이 모범을 보이면서 살아가니, 예수만 믿으면 개과천선하는 모습을 보고 안 믿던 사람도 예수 믿으면 뭔가 달라진다는 것을 알게 되었다.

그리고 박석순 목사는 김인실 여전도사와 같이 날마다 하루도 거르지 않고 축호전도를 하러 다녔다. 어느 집에 전도하러 갔는데 너무 가난했던 그 부부가 하는 말이 교회를 가고 싶지만 "우리는 시양 답을 벌어서 먹고살기 때문에 교회 가고 싶어도 못 가요"라고 하였다. 그 시양 답이라는 것은 문중 산에 있는 선조들의 묘를 돌봐 주고 전답을 받아 농사를 지으면서 가을에는 시제를 지내도록 모든 준비를 다 해 주는 일이다. 이 일로 교회 다니고 싶어도 갈 수 없다고 하소연을 했다. 이 말은 들은 목사님은 "그러면 현재 빚이 얼마나 되는데요" 하고 물으니 "쌀 열여덟 가마니요"라고 대답했다. 목사님은 쌀 열여덟 가마를 당장 빚을 내어 보내니 그 가정이 그 쌀로 빚을 청산하고 "목사님이 이렇게까지 하시는데 우리 굶어 죽으면 죽더라도 예수 믿자" 하고 온 식구들이 교회로 갔다. 이런 식으로 박석순 목사님은 집이 없는 사람은 집을 지어 주고 옷이 없는 사람은 옷을, 먹을 양식이 없는 사람은 양식을 가져다 주면서 전도하여 1개 면뿐 아니라 그 인근에 목사님의 소문이 자자하게 알려지게 되어 예수 믿는 사람들이 순식간에 불어나게 되어 큰 교회로 성장했다. 그리고 치유에 능력이 있어 어떤 병이든 기도만 하면 치료되었기에 날마다 기도받으러 온 사람들이 인산인해를 이루었다. 본 교회뿐 아니라 소문을 듣고 머나먼 곳에서도 왔기에 환자 때문에 점심을 네 번씩이나 할 때도 있었다.

그 당시만 해도 해방된 지 얼마 안 되었고, 6·25가 터져 우리나라는 너 나 할 것 없이 가난했던 시절, 초등학교를 겨우 졸업하면 남자는 지게 지고 산에 가서 나무를 하고 농사짓는 것을 배우고, 여자들은 밥하고 집안일로 세월을 보냈다. 그것을 본 박석순 목사는 한참 공부할 나이의 청소년·소녀들이 저렇게 인생을 살아간다면 안 되겠다 싶어 직접 고성

중고등학교를 설립하여 가난한 집 애들을 일일이 찾아다니며 책가방과 책을 사 주며 교복을 해 입히고, 심지어 운동화가 없는 학생은 운동화까지 사 신겨 학교를 다니게 했다. 다 큰 청년이 된 남의 머슴살이하는 청년도 심지어 지게를 버리고 중학교 1학년부터 다니게 되었다. 결혼하려던 처녀들도 못 배운 게 한으로 남아 치렁치렁 딴 머리를 옆 단발로 자르고 중학생이 되어 교복을 입고 학교를 다니게 되었다. 60년대 가난했던 시골에 목사님 덕택으로 그 지방은 교육열이 불타기 시작했다. 길두에는 그때 이미 중고등학교 평준화가 시작되었다. 그때 배웠던 학생들은 다는 아니지만 특별한 학생은 목사로, 대학교 교수로, 중고등학교 교사로, 회사의 중진으로 다들 이 사회의 기둥이 되었다. 그리고 길두교회 처녀들이라면 신앙 면에서 선도 볼 것 없다고 하고 총각들이 결혼을 할 정도였다. 그 시절 가난했던 여학생들은 지금 와서 교회마다 여전도회장으로 거의 봉사하게 되었다. 수많은 목사, 수많은 장로, 여전도사, 권사로 헤아릴 수 없이 많은 일꾼들이 쏟아져 나왔다.

그리고 길두교회를 중심으로 20~30리 거리의 성도들에게 차근차근 교회를 설립하여 가까운 곳에서 신앙생활하도록 그곳에서 다닌 성도들을 떼어 주고 목회자를 청빙하여 일을 하도록 하였다. 은퇴 후에도 무려 교회를 세 교회나 설립했던 것이다. 한편으로 학교를 운영하면서 교회를 열두 개나 설립하신 것이다.

길두교회는 성도들을 분리해서 보내고도 언제나 400~500명씩 넘쳐났다. 낮이나 밤이나 예배하러 나온 성도들의 숫자는 언제나 같았다.

박석순 목사님이 한 꿈을 꾸었는데 그 꿈은 먼저 새파란 넓은 잔디밭을 보신 것이다. 그 잔디밭이란 유럽 여행을 하는 사람이라면 흔히 볼 수 있는 그런 광경이다. 그 파란 잔디밭에 하얀 달걀들이 어떤 태동을 기다리듯 널려 있었다. 그런데 건장한 남자들이 나타나더니 달걀들을 발로 밟아 깨트리면서 잔디밭을 가로질러 뛰어오더라는 것이다. 일부러 쫓아가서 으깨는 것은 아니지만 조심 없이 뛰어가다 보니 달걀이 다 터지고 깨졌던 것이다. 이것을 본 박석순 목사님은 소리쳤지만 아무도 그 말에 귀를 기울이지 않고 자기 갈 길만 가고 있었다. 박석순 목사님은 꿈속에서도 '이대로 두면 병아리 하나도 못 얻겠는데 이 일을 어떻게 하나?' 걱정을 하다 꿈을 깨었다. 그리고 꿈을 깨고 곰곰이 생각해 보았다. '아! 이것은 예사 꿈이 아니로구나. 아이들이 자라면서 세상으로 물들기 전에 믿음을 심어 주어야겠다'고 생각했다. 아이들이 좀 더 자라고 자기 생각이 들어 가면 감당할 수 없는 사단들이 마음에 들어와 아름다운 마음을 깨트리고 파괴하면서 나쁜 곳으로 끌고 가면 이를 어쩌나 싶어 어릴 때부터 신앙 교육을 시키기로 결심하고 유아 교육에 적극 힘을 쓰게 된 동기가 되었던 것이다.

당시 길두교회 원생들이 무려 300명 가깝게 몰려들었다. 점심까지 무료로 먹여 주고 왕복 차를 태워 주니 그 시절 시골 사람들은 교육 때문에 유치원을 보낸다기보다 일 때문에 힘들어하던 것이 해결되니 논밭일 하기 위해 살판났다고들 좋아했다. 오죽하면 포두국민학교에서 병설유치원을 운영하는데 유치원생이 교회로 다 몰려 버리니 열 명만 달라고 사정하러 온 기현상이 일어나기도 했다.

박석순 목사님은 대부흥사다. 한국 교회뿐 아니라 일본, 미국까지 다니면서 집회를 인도하셨다. 일본 시부야교회 어느 여선생은 집회에서 큰 은혜를 받고 한국으로 와 목사님이 운영하는 고성여고에서 수년간 일어를 가르치기도 하였다. 그리고 한국 교회마다 집회를 안 다니는 곳이 별로 없을 정도였다. 새문안교회를 중심해서 집회를 하러 다니셨는데 처음 월요일 저녁 식사를 하고 일주일 내내 금식기도하며 집회를 인도하고 토요일 아침 보식으로 죽을 잡숫고 집회를 마치고 집으로 돌아오시곤 했다. 한 번만 모신 것이 아니라 어떤 교회는 심지어 8~9차례나 초청해서 집회하는 교회도 있었다. 말씀의 능력과 치유의 은사가 그렇게 쉬지 않고 집회를 할 수 있도록 하나님이 인도하신 것이다. 집회하시다 너무 어려운 교회는 전혀 사례비를 안 받으시고 오히려 나중에 돈을 보내 주기도 하신다고 들었다.

평생을 마룻바닥에 엎드려 기도하시면서 아무리 불쾌한 말을 들어도 한 번도 변명이나 대꾸 한마디 없고 오직 기도만 하신 분이다. 그리고 평생을 가시 노릇을 한 분이라 할지라도 그의 허물을 어느 누구에게도 이야기 한마디 없이 기도만 하신 분이다. 그리고 평생을 생활비로 돈을 써 본 적이 없는 분, 외식 한 번 할 줄 모르는 분이었다. 전액을 아니, 빚을 내어서까지 교회 설립에 쓰시고 학교 운영하는 데 고스란히 바치신 분이다. 92세 세상 뜨기 전 몸져눕기 전까지 그렇게 일만 하신 분이다.

그리고 성지순례를 할 때에는 통역 없이 직접 회화를 하면서 세계 각국을 두 달간 다니신 분이다. 원래 교사 출신으로 외국어에 능하신 분으로, 한번은 어느 목사님이 박석순 목사님 설교 준비 노트 한번 보는 것이 소원이라고 하여 한집에 살던 내가 그 노트를 보여 주었다. 그분은 놀라면서 "우리는 읽을 수도 없네" 하는 것이다. 영어, 일어, 중국어, 독일어, 헬라어, 히브리어, 라전어(라틴어) 등 거의 7, 8개국 국어를 아신 분으로, 그 당시 교사 출신으로 실력 있으면서 영력까지 두루 갖추신 보기 드문 분이었다. 그리하여 그분을 서울에서나 대구의 이상근 박사나 헬라어, 히브리어 교수로 모셔 가려고 신학교에서 초청을 해도 가지 않고 그 자리만 지키시면서 일하신 분이다. 그리고 한국 성자는 2004년 2월 21일 92세에 하나님의 부르심을 받았다.

박석순 목사님이 세상을 뜬 후 김인실 전도사님이 모금을 해서 북한에 있는 6남매와 배 속에 두고 온 자녀를 만나러 중국으로 갔다. 목사님의 장남을 만나 보니, 7남매 중 5남매가 모진 학정에 다 죽어 버리고 아들 둘만 남아 있었다. 남은 아들 한 명은 얼마나 맞았던지 뼈가 다 부서져 몸을 제대로 못 쓴단다.

'목사의 가정은 미 제국주의 앞잡이'란 이름 아래 총살형을 시키다가, 대중 앞에서 굶겨 죽이는 방법으로 바꾸었다. 목사님은 이미 피신한 상태에서 남은 그 가정은 아무것도 주지 않아 된장과 소금만 가지고 굴을 파고 들어가 낮이면 숨어 있고 밤에 나와 산에서 풀을 뜯어 그걸 냇물에 씻어 된장 물과 소금물에 끓여 목숨을 연명했다는 것이다. 여동생 하나는 결혼하여 살면서 김일성 현수막에 낙서한 게 누가 밀고를 해 그 남편과 자녀들까지 그 이튿날 흔적도 없이 사라지고 영영 이 세상 사람이 아니었다고 한다. 목사님은 평생을 가정을 위해 기도하셨는데 살아 계실 때 이런 사실을 알았다면 더 큰 고통이 되었으리라. 그런데 큰아들이 어릴 때 신앙을 70살이 되어서도 지금까지 그대로 간직하고 있더란다.

강원용 목사

내가 강원용 목사의 이름을 처음 들은 때가 1950년대였다. 한국 장로교회가 처음으로 기장과 예장으로 나누어진 때였다. 이때 기장 측에서 제일 앞장선 청년 목사가 강원용 목사라고 들었다. 내가 다닌 교회는 예장이었고 읍에 있는 기장교회에서 부흥회가 있었다. 교단은 달라도 유명하신 목사님께서 강사로 오신다기에 어린 나이임에도 어른들을 따라서 갔다. 1955년쯤으로 기억된다. 그때 처음 뵈었고 그 후로도 강단에 서신 목사님이셨다.

직접 가까이에서 만난 것은 1976년이었다. 교육 참석차 수원으로 가는데 목사님 차를 타게 되었다. 그때는 서울서 수원까지 가는 데 세 시간 정도 걸렸다. 차 안에서 대화는 했으나 나 혼자 이야기하게 되었다. 목사님께서는 말씀을 안 하시고 나에게 질문만 하신다. 농촌의 현실을 구체적으로 알아보고 싶으셨던 것이다. 그것도 농촌 단체 대표가 아니고 내 땅도 없이 남의 농사를 짓는 젊은 청년의 말을 귀 기울여 듣고 싶으셨던 것이다. 그때 내가 들려 드린 말씀을 강의 때마다 수시로 내 이름 들춰 가면서 이야기하셨다. 강 목사님을 만나고부터는 내 신앙이 보수에서 진보로 바뀌어 나가게 되었다.

1977년 여름, 또 우연히 목사님 차를 타고 수원에서 서울까지 온 일이 있다. 운전기사 외에 목사님 옆에는 한명숙이 타고 있었다. 대화는 세 사람이 하였으나 그때는 지난번과 반대로 내가 질문만 하고 목사님은 대답만 하셨다. 한명숙은 주로 추임새뿐이었다.

"목사님, 우리나라에 기장, 예장 나누어질 때 청년이셨고 제일 앞에 나서서 활동하셨는데 지금 같으면 앞장서서 나가시겠습니까?"

"지금은 내가 앞장서서 나가지 않겠지. 그렇지만 뒤에서 적극적으로 후원은 해 주겠지. 그런데 요즈음 젊은 것들 지금 나만도 못하니 저것들이 늙으면 어떻게 되겠느냐 하는 걱정뿐이야."

"1970년도 목사님이나 함석헌 선생님이나 여자관계 때문에 언론에 시끄러웠고 그때 나도 설교하면서 목사님 나쁘다는 설교를 했었는데 지나고 보니 목사님은 근거도 없는 이야기였고, 함 선생님 여자관계 말씀 좀 해 주셔요."

"또 그 소리, 남자가 여자 좋아하고 여자가 남자 좋아하는데 어쨌다는 거야? 응, 그 여자 내가 잘 알아. 경동교회 교인이야. 그리고 삼촌이 중앙정보부에 있어. 우선 내 이야기 먼저 하지. 내가 목사 된 이후로 나를 존경하니 사랑하니 하면서 주위에서 따라다닌 여인들이 50명은 넘어. 일곱 명 밑으로 내려가 보지 않았어. 뭐 나이도 상관없어. 신분도 상관없어. 사랑 아니면 존경인데 존경인지 사랑인지 분간 못 해. 지금은 비서가 있고 운전수가 있어 미리 자를 건 자르고 안 만나고 피해 다닐 수 있으나 옛날 비서도 없고 운전수도 없을 때는 더했어. 급히 볼일 있어 지나가는 택시 붙들어 타고 나면 벌써 앞자리에 앉아 있어. 내 일정까지 시간까지 다 알고 있어. 요즈음도 아무리 비서가 못 만나게 한다

해도 예배 마치고 나올 때 인사하노라면 악수하면서 쪽지를 접어서 줘. 펴서 읽어 보면 뭐 인생이 어떻고 사랑이 어떻고 청춘이 어떻고 신앙이 어떻고 그런 이야기들이야.

그런데 함 선생은 달라. 그분은 비서도 운전수도 없지만 나처럼 자르지를 않아. 여인도 인격이 있고, 인격이란 무조건 존중해 주어야 한다고 해서. 여자들이 안방까지 찾아들어 와도 거절하면 안 된다는 거야. 그 여자도 인격이 있으니까. 어느 때는 밤늦게까지 안 가고 있어. 나 자려는데 그만 가라고 하면 "주무시고 싶으면 주무셔요, 나는 더 놀다 갈 테니까" 하고서 주무시면 머리맡에서 놀고 있어. 어느 때는 아주 중대한 회의가 있는데 그 회의장까지 여자가 따라 들어와. '아, 선생님. 저 여자는 참석하면 안 돼요. 좀 나가라고 해요.' '응, 나가 있어.' 그것이 다야. 함 선생은 그 여자도 인격이 있는데 무슨 중한 회의가 따로 있느냐는 거야."

다시 목사님 이야기로 돌아간다. "내가 경동교회 목사, 크리스챤아카데미 원장, 한국기독교교회협의회, 유엔 인권위원회 한국 대표, 이런저런 단체장만 해서 열일곱이야. 이 열일곱 개의 단체장이 공통점이 있어. 우선 박정희 대통령이 싫어한 단체야. 그리고 목사이기에 할 수 있어. 여기서 목사만 아니면 17개 단체장을 다 내놓아야 해. 목사를 제명시킬 수 있는 제일 쉬운 방법은 여자관계야. 내 여자관계 때문에 사건이 커졌고, 목사의 제명권은 노회에 있으나 내 문제는 더 확대되어 총회까지 올라갔지. 그간에 진정서 수없이 올라갔고, 경동교회 교인 100퍼센트 서명해서 올라갔어도 안 돼. 결정적인 것은 총회에서 제명 문제로 최종 결정할 때 내 아내가 단상에 나가서 "내가 인정한 사실이고, 내가 문제 제기를 안 했는데 무슨 문제가 되느냐?" 그래서 해결되었던 거야. 경동

교회 전 교인들의 힘보다도 내 아내 한마디의 힘이 그렇게 큰 것을 처음 알았어. 지위가 높으면 높을수록 명예가 알려질수록 여자 문제가 언제나 따라다니기 마련이고, 제일 걸고넘어지기 쉬운 것이고 또 넘어지기 쉬운 일이야."

저 일은 1970년에 있었고, 내가 목사님과 가까이서 만난 것은 1976년이었다. 처음 크리스챤아카데미 교육에 참석했을 때 나에게는 갑자기 환경 변화가 컸었다. 남녀가 한자리에서 가까이 지낸 것부터 낯설었는데 어깨 짜고 놀이하는 교육 순서가 있었다. 남녀가 함께 어깨를 짜고 놀이하는 사진 찍어서 다른 사람 다 안 나오고 가운데 목사님과 양 옆에 여자 두 사람 서서 찍은 사진 눕혀 놓으면 여인들 가운데 누워 동침하는 사진이 될 수도 있겠구나 하는 생각도 해 보았다. 목사님께 노래 하시라고 하면 주로 '사랑해 당신을 정말로 사랑해' 하는 노래를 즐겨 부르신다. 70년대만 해도 목사들이 유행가 부르는 것을 생각지도 못했다. 목사님이 주관하신 크리스챤아카데미 수원 사회교육원에서 한 번 교육에 참석한 뒤로 계속 열심히 교육 때마다 도우려고 찾아갔다. 교육을 제대로 하려면 교육 도우미들이 많으면 많을수록 더 잘할 수 있었다. 교육 때마다 강원용 목사님의 강의를 계속해서 들을 수 있었다.

중간집단 교육, 대화모임, 농민·노동자·여성·학생·목회자 교육이 있었으나 나는 그 당시 농민이어서 농민 교육 때마다 열심히 도왔다. 교육은 서로 연관이 있었다. 농민, 노동자, 학생, 여성, 종교 모두가 그 당시에는 큰 문제가 있었다. 이 문제를 서로 이해하고 화해시키려면 중간집단이 있어야 한다. 그 해결책은 정正, 반反, 합合의 이론이다. 언제나 정이 있으면 반이 있기 마련이고, 이 정과 반은 부딪혀 싸우기 마련이다. 이것을 서로 이해시켜 합을 이루어야 한다. 헤겔의 변증법을 인용해서 중간집단 교육을 시켜 왔던 것이다. 그렇다면 대화를 해야 하기에 수시로 대화모임 일을 해 왔었다. 지금은 그런 대로 가끔 들을 수 있으나 유신체제 아래서는 중간집단에서 '집단' 소리도 이상한 소리로 들렸다. 각 집단마다 문제가 있어 해결하려고 했던 교육이었으나 교육 이수자들이 나가서 대화로 해결하지 못하고 투쟁에 앞서게 되고 그렇게 계속되다 보니 크리스챤아카데미는 투쟁하려고 교육시키는 교육원처럼 되어 갔다. 70년대에는 정권을 반대하면 북의 지령을 받아 그런 일을 한다면서 빨갱이라는 누명을 씌우기 쉬운 때라 결국 '크리스챤아카데미 사건'이라는 큰 사건이 터졌다.

이른바 6인 서클이었는데 구성원은 이우재, 신인령, 한명숙, 장상환, 황한식, 김세균이다. 이우재는 나중에 국회의원과 마사회 회장까지 했고, 신인령은 이화여대 총장, 한명숙은 여성부와 환경부 장관을 거쳐 국무총리를 했고, 장상환은 경상대, 황한식은 부산대, 김세균은 서울대 교수이지만 그 당시에는 이들을 모두 빨갱이들이라 했다.

1979년 3월 13일에 여섯 명이 중앙정보부에 잡혀 들어갔다. 나도 어떻게 연루가 되어 3월 19일에 붙들려 갔다. 그리고 고문이라는 고문을 다 당해 보았다. 그래도 고문 기술자 덕을 보았다. 고문을 당했으나 흉터가 남거나 뼈가 부러지지는 않은 것이다. 내가 풀려나온 다음 주에 강원용 목사님이 잡혀가셨다. 목사님이 풀려나온 후 곧바로 찾아갔다. "이번에 락경이 고생이 많았어." 그 대신 나와 아카데미는 끊을 수 없는 깊은 인연이 되었다. "그런데 교육을 계속해서 해야 되느냐, 안 해야 되느냐?" "합시다!" "지금 이 마당에 어떻게 교육을 한단 말이냐? 그런데 교육을 안 하면 교육 경비로 독일에서 보내온 돈을 돌려주어야 해." "그러니까 해야 돼요." "어떻게?" "교육 강사들을 바꾸어서 하면 돼요. 새마을중앙회 김준 회장도 부르고, 가나안농군학교 김용기 교장도 부르고, 지금 사회에서 유명한 강사들을 불러들이면 돼요. 그다음 전과가 없는 사람들 강사로 골라서 교육을 연속하면 돼요." "그런데 새마을은 빼자." "새마을을 넣어야 돼요." "에이, 빼자. 그럼 새마을만 빼고 교육을 다시 시작한다." "네." "그런데 나하고 한 가지 약속이 있다. 새로 교육을 시작하면 지금까지 아카데미 교육을 이수한 사람들이 나를 가지고 변질되었다, 정부 편 든다, 강원용이 사쿠라다 해도 변명을 하지 마. 변명하면 이 같은 교육도 못 하게 된다. 내가 사쿠라 아닌 겹사쿠라가 되어도 좋으니 변명하지 마." "네, 사쿠라 말씀 잘 듣겠습니다. 겹사쿠라 말씀이에요."

1979년 3월 중앙정보부에서 조사차 만났던 김재규가 그해 10월 박정희 대통령을 죽이고 12월에는 전두환이 권력을 장악하고 80년 5월 광주 사건이 일어나고, 이렇게 정치적 혼란이 오는 가운데 크리스챤아카데미 사회교육원 직원 여섯 명은 일주일에 두 번씩 2년이나 재판을 받아야 했다. 전두환이 대통령 자리에 오른 뒤 강원용 목사님은 국정자문위원이 되고 방송위원장이 되었다. 그렇게 된 것도 '변명하지 마라. 김대중과 얽혀 있으니 겹사쿠라가 되어도 좋으니 변명하지 마라'는 말씀에 따른 것이었다. 김대중을 사형 집행하려 할 때 전두환을 찾아가셨다. "'내가 당신 시키는 대로 다 할 테니 형 집행만 말아 주시라'고 했어. 그러고 나서 국정자문위원, 방송위원장 했어. 국무총리 자리는 거부했지."

크리스챤아카데미 교육이 다시 시작되었다. 노동이나 학생 교육은 할 수가 없었고, 교회 상대로 목회자, 평신도, 신학생을 초청해서 신앙 교육을 했다. 나는 직원도 아니지만 예전처럼 교육 때마다 교육 보조원으로 참여했다. 새로 채용된 한규채 목사를 내세워 새로운 교육 계획을 짜고 기독교 신앙을 강조하면서 교육 시간표를 작성했다. 교육 때마다 다른 분야에 근무하는 직원들의 도움으로 교육을 해야 하는데 김희선과 강정숙 간사가 그들이었다. 다시 교육 때마다 첫 시간은 강원용 목사님 강의였다. "지금 한국은 정치·사회·경제·문화 모두가 혼란 상태다. 사회가 혼란한 만큼 종교 역시 혼란하기 마련이다. 그러면서 사이비 종교와 이단이 설친다." 강원용 목사님이 강의 도중에 하신 말씀이다. "심지어는 부흥 강사의 포스터에 영계의 거성 아무개 목사라는 광고까지 있어." 목사님의 설교는 설교라기보다는 강의에 가깝고 목사님의 강의는 설득력이 있어 누구든지 듣고 나면 설득되고 만다. 강의가 끝나면 언제나 평가를 부탁하신다. "내 강의 어때? 그런 대로 들을 만해?" "네, 영계의 거성이십니다!"

목사님은 1917년 7월 3일 함경남도에서 태어나셨다. 북간도 용정에서 은진중학을 졸업하고 일본 메이지학원 영문학부를 다니다가 다시 만주로 가서서 교회 활동을 했다. 8·15 이후 월남하여 기독교 청년운동을 하고, 김규식 박사의 민족자주연맹에서 정치 청년으로 활약하기도 한다. 그 후 캐나다 마니토바 대학 신학부를 나오고 미국 뉴욕의 유니온 신학대학원에서 석사학위를 받은 후 뉴스쿨 대학원의 박사과정을 다니다가 귀국했다. 박사는 명예박사다. 무엇보다도 한국의 장로교회가 둘로 나뉠 때 진보 측에서 김재준 목사가 주축이 되었고 강원용, 박형규, 조향록 목사 등이 젊은 목사로서 앞에 나섰다. 그 후 강원용 목사는 진보적 신앙의 대표자로서 활동을 하게 된다. 70년대에 크리스챤아카데미를 창설했고 그곳에서 대화모임이 시작되었다. 양극화와 인간화, 정치화와 민주화, 민주문화공동체 형성, 남북 화해, 생명 가치와 과학기술 등 적당한 때에 그때그때 필요한 주제를 정하고 전문성이 있는 인물을 선정해 대화모임을 계속해서 주선했다.

내가 유명한 인사들을 많이 알게 된 것도 모두가 크리스챤아카데미 모임 때문이었다. 송월주 스님과 법정 스님, 김수환 추기경도 가까이서 뵈올 기회가 자주 있었다. 정원식, 이종구, 양호민, 박영숙, 이삼열 교수와 그의 부인 손덕수, 오재식 선생 내외분도 흥이 나면 같이 춤추는 마당이 자주 있었다. 수유리 아카데미하우스에서 모임이 자주 있었고 전현직 국무총리가 참석하는 일은 수시로 있었다.

목사님은 우리나라 정계, 문화계, 교계, 경제계 두루두루 거침없는 교제가 있었다. 1984년 교황 요한 바오로 2세가 한국에 왔을 때 만나서 대화를 하기도 했다. 그뿐 아니다. 노동자들, 특히 농민들과도 거침없는 교제가 이루어졌다. 내가 목사님과 가까이 지낼 때는 시골에서 남의 땅 농사를 짓고 사는 농부였다. 농부인 내가 목사님을 만날 수 있는 것이 영광이라는 말이 아니고 목사님이 농민들을 만날 수 있었던 것이 목사님께 큰 영광이라는 말이다.

1999년 수유리 아카데미하우스에서 모임이 있었다. 주제는 '바람직한 지방자치제와 지방자치단체'다. 우리나라는 8·15 이후 주로 미국 민주주의 법을 참고해서 헌법을 제정했기에 지방자치제도 함께 실시했다. 그러나 자유당 시절에는 제대로 못 했다. 1960년 4·19 이후 지방자치제가 확대되었으나 5·16 이후에 지방자치단체장은 임명제로 되돌아갔고 지방의원은 아예 없었다. 공공 기관마다 의회 사무실조차 없었다. 그 후 1991년 처음 지방의원 선거가 있었고, 김영삼 대통령 시절인 1995년 6월 27일에 지방의원뿐 아니라 지방자치단체장도 함께 선출하는 전국 동시 지방선거를 실시했다. 그러나 30년 만에 실시하는 지방자치제라서 바람직하지 못한 점이 너무나 많았다. 그래서 이 문제를 의논하려고 강원용 목사님께서 수유리 아카데미하우스에 농민, 노동자, 여성, 종교계, 경제계 인사들, 정치인, 지방의원, 지자체장, 교수 등 각계 인사들을 고루 초청하신 것이다.

주제 발표는 전북도의원이던 임수진이 했다. 시간표대로는 발표 한 시간, 질문 한 시간, 이후 토론 어쩌고 하면서 1박 2일이었다. 사회는 강원용 목사님이 직접 보셨다. 임수진 의원의 주제 발표가 끝나고 질문 시간이었다. 내가 제일 먼저 질문을 던졌다. "우리나라에 1960년에 지방자치제가 있었는데 그때는 면장도 직선제였고, 면의회 의원들도 있었습니다. 내가 사는 화천은 군의원을 다른 지역보다 더 뽑을 수 있어야 하는데 1개 군에 의원 5명입니다. 또 지방의원들이 군수를 뽑기도 하고 지방의회에서 결정해서 면장 투표도 할 수 있는 것이 바람직한 지자제 아니겠습니까. 또 화천 지역은 10월 4일에 선거를 한다든가 지역마다 법이 달라야 바람직한 지자제지 어떻게 전국적으로 같은 날 같은 시에 인구 몇 명당 의원 몇 명 이렇게 뽑느냐, 이렇게 하는 것은 바람직한 '지(제) 자지'가 아니고 '남의 자지'입니다." 그러고 나니 박수갈채와 야유가 나오고 웅성거리고, 임수진 한 시간 발표보다 임락경 질문 한마디가 훨씬 낫다는 등 아수라장이 되었다. 그러자 강 목사님은 "어? 어, 어, 농담 그만하고 빨리 토론으로 들어가." "아니, 이건 농민이 하는 말이니까 농담은 맞지만 그런 농담 아니어요. 진담이고 정담이어요." 아무튼 토론은 밤늦도록 이어졌다.

2004년쯤이다. 그때는 종교 간 대화 시간이었다. 여태 나는 농민 대표로 아카데미 모임에 자주 참석했으나 이때는 기독교 목사로서 참석했다. 신부, 수녀, 비구니, 비구, 원불교 교무 두루 참석했다. 이 자리에 목사님은 뒷문으로 부축을 받으며 들어오셨다. 아카데미 건물을 지으실 때는 뛰어다니면서 오르내리고 활동하셨으나 이제는 부축을 받으며 뒷문으로 들어오고 나가게 되었다고 하신다. 인사만 하시고 토론회에는 참석도 못 하셨다. 이것이 마지막 뵌 것이다.

2006년 8월 17일 임종 소식이 전해졌다. 5일장으로 치르는데 날마다 장례 주관하는 주체가 달라진다. 19일 밤에는 노동자들과 농민들이 함께 주관하는 날이었다. 낮부터 준비를 하고서 내가 맡은 순서는 기도와 축도였다. 그런데 크리스챤아카데미 교육 때 불렀던 노래를 아무도 모른다. 그때는 적어 두지도 못했다. 심지어 크리스챤아카데미 사건이 노래 때문이었는데 그 노래마저 아무도 모른다. 장례식장에서 내가 준비해서 여러 가지 불렀으나 우선 대표적인 노래를 적어 본다.

농민 노동가

농민들이 얼마나 농사를 더 져야
아, 살 수 있나
우리 모두 지금까지 피땀 흘려 왔는데
아, 슬픈 현실
지금까지 빼앗겼는데 계속해서 빼앗기면은
농민들은 굶어 죽겠네 느낀 것이 너무 많아요
설움에 지쳤던 눈빛이 보여요 내일의 찬란한 빛이
설움에 지쳤던 눈빛이 보여요 내일의 찬란한 빛이

노동자가 얼마나 노동을 더 해야
아, 살 수 있나
우리 모두 지금까지 피땀 흘려 왔는데
아, 슬픈 현실
지금까지 뺏앗겼는데 계속 착취당하면은
노동자는 기계인가요 느낀 것이 너무 많아요

설움에 지쳤던 눈빛이 보여요 내일의 찬란한 빛이
설움에 지쳤던 눈빛이 보여요 내일의 찬란한 빛이

목사님 영전에서 마지막 불렀던 노래다. 그리고 내가 마지막 축도로 보내 드렸다. 21일 경동교회에서 발인예배 마치고 장지로 가셨다. 해마다 추모예배 때 안내장이 왔으나 아직까지도 참석하지 못했다.

예부터 이름 지을 때 하늘 천天 자는 쓰지 않았다. 그리고 용 용龍 자도 조선 시대에는 넣을 수 없었다. 용은 임금을 뜻하는데 임금은 하나여야 하니 용이 또 나타나면 안 되기 때문이다. 그리고 용 중에도 으뜸 용(元龍)이면 역적의 괴수다. 삼족을 멸하게 될 거명이다. 그러나 1917년생으로 한일합방(1910) 이후라서 그런 이름을 사용할 수 있었다. 이름 그대로 으뜸 용으로 사셨다.

디아코니아 자매회 여성숙 선생

10대 시절 내가 최흥종 목사님이 경영하시다 김준호 원장에게 넘겨준 광주 무등산 폐결핵 환자들 요양원에 있을 때였다. 환자들 중에 노인들은 없고 30~40대가 많았다. 내 또래 친구들도 있었다. 나는 여성숙 선생님이 누구인지 몰랐다. 그러나 환자들에게 덕망 있고 훌륭하신 선생님으로 알려져 있었다. 여 선생님이 한 번 다녀가시면 다녀가셨다는 것만으로 영광스럽다며 화젯거리였다. 구체적이거나 크게 도움 될 만한 내용은 없으면서 모두가 존경하고 그냥 칭찬만 늘어놓는다. 마치 자기 어머니를 소개하듯 그저 사랑스러운 선생님이시란다. 뭐가 그처럼 훌륭하냐고 물으면 아무 내용도 없다. 그 내용은 50년이 지난 지금에서야 알았다.

  선생님은 1960년대 우리나라에 폐결핵 환자들이 많을 때 광주제중병원 폐결핵 전문 의사로 계셨다. 그때나 지금이나 폐결핵 치료는 광주제중병원(현 광주기독병원)이고 의사들 중에는 여성숙 선생님이 유명하셨다. 제중병원에는 병동 하나가 무료 환자들 병동으로 따로 있었고 돈 없어 치료 못 받는 이들이 북적거리고 넘쳐났다. 그때 폐병은 진단만 받으면 못 고치고 죽는 병이었다. 지금의 암처럼, 아니 그보다 무서운 병이었다. 암은 전염이 안 되지만 폐병은 전염병이라서 가족들이 함께 할 수가 없었다. 폐병이란 빨리 죽지도 않는다. 고생하고 재산 다 날려야 죽는다. 죽을 때 가족에게 병 상속해 주고 죽는다. 아무리 사랑스러운 가족이라도 병간호를 할 수가 없다.

폐결핵은 사랑하면 사랑할수록 멀리해야 될 병이다. 진정으로 사랑하는 연인이나 가족들은 하루 속히 멀리해 주는 것이 진정한 사랑이다. 그렇다면 가족에게 행방을 밝히지 않고 떠나는 환자가 제일 현명한 환자다. 돈을 가지고 떠나면 고생 더 하면서 천천히 죽고, 돈이 없으면 고생 적게 하고 빨리 죽는 병이다. 결핵 환자들은 가족이 있건 없건 상관없고 있어도 알려 주지도 않는다. 묻지도 않는다. 물어봐도 모두가 가족이 없다. 이러한 환자들을 무료 병동에서 진료하고 치료해 주시는 의사 선생님이 여성숙 선생이었다.

제중병원에서 치료받은 무료 환자들은 고쳐져도 아직은 완치 환자가 아니다. 전염성도 여전히 있다. 이런 이들이 갈 곳이 없어 무등산 요양원으로 몰려와 150명 정도 모여 살았다. 광주 시내 부근에 있는 환자들까지 합하면 450명 정도 되었다. 퇴원 아닌 퇴원을 한 이 환자들은 아무 때고 병이 심해지면 수시로 제중병원의 여 선생님을 찾았고 정기적으로 약을 타다 먹고 있었다. 그 환자들마다 여 선생님을 대할 때 의사와 환자 사이가 아니고 어머님 같은 사랑을 느껴 왔던 것이다. 어머님 사랑을 표현할 수가 없는 것이다. 50년 후에 들은 이야기로는 퇴원 후 개별적으로 찾아가서 돈을 요구하면 거절하지 않고 도와주셨다고 한다. 그때 내 친구들은 돈을 요구해 도움을 받았다는 이야기는 할 수 없으니 그냥 좋은 선생님인 것뿐이었다.

내가 선생님을 만난 경우는 좀 달랐다. 무안의 디아코니아에 계실 때 수시로 뵈었으나 가까운 만남은 아니었다. 언제인지 정확히는 모르고 1980년대 어느 날 나에게 전화가 왔다. 양평에 오빠가 계시는데 집을 지어야겠고 지하수를 파야겠기에 내 도움이 필요하다는 것이다. 영광스러운 부탁이라 그 즉시 찾아갔고, 내가 할 수 있는 일로서 집터와 지하수 자리를 정해 드렸다. 점심을 사 주셔서 마주 앉게 되었다. 선생님이 "멀리서는 자주 만났으나 가까이서 대하는 것은 처음이오"라고 내가 해야 할 말씀을 하셨다. 그때부터는 수시로 만나 뵈올 수 있었다.

여 선생님의 친구로 안병무 선생을 들 수 있다. 무안에 디아코니아가 설립된 것도 안병무 선생의 공이 크고 안병무 선생이 세웠다고 할 수 있다. 30년 전 내가 40대일 때 디아코니아 원장을 통해서 안병무 선생님이 댁으로 나를 부른다. 나를 내세워 남성 디아코니아 수도회를 설립하고자 하는 뜻이었고, 또 한 가지는 나를 내세워 성인병 환자들을 치료하는 병원을 설립하고자 하는 뜻이었다. 그때는 우리나라에 성인병 환자들이 지금처럼 많지 않았다. 조건은 간단했다. 내가 원하는 대로 하는 것이다. 그때 계획서만 잘 만들면 독일에서 돈을 얻어 올 수 있었다. 내가 원하는 곳에 원하는 만큼 건물 짓고 성인병 환자들을 모아 음식으로 치료하자는 것이다. 국내에 크게 차리면 국제적으로도 알릴 수 있는 명예롭고 보람된 일이라는 것이다. 나는 아무 대답도 안 했고 집에 가서 의논해 본다 하고 돌아왔다. 그러나 안병무 선생은 디아코니아에 가셔서 임락경 목사가 디아코니아에 살러 오게 되었다고 말씀하신 모양이다. 집에 와서 의논해 보니 "그처럼 국제적으로 크게 하는 것은 큰일이고, 이곳에서 20여 명이 오손도손 사는 것은 작은 일이냐?"라는 결론이었다.

안병무 선생은 내가 거절할 이유가 한 가지도 없으니 당연히 승낙

할 줄 아셨다. 내가 원하는 대로 다 해 주겠다는 조건이기에 당연한 일이다. 식구들이 반대한다는 것도 의미가 없다. 식구들의 요구도 다 들어주신다고 하셨다. 운영비를 대 달라면 다 대 주고, 거기에 건물을 짓겠다면 다 지어 주고, 옮겨서 살겠다면 원하는 장소로 옮겨 주겠다고까지 했으니 거절할 이유가 없었다. 그러나 우리 식구들은 작은 식구끼리 이곳에서 아무 도움 없이 오손도손 살겠다는 것뿐이었다. 그 후 안병무 선생께 수없이 전화가 왔으나 통화하지 못하고 돌아가셨다. 2003년 봄 안 선생 사모님이신 박영숙 선생이 아들, 질녀와 함께 찾아오셨다. 안 선생님의 산소를 이장해야겠다고 하신다. 내가 맡아서 옮겨 달라는 부탁이었다. 이장이라지만 향린교회 목사와 교인들, 안병무 선생의 친구와 제자들이 모여 큰 행사가 되었다. 누구보다도 여성숙 선생님이 맨 앞자리를 지키고 계셨다. 이장이 끝나고 여성숙 선생님과 같은 차를 타고 천안 디아코니아로 오게 되었다.

　여성숙 선생은 이현필 선생을 무척 싫어하신다. 모든 사람이 존경한다고 떼 지어 다니지만 존경할 것이 없고 단점이 많은 사람이라고 하신다. 그러나 모두가 그러는데 나쁘다고 할 수는 없고 그냥 내버려 둔다고 하신다. 차 안에서 여 선생님께 이현필 선생의 단점을 한 가지만이라도 말씀해 주시라고 졸라 댔다. "나더러 남의 흉을 보라고?" "네, 흉은 보아야 됩니다" 하고서 선생님 말씀이 나오도록 온갖 짓을 다 했다. "그렇다면 차 안에서만 듣고 말아." "네, 차 안에서만 듣고 전달 않겠어요" 하고 다짐을 했더니 드디어 입을 열어 한 말씀 하셨다. 그러나 그 말씀은 차 안에서만 듣고 말아야 될 말씀이기에 글로 쓸 수는 없다.

　안병무 선생님 처조카 딸은 안 선생님의 비서 역할을 하였다. 안 선생님이 자란 중국에도 모시고 갔고, 선생님 노년에는 더욱 수족이 되었다. 그는 사업가였다. 언젠가는 수출 1위 상을 받았다고 한다. 사업을 하다 보니 언제나 사건이 생기고 사건마다 변호사를 선임해야 한다. 그러나 만나는 변호사마다 나쁜 변호사를 만나게 되었고, 변호사들은 하나같이 사기성만 있다고 결론지었다. 그런데 마지막에 훌륭한 변호사를 만났다. 변호사는 모두 나쁜 줄만 알았는데 그처럼 훌륭한 변호사가 있음을 알았고, 사건이 끝나고 하도 고마워 식사 대접을 했다. 내가 만나는 변호사는 모두 나쁜 변호사였는데 어떻게 이렇게 좋은 변호사를 만나게 되었다고 말하니 "내가 의사였는데, 안병무 선생 책을 읽고 법관이 되려고 다시 법학을 했고 지금 변호사가 되었습니다" 한다. "그래요? 안병무 선생이 저의 이모부인데요." "그럼 박영숙 의원이 이모예요?" "네." "못 믿겠는데요?" "그럼 지금 전화 드릴게요." "이모, 저예요. 지금 이모부를 존경하신 변호사님 바꿔 드릴게요." 이런 일이 있은 뒤 여성숙 선생님 말씀이 "그 어른은 죽어서도 사람을 변화시켜"였다.

내 막내딸이 중학교 2학년 때였으니 2000년도쯤 되겠다. 여 선생님을 만나러 간 것이 아니고 다른 일로 그곳에 들렀다. 막내가 "여기가 디아코니아야?" 묻는다. "응." "그럼, 여성숙 선생님이 여기 계셔?" "그럼!" "만나 뵐 수 있어?" "몰라. 전화 드려 보고." 그때가 밤 아홉 시였다. "선생님 주무셔요?" "아니, 아직 안 자." "찾아가 뵈어도 돼요?" "응. 올라와." 그날은 선생님께 꼭 한 말씀 듣고 싶었다. 우선 막내와 큰절을 올리고 난 후 사설을 먼저 풀었다. "사람이 한평생 살고 나서 후세 사람들에게 교훈이 될 수 있는 말씀을 요약해서 남겨야 합니다. 즉 석가처럼 '자비심으로 살아라', 공자처럼 '어질게 살아라', 소크라테스처럼 '네 자신을 알아라', 예수처럼 '이웃을 네 몸같이 사랑해라'. 선생님도 한 말씀 해 주십시오." 그러자 "내가 책에 다 썼는데……" 하신다. 나는 선생님이 쓰신 책 다 읽어 보았으나 기억에 남을 말씀을 찾아내지 못했다. 그렇다고 해서 책에다 무슨 말씀을 쓰셨느냐고 물어볼 수는 없었다. 그냥 다음 단계로 넘어갔다.

나는 강의를 많이 다닌다. 말은 잘 못한다. 또 내 무식함은 만민이 다 알고 있다. 그러나 강의 부탁이 많이 온다. 또 내 강의가 주제가 없다. 대상도 다르다. 이곳저곳 이 사람 저 사람이 이 강의 저 강의 두서없이 요구하고, 나는 거기에 맞추어 두서없이 원고도 없이 떠들고 다닌다. 그러던 중에 제일 심각하고 내가 감당할 수 없는 어려운 주제와 대상을 만났다. 강의 부탁은 1년 전에 받았고, 장소는 광주 YMCA 강당이다. 대상은 주로 은퇴한 이들이다. YMCA, YWCA 이사들이고 일반 시민들이 더 많았다. 주제는 '죽음을 생각하는 이들'이었다. 강의 날짜는 닥쳐오고 해야 할 말은 떠오르지 않고, 내 평생 강의 말고 이처럼 심각하게 1년 동안 고민해 본 것은 처음이었다. 그래서 어른들만 만나면 혹시나 도움이 될까 해서 물어보고 다닌 때였다. 여 선생님께도 도움을 청하면서 여쭈었다. "내가 지난주 거기 다녀왔는데" 하신다. "무슨 말씀을 하셨어요?" "녹음해 놓은 테이프 있어" 하시고는 건넌방에서 찾아보시다 못 찾고 나오신다. "후에 찾으면 우편으로 보내 줄게" 하시고는 지금까지 보내 주시지 않는다. 노인은 노인다워야 한다. 젊은이들처럼 금방 찾아내도 어울리지 않는다. 찾다 못 찾으셔야 노인답다. 또 나중에 찾으면 보내 준다 하고 금방 찾아 보내셔도 노인답지를 않다. 지금까지 보내 주시지 않아야 노인다운 노인이다. 밤도 늦어 선생님도 주무셔야 되고 나도 자려고 인사드리고 막내 손잡고 계단을 내려오는데, 막내가 하는 말, "아빠, 내가 책을 읽었는데 '욕심 없이 살면은 살아 볼 만한 세상'이라고 씌어 있어." 나는 아이들을 키우면서 아빠에게 무슨 재산 상속은 기대하지 말아라, 그러나 이 시대에 훌륭한 어른들을 만나 뵈올 수 있는 상속은 많이 해 주겠다고 다짐했다. 이번 기회에 막내딸에게 큰 상속을 한 셈이다.

나를 아버지라고 부르면서 딸 노릇을 하고 있는 또 하나의 딸 용복이와 2013년 여름에 또다시 선생님을 찾아뵈었다. 마침 용복이는 이현필 선생이 창립하신 귀일원 총무다. 나는 이현필 선생 싫어하신 말씀을 듣고 싶어서 간 것이다. 이제 여 선생님은 90세가 넘으셨다. 문밖출입은 못 하시나 정신은 흐트러지지 않고 책을 많이 읽으신다. 젊어서부터 아무 일 없이 책을 읽는 것이 평생 소원이셨고, 그 소원을 원 없이 풀어 보신다며 즐겁다고 하신다. 지난해에도 일부러 찾아뵈었고 이번에도 마찬가지다. 먼 거리라서 1년을 넘기지 않고 찾아뵈려고 한다. 이번에는 기어이 이현필 선생 싫어하신 이야기 내용을 다 알아내려는 욕심이었다.

크게 싫어하신 것은 별것이 아니었다. 너무나 추앙을 받고 사신다는 것이다. 실은 본인은 피하려 하지만 동광원 식구들이 너무나 교주처럼 천사처럼 대접을 한다. 예의를 갖추어도 너무나 갖춘다. 동광원 식구들은 이현필이라는 사람을 사람 대접하는 것이 아니라 신을 대하듯 섬기려 한다. 이 모습이 여 선생님께 보였던 것이다.

더 싫어하신 것은 약 쓰지 않는 것이다. 이 선생이 폐결핵으로, 후두결핵으로 제중병원에 입원했을 때 한 달 동안 치료했더니 말씀도 잘하시고 활동도 잘했었다. 퇴원 후에 약만 꼬박꼬박 드셨으면 지금까지 건강하게 살 수 있었는데 얼마 후에 가서 보니 약봉지가 그대로 있었다. 너무나 미웁다는 것이다. "김준호는 말이 통했고, 내 말 잘 들어 약 잘 먹고 오래 살았어. 그러나 이현필 선생은 내 말 안 듣고 일찍 죽었어. 내가 수차례 부탁드렸어. 병 고치고 건강 회복해서 더 일 많이 하라고. 일

더 하라고. 지금까지 일했으면 얼마나 좋았을까. 미운 사람 만나기도 싫어서 그 후로 돌아가실 때까지 안 만났지. 그리고 자기가 약을 안 드시니까 그를 따르는 제자들도 약을 잘 안 먹고 죽어 가. 또 교육도 안 시키고 잘 먹이지도 않아. 이것들이 다 미웁고 싫어. 병 다 고쳐 놓으면 뭘 먹이지도 않고, 약을 안 먹으니 더 심해지고 죽어 가."

여성숙 선생님이 이현필 선생을 싫어하신 이야기는 이제 그만 들어도 더 짐작해서 다 알 것 같았다. "나에게 더 듣고 싶은 이야기 있어?" "성장해 온 과정을 말씀해 주셔요." "가난한 과수원 집 딸로 태어났어. 학교를 안 보내 주어서 열여덟 살에 집을 나왔지. 공부하려고. 10년 이상 어린 사람들과 같이 공부했어. 늦게사 초등학교와 중등 과정을 마쳤지. 어느 학교를 가든 내가 나이가 제일 많어." 지금 말씀을 주고받는 선생님 나이가 95세이시다. 대략 네 시간 정도 말씀을 들은 것 같다. 이 또한 용복이에게 훌륭한 선생님 만나 뵐 수 있는 기회였고 상속이었다.

선생님의 성장 과정을 손수 쓰신 회고록을 통해 간추려 보고자 한다.

1919년 11월, 황해도 송화군 진풍면 덕안리에서 나심

1935년, 평양소학교 과정 편입(17세)

1937년, 원산 마르다 윌슨 여자신학원 입학

1941년, 위 학교 졸업

1941년, 일본 교아이(共愛) 여학교 입학

1945년 5월, 경성여자의학전문학교(현 고려대학교 의과대학) 입학

1950년 5월, 위 학교(8·15 이후 서울여자의학전문학교로 개칭) 졸업

1952년 3월~1954년 5월, 전주예수병원 수련

1954년 8월~1961년 12월, 광주제중병원 의사로 근무

1961년 1월, 목포의료원 시작

1965년 8월, 한산촌 개촌

1980년 5월, 한국디아코니아 본부가 한산촌에 세워짐

1986년, 돌산 한삶의집 개원

1990년, 한산촌 폐촌

1998년 10월, 목포의료원 은퇴

이렇게 살아오신 연혁을 쓰고 보니 너무 간단하다. 그러나 그 삶 속에는 대동아전쟁과 8·15 이후의 혼란, 6·25 전쟁과 피난살이, 근대화 시대의 가난과 어려움이 갈피마다 새겨져 있다.

이거두리

내 고향 순창 유등교회 배영진 장로님의 말씀이었다. 그분이 평소에 하시던 말씀이었고 돌아가시기 전 유언이었다. 일제 때 이거두리가 있었는데 걸인이고 기인이셨다. 그분의 행적 하나하나를 수시로 말씀하셨고 "내가 죽더라도 네가 죽기 전에 꼭 이거두리에 대해서는 사회에 알려야 한다"고 당부하셨다. 그러나 그때는 지금처럼 글을 쓴다는 것을 생각지도 못했다. 배고픔을 해결하는 게 제일 중요한 문제였고 또 주변 살아 있는 사람 중에 훌륭한 사람들이 많았기 때문에 돌아가신 분까지 챙길 겨를이 없었다.

언제나 난세에 인물이 난다는 속담이 있는데 내가 자랄 때는 난세였다. 내가 태어난 해가 8·15가 있던 해였고 5년 후에 6·25가 있었고 10년 후에 4·19, 그 1년 후에 5·16이 있었다. 국가적으로 정치적으로 혼란이 많은 시기였는데 그 속담처럼 그 시대에 인물들이 많았다.

난세에 인물이 난다는 것은 말은 난세가 인물을 기억하게 해 준다는 말과 같다. 임진왜란이 없었으면 이순신 장군이나 권율 장군이 어느 때 사람이었는지 아무도 모르고 지냈을 것이다. 일제 침략이 없었으면 유관순이라는 여학생이 어떻게 나시고 돌아가셨는지도 모르고 살았을 것이다. 마찬가지로 내가 자랄 때 철인, 기인, 도인, 신앙인들이 많이 있었다. 다행히 그분들의 행적이라도 남아 있기에 요즘 목회자들의 설교거리가 많이 있다. 그렇지 않았으면 설교 시간에 외국의 난세를 산 인물들만 들추어 그들의 신앙생활을 소개해야 했을 것이다. 예수, 석가가 없으면 밥 굶을 사람들이 너무나 많다.

그 난세에 이거두리라는 분이 있어서 나도 이야기를 들었지만 적어 놓지도 못하였고 기억으로만 간직하고 있었다. 내가 1986년경부터 〈주간 기독교〉라는 잡지에 몇 년간 글을 쓰게 되었다. 편집을 맡은 임병해 부장이 나더러 글을 연재하게 했다. 어느 날 그 잡지에 이거두리 이야기를 다섯 편으로 나누어 기재하겠다는 안내가 나왔다. 그때 내가 여섯 편으로 연재하고 나에게 그중 한 편을 쓰게 해 달라고 제의했더니 우선 원고를 보내라고 한다. 아는 대로 써서 보내 주었는데 나중에 보니 다른 분들의 글과 내용이 겹치기도 했다. 내 글은 대략적인 이야기였고 근거도 없는 이야기들이었으나 임병해 부장은 이거두리의 후손인 며느리와 손자들을 만나 가족 사진까지 구했다. 또 이거두리를 만났던 분들이 아직 생존해 있어 찾아 만나고 그의 묘지도 찾아갔다. 내가 해야 할 일을 다 해 놓았다. 또 1996년 10월 5일에 출판기획 에디아에서 『이거두리 이야기』라는 책을 발행했다.

다음 글들은 임병해가 고생하여 얻은 여러 증언들을 엮어 놓은 것이다. 물론 책을 사서 읽으면 된다지만 어느 기독교 서점 한구석에 있는지조차 모르고, 있어도 서점 주인은 먼지 떠느라 애쓰고 있을 것이다. 인터넷에 치면 나온다지만 정보의 홍수 어느 구석에 그분의 이야기가 있는지도 모른다. 다행히 상식 있는 기독교인들과 신앙생활에 대해 고

민하는 기독교인들이 많이 읽고 있는 〈복음과 상황〉에서 기회를 주어 소개하게 되었으니 1974년에 돌아가신 배영진 장로님 영전에 떳떳한 사람이 된 것만 같다.

그 배 장로님께서 신앙생활을 하시는데 이거두리 같은 모습이 수시로 나타나셨다. 나도 어릴 때부터 그분의 삶을 듣고 자랐기에 그분 시늉을 하기도 할 것이다. 이거두리 선생의 좋은 점은 다 따라 하지 못하고 잘못된 부분만 골라서 하고 있을 것이다. 그분은 천국 가서 기와집에 살고 있겠지만 나는 천국 가기 전에 기와집을 먼저 지었고 거기에서 글을 쓴다.

에디아에서 출판된 『이거두리 이야기』는 지금 품절되고 없다. 계속 찾는 이들이 있다면 다시 출판하련만 찾는 이가 없어 아쉽다. 이 글을 읽고 누군가 그 책을 찾아 재판, 3판 했으면 하는 생각이다.

책의 추천사를 써 주신 조병희 전북문화재위원의 글부터 소개해야겠다. 또 이 책을 엮은 임병해의 이야기도 있어야 글이 되겠다. 반복되는 부분은 빼내고 책에 나온 대로 다시 엮고자 한다. 이 책의 4분의 1은 내가 썼던 글이다.

지기 꺾이지 않던 호활한 남아

조병희(시인·전북문화재위원회 위원)

필자는 일찍이 이보한李普漢에 관계된 사적을 엮어 일반에 공개한 일이 있었다.

이보한보다 38년이나 연하인 필자는 철부지 때부터 이보한의 기발한 행동에 마음이 쏠려 잘도 따라다니곤 했다. 필자가 고등보통학교 재학 시절에 그는 우연히도 내가 살고 있는 동완산동東完山洞에 거주지를 옮기게 되었다.

그는 아무 거리낌 없이 학생들이 공부하고 있는 우리들 방에 들러 여러 가지 이야기로 암암리에 학생들을 깨우쳐 주곤 했다.

까마득히 스쳐간 어느 해 늦봄 우연히도 은혜기획 집필부장인 임병해林柄海 씨가 이보한의 손자 이중환李仲煥 씨와 동반하여 필자를 방문하고, 전주의 고로古老들을 찾아다니면서 이보한의 행적行蹟을 추적하는 한편 묘소墓所 등 유적지를 답사하고 돌아간 일이 있었다. 그 후에도 임병해 씨는 이보한의 사적을 취재하기 위하여 몇 번인가 전주에 들르곤 했다.

임병해 씨가 이보한의 행적을 엮어 책자로 펴내려는 데는 남다른 의도가 있을 것이요, 나에게 추천사를 엮어 달라는 청탁도 또한 의미가 있을 것이다.

1945년 8월, 일제의 쇠사슬에서 풀려난 우리 겨레는 해방의 감격을 누릴 겨를도 없이 국토 분단의 소용돌이 속에서 물밀듯 하는 외래풍조外來風潮로 말미암아 민족의식에 있어 종전과는 가닥을 잡을 수 없는 변모를 가져왔다. 모든 생활 양상이 겉치레로 치닫고 있는가 하면 부조리한 생활 태도가 빚어낸 갖가지 범죄가 전통적인 사회 질서를 뒤흔들고 있다.

이러한 시대적 상황에서 회고해 볼 때 이보한이라는 인물이 걸어온 발자취는 오늘을 살고 있는 우리에겐 준엄한 경종일지도 모른다. 일제의 암울했던 시절에 있어 국권國權과 민권民權과 자유와 평등을 쟁취爭取하기 위하여 혈혈단신孑孑單身으로 일제에 대항하면서 살았던 그의 생애는 오늘을 개방한 민족의 여명黎明이요, 선각자임에 틀림없다.

회고하건대 일제가 강탈한 조국을 찾기 위하여 중국 대륙과 만주 벌판에서 풍찬노숙風餐露宿으로 설한雪寒을 무릅쓰고 일제와 싸운 열사가 있는가 하면, 장설丈雪로 쌓인 궁곡窮谷에서 일병日兵들과 맞불질하다가 이름도 없이 쓰러진 의병들도 있다.

또한 미국이나 세계 각국에서 조국의 독립을 쟁취하기 위하여 갖은 고생을 하다가 쓰러진 열사도 있다. 삼일 독립운동을 비롯하여 광주학생항쟁 등 갖가지 형태로 끊임없이 일어난 민족 항쟁은 더 말할 나윈들 있겠는가.

또한 시진市塵이나 초야草野에 묻혀 빛을 보지 못한 채 생애를 마친 사람도 있겠으나 걸어온 길이 아름다워서 사회에 있어 사표師表가 될 만한 인물도 있다.

하물며 망국의 어지러운 시대상에서 가슴속에 깊이 품고 있는 신념을 행동에 옮기기 위하여 광인狂人처럼 한 생애를 살다가 떠난 사람, 걸어온 길이 뚜렷하여 한 시대를 계몽하는 데 이바지한 사람이 있다면 민족 앞에 내세워 귀감으로 삼아야 할 일이다.

우리 겨레의 고난의 역사 속에는 착한 일을 하고도 이름 없이 스쳐간 인물이 수를 헤아릴 수 없을 만큼 많다. 그러나 역사의 편견이나 가치관의 상실로 말미암아 이름도 없이 묻혀 버렸거나 다른 사람에게 공功이 낚아 채인 사례도 있었음을 상기해 본다.

전주가 낳은 인물 거두리 이보한은 출생이나[1872(고종 9년)~1931] 시대적(한말 풍운과 일제 암흑시대)인 불우한 환경 속에서도, 지기志氣를 꺾이지 아니하고 초지일관으로 한 생애를 마친 인물이다.

그는 비폭력으로 일제에 항거하기 위하여 양광佯狂을 부리는가 하면, 때로는 비민족적非民族的 행위를 일삼았던 쓸개 빠진 인간을 해학으로 조롱하고, 비밀리에 독립운동을 하는 인사들을 위하여 자금을 조달하기도 했다.

국권 회복과 자유·민권·평등을 쟁취할 목적으로 민중 대열에 뛰어들어 계몽 운동을 펼쳤고 헐벗고 굶주리는 걸인이나 빈민층을 위하여 수단과 방법을 가리지 않고 구제의 손길을 펼친 기독교인이었다. 당시 그의 이름은 전국적으로 알려져 '전라기인全羅奇人'이라 불려졌으며 전주에서는 의인義人으로 추앙되는 인물로 많은 일화逸話를 남겼다. 그러나 그의 이름이나 사적을 인명록이나 일반 기록에서 찾아내기는 매우 어렵다.

이보한의 유물로는 완주군完州郡 상관면上關面 죽림마을竹林里 앞 길가에 서 있던 다음과 같은 내용의 비석이 있었다.

이 공李公 거두리 애인비愛人碑

평생 성질이 온순하고 인자하였네(平生性質 溫厚且慈)
굶주리고 헐벗은 사람을 보면 옷을 벗어 주고 밥을 주었네(見人飢寒 解衣給食)

이 간략한 비문 가운데에선 기한飢寒으로 떨고 있는 사람을 보면 자신의 옷을 벗어 주고, 자신이 먹고 있는 밥을 나누어 주는 등 보통 사람으로는 도저히 상상도 할 수 없는 행동을 서슴지 않았던 이보한의 온정을 알 수 있다.

관석冠石도 없이 세워진 1미터 20센티미터 정도의 비석은 걸인이나 빈민층 사람들이 눈물의 성금을 한 푼 두 푼 거두어 세운 것이어서, 석질石質이 조잡하고 각자刻字가 치졸하기 이를 데 없었다.

전주와 남원을 오가는 차량이 일으키는 먼지로 자획字劃을 분간할 수 없을 정도로 낡아 버린 비석은 뜻있는 인사의 마음을 안타깝게 하더니 급기야는 신작로가 확장되면서 몽매한 시공업자들의 공사 장비 아래 깔려 무참히 파편이 되고 말았다.

하찮은 생애를 보내고서도 이름을 왕산만큼 추켜올리거나 어줍잖은 공로를 가지고서도 후광을 빛내고자 하는 무리와는 삶을 본질적으로 달리한 이보한은, 표석標石도 없이 초야에 방치된 쓸쓸한 분묘墳墓 한 좌가 유일한 유적이라 하겠다.

그토록 무성했던 일화조차도 몇 사람 고로古老의 고담古談으로 잔영殘影을 유지하고 있을 뿐이다.

이번에 임병해 씨가 엮어 낸 『이거두리 이야기』야말로 점점 잊혀져 가는 이보한의 생생한 행적을 광명한 현실로 인도한 것이어서 뜨거운 찬사를 드린다. 강호제현江湖諸賢께 추천하여 일독一讀이 있기를 바라는 마음 간절하다.

재미 이상의 생각이 담긴 이야기

임병해(시인·은혜기획 집필부장)

여기에 들풀 같으면서도 동구 밖 정자나무처럼 버티고 서 있는 한 사람을 소개해 드립니다. 세인들에게 '이거두리'라고 불리던 '이보한'이란 분입니다. "거두리로다"라는 하늘의 노래를 즐겨 불러서 붙여진 애칭이지요.

1872년생이시니 지금 생존해 계신 분들 중 이분보다 연장자는 계시지 않으리라 봅니다. 물론 이분의 육신은 흙무덤 아래서 안식 중인데요. 생전에는 온갖 거지들과 함께 지냈으면서도 아주 멋쟁이로 사셨답니다. 살기등등하여 사뭇 고압적이던 일본 사람들을 무참히 농락하고 골탕 먹였습니다. 또한 미국 선교사들과 불편 없는 대화를 나눌 만큼 회화 실력이 뛰어났는데 한국인 환자를 업신여기고 무시하는 의료 선교사를 단단히 혼내 주기도 했습니다.

이분은 예수 그리스도를 신앙하였지만, 요즘 일부 기독교인들처럼 편협하거나 자기의 성 안에 갇힌 볼품없는 신앙인이 아니었습니다. 세속적으로는 술잔의 풍류를 알았고 기생들과 친했습니다. 창을 가르쳤고요, 그녀들의 은비녀와 금가락지를 거두어서는 만주 벌판의 독립운동가들에게 자금으로 보내기도 했습니다.

그뿐만이 아닙니다. 골목골목마다의 민초들과 가까이 지내면서 설움 받는 그네들의 상담자가 되어 주었고 실질적인 도움도 주었습니다. 밀려나고 버림받고 소외된 이들의 둘도 없는 친구요, 위로자였으며 대변자였습니다.

살림이 넉넉한 가문의 아들로 태어났지만, 서자 아닌 서자 취급을 받아 정식 족보에 오르지 못했던 이분은, 당시 사회의 부당한 틀을 깨고 나와 자유인으로 살았던 것입니다. 보다 큰 사람, 불기인不羈人으로 살며 민초들과 겨레의 앞날을 위해 하나님 나라의 의를 이뤄 가며 유유히 살았던 것입니다.

때로 우리는 유리방황하며 한껏 편한 대로 살아 보고픈 바람을 키우다가도 걸리는 것들이 많아 슬그머니 접어 두고 말지요. 우유부단하고 소심하고 필부에 불과한, 아니 좋은 말로 가정적이고 책임감 있는 소시민이지요. 이런 오늘의 우리에 비하면 이분은 만나기 힘든 사내대장부요, 멋을 아는 괜찮은 조상입니다. 이분의 기행을 통해 대리만족을 느끼실 수도 있을 것입니다.

서민들 삶의 현장을 누볐던 이분은 냇가에서 빨래하던 아낙네들의 빨래 그릇을 번쩍 들어 날라 주고, 나무꾼들의 나뭇짐을 다짜고짜 참판

댁의 마당에 부려 놓고 돈을 받아 주기도 했습니다. 부잣집 대감들 돈주머니를 공략하여 가난한 학생들의 학용품을 사 주거나 용돈으로 나누어 주었습니다.

더욱 재미있는 것은 40~50명의 걸인들을 이끌고 다니며 뜨끈뜨끈한 콩나물 국밥을 사 먹이는가 하면, 잔칫집으로 가서는 이들을 포식시켜 주었습니다. 기생들을 불러다 세워 놓고 걸인들에게 노래를 들려주기도 했지요. 어쩌다 목돈이 생기면 가장 불쌍한 사람의 살림 밑천으로 주었습니다.

아마 이분이 살아 계셨다면 도로교통법 위반에, 공무 집행 방해, 경범죄 같은 죄목으로 구류깨나 살았을지도 모릅니다. 그래도 시대를 잘 만났던 셈이지요. 이분의 행적을 취재하고 글을 쓰며 드는 생각은 예수·임꺽정·간디·조로·테레사 같은 분들이 지니는 요소의 일부를 골고루 갖추지 않았나 하는 것입니다. 이분의 속을 잘 모르는 이들은 기인이니, 반미치광이니 했지만요.

지난 93년에 봉환된 고 김인전 목사(1876~1923, 상해 임시정부 의정원 의장)는 생전에 이분과 친하게 지냈던 분입니다. 그리고 보면 이거두리 선생은 실로 드러나지 않는 민족 역사의 전령이요, 사회 기저층을 이루는 사람들의 정신적 도움자였습니다.

이분이 흙으로 돌아가던 날, 전국의 거지 대장들과 전주·완주 일대의 나무꾼들, 아낙네들, 학생들이 조문을 했는데 그 만장 깃발들이 10여 리나 뻗쳤다는 것 아닙니까. 장례가 치러지는 동안 거지 문상객들은 물 한 모금도 입에 대지 않았다니 선생에 대한 그들의 존경과 슬픔을 짐작할 수 있지 않겠습니다. 어떤 이들은 선생이 운명하시던 시간에 그의 집 지붕 위에서 빛줄기가 하늘로 올라가는 것을 보았다고도 합니다.

이분의 가족으로는, 며느리인 임족간 할머니는 올해(1996년) 92세이시고, 손자 이중환 씨는 72세를 일기로 서울 상도동 언덕받이의 3평 방에서 별세했습니다. 친일파나 매국노의 손자들과는 대조적이지요. 세상은 이런 것인가 봅니다.

이분처럼 호방하고 민족의 고난에 몸으로 동참하며 이웃들의 아픔에 눈물을 흘릴 줄 아는 넓은 사랑의 사람이 되어 보시지요. 이것이 이 책을 펴내는 목적입니다.

여기에 수록된 내용은 한민족의 '정신 기운'을 북돋우는 일을 해 오신 향토사학자 작촌 조병희 옹의 연구기록을 원용하고, 〈주간 기독교〉 신문에 발표한 연재물을 기본 골격으로 하였습니다.

그리고 이거두리 선생의 후손과 친척들, 호남 지역 일대의 촌로들, 서울의 주요 언론사 자료 담당자들의 고증와 사료의 도움을 받았습니다. 또한 기독교 사학자 고 윤남하 목사, 소설가 박도기 목사, 사회사업가 임락경 목사 등이 선생과 관련해 발표한 글들을 함께 모았습니다.

또한 전주 기독교 신앙의 선배인 김대전 장로(전주 서문교회), 백남태 선생, 조영진 장로 등의 증언을 비롯해 전주 이씨 묘지를 관리하며 60여 년 동안 거두리 선생의 묘소를 보살펴 온 강진원 옹, 묘소의 아랫마을인 색장동 4통장 박길동 씨, 이덕후 씨, 한문학자 이기환, 이거두리 선생 고향 마을의 후진들인 백권기 집사, 곽명자 집사, 김도홍 집사, 임봉두 옹 등의 안내와 증언들을 참고했습니다.

이제까지 나타난 이거두리 선생의 행적 내용을 보충하고 짜깁기하고 문장을 다듬어 순서를 정해 놓은 것뿐이지요. 이후에라도 더 많은 자료와 고증자가 나타나 수정 증보판을 내게 되기를 바라는 마음 간절합니다.

귀하께서 '나는 괜찮은 기독인'이라고 자부하신다면 이거두리 선생과 마주해 보세요. 거두리 선생의 삶은 지금 우리들에게 뭔가를 느끼게 하고, 깨달음의 시간으로 안내할 것입니다.

　이거두리 선생님의 행적을 만날 수 있게 인도해 주신 하나님께 감사 올립니다. 그리고 이 책이 나오기까지 도움을 주신 손길들에게 감사의 말씀을 드립니다. 특히 작촌 조병희 선생님과 이거두리 선생의 정손 이덕균·이성순 부부에게 고마운 마음을 전합니다.

손가락을 자른 효성

　동학운동에 이어 진주와 익산, 개령, 함평 등에서 민란이 끊임없이 일어나던 1860년대 초중반, 당시의 조정은 흥선군 이하응이 대원군이 되어 정권을 장악하고 있었다. 그뿐만 아니라 프랑스, 미국, 일본 등의 집요한 침략 야욕이 노골화되면서 병인박해, 신미박해가 일어난 시기도 바로 이때이다.

　미국 상선 제너럴셔먼 호가 평양에서 군민의 공격으로 불탔고 토마스 선교사가 대동강 나루터에서 한국 개신교의 최초 순교자로 피를 흘린 때이기도 하다.

　이즈음 전라도 목천포 당산(지금의 전북 익산시 목천동)에 살았던 이규풍은 슬하에 건호, 경호 두 아들을 두고 있었다. 성균관 진사를 지낸 이건호는 전주에 살았는데 세인들은 그를 '북문 안 이 진사'라고 불렀다. 그보다 두 살 아래인 이경호는 문과와 무과에 급제하여 감찰을 지냈는데 소지주요 자작농으로 비교적 윤택한 생활을 했다. 사람들은 그를 '물장군 이 감찰'이라 불렀다.

　'물장군 이 감찰'은 효성이 지극하기로 이름난 사람이었다. 그가 열두 살 때의 일이다. 부친이 중병에 걸려 사경을 헤매고 있었다. 형인 건호가 자신의 손가락을 잘라서 아버지께 효도하겠노라고 칼을 높이 쳐들었다. 내려칠 자세까지는 취했으나 차마 자르지 못하기를 세 번이나 거듭하였다. 이를 지켜보던 아우 경호가 "형은 바보야" 하면서 자기 왼쪽 약손가락을 단숨에 칼로 내리쳤다. 잘린 손가락은 바닥에서 팔짝팔짝 뛰는데 뚝뚝 떨어지는 피를 그릇에 담아 부친에게 드렸다는 것이다. 이러한 지극한 효성 때문인지 그의 부친은 두 아들의 봉양을 받으며 3년을 더 살았다고 한다.

3년 뒤에는 모친마저 위독하게 되었다. 경호는 다시 왼손 새끼손가락을 잘라 내어 흐르는 피를 모친에게 마시게 했으나 별 효력 없이 돌아가시고 말았다.

청소년 시절, 이러한 이유 때문에 형은 아우에게 큰소리 한 번 못 치고 지내는 형편이었다. 다툴 일이나 아쉬운 일이 있을 경우 동생 경호가 형의 눈앞에 두 손가락이 잘린 왼손을 쑥 내밀면 형은 그 손을 붙잡고는 이내 항복하며 동생의 어떤 청이라도 들어주곤 했다.

부유한 집안의 소년

이거두리 선생은 이경호 씨의 아들로 1872년(고종 9년 임신년壬申年) 정월 23일에 태어났다(그러나 집안 보서에는 1873년 5월 16일로 되어 있다).

목천포 당뫼에서 8백 석 지주의 아들로 태어난 그의 이름은 보한普漢이라 했다(보서에는 성한聖漢으로 실려 있다). 아명은 '주박'이었지만 사람들은 그를 보한이라고 많이 불렀다.

좋은 이름이다. 사내라는 뜻의 '한'으로 표현하자면 '거룩한 사내'요, '크고 넓은 마음의 사내'다. 생모는 김해 김씨로 지체가 낮다는 이유로 집안에서 허락지 않았다. 그의 부친이 보쌈을 하여 데리고 왔다. 생모 김 씨는 집안의 구박을 견디지 못해 보한이 어렸을 적에 이씨 집안을 나가고 말았다. 이로 인해 보한은 장남임에도 서자 대우를 받을 수밖에 없었다. 훗날 생모가 보한을 보러 어쩌다 오면 서모인 한 씨가 머리채를 붙들고 싸움을 벌이곤 했다. 이런 광경은 보한에게 씻을 수 없는 마음의 상처가 되었다.

장남이면서도 서자의 신분으로 눈총을 받으며 외롭게 자라야 했던 보한은 실명까지 하는 불운이 따른다. 안질에 걸렸는데 서모 한 씨가 된장을 붙이면 낫는다고 해서 그렇게 했다가 오히려 악화되어 결국 왼쪽 눈을 실명하고 만 것이다. 집안에서는 그를 군산에 있는 궁말병원으로 데리고 가 의안을 했으나 당시의 의술로는 오히려 불편하고 더욱 고통을 줄 뿐이었다. 그의 왼쪽 눈은 결국 수술로 제거된 채 움푹 들어가 평생을 그렇게 지낼 수밖에 없었다. 그는 이것을 가리기 위해 검정 안경을 쓰게 되었다.

배 속에서 먼저 나왔으니

그는 어려서부터 총명하고 기지가 넘쳤다. 열한 살 되던 정월 초하룻날이었다. 목천포 당뫼에서 전주 부중에 있는 백부 댁에 세배를 가려고 길을 나섰다.

목천포 나루터에 다다랐을 때 손님들을 가득 태운 나룻배는 막 나루를 뜬 참이었다. 전주 부중에 일찍 들어가서 아침을 먹고 집집마다 돌아다니며 세뱃돈을 얻어 이것저것 살 것을 생각하면서 마음먹고 왔는데 배를 놓치면 큰 낭패였다.

보한은 죽는 시늉을 다 하면서 "날 좀 태워 주시오" 하고 발을 동동 구르며 애원했다. 그중에 어떤 아낙네가 하도 딱하게 생각되어 뱃사공에게 저 애를 데리고 가자고 권했다. 사공은 힘도 들고 뱃삯도 받을 수 없을 것 같아 그냥 가려고 하다가 '어린놈'이 하도 간청을 하기에 마지못해 배를 다시 대어 주었다. 보한이 날쌔게 올라탔다. 사람들은 그의 얼굴을 보면서 '초하룻날부터 재수 없게 애꾸를 보았다'는 떨떠름한 표정들을 지었다. 그러고는 버릇이 없느니, 어린놈이 철없이 뛰어들었다느니, 게다가 눈까지 멀었다느니 수군대며 어린 보한의 비위를 몹시 건드렸다.

보한은 아무런 대꾸도 없이 고개를 무릎 사이에 처박고 시무룩하게 앉아 있었다. 그러던 그는 배가 강가에 거의 닿을 무렵, 쏜살같이 달려 나가 강 언덕으로 올라가더니 아직 배에 있는 사람들을 향해 소리쳤다.

"여보소 동생님네, 빨리빨리 내리시게. 배 속에서 내가 먼저 나왔으니 내가 형님 아닌가. 나는 한 눈이 멀었으니 한 달에 보름밖에 보지 못하지만 자네들은 두 눈이 다 멀어서 한 발자국밖에 못 보는 것 아니오?"

보한은 제멋대로 내뱉고 전주 부중을 향해 줄행랑을 쳤다.

눈이 멀라믄 나처럼 멀어라

놀뫼갱갱이(論山江景) 나루를 건너면 충남 부여군 세도면 창포리 금강 나루터에 이른다. 하루는 거두리가 나룻배를 타고 충남 부여와 사천을 거쳐 군산으로 가는 중이었다. 그가 사공을 쳐다보았더니 자기처럼 한쪽 눈이 없는 사람이었다. 손님과 짐을 배에 한가득 싣고 나루를 건너는 사공은 비지땀을 쏟으며 노를 젓고 있었다.

장난기가 발동한 거두리, 부채로 자기의 애꾸눈을 딱 가리고는 사공을 쳐다보면서 "그 자식 눈도 개새끼같이 멀었네" 하고 욕을 했다. 그렇지 않아도 힘이 들어 죽을 지경이었던 사공은 난데없는 욕까지 얻어먹자 분통이 터져 견딜 수 없었다.

  "뭣이 어쩌고 어째?" 하면서 거두리에게 달려들었다. 배 안의 사람들은 갑자기 일어난 일에 마음을 졸이며 지켜보고 있었다. 그때였다. 거두리가 가리고 있던 왼쪽 눈에서 부채를 확 떼면서 "자슥아, 눈이 멀라믄 나처럼 멀어라" 하는 것이 아닌가. 사공이 하도 어이가 없어 그냥 웃어버렸다. 이를 구경하던 사람들도 "와" 하고 웃음을 터뜨렸다. 동병상련의 마음이 오고 가니 곧 뱃사공의 마음도 풀어졌다.

  오른쪽 눈이 멀었던 그 사람은 아마도 그날 이후 자신의 불행을 불행으로 여기지 않아도 되었을 것이다. 그런 것에 조금도 구애받지 않고 농담으로, 웃음으로 넘길 수 있었던 거두리 선생을 만난 것은 그에게도 퍽 행운이었으리라.

  한번은 그가 서울에 와서 어떤 사람이 활 쏘는 것을 보고 내기를 걸었다. "눈구멍 두 개 가지고 고것밖에 못 쏘냐? 난 눈구멍 한 개 가지고 자네보다 잘 쏠 테니 돈 내놓게."

  결국 거두리가 승부에서 이기자 상대는 하는 수 없이 돈을 내놓았고 돈을 받아 든 그는 지나가는 거지에게 주고 다시 길을 떠났다.

가죽 판 돈 2만 냥

  거두리의 어린 시절과 청년기는 집안에서 그리 환영을 받지 못했다. 부친 이 감찰은 지주였기 때문에 보한을 소작인들에게 자주 심부름 보냈다.

"거, 놈들이 돈을 빌려 가서 갚지 않으니 속히 가서 받아 오너라."

거두리는 빚 장부를 옆구리에 끼고 그들의 집을 가 보았으나 그들의 살림살이는 보태 주면 보태 주었지 야박하게 빚 받을 처지가 못 되었다.

"언제 갚겠소?" 하고 거두리가 묻자 그들은 빚진 죄인이라 얼굴도 들지 못하고 작은 소리로 대답한다. "앞으로 할 수 있는 대로 갚겠으나 좀 더 여유를 주십시오." "갚을 수 없으면 못 갚겠다 할 것이지 차후에 갚겠다니 그게 무슨 말이오?" 하고 거두리가 일갈하더니 빚 문서에 작대기를 죽 그어 버렸다.

"이렇게 하면 되겠소?"

"아이구, 이게 웬 은혜요. 감사합니다, 감사하고 말구요." 그 소작인은 땅바닥에 머리가 닿을 정도로 절을 했다.

집집마다 찾아가 보니 사정은 모두 마찬가지였다. 거두리는 빚 문서마다 다 받았다는 표로 작대기를 죽죽 그어 가지고 집으로 돌아왔다.

"돌아왔습니다."

"수고했다. 다 잘 받았느냐?"

"예, 정리 다 했습니다."

"그래, 어디 받은 돈하고 장부 좀 가져오너라."

이 감찰이 기뻐서 손을 내밀자 거두리는 빈 장부를 내밀었다. 들여다보니 받았다는 표시는 다 되어 있는데 돈은 내놓지 않는 것이었다.

"돈은 다 어떻게 했느냐?"

"아버지는 그 돈 안 받아도 넉넉히 살 수 있지만 그 사람들은 당장에 굶어 죽을 판인데 받겠소? 그래서 문서마다 작대기를 죽죽 그어 놓았으니 그것이나 받아 보시오" 하고 도망을 쳤다.

소작료를 받아 오라고 할 때에도 그는 볏단을 절반만 받거나, 아니면

볏단 묶음을 반으로 줄여서 숫자만 채워 오라고 했다. 재산을 늘리려는 부친의 불같은 성미에 그런 것이 용납될 리 없었다. 그래서 아들을 불러 호된 호통을 치면 그는 부친에게 이렇게 말했다고 한다.

"저의 이 손이 아버님의 손이 될 수 있겠어요?"

또 한번은 부친이 목천포에서 신발을 만드는 가죽 2만 냥어치를 세척의 배에 실어 평양으로 운송하는 일을 그에게 맡겼다. 돌아올 날짜가 되어도 집에 도착하지 않아 부친은 걱정을 태산같이 하고 있었다. 몇 달 만에 돌아온 그에게 "물건 판 돈 어떻게 되었느냐?" 하고 다그쳤다. 그는 천연덕스럽게 이같이 대답했다.

"나라 위해서 거름하는 일에 쓰고 왔습니다."

그가 그 많은 돈을 과연 어디에 쓰고 왔는지 그 이후에도 아는 사람이 아무도 없었다. 부친은 머리끝까지 화가 치밀어 소리를 질렀다.

"야, 이놈아, 그게 무슨 장난이야. 2만 냥이 넘는 돈인데!"

가풍과 가문의 울타리 안에 묶이려 하지 않는 그를 두고 부친 이 감찰은 많은 고민을 했다. 그때 선생의 계모 되는 한 씨가 나섰다.

"이러다가는 재산을 다 날려 버리겠소" 하면서 부엌 선반에서 복쟁이알(복어알) 그릇을 가져와 이 감찰 앞에 내밀었다. 이 감찰은 홧김에 "너 이놈, 이것이나 먹고 죽어라" 하고 호통을 쳤다. 그러자 그는 지체 없이 복쟁이알 그릇을 입에 갖다 댔다. 그 순간 놀란 부친은 그릇을 낚아채고는 "에이, 이 못난 놈!" 하며 아들을 붙잡고 울었다.

불한당들의 습격

인색한 아버지의 생활을 좀 고쳐 볼 양으로 한번은 이웃 마을의 불한당들에게 부탁을 했다.

"우리 아버지 다치게는 말고 혼 좀 내 주게."

이 감찰이 어느 날 밤 잠자리에 들었을 때였다. 불한당들이 들이닥쳐 돈을 내놓으라고 소리쳤다. 이 감찰은 "주박아, 나 죽는다. 이놈들이 날 죽이려고 한다. 날 살려 다오" 하고 소리소리 지르며 그들에게 끌려 다녔다.

이거두리는 황급히 뛰어나와 머슴들에게 술을 거르게 하고 닭을 잡게 하였다.

"형님들, 우리 아버지 살려 주시오. 어찌 하면 되겠소?" 하고 싹싹 빌었다.

"우리는 못 먹는 사람들이니 돈을 좀 주시오. 당신은 우리처럼 가난한 사람들한테 돈을 뺏을 줄만 알았지 도울 줄은 모르니 우리가 혼내 주려고 오늘 왔소."

이 감찰은 잘못했다고 싹싹 빌었다. 그리고 돈을 묻어 놓은 무 구덩이를 파헤쳐 뭉텅이 돈을 그들에게 주었다. 불한당들은 잘 차려 준 음식을 먹고 기분 좋게 돌아갔다. 가져 간 돈은 없는 사람들에게 골고루 배분되었다.

부친 대신 믿어 준 예수

1892년 9월 미국 남장로회는 한국 선교사 파송예배를 드리고 일곱 명의 선교사를 전주 지방으로 파송하였다. 이들 가운데 한 분인 최의덕 (L. B. Tate) 목사는 전주에서 선교를 준비하면서 조선말을 배우고 있던 중이었다. 최 목사는 말은 잘 모르지만 가슴속에서 끓어오르는 선교의 열정을 억누를 수 없었다. 그래서 전도의 대상을 놓고 기도하는 중에 전주에서 그래도 영향력이 좀 있는 양반집을 전도하면 그 파급 효과가 크리라고 생각했다.

그가 용기를 내어 찾아간 곳이 보한의 부친 되는 이 감찰 댁이었다. 이 감찰은 사랑채 아랫목에서 긴 담뱃대를 물고 점잔을 빼며 앉아 있었다. 최 목사가 그에게 한국식으로 넙죽 엎드려 절을 하며, "아부지 안녕하십니까?" 하고 인사를 했다.

이 감찰은 서양 사람들이 전주 부중에 살고 있다는 말은 들었으나 직접 대하기는 처음이었다. '그렇지 않아도 어수선한데 나라가 망하려고 서양 오랑캐들까지 와서 사는구나' 생각하며 못마땅하게 여기던 터였다.

그런데 오랑캐라고 업신여겼던 파란 눈, 노랑머리의 서양 사람이 자기를 보고 '아부지'라고 하는 게 아닌가!

'오랑캐 아부지면 나도 오랑캐인가?'

그 말을 들으니 부아가 나서 견딜 수가 없었다. 최 목사는 말도 풍속도 제대로 모르면서 환심을 사려고 그렇게 부른 것이 감정만 상하게 하고 만 것이다.

최 목사는 다시 환심을 사려고 이번에는 이 감찰의 귀를 어루만지면서, "아부지, 귀가 참 잘생겼습니다"라고 말했다. 가뜩이나 분이 머리끝까지 올라가 있던 이 감찰, 버르장머리 없는 서양 놈이 어른을 놀리다니!

"예끼, 후레자식 같은 놈, 누구 없느냐? 이놈을 묶어 놓고 매로 심히 쳐라" 하고 하인들에게 호통을 쳤다.

하인들이 최 목사를 마당에다 엎어 놓고 실컷 매질을 하였다. 이 소문이 나가 전주 감영에서 나졸들이 들이닥쳐 이 감찰을 압송해 갔다.

서양 선교사들은 치외법권이 적용되어 국법으로 함부로 다스릴 수 없을 뿐 아니라, 황제의 칙명으로 대여아(待如我), 즉 황제 자신과 같이 대접하라는 명이 내려진 터였다. 그러나 시골 감찰이 이를 알 턱이 없었다. 이 같은 엄청난 일을 저지른 이 감찰은 어떻게 살아날 길이 없을까 하여 백방으로 알아보았다.

예수교 목사들은 인심이 후하여 가서 사정하면 살 길이 있을 거라고 했다. 이 감찰이 사람을 놓아 최 목사를 찾아가 사정을 했다. 그랬더니 그가 대답하는 말인즉 "예수만 믿으면 다 잘 될 것이다"라고 한다. 그래서 이 감찰은 선교사 앞에 예수 믿겠다고 약속을 하고 가까스로 풀려나게 되었다.

급한 김에 예수 믿겠다고는 했으나 실제 믿을 생각은 조금도 없었다. 그렇다고 안 믿을 수도 없는 처지였다. 궁리 끝에 하는 수 없이 자기 대신 믿어 줄 사람을 찾기로 했다. 그는 가족들을 다 모아 놓고, "내 대신 예수 믿을 놈 누구 없느냐?"고 물었다. 그러나 아무도 대답하는 사람이 없었다.

그때였다. 보한이 부친 앞에 나섰다. 만일 믿는 자가 하나도 없으면 부친이 또 욕을 당하게 될 것이라고 생각했기 때문이었다.

"예, 제가 대신 예수를 믿겠습니다" 하고 손을 들었다.

거두리의 신앙은 이렇게 부모에 대한 효심으로부터 시작되었다.

한 알의 밀알 백모의 사랑

그러나 그가 신앙을 갖게 된 데는 또 하나의 이유가 있었다. 그가 외롭고 울적할 때면 곧잘 찾아가는 곳이 있었다. 전주 북문 안에 있는 큰아버지 이 진사(진호 씨) 집이었다. 그리 멀지 않아 하룻길이면 갈 수 있는 거리였다.

큰아버지에게는 작은 부인이 한 분 계셨는데 그녀는 외로운 보한이가 놀러 오면 늘 따뜻하게 맞아 주었다. 그녀 역시 서울에서 전주로 내려와 이 진사의 첩으로 들어왔으나 슬하에 자식이 없어 늘 외롭게 지내는 처지였다.

그녀는 독실한 기독교 신자였다. 보한이 기독교 신자가 되겠다고 결심하게 된 것은 그녀의 어머니 같은 사랑이 크게 작용했던 것 같다. 하나님께서는 세상적으로 가장 연약하고 비천한 여인에게 복음의 씨앗을 심으시고 그녀를 전라도 부잣집 첩으로 들어가게 하셔서 조카뻘 되는 보한의 영혼에 그리스도의 사랑을 심게 하셨던 것이다.

옛날의 가족 제도가 빚은 불행한 출생, 생모의 가출, 왼쪽 눈의 실명으로 이어지는 불우한 청소년 시절을 겪은 이보한이 훗날 '이거두리', '거두리 참봉'으로 불리게 된 배후에는 이같이 한 알의 썩어진 밀알과 같은 인물이 있었음을 기억해야 한다.

>새벽부터 우리 사랑함으로써
>저녁까지 씨를 뿌려 봅시다
>열매 차차 익어 곡식 거둘 때에
>기쁨으로 단을 거두리로다
>거두리로다 거두리로다
>기쁨으로 단을 거두리로다
>거두리로다 거두리로다
>기쁨으로 단을 거두리로다

이 찬송가는 미국 놀즈 쇼Knowles Show(1834~1878) 목사가 「시편」 126편 5-6절 말씀을 바탕으로 작사하고 조지 마이너George

Minor(1845~1904)가 작곡한 찬송곡이다. 복음의 씨를 뿌리고 눈물겨운 수고를 한 후 기쁨의 수확이 있음을 말해 주는 내용이다.

보한을 사랑해 주며 알뜰하게 보살핀 큰어머니가 즐겨 부르던 찬송이었다. 큰어머니를 통해 귀에 익은 이 찬송가를 보한은 자주 흥얼댔다. 이것이 세인들로 하여금 그를 이거두리, 거두리 참봉이라 부르게 한 연유다. 거두리 별명 뒤에 참봉이 따라붙은 것은, 시기는 확실치 않지만 그가 영능과 경기 참봉을 지냈기 때문이라고 전해진다.

기쁨으로 단을 거두리로다

부친을 살리기 위해 대신 예수를 믿게 된 그는 전주의 유일한 교회인 서문밖교회에 주일마다 나가기 시작했다. 완고한 부친의 허락 정도가 아니라, 고마워하는 배려 속에 당당히 교회를 나가기 시작했으니 하나님의 섭리가 참으로 묘하기만 하다.

교회에 나가 보니 '쌍놈', '양반' 구별이 없어서 좋았다. 완고한 유교 가문에서 엄격한 계급 관계 속에 살다가 누구나 형제요 자매로 불러 주는 교회의 분위기가 마음에 들었다.

틈 있는 대로 선교사 집을 찾아다니며 성경도 배웠고 영어도 배웠다. 부친이 8백 석의 지주였으니 경제적으로는 어려움이 없었지만 그가 배운 것이라곤 사숙에서 한문과 글귀 정도 쓰는 것이 고작이었다. 그러나 누구보다 총명하였던 그는 선교사가 가르치는 성경과 영어를 매우 빠른 속도로 익히게 되었다. 영어 구사하는 능력이 수준급에 올랐다.

그는 교회에 나와 비로소 사람 대접을 받게 되었고, 사람의 가치가 얼마나 소중한지를 깨달았다. 그는 열심을 내어 신앙생활을 했다. 특별히 힘 없는 자, 가난한 자, 천대받는 자들을 불쌍히 여기고 관심을 갖기 시작했다. 예수님이 자기처럼 비천한 자를 위해 죽고 친구가 되고 형제가 되어 주심을 감사해했다.

그래서 그는 날마다 남문밖 장터로, 혹은 거리로 나가 가난한 이들에게 복음을 전하기 시작했다. 명창에 가까울 만큼 노래를 잘했던 그가 목청 높여 찬송을 하면 모든 사람들이 경청하면서 좋아했다.

"거두리로다 거두리로다 기쁨으로 단을 거두리로다."

이 찬송을 열심히 부르고 다녔기에 전라북도에서 이보한은 몰라도 이거두리라면 모르는 사람이 없을 정도였다.

그는 전주 남문밖 장터를 비롯하여 동쪽으로는 남원 장터, 서문 쪽으로는 군창(지금의 군산) 장터, 북쪽으로는 강경 장터, 남쪽으로는 정읍 장터까지 돌아다니며 '거두리로다' 찬송을 부르면서 기쁜 소식을 전하는 이 일만큼 기쁘고 신명나는 일이 없었다. 그때 그에게 전도는 생활의 전부였다.

하나님의 나라는 말에 있지 않고

그는 자기 부친과 절친했던 진사 한 분을 전도하리라 마음먹었다. 만날 때마다 전도하고, 찾아가서 전도하고 오랫동안 여러 말로 전도해 보았으나 완고한 진사는 도무지 요지부동이었다. 그러나 조금도 물러서지 않고 어떻게나 끈질기게 찾아오는지 진사는 하도 귀찮아서 마지못해 대답을 했다.

"그래, 다음 주에는 자네를 대접해서라도 한번 나가 줌세."

거두리는 춤이라도 출 듯이 기뻤다. 양반 어른의 말씀인지라 꼭 믿고 토요일 오전에 진사를 찾아갔다. 내일 같이 예배당에 가시자고 다짐을 받기 위해서였다. 그러나 진사는 겨울이라 하도 무료하여 고산 화암사로 휴양을 떠난 뒤였다. 전주에서 고산은 50리나 된다. 아무리 열심 있는 거두리로서도 가히 낙심할 만했다. 그러나 거두리는 주일 아침 일찍 화암사로 그를 찾아갔다.

"진사, 진사."

문밖에서 그는 진사를 불렀다. 진사는 거두리와의 약속도 잊은 채 아침을 먹고 절방 따뜻한 아랫목에 누워 있던 참이었다. 밖에서 누가 부르기에 문을 열어 보았더니 거기 그 거두리가 찾아와 있지 않은가! 그는 깜짝 놀라서 말했다. "아니, 이게 웬일인가?"

거두리는 반가운 웃음을 띠며 "진사, 지난번에 말씀하시기를 다음 주일에는 자네 대접으로라도 꼭 한번 교회에 나가 준다고 약속하시지 않으셨습니까? 그래서 모시러 왔습니다" 하고 정중하게 말했다.

진사는 한번 언약을 했는지라 안 간다고 말할 수도 없고, 더구나 따라가기는 싫고, 무슨 핑곗거리가 없는가 생각해 보았다. 지난밤에 눈이 소복이 쌓였는지라 '옳다, 됐다' 하고 핑계를 댔다.

"내가 약속을 했으니 오늘 꼭 가야 되겠네마는 눈이 이같이 왔으니 어이 갈 수 있겠는가. 다음에 틀림없이 가 줌세."

곁에 서 있던 절의 중이 거들었다.

"그렇게 하시지요."

그러나 그냥 물러날 이 거두리가 아니었다.

"진사님, 제가 눈을 좀 쓸어 놨으니 눈 쓸어 놓은 데까지만 저를 대접해 주시는 셈치고 함께 가 주십시오" 하고 간청했다.

양반 체면에 이렇게 간청하는 거두리 앞에서 자기가 뱉은 말에 책임지지 않을 수 없었다.

'거두리가 아무리 눈을 쓸었다 한들 한 10마정(10리)이나 쓸었을까' 생각하고 그를 배웅해 준다는 마음으로 따라나섰다. 그런데 이게 웬일인가. 아무리 가도 여전히 눈이 쓸어져 있지 않은가.

그래서 거두리를 따라 눈 쓸어 놓은 곳까지만 간다고 나선 것이 10리 밖에 있는 화산교회 문 앞까지 가게 되었다. 진사는 하는 수 없이 자그마한 시골 교회에 처음으로 참례하게 되었다.

그날 그 교회는 목사도 없고 전도사도 없이 집사 한 사람이 성경을 펴 들고 설교를 했다.

"하나님의 나라는 말에 있지 않고 오직 능력에 있음이니라"(「고린도전서」 4:20).

무식한 시골 집사의 설교를 들은 유식한 진사의 마음이 녹아내리기 시작했다. 진사는 그 후 전주로 돌아와 서문밖교회에 출석하게 되었고 교인들의 존경을 받는 장로가 되었다.

그가 바로 1918년 서문밖교회가 생긴 뒤로 네 번째 장로인 이돈수 장로다.

나무꾼들의 친구

그 시절 가정에서 쓰던 땔감은 나무였다. 산에서 솔가지나 가랑잎, 잡목 등을 얽어매어 지게로 져 날라 군불을 지폈던 시절이었다. 부자들은 헛간이나 창고에 장작을 그득히 재어 놓고, 쌓아 놓은 장작의 아랫부분이 썩을 지경으로 부족함 없이 뜨끈뜨끈하게 겨울을 지냈지만 가난한 집에서는 솔가지 군불 정도가 고작이었다.

이렇게 땔감을 마련하는 일을 맡은 사람이 나무꾼이다. 그들의 형편을 이해할 수 있는 전래 노래로 '나무꾼 소리'가 있다. 전주와 가까운 곳인 익산의 '익산 목발노래'도 유명하다. 〈한국민족문화대백과사전〉에 나타나는 익산 목발노래는 지게의 목발(지겟다리)을 두드리며 부르는 노래다. 지게에는 나무로 된 두 개의 긴 다리가 있는데 이것을 목발이라고 한다. 지게는 농민들이 어려서부터 늙어서까지 손에서 떼지 못할 기구로, 곡식단이나 풀, 나뭇단 등을 져 나를 때 없어서는 안 될 운반도구다. 지게를 진 나무꾼들이 나무하러 일터인 산으로 떼를 지어 나갈 때, 작대기로 지게 목발을 두드리며 이 민요를 부른다. 무거운 짐을 질 때와 가벼운 짐을 질 때 그리고 빈 지게로 나갈 때 노래의 박자는 자연 달라지게 마련이다. 그렇기 때문에 '익산 목발노래'는 산타령·등짐노래·둥당기타령·지게목발노래·작대기타령 등 여러 가지 한 배(輩)의 노래가 있다.

전주 근방의 상관, 남관, 소양, 이서, 구이 등지의 사람들은 아침 일찍 지게를 걸머지고 산에 오른다. 준비해 간 꽁보리 도시락을 먹으며 열심히 나무를 해서 큰 나뭇짐을 만들어 30~40리 길을 걸어서 해거름에 전주 남문에 겨우 도착한다. 나무꾼들은 나뭇짐을 방천에 부려 놓고 나무를 살 사람들을 기다린다.

곧바로 나무를 사 주는 사람이 나서면 다행이지만 그렇지 않으면 겨울철 음산한 저녁 무렵에 나무꾼들은 마음이 초조해진다. 무거운 나뭇짐을 도로 가져갈 수도 없고 버리고 갈 수도 없는 딱한 형편이 된다. 이럴 때면 나무꾼들은 거두리 선생을 찾아간다.

선생은 나무꾼들을 집합시킨다. 마치 군대에서 훈련이나 하듯 지게 작대기를 목총으로 대신하여 행진을 시킨다.

"좌로갓! 앞으로갓!"

지게꾼들을 이열종대로 줄을 세우고 구령 소리에 발을 맞추어 전주 부중을 한 바퀴 도는 것이다. 전주우체국 앞에서 본정통을 거쳐 대정정통을 지나 다가동, 남문시장을 거쳐 방천으로 되돌아온다. 일종의 시위라면 시위였다.

그러고는 나무꾼들을 삼삼오오 데리고 당대의 부잣집들로 가서 강매를 시작한다. 전주 부자 박 참판 집에서부터 시작하여 한 끼에 대추 세 알씩 먹고 많은 돈을 모았다는 동냥아치 부자인 다가동 박 부자 집, 청수정의 윤 부자 집 등을 순회한다. 초저녁 잠이 많은 이들은 이미 잠이 들었을 시간이고 아니라면 가족들과 담소하는 오붓한 시간에 이 '거두리 군단'이 들이닥치는 것이다.

대문에 들어서면 거두리 선생은 부엌 옆방의 식모들에게 찬밥 남은 것을 끓이라고 명령하고 대여섯 명의 나무꾼들에게는 마당 빈 곳에 장작을 쌓아 올리라고 지시한다. 마치 내 집에서 명령하듯 당당하다.

어수선한 분위기 속에서 이거두리 선생은 주인이 있는 방 창호지 문에 손을 쑥 들이민다. 나무 값을 내놓으라는 신호였다. 속옷 차림으로 잠자리에 들었던 부잣집 영감은 황망히 적당한 액수를 선생의 손에 쥐여 준다. 그러면 이거두리는 팔을 빼서 돈을 확인해 보고 적으면 다시 손을 들이민다. 그제서야 나무 값을 넉넉히 내놓으면 그 돈을 나무꾼들 앞에 내보이며 "박 참판이 얼마를 내놓았소" 하고 소리쳐서 공개한다. 잘 봐 달라는 일종의 뇌물을 얻을 때도 있다. 그럴 때도 자기가 갖는 법은 절대로 없다. 모두 필요한 사람들에게 나누어 주었다.

거래 방법이나 흥정이 일방적이고 강압적인 데 대하여 부자들은 불평을 할 수가 없었다. 어떤 부자는 주재소에 신고도 했다. 그러나 선생은 오히려 당당하게 그 부자를 나무라며 호통을 쳤다.

"그 돈을 내가 한 푼이라도 가졌소? 당신네들 잘살고 부자 된 것이 저 가엾은 사람들 덕분이 아니라고 생각한다면 나를 묶어 넣으시오. 몇 푼 돈이 그렇게 아깝소?"

이런 방법으로 나무를 팔아 준 거두리는 나무꾼들을 모두 모이게 한다. 나무 값을 나누어 주는 방법은 참으로 볼 만하다.

4, 5명씩 한 조를 이루게 하여 자기를 둘러싸게 한 후에 일정 액수를 머리 위로 던져 올린다. 휙 던지면서 "복, 복이다" 외치는 것이다. 그날 복 있는 이는 많이 줍는다는 말이다.

행동이 민첩한 소년 나무꾼이 많이 주울 수도 있고, 그야말로 그날의 운이었다. 돈에 대한 그의 냉소적인 태도의 일면이었다고 볼 수 있다.

어떤 이는 보름 동안의 나무 값을 줍는 경우도 있었다. 그럴 때면 흥에 겨워서 인력거꾼을 불러 상관면까지 인력거를 타고 갔다는 이야기도 전한다.

행진을 시키고 나무를 팔아 주고 돈을 나누어 주기까지는 많은 시간이 걸린다. 한밤중이나 새벽녘에 돌아갈 때도 있었다. 그럴 때는 "흉년에 죽 쑤었다. 날씨가 추운데 빈속으로 가면 얼어 죽거나 감기 들지도 모르니 배 속이 따뜻하게 먹고 가라"면서 콩나물 국밥과 탁배기 한 대접을 억지로라도 먹여서 보냈다는 것이다.

선생은 때때로 "돈을 모으면 곤란한 사람이 된다"는 말을 하곤 했다. 돈을 모으는 데는 인간답지 못한 행실이 따르기에 허위와 교만을 경계한 말이다. 일제 그늘에 숨어 재산이나 축적하여 안일하게 살고자 반민족적 행위를 서슴지 아니하는 무리들, 돈을 모아 놓고도 겨레의 고통은 아랑곳하지 않고 수전노 노릇을 하는 무리들에게 막무가내식 행동을 하는 거두리에 대해 그들은 당혹할 수밖에 없었다.

전북의 향토사학자 작촌 조병희 선생은 거두리 선생의 별명을 이렇게 해석하였다. "국권을 거두어들인다는 뜻의 수복과 겨레를 모은다는 단합의 뜻이 있다."

너무 비약적인 해석인지도 모르겠다. 어쨌든 이거두리 선생은 국권과 한민족의 자유, 평등, 민권을 쟁취하기 위해 자신의 한 몸을 던져 살았던 인물이었다고 해도 결코 지나친 말이 아니다.

할머니의 수박

어느 날 이거두리는 이리를 향해 길을 가고 있었다. 그때 어떤 할머니가 손자를 앞세우고 수박 한 덩이를 이고 지나갔다. 그가 "할머니, 수박을 왜 이고 가십니까?" 하고 물었다. 할머니는 팔러 가는 길이라고 했다.

"그 수박 제가 팔아 드리지요" 하며 수박을 받아 그곳에서 제일 큰 부잣집을 찾아 들어갔다. "주인, 수박 사시오." 주인은 지금 사 놓은 수박이 있다고 대답했다. 그러나 선생은 한사코 "그 수박 먹으면 지옥에 가고 이 수박 먹어야 천당에 간다"고 억지를 쓰며 수박 열 개 값을 받아 할머니에게 전해 드렸다. 옳은 일을 하는 사람인 줄 아는 이들은 종종 비싼 값을 쳐서 사 주기도 했다.

거두리 선생의 이런 막무가내식 행동을 받아들이지 않을 수 없었던 부자들의 입장에 대해 조병희 옹은 이렇게 분석했다.

"거두리 선생이 인격이나 출신에 있어서 업신여길 수 없는 분이라는 사실을 알고 있었을 뿐 아니라, 그 뒤에는 무산 대중이 있다는 사실을 계산했을 것이다. 또한 부자들은 지난 동학난리 때에 토호들이 입은 쓰라린 경험을 역력히 기억하고 있었기에 때로는 자진해서 선심을 쓰기도 했다."

가난하고 배우지 못하여 힘없는 이들에게 물심양면으로 도움을 베풀던 선생은 부자들이나 권력 있는 이들에게는 귀찮은 존재였다. 서슴없이 직언을 하고 야유하며 장소나 때도 없이 "돈을 내놓으라"는 거두리의 요구에 울며 겨자 먹기로 응할 수밖에 없었던 것이다. 그러나 부랑인, 걸인, 행려 병자들을 형제처럼 아끼고 친자식처럼 대했기 때문에 선생이 길에 나서면 걸인들은 그의 뒤를 따라다녔다.

어느 날 그는 걸인 수십 명을 데리고 돌아다니다가 배가 고파 그 지역에서 제일 큰 식당에 찾아가 숫자대로 점심을 시켜 먹었다. 그리고 돈이 되는 대로 값을 치르고 나머지는 외상이라고 했다. 눈치 빠른 주인은 "있는 돈만 주시라"고 해서 돌려보냈다. 만약 음식값으로 옥신각신 싸우다 보면 걸인들 때문에 그날 장사를 못 하게 되기 때문이다.

군수 부인의 점심 대접

거두리 선생의 집안 종형 되는 분이 홍덕 군수로 재직할 때였다. 그는 수십 명의 걸인들을 데리고 그 형님 댁을 찾아갔다. 형수는 문도 열어 주지 않고 "창피한 줄도 모르고 이곳까지 왔느냐!"고 문전박대를 하였다.

그러나 고분고분 물러갈 거두리가 아니었다. 그는 형수에게 "군수는 고을의 아버지요, 군수 부인은 고을의 어머니가 아닙니까? 당신의 자녀들이 찾아왔으니 점심 대접은 하셔야지요" 하며 거지 떼와 함께 들이닥쳤다.

거지들과 그 집 머슴들 사이에 실랑이가 붙었고 몸싸움까지 일어났다. 선생은 화가 나서 "이런 집구석에는 가마솥이 필요 없다"면서 절굿공이로 솥을 모두 깨어 버렸다.

이때 두 명의 순사가 나타나 거두리를 붙잡았다. 형수는 군수를 급히 불러들였다. 군수가 집에 와 보니 집안 싸움이 아닌가. 종형은 순사에게 "이건 집안 싸움이니 돌아가시오" 하고 돌려보냈다.

"도대체 네가 요구하는 것이 뭐냐?" 하고 군수가 거두리에게 물었다.

"형님, 이 자녀들 점심 좀 먹여 주시오."

"그렇다면 식당에 가서 시켜 먹어라. 대금은 내가 지불할 테니."

"형님, 안 됩니다. 형수가 직접 밥을 지어 줘야 합니다."

그날 기어이 형수가 지어 준 밥을 걸인들에게 먹이고서야 자리에서 일어났다. 그때까지 순사 두 명이 그 광경을 지켜보고 서 있었다. 선생은 지켜보던 순사 둘의 멱살을 잡고 경찰서장에게 데리고 갔다.

"옳은 일을 하는데 방해하는 사람들이 순사 자격이 있겠소? 당장 이 두 사람 사표를 받으시오" 하면서 기어이 서장 앞에서 사표를 받아 내었다 한다.

걸인들의 후견인

그는 때로 소금을 짊어지고 다니면서 팔아 거기에서 남은 수익금을 가난한 이들의 구호금으로 뿌리기도 했다. 일제하에서 지주 계급의 이름난 부자들은 각종 사업에 진출하고 있었다. 선생은 그들의 사랑방에 드나들며 식량, 의복, 구호 금품을 받는 대로 굶주리고 헐벗은 이들과 걸인들에게 나눠 주는 일을 일과로 여겼다.

여기에 부자와 세도가들이 협조한 것은 우선 선생의 성실하고 정직한 인품을 존경했고 가문이나 지체도 얕볼 수 없었기 때문이지만, 그들의 선심에는 나름대로 계산이 깔려 있기도 했다. 거두리를 후대하고 구호물품을 선사함으로써 그만큼 빈민이나 걸인들을 통해 덕망을 얻을 수 있기 때문이었다. 또 애경사에 걸인들이 대문 앞에 몰려 와서 금품을 강요하는 승강이를 좀 막아 보자는 속셈이기도 했다.

그는 양반집 사랑에 앉아 있다가 벽에 걸려 있는 좋은 옷을 보면 "자네에게는 이 옷 말고도 좋은 옷이 많으니 나 한번 입고 가네" 하고 나서는데 아무도 말리지 못했다. 그러다가 길에서 누더기를 입고 가는 사람을 만나면 "여보게, 이리 오게. 자네 옷하고 내 옷을 바꿔 입세" 하면서 벗어 주었다.

선생이 또 어느 날 부잣집 사랑채에 있을 때 거지가 구걸을 하러 왔다. 그를 보자 선생이 먼저 잽싸게 돈을 꺼내 주었다. 그것을 본 주인이 "왜 자네가 주는가? 내가 주어야지"하고 물었다. "자네가 주면 조금 줄까 봐서……." 결국 부자는 선생이 적선한 돈만큼 선생에게 주어야 했다.

거지들의 잔칫상

한번은 사금이 많이 나기로 유명한 김제의 한 부잣집에서 회갑잔치에 거두리 선생을 초청했다. 신이 난 거두리는 걸인들을 모두 집합시켜 그 집으로 인솔하여 갔다. 약 70명쯤 되는 거지 군단이 10리 길을 걸어 김제 금구의 부잣집 잔치에 들이닥친 것이다.

아무리 부잣집이라 할지라도 70명이나 되는 생각 밖의 손님을 치르게 된 주인은 기가 막혔지만 좋은 날 그들을 괄시할 수 없었다. 동네에 있는 닭들을 거둬들여 반찬을 더 만들고 국수를 삶아 큰 그릇에 한꺼번에 담아 그들 앞에 내왔다.

어지간히 배가 부르도록 먹은 후 거두리 선생은 기생 두 사람을 불러 걸인들 앞에서 노래를 부르도록 했다. 기생들이 마지못해 건성으로 부르거나 틀리게 부르면 혼을 내며 다시 부르도록 했다.

이처럼 걸인들에게 후한 대접을 한 거두리는 다시 거지 70명을 이끌고 개선장군처럼 부중으로 돌아왔다. 선생은 친한 신문 기자를 찾아가 '금구의 부자 아무개가 전주의 거지 70인을 포식시키다'라는 제목으로 크게 기사를 내도록 하였다. 그를 적덕가積德家로 홍보해 줌으로써 그에 대한 신세를 톡톡히 갚기 위해서였다. 그 후 전주 부호들의 잔치에는 거두리의 거지 군단이 으레 초대를 받았다. 만약 그렇지 못하면 아주 인색한 사람으로 평판이 나기 때문이었다.

뺨 맞은 서울 양반

양반집 서자의 신분으로 자라난 그의 마음속에는 언제나 양반들에 대한 저항감이 깔려 있었다. 그는 양반이 싫었다. 더군다나 그들이 거드름을 피우며 점잖은 체하는 태도가 구역질이 날 정도였다.

한번은 이씨 문중 대종회大宗會가 있어 친척들이 모인다는 소문을 들었으나 거두리에게는 통지가 없었다. 항상 가슴에 끓어오르는 불만을 눌러 참아 왔으나 그때는 그도 가만히 있을 수 없었다. 술이 거나하게 취한 그는 문중 사람들이 모여 대소사를 의논하고 있는 가운데 뛰어 들어 갔다. 미닫이 문을 확 열고는 발을 한 짝만 밀어 넣고 버티어 섰다. 회의에 열중하고 있던 종친들이 깜짝 놀라 모두 그를 쳐다보았다.

"이보시오, 종친들! 이 다리는 이씨네 것이오, 김씨네 것이오?" 하고 소리를 질렀다. 종친들이 그제야 이보한이 거두리인 줄 알고, 그에게 알리지 못한 것을 백배 사과하였다. 종친들은 그에게 자리를 내주며 종친회가 있을 때마다 꼭 참여케 하겠다고 다짐하여 그의 마음을 겨우 진정

시켰다.

그뿐만 아니라 그는 양반들의 좌석에도 거리낌 없이 들어가 술좌석 중앙에 자리하고 앉아 목청껏 노래를 하곤 했다. 그의 솜씨는 거의 명창 수준이어서 전주 기생들이 그의 제자 되기를 부끄러워하지 않았다. 그가 노래를 하면 으레 양반을 풍자하는 내용에다 능란한 재담을 곁들여서 양반들의 치부를 폭로하곤 했다.

한번은 서울에서였다. 듣고 있던 양반 한 사람이 화가 치밀었던지 이거두리의 뺨을 냅다 한 대 갈겼다. 난데없이 뺨을 얻어맞은 이거두리는 태연한 표정으로 옆에 앉은 사람의 뺨을 철썩 쳤다. "이건 서울 양반들 몫이구만" 하니 뺨 맞은 사람이 옆에 앉은 사람을 한 대 또 쳤다. 그렇게 돌아가자 결국 맨 처음에 뺨을 때린 사람까지 얻어맞지 않을 수 없었다. 그 후로는 서울 양반들이 이거두리에 대해 다시 생각하게 되었고 그를 대하는 태도가 달라졌다고 한다.

하루는 잘 아는 어느 양반 집을 찾았는데 출타 중이라 빈 사랑방 아랫목 따뜻한 곳에 자리하고 누워 있었다. 기분이 좋아 잠이 들려는 차에 그 집 양반이 헛기침을 하고 들어오는 것이었다. 거두리는 눈만 말똥말똥 뜨고 쳐다보면서 그대로 누워 있었다. 양반은 그의 불공한 태도를 불만스럽게 여기고 있었다.

"고약한, 양반이 들어와도 눈을 말똥말똥 뜨고 쳐다보고만 있다니 쌍놈이로군!" 하며 호통을 쳤다.

그러나 거두리는 태연히 누워 그를 쳐다보며 대답했다.

"내가 뭘 잘못했소? 나는 쌍놈이니 양반인 당신을 앙시仰視하고 있고 당신은 양반이니 쌍놈인 나를 하시下視하는 게 아니오?"

깨끗한 사람

무더운 여름날이었다. 어떤 사람이 삼복 더위에 솜바지 솜저고리를 입고 그 위에 마고자와 두루마기까지 걸치고 남원 광한루 양반들 모임에 참석하였다. 좌중은 모두 글짓기에 열중하고 있었다. 그는 그들 한가운데 떡 서더니, "인사드립니다. 저는 전주 양반 이 감찰의 기생첩 자식으로 태어난 이거두리올시다."

사람들이 놀라서 그를 쳐다보았다. 그러나 그의 입에서는 더 해괴한 말들이 쏟아져 나오기 시작했다.

"그러나 저는 여러분들보다 깨끗한 ○○에서 태어났습니다. 여러분의 모친은 잘해야 초하루 보름으로 뒷물을 하지만 우리 어머니는 매일 세 번씩 뒷물을 하시므로 나를 생산했으니 저는 여러분보다 더 깨끗하다 이 말씀입니다."

이 말에 양반들이 아연실색을 하였다. 분위기가 썰렁해지자 이번에는 창唱으로 좌중을 휘어잡으며 익살을 부려 모두들 배꼽을 쥐고 웃게 하였다. 그의 재담과 해학은 당시 양반들의 체면과 위선의 탈을 깨뜨리기에 충분했다. 사람들은 무례할 정도로 지나친 거두리의 태도에 때로는 불만을 갖기도 했지만 한편으로는 그들이 할 수 없는 행동과 말들을 대신 해 주는 데에 만족감을 갖기도 했다.

그때에도 한참 익살을 부리면서 소리를 하던 거두리의 눈에 점잖게 앉아 있는 서양 사람 최극재가 눈에 띄었다. 그는 다가가서 친근하게 말을 붙였다.

"이 사람아, 이 좋은 옷을 줄 테니 자네 삼베옷하고 바꿔 입세."

구경하던 사람들이 박장대소하며 그렇게 해 주라고 응원했다. 최극재가 마지못해 옷을 바꾸어 입었다.

"이것 참 시원하다." 그는 또 태연하게 노래를 부르는 것이었다.

천국에 달아 놔

이거두리 선생은 군산, 전주, 이리, 김제, 성덕 등을 돌아다니면서 걸인들을 돕다가 돈이 떨어지면 배영진 장로를 자주 찾아왔다. 그때 배 장로는 군산에서 변호사 사무실을 운영하고 있었다. 선생은 다짜고짜로 "영진아, 돈 좀 줘라" 하고 다그쳤다. 그러면 배 장로는 어디에 쓸 거냐고 묻지도 않고 그 즉시 있는 대로 돈을 털어서 내주곤 했다.

거기에는 두 가지 이유가 있었다. 하나는 선생이 옳은 일을 하는 데 아낌없이 쓰기 때문이고, 또 다른 하나는 주지 않으면 걸인들 몇십 명이 사무실 문 앞을 떠나지 않고 줄 때까지 죽치고 앉아 있기 때문에 귀찮아서라도 도와주어야 했다.

선생이 돈을 가져갈 때는 "내가 틀림없이 갚는다"고 한다. "언제 갚을래?" 하고 물으면 "천국에 달아 놔. 거기 가서 갚을게" 하고 유유히 사라진다.

그뿐 아니다. 이거두리 선생이 와서 돈을 가져갈 때마다 배 장로에게 하는 말이 있다.

"나를 따라나서라. 네가 사회적으로 출세하면 군수밖에 더 되는가? 교회에서는 장로밖에 더 될 건가? 나를 따라나서면 천국 간다" 하고 말했다는 것이다. 거두리는 이미 천국에서 살고 있는 사람임에 틀림없었다.

수차례 와서 그렇게 권했지만 배 장로는 선생을 따라나서지 못했다. 그는 임종 때까지 거두리 선생의 말을 기억하며 이 일을 두고두고 후회했다. 이것은 배 장로님께 직접 들은 이야기다. 연배 차이는 32년이지만 상민들은 반말로 통했다.

내 왼쪽 눈알을 빼 주겠소

거두리 선생이 하루는 전도하기 위해 삼례 장을 찾았다. 이리저리 둘러보니 한쪽에 소금 장수가 있는데 손님이 찾아 주지 않아 시무룩한 표정으로 앉아 있는 것이었다. 이를 딱하게 여긴 거두리 선생이 그에게로 다가섰다.

"내가 대신 팔아 줄까?"

쳐다보니 그 유명한 거두리인지라 얼른 그에게 맡겼다. 그런데 이상한 일을 벌이고 있는 것이 아닌가. 소금 한 말에 닷 돈인데 이거두리는 무슨 꿍꿍이 속셈인지 "자, 소금 사시오, 소금. 소금 한 말에 두 돈 오 푼이오." 하고 외치는 것이다.

"거두리 선생, 소금 한 말에 닷 돈이오." 소금 장수가 말하자 거두리는 "가만 좀 있게" 하며 계속하여 외쳐댔다.

조금 전까지 쳐다보지도 않고 지나가던 사람들이 워낙 싸게 부르니까 모여들기 시작했다.

"자, 보자기를 펴시오." 하고 거두리는 말을 거꾸로 엎어 놓더니 얼른 밑둥이 쪽으로 소금을 수북이 올려서 부어 주는 것이다.

"자, 한 말이오."

손님이 부피를 보더니 너무 적은지라 "소금 한 말이 왜 이처럼 적소?" 하니 "집에 가서 되어 보고 만일 말이 모자라면 내 왼쪽 눈깔을 빼 주겠소."

속으로는 미덥지 않으면서도 하도 큰소리를 치니 그냥 받아서 가져

갔다. 얼마 후, 조금 전에 소금을 사 갔던 부인네가 헐레벌떡 이거두리에게 뛰어오더니 "아까 뭐라 했소. 소금이 모자라면 눈깔을 빼 준다 하지 않았소?" 하며 달려드는 것이다. 그 말을 들은 거두리는 검정 안경을 벗고는 "내가 분명히 소금이 모자라면 내 왼쪽 눈깔을 빼 준다고 했으니 기다리시오. 빼 드리리다" 하면서 왼쪽 눈알을 빼었다. 눈알을 손바닥 위에 탁 올려 놓고 "자, 가져가시오" 한다.

이 눈알을 본 주인은 질겁을 하고 도망을 쳤다. 물론 거두리가 빼 준 왼쪽 눈알은 가짜로 해 넣은 의안이었다.

짖는 개, 잠자는 사자

이거두리 선생은 전주에 살던 백모의 배려로 미국 남장로교 선교사들에게서 영어를 배웠다. 그의 영어 실력은 일본 선생들에게 어설피 배운 중학생들 실력을 훨씬 능가했다.

평상시 한복을 입고 흰 고무신을 신고 다녔던 선생은 이른 아침 마을의 학생들을 만나면 가끔 영어로 인사를 하고 그들에게 이런 말을 들려주곤 했다.

"The barking dog is more useful than the sleeping lion."

즉 '짖는 개는 졸고 있는 사자보다 낫다'는 뜻이다.

새벽에 잠에 취해 부스스한 얼굴의 학생들은 놀란 표정을 지으며 그를 바라보았다. 더욱 놀라운 것은 그의 정확한 발음이었다. 훗날 조국의 기둥이 될 학생을 바라보면서 그는 한없이 즐거운 미소를 짓곤 했다.

실제로 이거두리 선생에게서 이와 같이 영어로 여러 가지 교훈을 받은 적이 있던 조병희 옹은 이 부분을 이렇게 해석했다.

"그가 말씀하는 소위 조는 사람이란 당시 무능한 중국을 빗댄 것이요, 짖는 개란 일본을 지칭한 비유였겠지만 그의 깊은 뜻은 아마도 학생들에게 늦잠 자지 말고 부지런히 공부하여 조국을 살리라는 경고였을 것이다."

선생은 영어뿐만 아니라 러시아어와 일본어, 중국어에도 능통했다. 일본 경찰도 이러한 거두리 선생에게 함부로 대하지 못하고 항상 '선생님'으로 부를 정도였다.

선생은 부자들에게 돈을 거두고 기생들에게 금붙이 등을 거두어 독립운동 군자금으로 상해 임시 정부에 몰래 보내기도 하였다. 거지들을 끌고만 다니는 것이 아니라 마을에 어려움이 있을 때 이들은 종종 봉사대 역할도 담당했다. 가난한 자들, 약한 자들, 힘없는 서민들에게는 의지할 만한 큰 힘이 되어 주었고, 그들의 울분을 시원스럽게 대신 풀어 주기도 했다. 그를 가장 무서워하고 싫어했던 사람은 민족을 팔고도 일신의 안녕을 꾀했던 비열한 인간들이었다.

친일파 장관의 수모

어느 날 그는 길에서 친일파 장관의 행차와 맞부딪혔다. 그는 다짜고짜 "가, 역적놈아! 나라 팔아서 잘 먹고사는 이 역적 놈아!" 하고 소리쳤다. 면전에서 기습적인 수모를 당한 장관은 얼굴이 새파랗게 되었다. 그러자 그를 수행하던 경호원들이 당장 달려들어 체포하려 했다. 그러나 워낙 거물급 장관이었는지라 좋지 못한 평판을 우려하여 이를 제지하고 그냥 넘어가 버리고 말았다.

그러나 나라를 아끼고 약한 이들의 권익을 보호하는 이들에게는 남녀

노소 상관없이 무조건 협조하고 그들을 도우려 했다. 선생이 40대 초반에 들었을 때였다. 전주 서문교회에 김인전 목사가 있었다. 한학자 출신인 김 목사는 민족운동가로서 그 지역의 정신적 지주였다.

그는 상대의 종교가 무엇이든 나라와 민족의 장래를 걱정하는 사람들이라면 언제나 찾아가 함께 의견을 나누곤 했다. 향교를 찾아가 원로 한학자들과 자리를 함께하는 일이 종종 있었다. 김 목사가 향교를 향해 길을 나설 때면 이거두리 선생이 으레 앞장을 서서 교통정리를 했다. 선생은 김 목사보다 네 살이나 위였지만 기꺼이 즐거운 마음으로 자원하였다.

"쉬 비켜서라. 김 목사님 나가신다" 하며 앞장을 섰다. 눈이 오는 날에는 김 목사가 걸어갈 앞길을 비로 쓸면서 모시기도 했다. 그의 깊은 마음을 아는 김 목사 역시 이 일을 즐겁게 받아들였다. 이거두리 선생이 민족 사상과 독립 정신이 투철했던 데에는 김인전 목사의 영향이 컸던 것 같다. 그가 나라와 민족을 누구보다 사랑하는 분이었기에 거두리 선생 역시 변함 없는 충성과 애정을 쏟았던 것이다.

누더기와 바꾼 새 양복

거두리 선생은 교회 안에서는 그리 열성적인 신자가 아니었다. 그러나 그는 생활이 신앙이요, 신앙이 곧 생활이었다. 그가 늘 신조처럼 여기던 말이 있다.

"하고 싶은 일은 하지 말고 하기 싫은 일을 하라."

육신이 좋아하는 일, 물질적인 욕심은 버리고 영적인 것, 하늘의 것, 보이지 않는 것을 위해 살아야 한다는 가르침이었다.

"예수 믿는다고 다 천당 가는 것 아니오. 천당에는 가난하고 고생했던 사람들로 가득 차 있더라. 자기만 잘 먹고 어떻게 천당을 가려누."

쇠폐해진 나라, 억눌린 민족에 대한 어떠한 역사 의식도 없이 교회에 몰려들어 자신과 가족의 안녕만을 추구하는 교인들을 향한 꾸짖음이었다.

전주 서문교회 주일학교 아이들 앞에서 그가 설교할 때가 종종 있었다. 그는 자기의 윗저고리를 벗어 던지면서 "가난한 이에게 이렇게 벗어 줘라. 있는 것으로 구제하고 불쌍하면 주라"고 아이들을 가르쳤다. 성경 말씀대로 살지 못하고 입술로만 사랑을 부르짖던 일부 기독교인들에게 선생은 그의 삶 자체가 하나의 모본이요, 경종이었다.

경술치욕 이후 해방을 맞기까지 우리나라 백성들의 살림은 말이 아니었다. 거의 모두가 도움이 필요한 상태에서 살아갔다. 믿지 않는 이들은 믿는 이들의 말에 감동을 받는 것이 아니라 그의 행실에 감동을 받는다는 사실을 선생은 잘 알고 있었다. 그는 하나님께서 자신에게 맡겨 주신 능력의 분량대로 구제와 도움의 손을 내밀어 주었다. 그는 근본적으로 사람을 향한 사랑과 구휼救恤의 마음을 가지고 있었다.

예전에는 전주천에서 빨래를 하는 아낙네들이 많았다. 무거운 빨래 그릇을 머리 위에 이고 오는 아낙네들이 있으면 빨래 그릇을 번쩍 들어 그들의 집까지 날라 주기도 했다. 헐벗은 이들이 지나가면 그 자리에서 불러 자신의 새 옷과 그들의 누더기 옷을 바꿔 입기도 했다.

선생의 며느리 임족간 할머니는 이렇게 전한다.

"새하얀 양복을 한 번 해 드렸지요. 그 옷을 입고 집을 나서신 지 사흘 만에야 돌아오셨어요. 그런데 새 양복은 간 데 없고 잘 맞지도 않는 낡은 옷을 입고 오셔서 '나보다 더 없는 놈이 있더라' 하시고는 보기 무안한 표정으로 들어가시곤 했지요."

미치광이 애국자

 3·1운동 전에도 이따금 만세운동이 전국 곳곳에서 간간이 일어났다. 선생은 3·1운동을 전후하여 서울 계동에 있는 민영휘 집을 자주 들락거렸다.

 어느 날 계동에서 막 나오다가 중앙고등보통학교와 휘문고등보통학교 학생들의 만세 시위를 목격했다. 선생은 그 대열에 뛰어들어 "대한 독립 만세"를 외치다가 일본 소방대원의 곡괭이에 어깨를 맞고 쓰러졌다. 그가 깨어난 곳은 감방이었다. 그는 주모자를 밝혀 주겠다고 자청해 나섰다. 일본은 거물이나 잡은 듯 특별실로 옮기고 특별 대우를 하였다. 후대를 받고 난 그는 서장과 단독 회담이어야만 실토를 하겠다고 우겨댔다. 마침내 서장이 그를 불렀다.

 "그래, 주모자는 누구며 그가 어디에 있는지 말해 주겠소?"

 그는 대답했다.

 "예. 주모자는 하나님인데 주소는 구만리장천이오."

 서장이 노발대발한 것은 더 말할 나위가 없다. 그는 그 일로 혹독하게 매를 맞고 다시 감방에 갇혔다. 거두리가 그들의 분풀이 대상이 되자 그때부터 거두리의 태도가 이상해졌다. 아무 데나 오줌을 갈기고 대변을 봐서 벽에 바르기도 하고 얼굴에 칠하기도 했다. 취조관이 보기에 틀림없이 미친 사람이나 하는 짓이었다.

 '내가 너무 때려서 미쳐 버렸나 보다.'

 취조관이 양심에 몹시 걸렸던지 며칠 후에 거두리를 방면해 주고 말았다.

 고향인 전주로 돌아오는 길에 그는 수원에서 또다시 만세 대열에 뛰어들었다. 이번에도 경찰에 붙잡혀 끌려갔다. 심문을 받는 가운데 그는 나의 가장 다정한 친구가 종로경찰서장이라고 했다. 수원경찰서는 거물로 알고 심문을 중단했다. 종로경찰서에 전화를 걸어 본 후 그들은 광인으로 지목된 사람이라는 답변을 듣고 그를 바로 석방시켰다.

천안에 도착한 그는 거듭 만세를 부르고 모진 고문을 겪기도 했다. 석 달 동안 감옥에서 지내다가 풀려났다. 그는 옷고름도 매지 않고 모자는 구멍을 뚫어 거꾸로 쓰고 다니며 미치광이 노릇을 했다. 어쩌면 이렇게 미치광이가 되지 않고서는 분한을 풀 수 없을 만큼 참혹하고 암담했던 것이 그 시대의 상황이고 의식 있는 사람들의 처지였는지 모른다.

그는 일본 헌병대 앞에 가서 모자를 거꾸로 쓴 채 "세상이 뒤바뀌었다!" 하면서 '거두리로다' 찬송을 소리 높여 부르기도 했다. "거두리로다 거두리로다 기쁨으로 단을 거두리로다" 찬송을 부르면서 행진을 하면 많은 사람들이 그를 따라 같이 행진하기도 했다.

"나라가 없고 부모가 없는 고아 된 백성이 하나님 찬송가를 부르면서 서러움을 달래는데 무슨 잘못이 있소? 만일 우리가 일본을 강압하고 당신네들을 통치한다면 당신도 나처럼 이렇게 하지 않겠소? 당신이 당신 나라 사랑하는 것과 내가 내 나라 사랑하고 충성하는 것이 뭐가 다를 게 있소? 그렇지만 나는 폭력은 쓰지 않소. 차이점이 있다면 그것이 당신과 내가 다른 점이오."

잡혀 들어간 그가 일본군 헌병대장에게 한 말이다.

"당신도 당신의 나라를 지키기 위해 이곳에 와 있는데 당신 같은 사람에게 폭력을 쓰면 당신들이 가만히 있겠소? 일본 군대도 가만있지는 못할 거요. 그러면 이 나라는 피바다가 되고 우린 서로 망하고 말 거요. 그래서 우린 폭력을 쓰지 않고 평화로운 행진을 하는 것이오. 당신네 일본군이 무서워서 이렇게 하는 게 아니오. 우리 백의민족은 평화를 사랑하오."

헌병대장도 이 말에는 아무런 대꾸를 안 했다. 골치 아픈 미치광이로 여기고 이내 석방할 수밖에 도리가 없었다. 그 후부터는 관청 앞에서 모자를 거꾸로 쓰고 독립 만세와 거두리 찬송가를 부르는 사람은 아예 간섭하지 않았다.

구태인 장터의 만세운동

3·1운동 당시 그는 전라도 청년회장을 맡고 있었다. 태극기 운반 책임을 맡아 전라도 전역에 운송했다. 전주 거지대장을 앞세우고 전라도 지방 곳곳의 장날에 맞추어 골목마다 거지들이 가서 태극기를 몰래 나누어 주었다. 거지들이 앞장서서 하니 촌민들도 따라 하지 않을 수 없었다.

장터에 사람들이 모여들기 시작했다. 그리고 시간에 맞춰 이거두리가 장터 한복판에 나타났다. 그가 먼저 "대한 독립 만세"를 외치자 옆에 섰던 거지들이 일제히 만세를 부르면서 태극기를 흔들었다. 그러자 여기저기서 태극기를 든 남녀노소의 촌민들이 봇물 터지듯 쏟아져 나왔다. 일본 경찰이 출동하여 총을 쏘기 시작했다. 희생자가 속출하자 이거두리는 거지 한 사람에게 심부름을 시켰다.

"이곳에 독립투사 우두머리가 있으니 잡아간 사람을 풀어 주면 알려 준다"고 거지가 시킨 대로 일본 경찰대장에게 말했다. 이 말에 귀가 솔깃한 대장이 총을 쏘지 말라고 명령했다.

이거두리를 앞에 데리고 나간 거지가 "이 사람이 독립군 대장이다"라고 하였다. 이거두리는 일본말로 "내가 촌민들에게 부탁하고 싶은 말이 있으니 한 번만 연설하게 해 주시오"라고 하였다. 허락을 얻은 이거두리가 청중 앞에 섰다. 모두들 조용히 그의 말에 귀를 기울였다.

"여러분, 우리는 평화를 사랑하는 백의민족입니다. 나라 사랑하는 우리의 뜻을 일본인들에게 충분히 보여 주었고, 우리도 독립할 수 있다는 단결력을 보았습니다. 그러니 이제 더 이상 희생당하지 말고 다들 집으로 돌아가 생업에 종사하십시오."

거두리의 말을 들은 군중은 만세 삼창을 외치고 다같이 귀가하였다. 이 장면을 지켜본 일본인 경찰대장이 "당신은 진정한 애국자요. 진실한 독립투사요"라고 말했다. 이후부터 구태인 장날은 일본 경찰이 치안 유지에만 최선을 다할 뿐 아무런 충돌이 일어나지 않았다.

독립 자금 전달책

그가 상해 임시 정부와 독립군들에게 군자금을 전달하는 데는 지방의 명창, 기생들도 큰 몫을 하였다. 당대의 국창이라고 불렸던 화중선이라는 기생 여인은 선생에게 틈틈이 창을 익혔을 뿐 아니라 비녀, 반지를 빼어 이 일을 도왔다. 숨은 애국지사들과 기생들이 몰래 거두어 준 금은보화들을 책보에 싸서 어린 손자 이중환(당시 8세)의 손목을 잡고 지경역(지금의 대야역)으로 자주 갔다. 기차가 들어오면 화장실에 뛰어 올라 가서 몰래 보따리를 바꾸어 오게 하곤 했다. 1년에 대여섯 번을 전달하였다. 대개 2만원 정도의 거금이었다. 쌀 한 말이 70~80전이었고 장정 하루 품값이 1원이었다.

때로는 아편을 팔아서 군자금을 대기도 했고 진주, 무주, 장수를 다녀오면 고약 같은 것을 납작하게 만들어 백지에 붙여서 팔기도 했다. 그는 함경도를 거쳐 블라디보스토크, 상해에 이르기까지 발걸음을 수

차례나 하였다. 훗날 그의 후손이 전하는 말에 의하면 전주 제2보통학교 금고를 털어 가던 독립군이 이런 말을 남겼다는 것이다.

"선생이 돌아가시니까 독립 자금이 너무 모자라오."

그 사람이 어느 날 집에 찾아와 "거두리 선생 댁이냐, 네가 거두리 참봉의 손자냐?" 하면서 돈을 주고 갔다. 빈한한 그 집을 돌아보며 쌀이라도 좀 사라는 것이었다.

영광스러운 장례식

한평생 돈을 모을 줄 몰랐고 있으면 있는 대로 몽땅 어려운 사람들에게 나누어 주고, 자기 것이 없으면 친구에게 빌려서라도 도와주어야 하는 그의 성품 때문에 가정 형편은 말이 아니었다. 그도 늙으니 몸이 쇠약해졌고 결국 병들어 눕게 되었다. 신음 소리가 집 밖에까지 들렸지만 그는 치료비조차 구할 수 없었다. 그렇게 시름시름 앓던 그는 회갑을 앞둔 1931년 음력 8월 16일, 팔월 한가위 고깃국 한 사발 입에 대지 못한 채 천국의 소망을 가지고 소천하였다.

이거두리가 죽었다는 소식이 전주 부중에 퍼지자 제일 먼저 달려온 사람들은 말할 것도 없이 전주의 거지들과 상관 골짜기 나무꾼들이었다. 그리고 그에게 옷이나 밥을 신세 졌던 많은 사람들이 몰려와 자기 부모 형제가 죽은 것처럼 가슴을 치고 통곡하였다.

그의 장례식은 당시 전주에서 가장 성대한 장례식이었다. 상업은행 창시자 박영철의 부친 박기순 옹의 장례보다 훨씬 성대했다. 박 옹의 죽음은 돈과 권력 있는 부호의 죽음이었으나 거두리의 장례식만큼 마음에서 솟는 진정한 눈물과 사랑과 존경으로 치러진 장례는 아니었다.

거리의 지게꾼들은 생업을 전폐하였고 걸인들은 상여를 붙들고 뜨거운 눈물을 쏟았다. 전주 신작로는 조문객들로 홍수를 이루었다. 만장 행렬은 무려 10리를 뻗쳤다. 물 한 모금 마시지 않은 걸인들이 다투어 상여를 맸고 수백 장의 만사輓詞 깃대는 좁은목에서 상관 색장리까지 장장 1킬로미터나 뻗어 있었다.

그는 가문의 예에 따라 전주시 완산구 남고동 색장리 산 40번지 전주 이씨 선영에 안장되었다. 그에게 은혜를 입은 걸인들은 장지에서도 "선생님 집을 마련해 드립니다" 하면서 삽을 쓰기를 거절하고 손으로 흙을 파서 봉분을 만들었다. "자갈 하나라도 선생님 묘소에 들어가면 안 된다"면서 온 정성을 다해 안장하였다.

훗날 나무꾼들과 걸인들은 1전씩 모아 120센티미터 높이의 비석을 만들었다. 비명은 '이 공李公 거두리 애인비愛人碑'라고 했고 그 왼편에는 '평생성질平生性質 온후차자溫厚且慈 견인기한見人飢寒 해의급식解衣給食', 즉 '평생에 성품이 따뜻하고 사랑이 넘쳐, 주리고 헐벗은 사람에게 입혀 주고 먹여 주었다'고 적혀 있었다.

이 비석은 8·15 이후 애석하게도 유실되고 말았다.

후일담

거두리 선생이 세상을 떠난 지 3년이 넘어 전주 사람들에게 이제 옛이야기로 남아 있을 때였다. 금산읍에서 변 씨라는 사람이 이거두리의 후손을 찾고 있다는 소문이 들렸다. 변 씨의 사연은 매우 기이했다.

자기는 야차귀신夜叉鬼神에게 끌려 염라대왕 앞에 갔다 한다. 야차귀신은 염라대왕 앞에 나가 머리를 조아리며 "전라도 금산에 사는 돌산

石産이를 잡아 대령하였소" 하더란다. 이 말을 들은 염라대왕이 명부를 들춰 보더니만 "네가 변석산石産이냐?" 하는 것이다. "아니오. 제 이름은 변돌산입니다" 했더니 염라대왕이 크게 노하여 야차를 불렀다. "네 이놈, 금산에 사는 변석산이를 데려오라 했는데 왜 변돌산이를 잡아 왔느냐! 빨리 변돌산이는 데려다 주고 다시 가서 금산에 사는 변석산이를 붙잡아 오너라" 하고 호령을 하였다.

야차들은 두 패로 나누어 한 패는 변석산이를 잡으러 가고, 한 패는 변돌산이를 데려다 주기로 하였다. 변돌산은 영문을 모르고 야차들이 이끄는 대로 따라올 수밖에 없었다. 한참 끌려 나오는데 야차귀신 하나가 이렇게 말했다.

"변 생원, 누구든지 여기 왔다가 돌아간 사람은 없소. 변 생원은 이제 돌아가게 됐으니 이는 개벽 이후에 없었던 일이오. 그러니 거저 돌아갈 수 있겠소? 한턱내고 가시오".

"나는 지금 돈이 없고 여기는 초행길인데 내가 지금 어디 가서 돈을 구하겠소?" 하고 걱정을 했더니 야차귀신이 또 이렇게 말한다.

"윗동네에 이거두리라는 양반이 있는데 거기 가면 틀림없이 돈 백 냥을 빌려 줄 것이오."

변돌산은 그들이 이끄는 대로 따라갔다. 어디론가 한참을 가 보았더니 정말로 으리으리하고 아름다운 집이 한 채 있는데, 잘생긴 집 주인이 나와 점잖게 물었다. "너는 누구냐?" 그는 머리를 조아리며 찾아온 얘기를 하고 돈 백 냥만 꾸어 달라고 청했다.

그러자 거두리라는 이가 아무 말도 않고 금궤에서 돈 백 냥을 내어 주는 것이다. 변 생원이 어찌나 고마웠던지 "돈을 꾸어 주시니 감사하오나 이승과 저승이 달라 제가 갚을 길이 없으니 어찌할까 걱정입니다." 이때 거두리가 너털웃음을 짓더니 "걱정할 것 없소. 전주에 가서 이

거두리 식솔을 물으면 찾게 될 것이니 거기 가서 갚으시오" 하더라는 것이다.

그 말을 듣고 변 생원이 깨어나니 그건 꿈이었다. 그러나 꿈이지만 예사롭지 않아 꼭 백 냥을 갚아야겠다고 생각하여 이거두리의 집을 찾은 것이었다. 그의 가족들은 뜻밖에 큰 돈 백 냥(당시로는 작은 집 한 채 값)을 얻게 되어 그 후로는 어려움 없이 살았다는 것이다.

이 소문이 전주에 퍼지자 거두리에 대한 칭송은 또 한 번 많은 사람들의 입에 오르내렸다.

1972년 전주 전성교회 노인 목사님을 찾아뵈었다. 이거두리를 아시냐고 했더니 "그 어른을 모르는 사람은 전주 시내에 한 사람도 없었어. 거두리보다 그분 아들이 더 멋있어" 한다. 다음은 목사님께 들은 이야기다.

그때는 대전서 전주까지 버스가 하루에 서너 번 있었어. 대전에서 전주 오는 버스를 서로 타려고 밀치고 있는데 경찰이 버스 안에 앉아 있었지. 거두리 아들이 큰 소리로 "야! 순사 내려와!" 하는 거야. 순사는 이분이 누구인지 훔쳐보다가 풍채에 위엄이 있어 고위급 공무원인가 보다 생각하고 내렸어. 그런데 이번에는 또 "순사는 줄을 세우고 질서를 지키도록 해야지!" 한다. 그래서 순사는 줄을 세워 정리를 하고 다시 차에 탔어. 일제 때라 순사 자리는 비워 두었고 순사는 그 자리에 앉았지. 거두리 아들, 즉 거지 아들은 맨 나중에 타고서 "야, 일어나. 순사는 서서 가야지" 하고는 대신 그 자리에 앉았지. 버스에 탄 사람들은 서로 아는 사이였으나 웃을 수가 없었어. 터지는 웃음을 참고 있는데 순사는 논산에서 내렸어. 그때부터 전주까지 오는 동안 버스 안에 웃음보가 터졌지.

아들보다 손자가 더 멋있어. 그 손자가 자유당 시절에 야당으로 국회 의원에 출마했어. 물론 떨어졌지만 전주역 광장에서 유세를 했지. 거지 손자라서 학력도 없고 무식했어. "완산 칠봉아! 너는 내 속을 알 것이 다! 전주천아! 너는 내 속을 알 것이다. 이승만아! 너는 왜 국민을 괴롭 히느냐!" 청중들은 자기들이 못 하는 말을 대신 해 주니 우레 같은 박수 를 보냈고 연설은 끝났지.

그다음 날 아침 경찰이 데리러 왔어. "서에까지 가셔야겠습니다." 서 에 갔다. "내가 뭘 잘못했는데?" "어제 대통령 각하를 모독했습니다." "나 안 했어." "참말로 안 했어요?" "안 했어." 녹음기를 튼다. '완산 칠 봉아! 너는 내 속을 알 것이다! 전주천아! 너는 내 속을 알 것이다. 이승 만아! 너는 왜 국민을 괴롭히느냐!' 이 말이 끝나자마자 그는 자기 이름 을 부르며 외쳤어. "이은상아! 네가 죽을라고 환장을 했도다!" 서장부 터 모든 경찰들이 의자에서 굴러떨어지면서 웃고 나더니 "빨리 가시오. 어서 나가시오" 해서 나오셨지.

구정물 할아버지

이름도 나이도 모른다. 그냥 구정물 할아버지다. 구정물이라지만 전라도 사투리로는 꾸정물이다. 구정물에 대해서 요즈음 40대 이하 젊은이들은 모른다. 그때 나는 이렇게도 말한다. 구정물이란 정政이 아홉 번 바뀌었다 해서 구정九政이다. 우리나라 초대 대통령 이승만, 박정희, 전두환, 노태우, 김영삼, 김대중, 노무현, 이명박, 박근혜, 이렇게 합하면 구정이다. 이렇게 말하면 어떤 이는 적고 있다. 이 말은 내가 젊었을 때부터 써먹었다. 여기 허점이 있다. 잠깐 동안 대통령을 한 최규하와 윤보선이 빠졌다. 또 빠진 것이 있는데 6·25 때 3개월이지만 북한 정치를 전쟁 중에 겪었고, 8·15 이후 3년 동안 미군정이 있었다.

  지금 이야기하려는 구정물은 그 구정이 아니고 우리 선조들이 일상에서 사용해 왔던 구정물이다. 나는 지금도 쓰고 있다. 밥 지을 때 쌀 씻은 쌀뜨물뿐 아니라 보리쌀이든 수수든 조든 무슨 곡식이든 씻어 낸 물을 구정물이라 한다. 그 물을 큰 통이나 항아리에 모아 둔다. 먹고 남은 밥이나 반찬을 이 구정물 통에다 모두 모아 넣는다. 설거지한 물도 모아서 거기 붓는다. 채소를 다듬고 난 찌꺼기도 넣는다. 생선 다듬고 나서 지느러미나 내장, 대가리, 비늘 모두 넣는다. 그 구정물을 모아 두면 2, 3일 지나서 발효가 된다. 시큼한 냄새가 난다. 이 구정물에 관해 백과사전에는 이렇게 쓰여 있다. '무엇을 빨거나 씻거나 하여 더러워진 물.' 부엌에서 나온 구정물은 주로 소나 돼지에게 먹여 왔다. 우리 집에서는 지금도 구정물을 모아 소를 기르고 있다. 구정물이라지만 음식 찌꺼기나 먹다 남은 밥은 따로 모아두었다가 닭에게 준다. 군부대나 식당에서 먹다 남은 밥과 반찬은 잔반殘飯이라 부른다. 아직까지 구정물은 아니다.

이 구정물 통에 들어가거나 들어가기 직전의 잔반을 한평생 잡수시고 사신 할아버지가 계셨다 한다. 원칙대로라면 잔밥 할아버지 또는 잔반 할아버지라고 해야 한다. 그러나 그때는 잔반이 있을 수 없었다. 처음 군부대가 생기고 미군들이 왔을 때 미군들은 남긴 음식을 모두 버리거나 묻어 버린다고 들었다. 우리나라 사람들은 상상도 할 수 없는 이야기였다. 손님으로 갔을 때 주인집에서 없는 식량을 겨우겨우 여투어 두었다가 밥을 짓거나 이웃집에서 곡식을 꾸어 밥 두 그릇 겨우 손님상에 올리면 주인집 아이들은 혹시나 손님들이 남기면 쌀밥 한 숟가락씩 나누어 먹으려고 기다리고 있던 시절이었다. 나 또한 그렇게 자랐고, 내가 스물일곱 되던 해까지도 그런 모습을 보고 지내 왔다.

구정물 할아버지 이야기를 김준호 선생께 들은 것이 내가 바로 그 나이일 때다. 전라도 광주에 사셨다 한다. 이름은 가르쳐 주시지 않으니 모르고 나이 또한 아무도 모른다. 다만 주식이 구정물이니 구정물이고 나이 많은 남성이라서 할아버지다. 요즈음은 노인네더러 할아버지라 부르면 싫어하지만 옛날에는 마흔만 넘으면 할아버지라 불렀다. 그 나이에 손주들이 있었고 늙은이들을 특별 대우해 주는 사회라서 너도나도 노인이 빨리 되고 싶었고 노인 행세를 했다. 할아버지라 부르면 듣기 좋아 하는 때였다.

　광주천에 양동다리가 있었다. 제법 큰 다리였고 개울물은 적어 그 다리 밑으로 집 없는 사람들이 눈비를 피하기 위해서 모여든다. 바람을 피하려면 거적을 주워 말뚝 네 개 박고 거적으로 두른다. 큰 다리가 지붕이다. 여기가 집이다. 이곳에는 광주천 물을 끌어가서 논물을 따려고 낸 도랑이 있다. 폭이 40~50센티미터 정도인 작은 도랑이다. 이 도랑에다 굵은 나무토막 두 개를 건너질러 놓는다. 그 나무 토막 하나에 엉덩이를 올리고 두 발은 다른 나무토막 하나에 올려 놓고 그 위에서 쪼그리고 사신 분이 구정물 할아버지다. 그곳이 집이고 숙소다. 한평생 누워서 주무시지 않고 그냥 거기 쪼그리고 앉아서 졸다 깨면 다시 졸고 하면서 사신 분이다. 식사는 구정물이다. 깡통 하나에 철사로 끈을 달고 식당에서 남는 음식 찌꺼기 얻어다 먹는데 남는 음식이 별로 없다. 우리나라 사람들처럼 뼈까지 우려먹는 나라는 없다. 돼지머리, 소머리는 당연하고 소꼬리, 돼지 발목, 심지어는 닭발까지 먹고 그도 모자라 몇 시간씩 끓여서 우려먹는 민족이다. 그나마 생선뼈가 있고 가끔씩 소나 돼지 뼈가 나와서 음식 찌꺼기가 모이면 구정물에서 건져다가 씻은 다음 나뭇가지를 주워 깡통에다 끓인다. 깡통에는 항상 음식이 끓고 있고 배고프면 잡수신다. 그것을 아는 식당종업원들은 따로 모아 두었다가 하루에 한 번 정도 찾아오신 할아버지께 드린다. 그런 날은 고급 음식이고 성찬이다.

　듣기로는 잘사는 집안에서 자라셨고 그때도 속가에는 잘살고 계신다고들 하지만 본인은 아무런 말씀이 없으셨다 한다. 김준호 선생은 이렇게 전한다. 다리 밑 도랑 위에 쪼그리고 앉아 계신 구정물 할아버지를 찾아갔다. "할아버지, 무슨 말 좀 해 주세요." "나더러 말을 하라고? 말을 하라면 못 하지. 말씀을 하라면 하지." "아이참, 잘못했습니다. 말씀 좀 해 주세요." 조그마한 풀잎을 든다. "이거 보여요? 보여요? 이 속에 우주가 들어 있다고." 조그마한 모래알을 들어 보인다 "이것 보여요?" "예, 보입니다." "이 속에 우주가 들어 있다고."

여기까지 과정을 젊은이들을 위해서 풀이해 보자. "할아버지, 말 좀 해 보셔요"라는 대화도 그냥 넘어갈 내용이 아니다. 그때만 해도 아직까지 양반과 상민 계급 사회가 있었던 때였다. 일제 치하에서 돈 있는 사람들도 양반 행세를 할 수 있었다. 그때 생겨난 격언이 있었다. '돈이 양반'이라는 말이다. 구정물 할아버지는 돈 많은 집에 사셨으니 양반 행세를 할 수 있었다. 반대로 아무리 양반이라도 얻어먹으면 상민이 되는 것이다. 내가 어릴 적에 거지를 보면 아무리 노인이라도 경어를 쓰지 않았다. 거지더러 형, 언니, 아저씨, 아주머니 칭호를 쓰지 않았다. 그러니 김준호라는 이는 대단한 사람이다. 걸인에게 할아버지 칭호를 쓰고 찾아간다는 것은 신분을 굽히고 낮은 자세로 임하는 것이었다. 여기까지는 좋았다. 몸에 배인 신분은 굽히고 찾아갔으나, 무심코 '말씀'이 아니라 '말' 좀 해 달라는 말이 나오고 만 것이다.

실은 김준호도 공동체 안에서는 신분을 알고 있으니 그렇지 행색은 거지꼴이었다. 그래서 구정물 할아버지도 젊은 김준호에게 처음부터 반말이다. "나더러 말을 하라고? 말씀을 하라면 하지." 내 신분이 상놈이라고? 쌍것이라고? 상소리를 하라고? 나를 내려다보고 천한 놈 취급하고 있지 않느냐? 신분 제도 다 내려 놓고 말씀을 듣는 태도로 마음가짐을 하고 자세를 바로잡으면 훌륭한 교훈을 하달하겠다. 너, 건방진 생각 지운다고 지우고 왔으나 무의식적으로 못된 양반 근성이 남아 있다. 네까짓 놈이 신분 타파하였다고? 하느님 믿는다고? 이웃을 사랑한다고? 보잘것없는 사람이 예수 따른다고, 수도한다고 그 자세로 나를 찾아와서 기껏 내뱉는 소리가 말을 하라고? 나는 그까짓 종교 지도자들처럼 헛소리는 안 한다. 한마디를 해도 말씀만 하겠다.

동광원에서 걸인들 잔치가 있었다. 그때 구정물 할아버지는 오지 않으셨다. 아마 본인은 구정물을 먹고 살지만 걸인은 아니라고 여겼기 때문이 아닐까 한다. 며칠 후 김준호에게 찾아 오셨다. "돈 좀 줘." "예? 제가 지금 돈이 없습니다. 다음에 있을 때는 꼭 드리겠습니다." "없으면 놔두고." 이 과정을 상상하면서 풀이해 보자. 구정물 할아버지는 그때 김준호를 친자식보다 가까운 상대로 여기지 않았을까. 아들에게 돈 있으면 주겠지 하는 생각이었을 것이다. 그러나 김준호에게는 먼 친척 할아버지였다. 오해하지 마시고 차후에 있을 때는 꼭 드리겠으니 필요하시면 꼭 찾아 주십시오, 그리고 제발 이 문제로 서운한 생각일랑 갖지 마십시오, 구구한 변명 아닌 현실을 전달하려고 애쓰는 모습 보고, "없으면 놔두고."

이 같은 일을 나도 겪었다. 내가 경기도에 살 때 바로 개울 건너 절이 있었고 주지 스님은 비구니로서 환갑이 지났다. 내가 어렵게 생활하다 보니 가끔씩 "쌀 한 가마니 가져가" 하신다. 공짜라면 힘이 생기는지 그 즉시 쌀 한 가마(80킬로그램) 어깨에 들쳐 메고 개울을 건너온다. 나 또한 보답으로 농사지으면 감자 한 가마를 드리기도 하고 채소 농사 지어 김장을 대어 드리기도 했다. 어느 날 급하게 돈이 필요했다. "스님, 죄송하지만 돈이 있으시면 저 좀 빌려 주셔요." "돈 없어." 여기까지가 대화 끝. 나는 혼자 섭섭한 생각이 며칠 갔다. 없으시면 자분자분 지금 내가 돈이 없다, 다음에 있을 때는 거절 안 할 테니 그때는 꼭 빌려 주겠다, 섭섭한 생각일랑 말아라, 그러한 부드러운 음성을 기대했다. 나는 각오했다. 절대로 스님께 구차하게 돈 이야기는 안 하겠다.

가난뱅이 주제에 각오는 무슨 각오, 몇 달 뒤 어렵고 힘들고 급히 돈 써야 될 일이 생겨난다. 절대로 스님께 구차하게 돈 이야기는 안 해야 겠다는 각오였지만 이 집 저 집 찾아다니다 결국에 스님께 찾아갔다. "스님, 저 죄송하지만 돈 있으시면 좀······." "얼마나 필요한데." "70만 원 정도만······." "응, 있어." 70만원을 봉투에 담아 주신다. 왜 섭섭한 생각을 몇 달씩 가졌는가 하는 생각에 나는 너무나 내 마음이 미웠다. 몇 달 후 갚을 돈을 준비했다. 70만원은 봉투에 담고 이자는 다른 봉투에 담아 "스님 빌려 주신 돈 잘 썼습니다. 빨리 갚지 못해 죄송합니다. 이 봉투는 본전이고, 이 봉투는 이자예요" 했더니 본전만 받으시고 이자가 든 봉투는 돌려 주신다. "이자는 무슨 이자야. 돈 없는 사람이 남의 돈 쓰지, 있는 사람이 남의 돈 쓰느냐?" 그 후로 어려울 때는 찾아가 빌려 쓰고 이자를 받으시는 것은 못 보았다. 스님께서는 그런 일도 그런 생각도 없으셨다. 구구한 변명이나 서운한 생각이나 깊은 정 같은 것이 없으셨다. 그냥 돈이 있으면 있고 없으면 없는 것뿐이다.

나는 그 스님께 배운 대로 한평생 남에게 돈 빌려 주고 이자를 받아 본 적이 없었다. 물론 빌려 줄 돈도 없었지만 농협 대출 보증 서고 변상해 준 일은 있었다. 빌려 주고 못 받은 일도 있다. 없어서 못 갚은 이들도 있고 잘살면서 갚지 않는 이들도 있다. 이들의 명단은 내가 죽기 전에 이름을 밝히고 내 자서전에 남겨 놓을 것이다. 내 후손들이 그 사람 상대하지 못하도록, 그리고 장례식장에 명단을 크게 써 붙이도록 하고 죽을 것이다. '임락경이 못 받고 죽은 돈 누구 얼마, 누구 얼마······.' 가난해서 못 갚은 사람은 빼놓고 잘살면서도 안 갚은 사람들이 네 명 정도 된다. 이들 명단은 크게 써서 화환 대신 나열해 놓고 장례가 끝날 때까지 두기 바란다.

1985년쯤 급하게 돈이 필요해서 이우재 선생께 부탁을 했다. "선생님, 돈 있으시면 100만원만 빌려 주십시오." "나 그 돈은 없어." "그럼 얼마 정도나 빌려 주실 수 있는데요." "한 97만원 될라나." "그럼 97만원 빌려 주셔요." "그래. 우리 마누라와 의논하고 줄게." 며칠 후 97만원 빌려 쓰고 몇 달 후 이자 없이 갚았다. 거저 주는 관계와 빌려 쓰는 과정에서도 선문답은 오가고 있다.

1963년 무등산 중턱에서 밭을 개간하면서 살고 있을 때다. 박정희 장군이 대통령이 되고 나서인데 전 국토 어디나 개간해 농사짓고 살라는 법령이 있었다. 내가 있는 데서 약 1킬로미터 떨어진 곳에 흰 머리를 날리는 힘센 거사가 있었다. 이름은 역시 모르고 성만 알려 주신다. 신씨란다. 우리는 그분을 신 공님이라 불렀다. 개간을 하는데 혼자 힘으로 어마어마하게 큰 돌을 캐어 내신다. 어떻게 그 큰 돌을 움직일 수 있느냐고 물었더니 나무를 길게 잘라 기둥 같은 나무를 지렛대로 이용해서 큰 바위를 옮긴다고 하신다. 그때 그 일하시는 모습은 내가 큰 돌을 움직이고 캐 내는 데 한평생 도움이 되었다. 신 공님은 구정물 할아버지를 수시로 찾아 가셨고 그분의 교훈을 받고 사신 제자 격이었다.

신 공님 역시 나이도 고향도 이름도 모르지만 기독교인인 것은 알았다. 기도와 찬송은 하시지만 일요일 오후에 일하시는 것을 보고 가짜 기독교인으로 생각했다. 나는 그때 일요일은 절대로 일을 안 했다. 신 공님은 기독교인인 것을 나타내셨으나 구정물 할아버지는 그나마도 숨기셨다. 그분에게는 모를 것이 많았지만 종교도 모르는 것이다. 언제 돌아가셨는지도 모른다. 그저 내가 들은 바를 처음 혼자서 기록했고, 또 마지막 기록일 뿐이다. 여기서 속 좁은 기독교인들은 그분이 예수를 믿었느냐 안 믿었느냐 따지지만, 그렇게 사신 분도 있었다는 이야기다.

추천글

우리가 찾아 기억해야 할 신앙의 스승들

이정배(현장아카데미 원장)

이 책 『임락경의 우리 영성가 이야기』 서두에 쓰여 있듯이 사람의 삶에서 가장 중요한 것은 '무엇을 먹고 누구를 만나는가'일 것이다. 전자는 인간의 몸을 위한 것이고 후자는 정신적 삶의 영향사를 일컫는 것이라 하겠다. 사람이 사람을 만나 달라지고 그 쓰임새가 크게 변화되는 경우를 종종 보아 왔으나 '촌놈' 목사의 경우 이런 모습이 너무도 확연하다. 우선 그의 작은 체구 속에 이렇듯 많은 분들의 삶과 사상, 신앙적 유산이 녹아 있다는 사실이 놀랍고 그것을 기억해 내어 남들 자는 이른 새벽, 고된 몸을 이끌고 오늘과 같은 큰 책을 만들어 주었으니 이 또한 경이롭다. 그의 일상이 노동의 연속이며 이곳저곳 발길 옮겨야 할 때가 적지 않았을 터인데 긴 시간 공들여 자신을 들여다보고 신앙의 어른들을 찾아냈으니 그의 수고가 고맙고 그 공로를 크게 치하해야 할 것이다.

이 책의 가치는 예수를 만나 달라진 한국인의 신앙 양식을 여실히 살핀 데 있다. 어느덧 이 땅의 교회 강단이 우리들 전통을 잊고 서구적 인물과 사건만을 예화로 선포하고 있으나 이 책은 한국적 심성 속에 뿌리내린 신앙이 얼마나 견고하고 철저하며 삶 지향적인 것인지를 무언으로 항변하고 있다. '오직 믿음'이라는 종교개혁 원리가 중세의 면죄부보다 더 타락했다는 말이 회자되는 현실에서 믿음과 삶을 하나로 엮어 낸 이 신앙 스승들이 한국 교회에 할 말이 많을 것 같다. 이들의 삶을 한국 교회에 알려 이 땅의 교회를 달리 만들고 싶은 것이 각고의 노력을 다한 저자의 마음이리라. 물론 소개된 인물 중 유영모, 이현필과 같이 이미 유명해진 분들도 없지 않다. 글을 남기고 좋은 제자들을 두었기에 가능한 일이었다. 하지만 여러 인물들은 이들을 심비心碑에 새긴 임락경의 증언이 없었더라면 땅에 묻힌 보화로 머물렀을 존재들이다. 하늘이 이렇듯 많은 스승들을 만나 다층적인 삶을 살게 했던 까닭에 '우리 신학 이야기'가 세상에 나오게 되었으니 촌놈 목사 역시 예사로운 존재는 아닐 듯싶다.

본래 저자는 이 글을 연재할 때 제목을 '한국 신학 이야기'로 정했다 한다. 곱씹어 읽어 보면 이유가 명확해진다. 오래전 임 목사님은 필자에게 이세종 같은 인물을 제자들의 석사논문 주제로 다뤄 줄 것을 부탁했다. 그 약속을 지금껏 지키지 못해 죄송하나 당시부터 그는 예수를 만나 자신의 삶을 달리했던 스승들 속에서 한국 고유의 가치를 찾고 싶었던 것이다. 즉 복음과 한국적 심성이 만나 표현되는 삶의 양식의 독창성, 창조성에 주목했다. 서양인의 합리적 신학과 한국인의 심성 속에 언표된 신앙 양식이 얼마나 다른지 찾고자 한 것이다. 그가 '한국 신학'이란 말을 쓴 것이 너무도 적절하고 뜻깊다. 이를 토착화 신학이라 불러도 손색이 없고, 우리 영성가 이야기라 해도 그 뜻은 달라지지 않을 것이다. 여하튼 자신이 쏟아 놓은 증언을 토대로 본격적인 신학 작업을 하는 것은 다른 사람의 몫일 수밖에 없다. 그의 역할은 '한국 신학'이란 자의식하에 경험으로 축적된 원 자료를 가감 없이 제공하는 데 있다. 따라서 이 책의 가치는 대단히 중요하다. 가공되지 않은 천연석을 갈고 닦아 귀중한 보화, 곧 '우리 신학'으로 체계화하는 것이 향후 신학자들의 과제여야만 한다.

그간 목사님과 잦은 만남은 없었으나 중요한 시점에는 늘 함께 있었다. 환갑잔치 때 화천에 갔었고 내가 사는 횡성 시골집에도 발걸음 하셨으며 대화문화아카데미 창립 날, 한겨레 조현 기자가 주관하는 '휴심정' 연말 모임을 통해서도 뵈올 수 있었다. 회갑 잔칫날을 기해 옛 가요에 대한 단상과 소회를 밝힌 『촌놈 임락경의 그 시절 그 노래 그 사연』의 서평을 맡겨 주셨고 또한 지금 『임락경의 우리 영성가 이야기』에도 같은 역할을 맡겨 주셨으니 고맙고 감사할 따름이다. 목사님의 노고를 치하하는 심정으로 이하에서 이 책의 흐름과 감상, 의미 등을 엮어 서평을 대신하고자 한다.

앞서 말하였듯 촌놈 임락경은 자연치유가로서 인간 몸을 건강하게 만들려 동분서주했다. 좋은 먹거리를 찾고 민간 치유법을 되살렸으며 풍수지리적 환경이 나쁘지 않은 곳에서 생활하라 했고 그 역시 화천에서 장애인들과 더불어 농사짓고 자신의 방식대로 대안, 창조, 희생적 삶을 살아 낸 의자醫者이자 생명운동가라 하겠다. 이 책을 통해 임락경을 키운 정신적 자양분이 무엇이었는가 알 수 있었다. 그를 만든 신앙 스승의 이야기를 기억과 경험에 근거하여 날것으로 우리에게 전하고 있는 것이다. 크게 보아 저자의 심중 8할 정도는 이현필과 이세종, 유영모의 영향으로 구성되어 있다 해도 좋을 것 같다. 서서평 선교사와 최흥종 목사, 가장 최근 만났던 강원용 등이 나머지를 채웠다 해도 틀리지 않을 것이다.

주지하듯 유영모와 이현필은 저자에게 한국이 낳은 두 인물로 추앙된다. '서울의 유영모와 광주의 이현필'이라는 말이 그것이다. 이 책 역시 이들에 관하여 가장 많은 지면을 할애했다. 흥미로운 것은 이들 두 분의 예수 믿는 방식이 크게 달랐으나 동광원을 중심으로 지금껏 삶의 흔적들이 중첩되어 있다는 사실이다. 자신의 재산을 한국식 수도원인 동광원에 기증한 유영모, 그리고 신앙관이 다름에도 강사로 부른 이현필과의 관계는 비정통 기독교인 다석多夕과 정통주의 신앙을 고집하던 김교신 간의 〈성서조선〉을 매개로 한 사제지정과 비교해도 좋을 것이다. 임락경이 다석에게서 배운 것은 1일 1식과 삶과 죽음의 날수를 계산하며 인생을 사는 태도였고 새벽을 깨워 다스리는 삶의 방식이었다. 한마디로 '몸(잠)을 줄여 마음을 크게 늘리는 것'이 신앙이었으며 기독교의 본질인 것을 배운 것이다. 따르는 제자 한 사람을 옆에 두지 않고 스스로 서는(自立) 인생을 가르친 것 역시 다석이란 스승을 통해 깨달은 바였다. 다석은 저자에게 진실로 '예수 믿는 이'였고 끊임없이 생각하는(念在神在) 존재였다. 다석이 이승훈과 안창호 등과 교제하며 일한 것도 예수를 자신이 따라야 할 스승으로 삼았던 까닭이다. 그것은 제도 교회 안에서 세례받고 교인이 되는 것과는 다른 삶이었다. 십자가로 덕을 보는 대속이 아닌 그를 짊어지고 따르는 자속의 삶을 살고자 했던 까닭이다. 살아서 죽음을 없이하는 것을 종교의 본령이라 생각했기에 하루하루가 그에게 죽음 연습의 장場일 뿐이었다. 식색을 초월하는 것이 그의 구체적 실상이자 예증일 것이다. 하지만 다른 신앙적 입장 역시 존중했기에 믿는 방식에 대한 시시비비 논쟁을 다석은 즐겨 하지 않았다. 살아생전 저자는 거의 20년간 다석 선생을 찾아뵈었고 자신이 그의 끝물 제자인 것을 깊이 감사하며 살고 있다. 오늘의 임락경이 있기까지 다석의 영향이 골수까지 미쳐 있다는 말이다. 나는 다석 사상을 연구하는 자로서 그의 생생한 증언을 통해, 평소 알지 못했고 글을 통해 느낄 수 없었던 유영모의 진면목을 새롭게 접할 수 있어 감사했다.

저자의 직계 스승 이현필을 말하기 위해서 이세종을 먼저 말하지 않을 수 없겠다. 저자는 이세종을 토착적 기독교의 효시라 불러도 좋다고 자신한다. 자신의 호칭 '이 공公'을 '이공空'으로 바꿔 불렀기 때문이다. 주님 앞에서 자신을 무화無化시켜 생명의 역환을 발생시킨 것이다.

하여 저자는 이세종을 한국의 예수와 같은 분이라 칭할 수 있었다. 다석보다 조금 이른 시기(1833년) 전남 화순에서 태어난 이세종은 천성적 근면 덕에 부를 쌓았으나 자식이 없어 무당의 산당을 지어 그곳에서 지성을 다해 빌었던 사람이었다. 그러나 정작 무당이 먼저 죽자 그곳을 예배당으로 만들어 예수쟁이가 되었다. 자식을 얻기 위해 빌던 사람이 하느님 섬기는 일에 열심을 내기 시작한 것이다. 이 과정에서 이세종은 성서의 말씀 그대로를 살았다. 문자 그대로 믿는 것을 넘어 그대로 살았다는 말이다. 가난한 자에게 임하는 복을 얻기 위해 그는 자신의 재물 일체를 버릴 수 있었던 것이다. 자신의 돈을 빌려 간 사람 앞에서 차용증서를 불사르기도 한 그는 옷 한 벌만을 걸치고 가난하게 거지처럼 살았다. 의식주 문제를 성서 말씀에 근거하여 초월했던 것이다. 자신의 삶을 이해 못 한 부인이 몇 차례 집을 나간 적도 있다. 이런 삶을 일컬어 성서와의 동시성을 이룬 삶이라 말할 수 있겠고 본회퍼의 말대로 영적 해석학이라 이름 붙여도 좋겠다. 하느님 온전하심을 그대로 자신 속에 실현시키는 것을 신앙의 오롯한 과제라 생각한 것이다.

이런 이세종을 엄두섭은 '호세아를 닮은 성자'라 칭했다. 또한 감신대 교수로서 최초의 조직신학자로 알려진 정경옥이 이세종을 만나 '자기를 이긴 사람, 참된 사랑의 사도'라 그를 칭했다는 사실은 놀라운 발견이었다. 궁금하다면 〈새사람〉 1937년 7월 호에 실린 정경옥의 「숨은 성자를 찾아서」를 보라. 이런 선생을 좇으며 신앙을 배운 이가 바로 동광원의 창시자 이현필이었으며 책에 기술된 이세종에 대한 글 대다수가 3년간 동광원에 머물면서 이현필에게서 듣고 배운 것이라 저자는 밝히고 있다.

저자 임락경은 이 책에서 유영모를 일컬어 '큰 스승'이라 했고 이현필을 향해서는 '나의 옛 스승'이라 불렀다. 이 책에 언급된 모든 이들이 신앙의 스승들이겠으나 스승으로 명기한 이는 이 둘뿐이다. 여기서 '큰'이 사상적 차원에서의 평가라면 '옛'은 삶의 친근함 내지 친화도를 적시한다고 볼 수 있겠다. 하여 생전에 꼭 다시 뵙고 싶은 이가 이현필이고 다음이 유영모라 한 것이다. 이현필은 임락경에게 구체적 삶의 스승이었다. 동광원에서 3년간 살았던 공동체적 경험 탓일 것이다. 이세종의 산당 성경 공부를 통해 기독교에 입문한 이현필은 1940년대 말 그를 따르는 몇몇 중요 인물들과 함께 개신교 수도(독신) 공동체인 동광원을 세웠다. 스승의 권유를 무릅쓰고 결혼했던 이현필이 다석은 물론 이세종처럼 해혼解婚한 것도 이 무렵이었다. 이현필은 늘 산에서 기도하다 새벽을 맞을 만큼 새벽을 사랑하였다. 육을 괴롭게 하여 영이 맑아질 수 있다면 그는 기도를 통해 어떤 고통도 인내할 수 있다고 생각했다. 신사참배 거부로 겪어야 했던 고통은 그에게 문젯거리도 되지 않았다. 그가 한번 집회를 하면 집을 떠나 출가하는 수도자들이 부지기수로 생겨나 교회와 가정이 그를 두려워했다는 이야기도 전해진다.

언급하였듯 이현필과 동광원은 뗄 수 없는 관계로 얽혀 있다. 이현필은 동광원 사람들에게 너무도 큰 인물로 각인되어 있는 것이다. 지금도 그를 추종하는 제자들이 동광원에 거주하며 공동체를 운영하고 있다. 추위에 떠는 거리의 고아들을 위해 자신의 이불을 수차례나 갖다 주며 그들과 함께했던 삶을 기억하는 까닭이다. 이현필에게 그리스도 사랑이란 '내가 추워 떨고 있을 때 사랑하는 제자가 아궁이에서 밥 먹는 것을 보고 기뻐하는 것'과 같은 감정이었다. 이는 가장 구체적인 것으로서 감당키 어려운 과제라 할 것이다. 그럴수록 그는 구원과 무관한 교리를 갖고서 그를 율법처럼 지키는 신앙적 태도를 용인치 않았고 스스로 선을 넘기도 했다. 법과 원칙을 존중하되 그것의 노예로 사는 것을 거부한 것이다. 그러나 그도 스승처럼 한 벌의 옷으로 만족하고 행복할 수 있는 성서적 사람인 것은 분명했다. '아, 기쁘다 기뻐' 하며 임종했다는 일화는 지금도 가슴을 먹먹하게 만든다.

이 책에서 저자가 크게 주목하는 다른 스승은 선교사 서서평과 그와 함께 일했던 최흥종 목사이다. 그는 선교사 중에서 예수를 잘 믿고 예수처럼 살았던 이로서 서서평만 한 존재가 없다는 극찬을 아끼지 않았다. 전라도 지역에 파송된 독일계 미국 장로교 선교사였던 서서평(1880~1934)은 간호학 전공자로서 한일장신대의 모체가 되는 성경학교를 세웠고 그곳에서 여성 및 민족 의식을 고취시켰으며 수많은 나환자들의 친구로 일생을 함께했다. 혹자는 서서평을 가톨릭교회의 어떤 성녀보다 훌륭하다 평하기도 한다. 그녀는 이웃 사랑을 실천했을 뿐 여타의 사람들처럼 사회사업을 하지 않았던 탓이다. 이런 서서평 선교사를 일컬어 임락경은 예수를 정말로 잘 믿은 사람이라 소박하게 평하였다. 예수처럼 산 사람이 바로 예수를 잘 믿은 사람이라는 것이다. 다행히도 그녀의 전기가 출간되어 읽히게 되었으니 감사한 일이다. 그의 전기를 쓰신 분이 이 책에서 임락경 목사가 자신을 '타락시킨 존재'라 한 백춘성 장로였다. 소소한 일상과 담쌓고 살았던 자신에게 일상의 기쁨을 되찾아 주었던 탓이다. 그로써 저자는 종교생활이 금기를 지키는 것과 동일시되는 오류를 벗을 수 있었다. 성과 속의 일치를 꿈꾸며 자유롭게 새 삶을 살 수 있는 기반이 마련된 것을 임락경은 크게 고맙다 하였다.

저자가 서서평 선교사를 알게 된 것은 최흥종으로 인함이었다. 본래 주먹깨나 쓰며 일신상 호의호식을 일삼던 그였으나 기독교를 만나 민족의 문제에 눈뜨게 된 최흥종은 조상에게 물려받은 큰 땅을 병원 부지로 기증하는 역사도 일궈 낸 장본인이었다. 나환자 촌에서 서서평과 만나 동갑내기로서 평생을 함께 활동한 이야기도 전해진다. 손양원 목사와의 관계로 더 유명해진 여수 애양원도 최흥종 목사가 세운 것이다. 당시의 사회적 통념과 달리 그에게는 나환자 역시 조선의 백성이요 그리스도가 사랑하는 존재들이었던 까닭이다. 이런 삶을 위해 최흥종은 자신에게 오방五放이라는 호를 부여하였다. 다섯 가지 욕심, 즉 명예욕, 물질욕, 식욕, 성욕, 수면욕까지 버리겠다는 마음의 발로였다. 혈육에 매이지 않고 사회적으로 구속되지도 않으며 정치적으로 나서지 않고 종파를 초월하여 살겠다는 다짐으로 풀이되기도 했다. 특히 종파를 초월하여 살겠다는 다짐에서 종교적 개방성을 지닌 흔치 않은 분이라 저자는 평가했다. 최흥종은 김구에게서 정치 참여를 권유받기도 했으나 그마저 초월했던 큰 영혼의 소유자이기도 했다. 그의 장례식이 서서평 선교사에 이어 두 번째 광주 사회장으로 치러졌다는 것을 볼 때 그를 향한 세상의 평가를 가늠할 수 있다. 임락경은 당시 82세 되신 최흥종 목사와의 만남을 그 어떤 스승과의 만남 이상으로 중히 여기며 살았다. 저자는 자신이 돌파리 의사가 된 것도 동양인의 병은 『동의보감』으로 고친다는 최흥종 목사의 통찰에서 연유한 것이라 고백한다.

마지막으로 저자가 크게 의미를 둔 사람은 의외로 자유·진보주의 신학자이자 목사인 강원용과의 만남이었다. 주로 보수 신학의 산실로 평가받은 평양신학교 출신 목사들의 영향하에 있던 저자가 한국신학대학 출신으로 크리스챤아카데미 활동을 주도한 강원용을 이 반열에 세운 것이 낯설었다. 1976년 수원 아카데미에서의 첫 만남이 운명적인 사건이 되어 저자의 삶에 또 다른 단층이 형성되었던 것이다. 서양 교육을 출중하게 받고 남 못지않은 카리스마를 지녔음에도 자신의 실수와 잘못에 대해 솔직 담백한 강원용 목사의 모습에 임락경은 매력을 느꼈다. 지금껏 보아 온 성자의 이미지와는 전혀 달랐으나 현실 문제에 대한 정치적 판단과 신학적 이해가 한편으로 치우친 자신의 삶에 중용을 선사했다는 것이다. 우리 사회를 위한 중간집단 교육을 받으면서 성장한 인물들이 아카데미 출신인 것을 보면서 저자는 기독교에 대한 이해 지평을 확장시킬 수 있었던 것이다. 이곳에서 종교 간 대화의 구체적 모습이 가시화된 것을 본 것도 임락경의 자유혼을 키우는 데 도움이 되었다. 저자는 법정, 김수환, 오재식 님 등과의 사귐도 의미 깊었다고 고백하나 일방적으로 이런 정황을 수용한 것은 아니었다. 농부인 자신이 인텔리 진보 목사 강원용을 만난 것도 영광이지만 강원용이 자신과 같은 무지렁이 농부를 만난 것도 축복임을 인정하라고 요구한다. 이처럼 강원용과의 만남은 저자에게 양가적 감정을 갖게 했다. 강원용의 임종 시 임락경은 노동자, 농민이 주관하는 추모 예배를 주관했다. 이름이 말하듯 용龍처럼 살고 가셨다는 사실 자체를 부정할 수 없었던 탓이다. 이처럼 강원용은 임락경에게 다른 기독교의 모습을 각인시킨 스승이었다.

이 외에도 한국 기독교 역사에 두루 기억될 무수한 인물들이 저자의 스승으로 이야기되었으나 일일이 다 언급할 수 없어 유감이며 안타깝다. 70세를 맞는 임락경 목사의 삶을 이해하기 위해서라도 이 책에 언급된 모든 이들을 읽고 생각하며 우리 속에 체화시켜 내야 할 필요가 있다. 짧은 기독교 역사 속에 이렇듯 자신의 삶을 불사른 기독교 스승들이 있었다는 현실이 너무도 감격스럽다. 그간 이름도 빛도 없이 존재감을 잃은 채 존재했었으나 이 책을 통해 그들의 혼을 다시 불러내어 오늘을 사는 우리 속에 작동케 하는 것이 이들을 기리는 방식이 될 것이다. 예수를 닮고자 했고 그와 같은 삶을 살아 냈던 신앙의 스승들이 이처럼 많이 있건만 도대체 오늘의 교회, 기독교는 왜 이렇게 엉망이 되었는지도 긴 호흡으로 되물을 일이다.

　이제 『임락경의 우리 영성가 이야기』가 주는 역사적, 신학적 의미를 짧게 정리해 볼 생각이다. 이 책의 출판으로 우리는 무엇을 배울 것이며 어떻게 달라져야 할 것인가를 고민해야 하는 탓이다. 우선 앞에 언급했듯 이 책은 그간 한국사 및 한국 교회사 교과서에 충실히 소개되지 않은 살아 있는 인물들을 생동감 있게 그렸다는 점에서 그 의미가 지대하다. 이름도 빛도 없이 산 그들의 이름을 기억하고 역사를 회복시키는 것은 우리의 몫이다. 둘째로 한 사람의 인격이 형성됨에 있어 이렇듯 많은 신앙의 스승들이 필요했음을 우리는 경이롭게 지켜보아야 한다. 다양한 사상이 어우러져 새로운 세계가 창발되는 모습이 임락경이라는 인물을 통해서 드러난 것을 귀하게 생각해야 할 것이다. 진보와 보수를 아울러 새 인격을 드러내는 신비한 역사 앞에 머리를 조아릴 일이다. 셋째로 한국 기독교가 초창기 역사에 민족과 함께했고 항시 민중 곁에 가까이 있었음을 재차 환기할 필요가 있다. 예수를 믿는다는 것이 오늘처럼 교회생활에 충실한 것과 크게 달랐음을 기억할 일이다. 넷째로 초기 한국 기독교인들에게 예수 곧 예수 믿기는 성서와 동시성을 사는 일이었음을 기억해야 할 것이다. 자신의 이름을 '공숖'으로 바꾸었다면 그에 걸맞은 삶을 살아 내는 것을 당연지사로 여긴 것이다. 이 점에서 그들은 참으로 예수의 제자들이었다. 그들로 인해 오늘의 교회가 존재하건만 오히려 우리는 지금 제자 됨을 잊고 있다. 이 점에서 그리스도의 제자를 만들지 못하는 교회는 예수를 한갓 신화나 이념으로 만들고 있는 것이라는 지적을 귀담아들어야 할 것이다. 다섯 째로 이들 초기 기독교 스승들은 예수에 전념하면서도 결코 좁은 울타리를 치지 않았다. 이는 교리가 아니라 삶으로 신앙을 드러냈기에 가능했다. 이를 일컬어 현대 신학은 수행적 진리라 하는바, 우리는 앞선 시대에 서양의 미래를 살아 냈던 것이다. 마지막으로 우리는 이들 속에서 한국적 기독교, 토착화된 기독교의 전형을 생각할 수 있다. 서양의 기독교와 다른 한국 기독교의 포용성, 실천성 그리고 공동체성에 대한 각별한 이해와 연구가 필요한 시점이 되었다. 예컨대 동광원의 존재는 우리에게 신학적 연구 대상이 되어야 마땅하다. 설립 역사, 그곳의 정신세계, 공동체적 삶, 종교 간 포용성 등은 한국 고유의 기독교성을 알리는 지표가 될 것이다.

훌륭한 스승을 모시고 지난한 삶을 기쁘게 살아오신 임락경 목사님의 칠순을 축하드리며 그분으로 인해 한국적 영성가들, 위대한 신학들이 세상에 알려진 것을 고맙게 생각한다. 앞으로도 더욱 건강한 모습으로 심비에 각인된 스승들의 흔적을 척박한 한국 교회에 전달하는 역할을 감당해 주길 바란다. 종교개혁 500주년을 앞두고 '다시 프로테스탄트'의 기치가 이들 신앙 선배들의 삶을 통해 드러나길 바라며 글을 맺는다.(2014)